教师教育系列教材

U0866919

教师口语

JIAOSHI KOUYU

路 伟◎主 编

北京师范大学出版集团
BEIJING NORMAL UNIVERSITY PUBLISHING GROUP
北京师范大学出版社

图书在版编目(CIP)数据

教师口语/路伟主编.—北京 :北京师范大学出版社，2011.9
(2024.8 重印)
(教师教育系列教材)
ISBN 978-7-303-13312-3

Ⅰ.①教… Ⅱ.①路…Ⅲ.①汉语—日语—师范大学—教材 Ⅳ.①H193.2

中国版本图书馆 CIP 数据核字(2011)第 160608 号

图书意见反馈 **gaozhifk@bnupg.com 010-58806364**
营销中心电话 010-58802755 58800035
北师大出版社教师教育分社 微信公众号 京师教师教育

出版发行:北京师范大学出版社 www.bnupg.com
北京市西城区新街口外大街 12-3 号
邮政编码:100088
印　　刷:天津中印联印务有限公司
经　　销:全国新华书店
开　　本:730 mm×980 mm 1/16
印　　张:19.75
字　　数:344 千字
版　　次:2011 年 9 月第 1 版
印　　次:2024 年 8 月第 16 次印刷
定　　价:34.00 元

策划编辑:路　娜　　责任编辑:谢　影
美术编辑:陈　涛　焦　丽　　装帧设计:陈　涛　焦　丽
责任校对:陈　民　　责任印制:马　洁

目　录

绪论

［学习提示］

绪论首先讲解语言的基本含义、语言的构成要素、语言单位，介绍语言学的研究的基本对象，然后简介汉语及其方言的基本情况，介绍现代汉语共同语(普通话)及其形成的原因，最后对教师口语课程和本教材作简单说明。学习时要对语言、汉语、普通话这些基本概念有一个比较清晰的认识。

［学习目标］

- 掌握语言的基本含义、语言的构成要素、语言单位
- 了解汉语及其方言的基本情况
- 了解现代汉语共同语(普通话)的内涵及其形成的原因

第一节　语言

从语言的本质特征上看，语言是一种特殊的社会现象。

从语言的功能特征上看，语言是人类最重要的交际工具，是人类必不可少的思维工具，是人类文化的载体。

从语言的结构特征上看，语言是一套音义结合的符号系统。

我们要认识语言，首先要从认识符号开始，从认识符号入手。

一、符号

符号，就是指代某种事物的标记，记号，替代物。它是由社会成员共同约定用来表示某种意义的标记和记号。例如，甲能代表乙、代替乙或指称乙，甲就有条件成为乙的符号。这种记号代表什么意义是约定者双方共同知道、共同认可的。现实生活中，使用符号的情况无处不在，比如地下工作者阳台上的花盆，战场上的信号弹，海军的旗语，十字路口的交通灯(红绿灯)……

符号是用来传递信息的，符号本身是一种代替的关系，即用一定的可以感知的东西代替另一种东西或一定的思想。符号的共同作用是代替现实现象，是现实现象的替代品。在符号关系中，现实现象中的一定的可以感知的东西具有

能指功能，被现实现象所替代的，没有在现实中出现的现象是所指对象。一般来说，能指是符号的形式，所指是符号的内容。符号的能指形式可以选择视觉可以感受到的，这是视觉符号，如交通灯、旗语等；可以选择听觉可以感受到的，这是听觉符号，如战鼓声、冲锋号等；也可以选择触觉可以感受到的，这是触觉符号，如盲文等。因此符号一般可以分为视觉符号、听觉符号、触觉符号三种。当然如果需要的话，嗅觉和味觉可以感知到的形象也可以用来作符号。

符号代替现实现象，有两个方面，一个是代替者，一个是被代替者。例如交通灯中的红灯是代替者，“禁止通行”是被代替者。索绪尔把代替者称为“符号的能指”，把被代替者称为“符号的所指”。符号的能指是符号选用的形式、是物质外壳，符号的所指就是需要传递的信息、是内容、是意义。符号的能指和所指互相依存，各以对方为存在条件，缺一不可，正如一块磁铁必然具有“N”极和“S”极，缺少任何一极都不是磁铁；亦如一枚硬币的两面，缺少任何一面都不是硬币。

这种替代和被替代的关系，也就是用什么符号表示什么事物，是一定的社会集团全体成员共同约定的。这种关系，用荀子的话说叫“约定俗成”，用索绪尔的话说叫“符号的任意性”。

这一点是符号与征候的本质区别。征候的表征与事物具有必然的联系，例如，我们看到“烟”，知道必然有“火”，无论是明火还是暗火；我们知道某人“发烧”了，就知道他身上必然有某种“炎症”，等等。“烟”与“火”之间，“发烧”与“炎症”之间具有必然的联系。符号和征候的性质是完全不同的，但是现实生活却有不少人将符号混同征候，例如，人的姓名是一个人的称谓符号，不是征候，其姓名与其人生轨迹没有必然联系，但是有人用姓名去预测人生，显然是把符号当作征候了。

当然，人们可以利用征候去约定符号。例如，古代的报警系统中，烽火台上的“火”和“烟”有必然联系，这是征候。但是，边境的安全、不安全与烽火没有必然联系，烽火与安全与否的关系是约定的，这就变成符号了。

任何符号都不是孤立地存在的，而与其他符号相对地存在着。符号必须在自己的系统中才有意义。例如，过去地下工作者“阳台上的花盆”如果没有约定，没有在自己的系统中，就没有相应的“安全”还是“不安全”的意义，今天居民们阳台上的花盆就是例证。又如，交通信号灯是以红灯、绿灯、黄灯构成的一个系统，如果只有一个红灯，就难以指挥车辆行驶。也可以说“红灯”只有在十字路口的交通灯系统中才会有“停止前进”的意义、“绿灯”也只有在十字路口的交通灯系统中才会有“可以通行”的意义。如果离开系统，就没有那种意义，例如，歌舞厅里的霓虹灯系统中的“红灯”和“绿灯”，如果有“可以跳舞”和“停止跳舞”的意义的话，那么跳舞的人绝对被累倒；照相馆暗室里的“红灯”也没有“停止前进”的意思。可见，系统对于符号来说极其主要，没有系统也就无所谓符号。

符号的能指和所指，结合起来构成一定的符号单位，符号单位的排列组合是按照一定的规则进行的，这就构成了符号系统。换句话说，符号的能指、所指和规则是符号的三要素。

二、语言符号

语言之所以是一种符号系统，是因为它具备符号的本质特征，它能代表或指称现实现象。例如，语词就是一种能代表和指称某一种现实现象的符号，一听到“书”，我们就知道它指的是“装订成册的著作”。

作为符号系统的语言，具有所有符号的一般特点，也有能指和所指，即形式和意义两个方面，只不过语言符号的形式选择了“语音”。语言符号本身是由语音、语义的结合构成的。语音是语言符号的物质表现形式，是能指，语义是语言符号的内容，是所指。只有语音和语义相结合才能指称现实现象，构成语言的符号。语言符号的形式和意义是密不可分的统一体，一定的语音形式代表一定的意义内容，一定的意义内容要用一定的语音形式表达，二者是相辅相成的，互相依存的。语言中的每一级的单位(语素、语素组、词、词组、句子)也都是音义结合体。

同其他符号一样，语言符号的形式与内容的联系也不是本质的、必然的，而是由社会成员共同约定的，一种意义为什么要用这个声音形式，而不用那种声音形式，这中间没有什么道理可言，完全是偶然的、任意的。他们之间的联系完全是人为规定的、任意的、没有逻辑联系，不可解释，不可论证。这可以从不同角度表现出来。不同语言有不同的音义联系，这样才会造成世界上千差万别的语种。不同语言的音义联系也不是对等的，同样的语音形式，在不同的语言中可以代表不同的意义，如[ai]这个语音形式，英语中表示第一人称单数主格的代词，汉语中表示“爱”的意义。反之，同样的意义，在不同的语言中可以用不同的语音形式表达。例如汉语把“装订成册的著作”叫做“shū”，英语却叫做“book”。即使是同一语言的音义关系也有任意性，例如汉语有众多的方言，同样的事物在各个方言也有不同的读音。汉语有十个方言大区：官话、晋语、吴语、湘语、赣语、徽语、闽语、粤语、客家话、平话。各个方言大区还可以根据语言特点进一步划分不同的方言“区”，例如官话大区又分为八区：北京官话、东北官话、胶辽官话、冀鲁官话、中原官话、兰银官话、西南官话、江淮官话。然后还可以进一步划分为片、小片、方言点等。同一语言的不同方言，语言的音义联系也不完全一致，这样就造成了千差万别的方言差异，这也说明了音义联系是具有任意性的。语言符号语音形式和意义内容的这种任意性联系，其根源就在于语言是社会性的，是社会的产物，是社会现象，是由一定的社会决定的。

当然符号的任意性特点是就语言形成时的情况来说的，最初用某种语音形式代表某种客观事物现象这个意义内容是任意的，但是这种音义关系一经社会约定而进入交际之后，它就具有传承的强制性，每一个人都必须接受它，个人绝对无权对它进行随意更改，也不能随意更改，即使要更改也必须是社会成员的集体更改。从文化学的角度看，语言属于制度文化的范畴，它是由人类集体创造的，它就要求社会的全体成员共同遵守，这种制度对所有的社会成员都具有一种强制性，没有自由。即使你认为它不合理，你也得遵循这种制度，正如法律一样。如果个人随意更改，各人使用自己的音义结合体，乱说一套，那么结果是谁也听不懂谁的话，语言交际就无法进行，语言也就不可能成为人类最重要的交际工具了。所以，语言符号的任意性和强制性是对立的统一。

三、语言的三要素

任何符号都具有能指、所指和规则这三要素，语言符号也不能例外。

语言是符号中最重要的符号，它选择的物质形式是声音，是人的发音器官发出的代表一定意义的声音，也就是说语言符号的能指是语音。语言符号的所指是大体说来是语义(语义和所指的区别我们不在此细加讨论了)。语音和语义结合，构成一定的语言单位，语言单位的分类、排列、组合的规律就是语法。语音、语义、语法是语言的三要素。

我们之所以要讨论语言的三要素，是因为目前对这一问题存在着不够清晰的认识。

按照传统语言学的观点，有的语言学著作认为，语音、词汇、语法是语言的三要素(如胡裕树、陆俭明等学者)，但是，这种认识是存在不足之处的。第一，这种分析与语言的定义有矛盾。大家都知道，语言是语音语义结合的符号系统，语音和语义缺一不可，但是为什么在谈到语言的要素时却把“语义”被排在三要素之外呢？第二，语言是语音语义的结合体，语义是语言的内容，是语言中极其重要的一个方面，那么应该确立“语义”作为语言的要素的资格，离开了语义的“语言”是不可思议的，“语义”作为语言要素的资格应该的不可动摇的。所以语言要素中应该增加“语义”。如果在传统的三要素的基础上增加“语义”那就形成了语言的四要素说，也有的语言学家采取了这种折中的说法，认为语音、词汇、语法、语义是语言的四要素。我们也曾经做过这样的尝试。但是我们认为，第三，词汇(也叫语汇)不应该列入语言的要素。因为，语汇是一种语言或者方言的词和语的总汇，而这些词和语都是语音和语义的结合体，是语言单位，而语言单位的分级、分类(聚合)、排列组合的规律就是语法，包括了词和语在内的语言单位已经包含在语法之中。

语法是语言的结构规律，具体说是语音和语义结合的语言单位分级、分类(例如词的分类、句子的分类)、排列组合(例如主谓关系、述宾关系、偏正关系、联合关系、补充关系)的规律。

四、语言单位

语言单位，也就是语法单位，是指语法系统的组成部分，任何语法单位都是语音和语义的结合体。语义学中的最小单位是“义素”，但是“义素”没有与之结合的语音形式，所以“义素”不是语法单位。“义素”只有和“义素”组合为“义位”，然后和一定的“音节”或者“音节组”结合以后才能构成语言单位。音系学中的最小单位是“音位”，但是“音位”没有与之结合的语义内容，所以“音位”不是语法单位。“音位”只有构成“音节”或者与其他“音位”组合成“音位组”构成“音节”或者“音节组”，然后和一定的“义位”结合以后才能构成语言单位。

1. 语素和语素组

语素是最小的语法单位，也是最小的语音语义的结合体。语素组则是由几个语素按一定的规律组合而成的语法单位。它们的功用是构成词。有的语素可以直接构成词，如语素“水”、“走”可以直接构成词“水”、“走”。有的“语素”不能直接构成词，必须同其他“语素”组合成“语素组”才能构成词。如“民”不能直接构成词，必须同其他语素，如与“人”组合成语素组“人民”才能构成词“人民”。

董任(1987)提出了语素组的概念，并进行了较好的论述，现在语素组概念也被语言学家们广泛采用，陈保亚的《当代语言学》(2009)多次提到语素组，并对语素组的组合方式进行了深入的讨论。

有时有的“语素”必须同其他“语素组”组合成更高层次的“语素组”，才能构成词，如语素“性”与语素组“人民”组合成更高层次的语素组“人民性”才能构成词。同理，语素组“人民”与语素“性”组合成更高层次的语素组“人民性”才能构成词。它们的关系可以概括为：

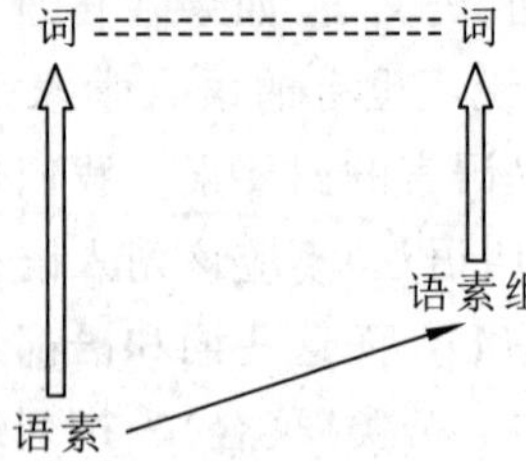

“语素组”概念的引入，至少使我们明确了“人民性”中的“人民”是什么语言单位，如果没有“语素组”概念，我们无法说清“人民性”中的“人民”是什么语言单位，如果说它是语素，那么它不是最小的语言单位，它可以拆分为“人”和“民”两部分，“人”和“民”才是语素。如果说它是词，那么它和“性”的组合就应该是词组，但是“性”又只是一个“词尾”(或称“后缀”)，“人民性”不是一个词组，只是一个词。如果我们引入了“语素组”的概念，上面的理论困境就不存在了。

2. 词和词组

词是能独立运用的最小的语法单位，词组则是由几个词按一定的规律组合而成的语法单位。它们的功用是构成句子。有的词可以直接构成句子，如：词“谁”、“走”可以直接构成句子“谁?”、“走!”。有时词不能直接构成句子，必须同其他“词”组合成“词组”或更高层次的“词组”才能构成句子。如词“真”和“美”组合成词组“真美”才能构成句子“真美!”词组“真美”与词“鲜花”组合成更高层次的词组“鲜花真美”，才能构成句子“鲜花真美。”从理论上讲，词组的层次可以多到无限。它们的关系可以概括为：

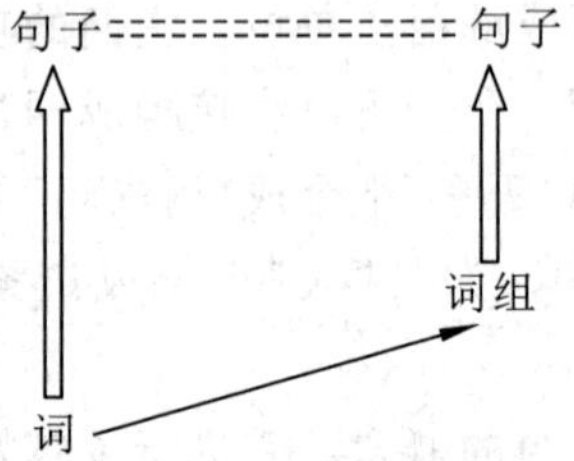

3. 句子

句子是表达一个相对完整意思的语法单位。它是语言的使用单位，其他的语法单位最终都要为构成句子服务，只有当它们构成了句子，才能在交际中使用。上面讨论的几个小表，可以归纳为下面这个“语法单位关系表”：

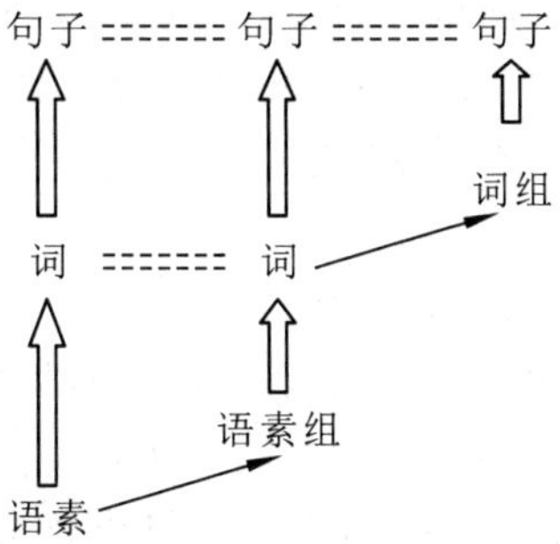

综上所述，我们认为语言的三要素就只应该是语音、语义、语法。展开一点说就是，语言的形式(语音)、语言的内容(语义)、语音语义结合的各级语言单位(其中也包括词和语)的排列组合的规律(语法)等三个方面。

五、语言学

对语言，我们主要可以从两个方面认识，一方面是语言本身的结构，另一方面是对语言的使用，如下图所示：

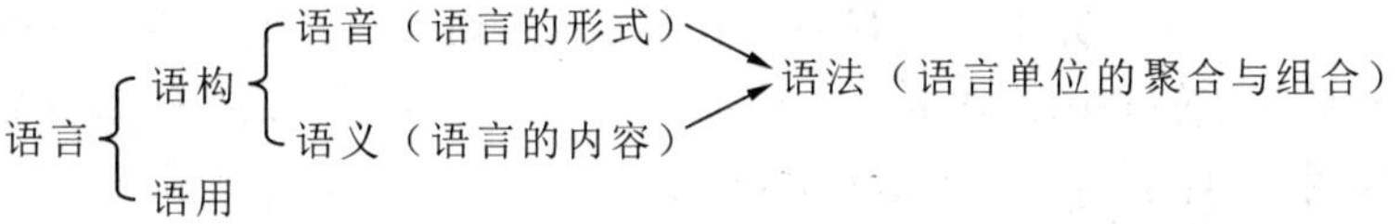

目前，虽然不同的学科对语言有不同的认识，不同的语言学家对语言也有不同的认识，人们从不同的角度研究语言也产生不同的语言学，当今的语言学界，流派众多，新说不断。但是我们觉得，语言学最为基本的分类应该是语言结构的研究，即语言的本体研究，就是语构学，这是最狭义的语言学，它包括研究语言形式的语音学，研究语言内容的语义学，研究语言单位的聚合与组合的语法学。这里最大的特点就是研究语言三要素的语音、语义、语法各自占有自己应有的天地，传统语言学里的语汇(词汇)纳入语法中的语法单位当中，从构成结构上更加合理。另一方面就是语言的应用，最广意义上说，人们日常生活中的语言使用，正式场合中语言的使用，其他学科中对语言的运用以及对语言学理论的应用，这就构成了语用学。我们将上面讨论语言的图更改一下就成为语言学的结构图了：

语言学是以语言为研究对象的科学。它的基本任务是研究语言的规律和特点。具体地说有三方面：(1)描写语言在某一历史发展阶段的面貌。(2)推溯语言的演变过程，揭示其发展规律。(3)对不同的语言进行各种比较，找出它们的异同或对应规律。

当然，我们可以从多个方面认识语言学。

语言学研究一般语言的叫普通语言学或叫一般语言学。它是对人类语言的综合研究，目的是要探讨人类语言的共同规律。

语言学对某一具体语言进行研究的叫个别语言学或专语语言学。个别语言学一般以某种语言的名称命名，如汉语、英语。

在语言的研究中，又有描写的研究和历史的研究，因而语言学又分“描写语言学”和“历史语言学”。“描写语言学”(常以某种语言的某一阶段命名，如“古代汉语”、“现代汉语”)是对个别语言学某一时期的状况加以描写、分析、归纳出它的内部规律的科学。“历史语言学”(常以某种语言的历史命名，如“汉语史”等)是以个别语言的历史为对象，研究它的发展过程，探求它的内部发展规律的科学。

在个别语言的研究中，还有共同语和方言的研究。我们通常所说的某某语言，主要是指它的共同语说的，一般不包括方言。专门研究某一语言的各种方言的学科叫“方言学”，如“汉语方言学”。

在个别语言的研究中，为了探求这一语言跟别一语言之间异同和相互关系，又有“比较语言学”。

语言学是一个研究语言的总的科学名称，由于语言研究的范围、角度、切面、内容等的不同，语言学内部可以分成很多部门。如，语音学、语义学、词汇学、语法学、修辞学等。这些可以看成语言本体学科。边缘学科更多，如，社会语言学、文化语言学、数理语言学、美学语言学等。

第二节　汉语

一、汉语

汉语是汉民族的成员共同使用共同理解的语言。广义的汉语，包括汉民族历史上各个时期的汉语，也包括现代汉语的各个方言，狭义的汉语特指现代汉民族的共同语——普通话。

按照王力《汉语史稿》的分期，历史上的汉语可以分为四个时期：

第一个阶段是上古汉语，即公元3世纪以前(五胡乱华以前)的汉语。其特点是：判断句一般不用系词；在疑问句里，代词宾语放在动词前面；入声有两类(其中一类到后代变成了去声)；等等。

第二个阶段是中古汉语，即公元4世纪到12世纪(南宋前半)的汉语。其特点是：在口语的判断句中系词成为必需的句子成分；处置式的产生；完整"被"字式被动句的普遍应用；形尾"了""着"的产生；去声的产生；等等。

第三个阶段是近代汉语，即公元13世纪到19世纪(鸦片战争)的汉语，其特点是：全浊声母在北方话里的消失；m韵尾韵在北方话里的消失；入声在北方话里的消失。

第四个阶段是现代汉语，即20世纪(五四运动至今)的汉语，其特点是：适当地吸收西洋语法，大量增加复音词，等等。

人们常说的现代汉语指的就是五四运动到现在的汉语(白话和白话文)。古代汉语指的是五四运动以前的汉语，实际指的是古代书面语，即文言。

二、汉语的方言

方言是语言的分支，一般可以分为地域方言和社会方言。方言学研究民族语言内部的差异，主要两个分支：一是地域方言学，也叫方言地理学；二是社会方言学，即狭义的社会语言学。地域方言学研究语言的地区性差异，社会方言学研究语言的社会性差异。下文讨论的只是汉语的地域方言。

中国学者很早就关注和研究方言了，西汉末年扬雄撰写的《方言》(全名是《輶轩使者绝代语释别国方言》)一书是最早记录语言内部词汇差异的专著。东晋的郭璞给《方言》作过"注"，清代的戴震作过《方言疏证》，卢文弨校订过《方言》，清末民初的章太炎作过《新方言》。

以现代语言学理论为指导研究汉语方言却开始于瑞典汉学家高本汉的《中国声韵学研究》，以后中国学者赵元任、罗常培是中国学者方言研究的重要代表人物，赵元任1928年的《现代吴语的研究》、罗常培1930年的《厦门音系》和1940年《临川音系》等著作都是方言研究的名著。

新中国成立后，于20世纪50年代中叶到60年代中叶开展过全国的语言调查，出版过一些调查成果，其中有代表性的著作，有地区的，例如《江苏省和上海市方言概况》；有省的，例如《河北方言概况》；有县级的，例如《昌黎方言志》。50年代还出版过一批指导方言调查的工具书，例如《方言调查字表》和《方言词汇调查手册》等。60年代出版过全国综合性的专著，例如，袁家骅主编的《汉语方言概要》以及北京大学中国语言文学系语言学教研室编写的《汉语方音字汇》和《汉语方音词汇》。新时期以来，方言研究进入深入发展时期，1979年《方言》创刊，不断发表高水平论文，各种调查报告、研究专著、系列丛书、大学教材层出不穷，特别是大型工具书的编纂和出版，显示出方言研究的不断深入和扩展，例如，1988年出版的《中国语言地图集》，1996年出版的《普通话基础方言词汇集》，1998年出版的《现代汉语方言大词典》(41种)，1999年出版的《汉语方言大词典》(五卷本)，2008年出版的《汉语方言地图集》是这一时期的代表。

现代汉语方言的分区主要有以下几种观点。

三方言说。罗杰瑞《汉语概说》从语音、语汇、语法三个方面提出自己的划分标准将汉语方言分为北方方言；中部方言(包括吴语、赣语、湘语)和南部方言(包括粤语、客家话、闽语)。

五方言说。王力在1935年出版的《中国音韵学》(后更名为《汉语音韵学》)认为汉语的方音分为官话音系、吴音系、闽音系、粤音系、客家话五个方言音系。50年后出版的《汉语语音史》仍然坚持五方言说。

七方言说。袁家骅的《汉语方言概要》将汉语的方言分为北方方言、吴方言、湘方言、赣方言、客家话、粤方言、闽方言。也有的学者主张闽方言分为闽南方言和闽北方言，这就成了八大方言。

十方言说。中国社会科学院和澳大利亚人文科学院联合编纂的《中国语言地图集》将汉语的方言分为官话、晋语、吴语、徽语、赣语、湘语、闽语、粤语、平话、客家话。

1. 官话方言(北方方言)

现代汉民族共同语的基础方言，以北京话为代表，内部一致性较强。在汉语各方言中它的分布地域最广，使用人口最多，分布在长江以北和西南各省、区的广大地区，约占中华人民共和国总人口的64.5%，占说汉语人口的67.8%。

十方言说中的官话大区又分为八区：北京官话(占说汉语人口的1.84%)、东北官话(占说汉语人口的8.39%)、胶辽官话(占说汉语人口的2.95%)、冀鲁官话(占说汉语人口的8.55%)、中原官话(占说汉语人口的17.33%)、兰银官话(占说汉语人口的1.2%)、西南官话(占说汉语人口的20.46%)、江淮官话(占说汉语人口的6.88%)。

2. 晋语方言

分布在山西省及其毗邻的河北、河南、内蒙古、陕西等省、区的部分地区，以太原话为代表，使用人口占说汉语人口的4.67%。

3. 吴语方言(江南话或江浙话)

分布地域包括上海、江苏省长江以南，镇江以东地区(不包括镇江)，南通的小部分，浙江省及其毗邻的赣东北、闽北地区。以上海话为代表，使用人口约占汉族总人口的百分之7.13%。

4. 徽语方言

分布在安徽省南部旧徽州府、浙江省西部久严州府和江西省东北怀玉山以北地区，占说汉语人口的0.32%。

5. 赣语方言(江西话)

分布在江西省中部和北部、湖南省东部和西南部、湖北省东南部、安徽省南部福建省西北部的部分地区，以南昌话为代表，使用人口占汉族总人口约3.19%。

6. 湘语方言(湖南话)

分布在湖南省中部湘江、资江、沅江流域，湘江上游的广西的东北角，以长沙话为代表，使用人口占汉族总人口的3.15%。

7. 闽语方言

分布在福建、台湾和海南三省的大部分地区，广东省东部的潮汕地区和雷州半岛，此外，广西南部、浙江省南部温州地区、江苏省南部、江西省东北部也有部分分布，以厦门话为代表，使用人口约占汉话总人口的5.63%。闽语方言内部分歧较大，现在一般将其分为五个片：闽东片、闽南片、闽北片、闽中片、莆仙片。

8. 粤语方言(广东话、白话)

分布在广东中部、香港特别行政区、澳门特别行政区、广西东部，以珠江三角洲为中心，以广州话为代表。使用人口约占汉族总人口的4.11%。

9. 平话方言

广西中部地区的汉语方言，分布在桂林、柳州、南宁之间的交通要道附近。使用人口约占汉族总人口的0.2%。

10. 客家话方言

客家人分布在广东、福建、台湾、江西、广西、湖南、四川、海南等省、区，其中以广东东部的和北部，福建西部、江西南部和广西东南部为主，以广东梅县话为代表。使用人口占汉族总人口的3.58%。

客家、闽、粤方言，都随着华侨传布海外。

和民族共同语普通话相比较，各方言之间的差异程度各不相同。大致说来，闽、粤跟普通话差别最大，吴次之，官话内部各次言与普通话之间的差别最小。客、赣、湘等方言与普通话之间的差别比闽、粤、吴等方言小，比北方言各次方言大。

三、汉语的国际地位

中国是世界四大文明古国之一。千百年来，以汉民族为代表的中国文化，影响着周边的国家和民族，日本、朝鲜、越南等国家的文化都不同程度地受到中国文化的影响。这些国家受中国文化影响的同时，语言也受到中国语言的影响，借用了大量的汉语词汇，记录语言的文字体系也受到汉字的影响，例如，日本的平假名是由汉字的草书形式简省而成，片假名则是汉字的偏旁改定而成。朝鲜从公元374年起就用汉字，直到1949年才进行改革，使用现在的朝鲜语字母。越南从公元10世纪起就大批借用汉字记录越语，其"字喃"则是模仿汉字的结构创造的，越南成为法国殖民地以后才将文字改用拉丁字母。此外，印度尼西亚语、泰语、缅甸语中也有不少汉语借词。可见汉语和汉字对周边国家的影响巨大，意义深远。

现在，现代汉语还是联合国六种工作语言之一(另五种为英语、法语、俄语、西班牙语、阿拉伯语)。

近年来，随着中国经济的增强，国际地位的提高，学习汉语的外国人越来越多，不少国家都办起了"孔子学院"，汉语的国际地位也在不断地提升。

第三节　普通话

一、现代汉民族共同语

现代汉民族共同语就是普通话，是标准的现代汉语，也是狭义的现代汉语。它是在以北京话为代表的官话方言(北方方言)基础上发展起来的。它的内涵是：以北京语音为标准音，以北方话为基础方言，以典范的现代白话文著作为语法规范的普通话。

语言文字是人们表达思想，传递信息的重要交际工具。做好语言文字工作对社会发展，科技进步和文化教育水平的提高都有重要的意义。因此，我国政府历来十分重视语言文字的规范化工作。

现代汉语规范化工作，主要是根据汉语的历史发展规律，结合汉语的习惯用法，对普通话内部(包括语音、词汇、语法各方面)所存在的少数分歧上的混乱现象进行研究，选择其中的另一些读法或用法是不规范的、应舍弃的，从而使汉语沿着纯洁和健康的道路向前发展。

1. 语音方面以北京语音为标准

凡是不符合这个标准的，都是不规范的。当然就整体说的，并不是说北京话里任何一个语音成分都是标准音，都是普通话成分。在北京语音里，由于各种原因也仍然有存在着一些分岐，如土话成分，异读等。作为语音规范标准的北京语音要排除一些特殊的土音成分。对于异读词，普通话审音委员会曾加以审订，规定念法。

在北京语音里，轻声和儿化特别多，普通话没必要把它们全部吸收进来，应该吸收哪些，也要在调查和研究之后作出抉择。

2. 词汇方面以北方方言为基础

北方方言分布的地域最广，使用的人口也最多。北方话词汇从 13 世纪以来就随着官话和白话文学传播开来，因而它在全国有极大的普遍性。尤其是新中国成立以来，由于政治的统一，经济的繁荣，教育的普及，交通的发展，各地人民接触的频繁，再加上报纸杂志、文学作品、广播、电视、电影的影响，北方话词汇的传播就更加深入广泛了。

3. 语法方面以典范的现代白话文著作为规范

国家发布的重要文件、重要社论、现代著名作家的优秀白话文作品中的一般用语都可作为语法规范。某些欧化的说法，进入当代作品的某些方言都是不规范的，当然不能吸收到普通话中。语法上、逻辑上有毛病的某些流行说法要从普通话中消除，或予以改正，使之合乎规范。当然，方言语法、外民族语法中有用的东西可适当吸收，使普通话更为精密、准确、更富于表现力。

现代汉语规范化工作要求汉民族共同语更加一致，但这是一项长期的、艰巨的工作。要顺利地进行这项工作，首先必须依靠国家关于语言文字的方针、政策。其次，要做好调查研究工作，通过调查研究，弄清楚现代汉语语音、词汇、语法各方面存在哪些分歧或不合规范的现象及其产生的原因，然后再从语言的内部规律和使用习惯等方面找出取舍的标准和处理的办法来。

二、现代汉民族共同语的形成

现代汉民族共同语(普通话)是经过漫长的历史发展过程形成的。从书面语资料来看，汉方言早在先秦时代就存在着一种共同语。春秋时期，这种汉族共同语称为“雅言”，从汉代起称为“通语”，明代改称“官话”，辛亥革命以后又称为“国语”，新中国成立之后则称为“普通话”。

从历史的角度而言，现代汉语(共同语)是在近代汉语基础上形成的。从近代汉语的历史发展中可以看到，宋元以后有两种明显的趋势在北方话的基础上发生：一种表现在书面语方面，就是白话文学的产生和发展；一种表现在口语方面，就是“官话”逐渐渗入各个方言区域。

汉语长期用“文言”作为统一的书面语。这种书面语最初是建立在口语基础上的，但是后来同口语的距离越来越远，学习起来非常困难，能够使用的人只占全民中的极少数。因此，另外一种同口语直接相联系的书面语——“白话”就起来同“文言”分庭抗礼。这种“白话”就是我们现在的民族共同语而形成的主要源头。

宋元以来，用“白话”写的各种体裁的作品非常丰富，包括《水浒传》《儒林外史》《红楼梦》等文学巨著。就总体而言，这些作品的语言属于北方话。它们流传到非北方话的区域，拥有广大的读者，并且促使非北方话区域的人也用“白话”来写作。因此这种白话文学大大促进了北方话的推广。

口语方面，在白话文学作品广泛流传的同时，以北京话为代表的北方话也逐渐取得了各方言区的交际工具的地位。由于北京是辽、金、元、明、清历代的政治中心，北京话也就成为各级官府的交际语言，并随着政治影响逐渐传播到全国各地。当时北京话被称为“官话”。

到了20世纪初，特别是到了五四时期，随着民族民主革命运动的高涨，上述两种趋势就汇合为一，力量更加壮大，加速了现代汉民族共同语的发展过程。一方面，“白话文运动”彻底动摇了文言文的统治地位，使一向只用在所谓通俗文学上的“白话”取得了文学语言的地位；另一方面，“国语运动”又给予以北京话为中心的北方话以一种民族共同语的地位。这两者结合起来，就形成了在书面形式和口头形式上都有了统一规范的文学语言，改变了早先的文言文不一致和方言并立的局面。此时，人们逐渐用“普通话”来代替“官话”这一旧称。“普通话”的“普通”是普遍共同的意思。这说明这时北方话已完全取得了“共同语”的地位了。

新中国建立以后，由于国家的统一，人民的团结，政治、经济和文化的发展，对于民族共同语的进一步统一的规范化有了更高的要求，各地人民对学习统一的共同语也有了迫切的需要。因此，在党和政府的领导下，中国科学院于1955年召开了现代汉语规范问题学术会议，会上确定把汉民族共同语称为“普通话”，主张向全国大力推广。会后，经各方研究，并经国务院批准，正式确定现代汉民族共同语就是：“以北京语音为标准音，以北方话为基础方言，以典范的现代白话文著作为语法规范的普通话。”

三、现代汉语的特点

同印欧语系语言相比较，现代汉语主要有以下一些特点：

1. 语音方面

没有辅音连缀的现象。无论在一个音节的开头还是末尾没有几个辅音连结在一起的现象。

元音占优势，音节的乐音成分比例大。汉语音节中可以没有辅音，但不能没有元音(“哼”等特殊叹词例外)。一个音节可以由一个单元音或者一个复元音构成，同时，由复元音构成的音节也比较多。

有声调。每个音节都有一个具有区别意义的声调，声调可以使一个个的音节界限分明，又富于高低升降的变化，形成汉语抑扬顿挫的特殊风格。

声调指音节当中具有区别意义作用的高低升降变化。这里说的是汉语有声调，印欧语没声调，并不是说语调。语调是世界上所有语言都具有的，印欧语也有。

2. 词汇方面

从语素的角度看，汉语的语素以单音节为基本形式。汉语构词单位——语素，有单音节，双音节和多音节三种形式，但最基本的是单音节形式。

从词的角度看，现代汉语双音节词占优势。双音节词占多数是现代汉语词形上的一个特点。从词汇的发展历史看，汉语的词有一种很明显的双音化的趋势，即把单音节的扩充为双音节的，把超过两个音节的压缩为双音节的。这是汉语发展的内部规律之一。

从构词的角度看，汉语主要使用词根复合法。现代汉语能运用词根复合，附加、重叠、轻声、儿化(儿化实际上也是一种附加)等方式构成无限多的新词。

3. 语法方面

现代汉语属于分析语，无严格意义的形态变化，语序和虚词是两种重要的语法手段。印欧语绝大多数属于屈折语，形态变化很复杂，其语法关系主要通过形态变化来表示。而汉语是缺少形态变化的，因此它的语法关系，语法意义主要通过语序和虚词来表示。语序不同，虚词的有无，语法意义，语法关系往往也就不同。

词法结构、句法结构基本一致。现代汉语各个语言单位的结构方式之间有比较统一的共同点，这是汉语语法的一个重要特点。现代汉语不论语意组成词，词组成短语，或者短语组成句子，其语法结构关系大体一致。如汉语基本结构关系有五种：联合、主谓、动宾、偏正、补充关系。词(合成词)、短语、句子都有。汉语词法和句法之间存在的这种一致性，像联系词法与句法之间的桥梁，既体现汉语语法结构方式的简易明确的特点，又有助于学习者触类旁通地掌握语法的规律。

汉语词类和句子成分之间不存在简单的一一对应关系。印欧语由于有形态，词类和句法成分之间有一种基本的一一对应关系，以英语为例，大致名词跟主语、宾语对应，动词跟谓语对应，形容词跟定语对应，副词跟状语对应。

汉语的词类与句法成分之间的关系错综复杂，词类与句法成化是一对多对应，而不是一对一对应。汉语名、动、形的多功能现象，正是由于汉语缺乏形态造成的。如动词“学习”可以做谓语中心：他学习语言学。可以做主语：学习是一辈子的事。可以做宾语：他热爱学习。可以做定语：学习的机会一定要很好把握。

有丰富的量词，有语气词。大多数印欧语言，像英、俄语数词可以和名词直接组合，如“five pens”，而现代汉语，数词和名词组合，中间一般要加一个量词，如“五支钢笔”。现汉量词很丰富，不同的事物常用不同的量词来搭配。

跟印欧系语言比较，有句尾的“呢”“吗”“了”“吧”等语气词是现代汉语的一个特点。语气词常出现在句末，表示各种语气的细微差别。

第四节 教师的语言

从内涵上讲，教师口语是教师的职业用语。

从外延上讲，教师口语主要包括教师的教学口语、教育口语和其他工作用语等内容。从最广义角度看，教学口语还包括教师在工作之外所使用的一般性交际口语。

从功能角度看，教师口语是教师“教书育人”的主要工具，是沟通教师与学生的重要桥梁，是展示教师言语行为规范、实现教育教学目标的有效手段。

从学科角度看，“教师口语”是研究研究教师口语运用规律的一门应用语言学，也是综合运用诸多学科培养师范生口语能力和职业技能的必修课。

从教学角度看，“教师口语”虽然有着其自身的理论知识，但是它不以传授理论为目的，而是以训练为手段，培养口语运用技能、言语识别能力、言语判断能力和言语应变能力的训练课。它具有特定的训练目标和训练内容，是一门实践性很强的学科。

从目的和任务方面看，教师口语课是根据发展基础教育的需要、强化教师职业技能的需要、提高学生口语表达能力的需要开设的，是深化教学改革、提高教育教学质量的重要举措。通过这门课程的学习，能够做到：

教育学生热爱祖国语言，认真学习、积极贯彻国家语言文字工作的方针政策，增强语言规范意识。

能够用标准的普通话(一级)，至少能够用比较标准的普通话(二级)，进行一般口语交际和开展教育、教学等工作。

掌握口语交际基本技能。做到听话准确，理解快、记得清，有一定辨析能力；说话清晰、流畅、得体，有一定应变能力，语态自然大方。

初步掌握教育、教学口语的基本技能。能够根据不同语境的需要，调控语调和口语修辞技巧，使口语表达具有启发性和感染力。

了解教师口语规范性、科学性、教育性、庄雅性的特点，不断提高教育者和被教育者的语言能力。

同时，还具有对学生运用口语的指导能力。

本教材可以分为两个部分：第一部分包括绪论、现代汉语语音、方音辨正、朗读与朗诵、态势语五章。介绍语言学、语音学、普通话的相关知识，目的是引导学生掌握普通话的理论知识，学好普通话。同时也要教会学生把书面的形式语言通过口语的形式表达出来，这就是安排“朗读与朗诵”一章的意义，另外，语言交际过程中，必然会伴随静态的和动态辅助性态势语，所以我们也介绍了相关的知识。第二部分包括教学口语、教育口语、教师交际口语三章，从教师的教学、教育、日常的工作和生活等方面系统完整地讨论教师口语。可以说本教材所说的教师口语是最广意义上的教师口语。

[思考与练习]

1. 什么是语言？它由哪些构成要素？
2. 什么是语言单位？语言单位有哪几级？
3. 汉语包括哪些方言？
4. 什么是现代汉语共同语(普通话)？它是怎样形成的？

第一章　现代汉语语音

［学习提示］

本章首先简要介绍语音和语音学的基本知识，然后从声母、韵母、声调、音节等方面详细讲述现代汉语普通话的语音系统以及汉语语音的分析方法，最后介绍普通话的语调和音变基本规律，要求学生较全面牢固地掌握语音基本理论知识，具有熟练地发音和分析语言的能力，具有说普通话的能力。

［学习目标］

• 掌握语音和语音学的基本知识、基础理论和基本分析方法，会分析基本的语音现象；

• 系统全面地掌握普通话声母、韵母、声调、音节的基本原理，把握普通话的语音系统，使知识结构有所改善、理论水平有所提高；

• 了解普通话的语调和音变基本规律；

• 结合第二章“方音辨证”，学好普通话，提高普通话水平。

第一节　语音概说

一、语音

1. 语音的含义

语音是语言的声音，是语言的形式部分，是语言的物质外壳，是语言的三要素之一。

语音，一般定义为由人的发音器官发出来的代表一定意义的声音。自然界的风声、雷声，汽车的马达声，轮船的汽笛声，人们的鼓掌声都不是由人的发音器官发出来的，所以不是语音。人的咳嗽声、气喘声、打喷嚏声虽然是由人的发音器官发出来的，但那只是人的本能生理反应，并不代表意义，不起交际作用，所以也不是语音。语言要通过语音来传递信息进行交际。没有语音这个物质外壳，意义无法传递，语言也就不能成为交际工具。

2. 语音的性质

因为语音是声音的一种，具有声音的属性，声音是物理现象，所以语音具有物理性质；因为语音是人的发音器官发出的，发音器官是人的组成部分，所以语音具有生理性质；因为语音代表一定的意义，意义是人类社会赋予的，所以语音具有社会性质。语音的物理性质和生理性质属于自然性质，语音的社会性质是语音的本质性质。

(1)语音的物理性质

语音作为一种声音具有物理性质。从物理上说，声音是由物体振动而产生的音波。下面是音波示意图：

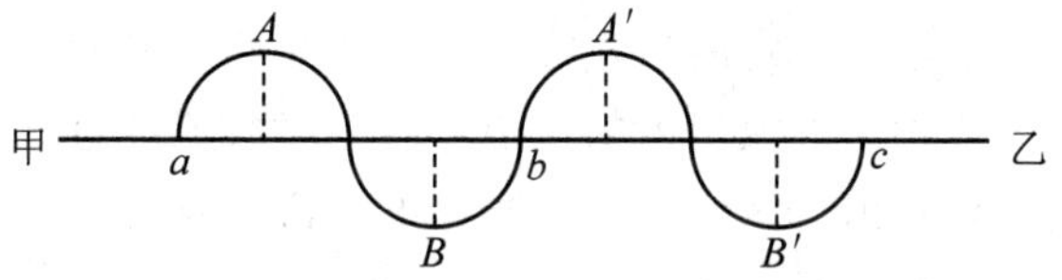

图中 a 到 b 是一个波，b 到 c 是另一个波。A 和 A′叫波峰，B 和 B′叫波谷。a 到 b、b 到 c 的距离叫波长。A、A′、B、B′到甲乙线上的距离叫振幅。

语音和其他声音一样具有音高、音强、音长、音色四种要素。

①音高指声音的高低，是由发音体振动的频率决定的。声波每秒振动的周期次数就是声波的频率。一定的时间里振动的次数多，频率就高，声音就也高；振动的次数少，频率就低，声音就也低。音乐里的音阶是由音高构成的。汉语的声调，如北京话里的 yī(衣)、yí(移)、yǐ(以)、yì(亿)的不同，是由不同的音高决定的。女人的声音听起来比男人高，就是因为女人说话时声波的频率比男人高。

②音强指声音的强弱，也叫“音势”、“音量”，是由声波振幅的大小决定的。振幅大，声音就强，音量就大；振幅小，声音就弱，音量就小。人们敲鼓的时候，用力大，音强就强，发出的声音就大；用力小，音强就小，发出的声音就小。普通话里“报仇”和“报酬”里的第二个音节音强就不同，前一个“仇”比较强，后一个“酬”音强比较弱。

③音长指声音的长短，是由发音体振动时间的长短决定的。时间长，音长就长；时间短，音长就短。粤语方言广州话里“三[sɐːm]”和“心[sɐm]”的不同，主要是其中元音[ɐ]的音长不同，“三”里的[ɐː]音长，“心”里的[ɐ]音短。

④音色指声音的特色，是每个声音的本质，所以也叫音质或音品。它是由声波的不同形状决定的。音色是区别不同声音的最重要的要素，元音 ɑ、o、i 的区别就是由于它们的音色不同。下面是 ɑ、o、i 波纹的示意图：

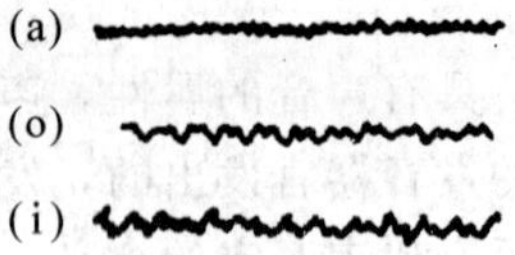

(2)语音的生理性质

语音是由人的发音器官发出来的，因而具有生理性质。发音时发音器官状况不同、所用的方法不同，发出的声音也不同，所以我们在学习语音时也要研究发音器官的构造及其在发音中所起的作用。

发音器官可以分为三个部分。

①动力部分——肺和气管

声音的产生必定依靠一定的力量推动。气流是语音的发音动力，呼气时肺是气流的动力站。气管是气流出入的通道，吸气时气流经过气管进入肺，呼气时气流由肺经过气管呼出。汉语主要靠呼出的气流来发音。

②发音部分——喉头和声带

语音的发音体是声带。气管的上部接着喉头，喉头是由四块软骨构成的圆筒，圆筒的中部附着声带。声带是两片富有弹性的肌肉薄膜，两片薄膜中间的空隙是声门，声门是气流的通道。声带可以放松，也可以拉紧。放松时发出的声音较低，拉紧时发出的声音较高。声门可以打开，也可以关闭。打开时，气流可以自由通过；关闭时，气流可以从声门的窄缝里挤出，使声带颤动发出响亮的声音。

③共鸣部分——口腔、鼻腔和咽腔

喉头上面是咽腔。咽腔是个三叉口，下连喉头，前通口腔，上连鼻腔。呼出的气流由喉头经过咽腔到达口腔和鼻腔。口腔、鼻腔、咽腔都是共鸣器，对发音来说口腔最重要。构成口腔的组织，上面的叫上腭，下面的叫下腭。上腭包括上唇、上齿、齿龈、硬腭、软腭和小舌，下腭包括下唇和下齿，舌头也附着在下腭上。舌头又分为舌尖、舌面和舌根。上腭上面的空腔是鼻腔，软腭和小舌处在鼻腔和口腔的通道上。软腭上升时，鼻腔关闭，气流从口腔通过，这时发出的声音叫口音。软腭下垂时，口腔中的某一部位关闭，气流从鼻腔通过，这时发出的声音叫鼻音。下面是口腔和鼻腔的示意图：

(3)语音的社会性质

语言是人类最重要的交际工具，具有社会性；语音是语言的物质外壳，因此也具有社会性。每种语言都具有自己的语音特点、自己的语音系统。例如，有哪些音，没有哪些音；哪些音能和哪些音组合，不能和哪些音组合；哪些音能区别意义，哪些音不区别意义；哪些音可以变化到哪个位置，如果变化超越一定的范围就变成的其他的音，等等。这些主要不是由语音的物理性质和生理性质决定的，而是由语音的社会性质决定的，也就是由使用该语言的民众共同认可的、共同决定的，所以说语音的社会性是语音的本质属性。例如，南方很多方言有入声，北京话没有入声。“郭、国、葛、各”，在南方很多方言中是入声，发音短促，在北京话里不是入声，发音不短促。又如，北京话里声母 g、k、h 不和韵母 i、ü 相拼，而胶东话里就可以相拼。北京话有 z、c、s 和 zh、ch、sh 的区别，南方许多方言没有区别，使得“走”与“肘”同音，“岑”与“陈”同音，“三”与“山”同音。再如，北京话的 n 和 l 能区别意义，“龙”和“农”发音不同；而四川话里 n 和 l 不区别意义，“龙”“农”的声母一般读作 n。

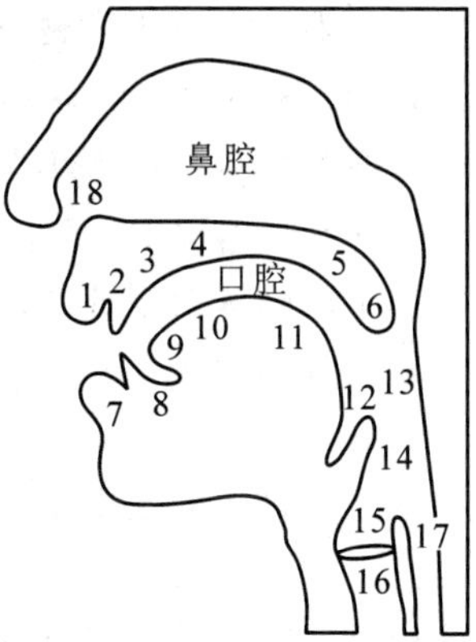

1 上唇	2 上齿	3 齿龈
4 硬腭	5 软腭	6 小舌
7 下唇	8 下齿	9 舌尖
10 舌面	11 舌根	12 咽腔
13 咽壁	14 喉盖	15 声带
16 气管	17 食道	18 鼻孔

二、语音学

研究人类语言声音的学科叫语音学。语音学是语言学的一个分支。主要研究语言的发音机制，语音特性和在言谈中的变化规律。由于它的研究内容关系到发音动作，语声特性以及听感，而人类的不同语言集体各有自己的语音特点，因此现代语音学的研究需同时具备自然科学和社会科学的知识作为基础。

三、音标

研究语音离不开对语音的记录，人们创造了记录语音的符号符号叫音标。《汉语拼音方案》就是一种音标。过去各国的语言学家使用的音标不一致，给记音和研究带来诸多不便，为了使记录语音的符号比较一致，国际语音协会在 1886 年制订了一套音标，叫“国际音标”，于 1888 年刊载于该会的刊物《语音教师》上，从此为世界语言学家所采用。其间几经增改，最近的一次修订是在 2005 年。这些音标和一些附加符号基本上满足了描写世界各语言中语音的要求。使用国际音标时，通常在音标外面加“[　]”。

四、语音的基本概念

任何一门学科，都有自己的一套理论体系，为了表述这一套体系，都有一些专门的概论，语音学也不例外，我们这里介绍几个语音学中最基本的概念。

1. 音素

音素是最小的语音单位，它是从音色的角度划分出来的。例如，汉语中的 ɑ、o、e、i、u，b、d、g、s、r 等都是音素。一种语言的语音系统大都是由几十个不同的音素组成的。

音素分为元音和辅音两大类，元音如 ɑ、o、e、i、u；辅音如 b、p、d、t、g、k、s、r。

元音和辅音的区别主要是：

第一，元音发音时，气流不受阻碍，只是受到一定的节制；辅音发音时，气流通过口腔、鼻腔时要受到明显阻碍。

第二，元音发音时，发音器官各部位保持均衡的紧张状态；辅音发音时，构成阻碍的部位比较紧张，其他部位比较松弛。

第三，元音发音时，气流较弱；辅音发音时，气流较强。

第四，元音发音时，声带要颤动，发出的声音比较响亮；辅音发音时，有的声带颤动，声音响亮，如 m、n、l、r 等，有的不颤动，声音不响亮，如 b、t、z、c 等。

2. 声母、韵母、声调

汉语音韵学的传统办法是把一个音节分为声母、韵母和声调三个部分。

声母指音节开头的辅音，韵母指音节里声母后面的音素或者音素的组合。例如 shēng(声)mǔ(母)中，shēng(声)的声母是 sh，韵母是音素的组合 eng；mǔ(母)的声母是 m，韵母是音素 u。

元音、辅音和声母、韵母不是相同的单位，主要有以下几点区别：

第一，它们是从不同的角度分析得出的语音概念。元音、辅音是音素的分类，是从物理学角度划分出来的语音单位；声母、韵母是对从音节的位置的角度进行分析得出的概念。

第二，它们的适用范围不一样，元音、辅音这组概念适用于分析一切语言；声母、韵母这组概念只适用于分析汉语和与汉语有相同的音节结构的语言。

第三，实际情况不一致。例如，在普通话中，声母基本由辅音充当，韵母主要由元音或者元音和辅音组合充当的，例如辅音 n 可以充当声母，也可以做韵尾，辅音 ng 不能做声母，只能做韵尾。例如，音节 nán(男)里的前一个 n 是声母，后一个 n 是韵尾。音节 jiāng(江)里，辅音 ng 做韵尾。当然古汉语和方言里，辅音 ng 是可以做声母的，不过我们这里只讨论普通话。

声调指整个音节的高低升降变化。例如，普通话里 tāng(汤) táng(糖) tǎng(躺) tàng(烫)这四个音节的声母和韵母都相同，只是声调不同，表示的意思也就不同。

3. 音位

一个语言系统中能够区分意义的最小的语音单位，也就是按语音的辨义作用归纳出来的音类，是从语言的社会属性划分出来的语言单位。音位总是属于一定的语言或者方言的，没有跨语言或者跨方言的音位。

语言交际中，人们能够发出的语音形式非常丰富，如果将这些语音形式区分开，一直切分到最小的语音形式，我们将会得到音素。人们的发音器官能够发出的音素非常丰富，实验语音学为语音的这种丰富性提供极好的材料。但是在一种语言中，这些音素的区别有的很有价值，有的没有价值，它们区别的价值总是体现在一定的语言之中。例如[b]与[p]在现代英语中区别十分明显，而且是有价值的区别，但是在现代汉语普通话中却是没有价值的区别，如果发错了，只是说者和听者感到有一点别扭、不自然罢了，不会影响交际。反之，[p]与[p‘]在现代现代汉语普通话中区别十分明显，而且是有价值的区别，但是在英语中却是没有价值的区别，如果发错了，只是说者和听者感到有一点别扭、不自然罢了，不会影响交际。这种区别与否的认同，不在乎两个音之间本身有多大的区别，关键是使用这种语言的社会群体的集体认同。

一个音位通常包括许多音位变体，例如普通话的音位“/ɑ/”(音位一般用“/ /”表示)就有许多变体，例如：

在汉语拼音“ai”、“uai”、“an”、“uan”中是[a]；

在汉语拼音“a”、“ia”、“ua”中是[A]；

在汉语拼音“ian”、“ üan”中是[ε]；

在汉语拼音“ang”、“iang”、“uang”中是[ɑ]；

在儿化的“ar”中是[ɐ]。

一种语言(或者方言)的语音系统，严格说应该是音位系统，它包括这种语言(或者方言)的全部音位，音位变体(条件变体和自由变体)，音位的聚合关系和组合关系。《汉语拼音方案》与音位学原理还有一定的差距，但大方向看，它是代表普通话的音位系统的。

4. 音节

音节是发音时和听音时感觉到的最自然和最容易分辨出来的语音单位，如汉语中“人”是一个音节，“语言”是两个音节，“语音学”是三个音节，“中华人民共和国”是七个音节。大体说来，汉语音节和汉字一对一，一个汉字也就是一个音节。只有少数例外，如“歌儿、今儿”都写成两个汉字，可是读成一个音节 gēr、jīnr。

音节是由音素构成的。普通话里的一个音节可以由一个音素(严格说是音位，下同)构成，例如，“啊”(ā)、“饿”(è)；也可以由两个音素构成，例如，“夫妻”(fū qī)；或者由三个音素构成，例如，“人民”(rén mín)；最多时可以由四个音素构成，例如，“双边”(shuāng biān)。

第二节 声母

声母指音节开头的辅音，音节开头没有辅音的，是零声母。汉语普通话有21个辅音声母，一个零声母，共22个①。

因为声母是由辅音构成的，所以分析声母的发音也就是分析构成声母的辅音的发音。辅音发音时，一般要经过三个阶段：一是成阻，气流通过口腔或鼻腔时要受到阻碍；二是持阻，气流与阻碍势均力敌，形成相持；三是除阻，气流克服阻碍，发出声音。

语音学家一般从两个方面来分析辅音：(1)发音部位，就是阻碍气流顺利通过的发音器官。(2)发音方法，就是气流克服阻碍发出声音的方法。发音方法又包括除阻的方式、是否带音和气流大小三个方面。

汉语普通话声母依发音部位分类，共分为双唇音、唇齿音、舌尖前音、舌尖中音、舌尖后音、舌面音、舌根音七类。从发音方法看，依除阻方式共分为塞音、擦音、塞擦音、鼻音、边音、近音六类；依是否带音分为清音、浊音两类：依气流大小分为送气音、不送气音两类。

一、声母的发音部位

普通话中的辅音声母是：b、p、m、f、d、t、n、l、g、k、h、j、q、x、zh、ch、sh、r、z、c、s。按照发音部位分为以下七组：

1. 双唇音。由上唇和下唇构成阻碍而形成的音，有3个，是：b、p、m。

2. 唇齿音。由下唇和上齿构成阻碍而形成的音，只有1个，是：f。

3. 舌尖中音。由舌尖和上齿龈构成阻碍而形成的音，有4个，是：d、t、n、l。

---

① 《汉语拼音方案》没有记零声母，所以是21个；小学教材将y、w作为声母进行教学，所以是22个。

4. 舌根音。由舌根和软腭构成阻碍而形成的音，有 3 个，是：g、k、h。

5. 舌面音。由舌面和硬腭构成阻碍而形成的音，有 3 个，是：j、q、x。

6. 舌尖后音。舌尖翘起和硬腭构成阻碍而形成的音，有 4 个，是：zh、ch、sh、r。

7. 舌尖前音。由舌尖和上齿背构成阻碍而形成的音，有 3 个，是：z、c、s。

下面是声母发音部位的示意图：

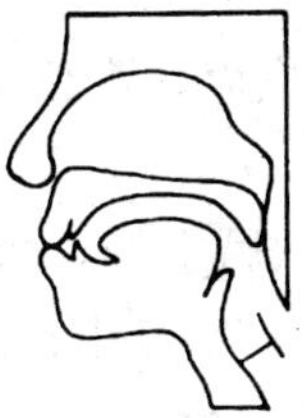

双唇音

唇齿音

舌尖中音

舌根音

舌面音

舌尖后音

舌尖前音

以上是《汉语拼音方案》的排列顺序，如果只按照发音部位排列，其顺序应该是双唇音、唇齿音、舌尖前音、舌尖中音、舌尖后音、舌面音、舌根音。

二、声母的发音方法

声母的发音方法要从三个方面来说明：

按照发音时气流克服阻碍的方式，普通话的声母分为六类：

1. 塞音。构成阻碍的两个部位完全闭塞。软腭上升，堵塞通向鼻腔的通路。气流经过口腔时冲破阻碍迸裂而出，爆发成声。塞音有6个，就是b、p、d、t、g、k。

2. 擦音。构成阻碍的两个部位非常接近，留下窄缝。软腭上升，堵塞通向鼻腔的通路。气流经过口腔时从窄缝挤出，摩擦成声。擦音有6个，就是f、h、x、sh、s。

3. 塞擦音。构成阻碍的两个部位完全闭塞。软腭上升，堵塞通向鼻腔的通路。气流经过口腔先把阻塞部位冲开一条窄缝，从窄缝中挤出，摩擦成声。先破裂，后摩擦，结合成一个音。塞擦音有6个，就是j、q、zh、ch、z、c。

4. 鼻音。口腔里构成阻碍的两个部位完全闭塞。软腭下垂，打开通向鼻腔的通路。气流颤动声带，从鼻腔通过。鼻音有两个，就是m和n。

5. 边音。舌尖与齿龈相接构成阻碍，舌头两边留有空隙。软腭上升，堵塞通向鼻腔的通路。气流经过口腔，颤动声带，从舌头的两边通过。边音只有1个，就是l。

6. 近音。近音指的是主动调音器官和被动调音器官相距很近的辅音，但其接近度加气流量率，还不足以产生湍流和摩擦。近音有1个，就是r①。

按照发音时呼出的气流的强弱，普通话声母中的塞音和塞擦音分为两类，就是不送气音和送气音。

1. 不送气音。发音时，呼出的气流较弱。有6个，就是b、d、g、j、zh、z。

2. 送气音。发音时，呼出的气流较强。有6个，就是p、t、k、q、ch、c。

按照发音时声带是否颤动，普通话的声母分为两类，就是清音和浊音。

---

① 汉语拼音中的r，许多语音学著作把它记作[ʐ]，认为是与sh相对的浊音，用传统音韵学的术语可以叫做全浊。但是从语音系统、音韵来源、语音演变规律看，它不该是一个全浊声母。所以赵元任、王力、朱晓农等先生认为它不是[ʐ]。我们认为很有道理，这里采用朱晓农《语音学》的观点。

1. 清音。气流呼出时，声门打开，声带不颤动，发出的音不响亮。清音有 17 个，就是 b、p、f、d、t、g、k、h、j、q、x、zh、ch、sh、z、c、s。

2. 浊音。气流呼出时，颤动声带，发出的音比较响亮。浊音有 4 个，就是 m、n、l、r。

把上面讲的声母的发音部位和发音方法结合起来，就可以全面描写普通话 21 个辅音声母的发音。后面方括号里的是国际音标。

b [p] 双唇、不送气、清、塞音。

p [p] 双唇、送气、清、塞音。

m [m] 双唇、浊、鼻音。

f [f] 唇齿、清、擦音。

d [t] 舌尖中、不送气、清、塞音。

t[tʻ] 舌尖中、送气、清、塞音。

n [n] 舌尖中、浊、鼻音。

l [l] 舌尖中、浊、边音。

g [k] 舌根、不送气、清、塞音。

k [kʻ] 舌根、送气、清、塞音。

h [x] 舌根、清、擦音。

j [tɕ] 舌面、不送气、清、塞擦音。

q [tɕʻ] 舌面、送气、清、塞擦音。

x[ɕ] 舌面、清、擦音。

zh [tʂ] 舌尖后、不送气、清、塞擦音。

ch [tʂʻ] 舌尖后、送气、清、塞擦音。

sh [ʂ] 舌尖后、清、擦音。

r [ʂ] 舌尖后、浊、近音。

z [ts] 舌尖前、不送气、清、塞擦音。

c [tsʻ] 舌尖前、送气、清、塞擦音。

s [s] 舌尖前清擦音。

声母的发音部位和发音方法可以综合为下面的表：

发音方法	塞音		塞擦音		擦音		鼻音	边音	近音
	清音		清音		清音	浊音	浊音	浊音	浊音
发音部位	不送气	送气	不送气	送气					
双唇音	b	p					m		
唇齿音					f				
舌尖前音			z	c	s				
舌尖中音	d	t					n	l	
舌尖后音			zh	ch	sh				r
舌面音			j	q	x				
舌根音	g	k			h				

三、零声母

除了以上说的 21 个辅音声母外，普通话还有一些音节不用辅音声母开头，例如，a，e，ai，ao，an，en、ou、ang 等。这样的音节没有声母，可是语言学家从语音的系统性考虑认为它们有声母，不过不是辅音声母，而是特殊的声母，叫做零声母。有了零声母这个概念，可以说普通话里所有的音节都有声母，都可以分为声母和韵母两部分。

汉语拼音的 y 和 w 只出现在零声母音节的开头，它们的功能作用主要相当于开口呼前面的的隔音符号，作用主要是书写上区别音节，或者说是使音节界限清楚。例如，yi、yu、yan、yuan、yang、wang、weng、yong 等。在 dayi(大衣)，fuwu(服务)这样的结构中，y、w 的隔音作用十分明显。

第三节　韵母

一、韵母的分类

韵母指音节里声母后面的音素或者音素的组合。现代汉语普通话的韵母从结构上看，由韵头、韵腹、韵尾组成。韵头，也叫介音，有 i、u、ü 三个；韵腹，也叫主要元音，有 a、o、e、i、u、ü、-i[ɿ]、-i[ʅ]、er 九个；韵尾有 i、u(包括《汉语拼音方案》写作 o 的韵尾)、n、ng 四个，其中 i、u 是元音韵尾，n、ng 是鼻辅音韵尾。

普通话有 38 个韵母，可以进行多种分类。

可以根据韵头或者韵母开头的元音进行分类，可以分为四类，如果没有韵头，韵母开头的音是 a、o、e、-i[ʅ]、-i[ʅ]、er 的叫做开口呼；如果有韵头 i，或者没有韵头时韵母开头的音是 i(韵腹)的叫做齐齿呼；如果有韵头 u，或者没有韵头时韵母开头的音是 u(韵腹)的叫做合口呼；如果有韵头 ü，或者没有韵头时韵母开头的音是 ü(韵腹)的叫做撮口呼。

普通话中的韵母可以只由一个音素构成，通常是一个元音构成的；也可以由音素的组合构成，它们可以是元音和元音组合，也可以是元音和辅音组合。因此可以根据韵母的结构进行分类。人们通常将韵母分为三类：(1)单元音韵母，简称单韵母。单韵母只是由一个元音构成的。普通话有 9 个单元音韵母。(2)复元音韵母，简称复韵母。复韵母是由两个或三个元音构成的。普通话有 13 个复元音韵母。(3)带鼻音韵母，简称鼻韵母。鼻韵母是由元音和鼻辅音构成的。普通话有 16 个鼻韵母。

二、单元音韵母

单元音韵母是由一个元音构成的，它的发音也就是元音的发音。普通话有 9 个单元音韵母，从发音说分为两类：舌面单元音韵母和舌尖单元音韵母。

1. 舌面单元音韵母

普通话里一共有 6 个舌面单元音韵母，就是 a、o、e、i、u、ü。它们发音时主要由舌面起作用，气流颤动声带，然后由口腔呼出。元音的音色主要是舌位不同和唇形的不同决定，它们的不同导致发音时口腔形状的不同，从而形成不同的元音。

(1)舌位

舌位是指发元音时，舌面隆起部分的所在位置，也就是舌头最高点的位置。可以从前后和高低两个角度分析单元音。

舌位的前后。发元音时舌头前伸，舌位在前，发出的元音叫前元音。普通话里有两个前元音，即 i、ü。发元音时，舌头后缩，舌位在后，发出的元音叫后元音。普通话里有 3 个后元音，即 o、e、u。发元音时，舌头不前不后，舌位居中，发出的元音叫央元音。普通话里有 1 个央元音，即 a。

舌位的高低。舌面抬高，和硬腭的距离达到最小时，发出的元音叫高元音，也叫闭元音。舌面降低，和硬腭的距离达到最大时，发出的元音叫低元音，也叫开元音。由高元音到低元音的这段距离可以分为相等的四份，中间有三个点。舌位处在这三个点上时，发出的元音由上而下分别叫做半高元音(半闭元音)、中元音和半低元音(半开元音)。普通话里有 3 个高元音，就是 i、u、ü；有两个半高元音，就是 o、e；有 1 个低元音，就是 ɑ。

在语音学里，央元音是针对舌位的前后而言，中元音是针对舌位的高低而言，不要混淆。

(2)唇形

嘴唇收圆，发出的元音叫圆唇元音；嘴唇展开，发出的元音叫不圆唇元音，也叫展唇元音。普通话里有 3 个圆唇元音，就是 o、u、ü，有 3 个不圆唇元音，就是 ɑ、e、i。

根据舌位和唇形，可以将普通话的 6 个舌面单元音韵母的发音情况描写如下：

ɑ 央、低、不圆唇元音。

o 后、半高、圆唇元音。

e 后、半高、不圆唇元音。

i 前、高、不圆唇元音。

u 后、高、圆唇元音。

ü 前、高、圆唇元音。

舌面单元音韵母的发音可以综合为下面的表：

汉语单元音表

	前元音		央元音		后元音	
	不圆唇	圆 唇	不圆唇	圆 唇	不圆唇	圆 唇
高元音	i	ü				u
半高元音					e	o
中元音						
半低元音						
低元音			ɑ			

2. 舌尖单元音韵母

有 3 个，就是-i [ɿ](舌尖前，“资、雌、思”的韵母)、-i [ʅ](舌尖后，“知、痴、师、日”的韵母)、er。

舌尖单元音韵母的发音也就是舌尖单元音的发音，发音时主要是舌尖起作用。舌尖单元音的不同发音，是由舌尖位置(包括前后、高低)和唇形(包括圆展)这两个条件决定的。

-i[ɿ] 舌尖前元音。舌尖前高不圆唇元音，发音时舌尖前伸，靠近上齿背，形成一条窄缝，气流经过时不发生摩擦。只用在声母 z、c、s 的后面。

-i[ʅ] 舌尖后元音。舌尖后高不圆唇元音，发音时舌尖翘起，靠近硬腭，形成一条窄缝，气流经过时不发生摩擦。只用在声母 sh、ch、sh、r 的后面。

er 卷舌元音。卷舌央中不圆唇元音，如：儿、而、耳、尔。发音时舌头处于自然状态，舌尖翘起和硬腭相对，气流的通路比较宽，嘴唇不圆。韵母 er 永远不和辅音声母相拼。

三、复元音韵母

复元音韵母也叫复韵母，是由两个或三个元音构成的。由两个元音构成的叫二合复韵母，由三个元音构成的叫三合复韵母。

复韵母的发音有两个特点：一个是动程，另一个是响度。

第一，发音时从一个元音到另一个元音是逐渐过渡的，而不是跳跃的，中间有许多过渡音。例如发 ou 时，先发 o，然后舌位逐渐升高，后移，嘴唇逐渐收圆 ，最后发 u。

第二，各元音的响度不等，响度和开口度有关。一般说来，开口度大的低元音响度大，开口度小的高元音响度小。响度大的元音在前的，叫做前响复韵母；响度大的元音在后的，叫做后响复韵母；响度大的元音在中间的，叫做中响复韵母，中响复韵母一定是三合复韵母。

普通话有 13 个复韵母，分为三组。

1. 二合前响复韵母，有 4 个，ai、ei、ao 、ou。
2. 二合后响复韵母，有 5 个，ia、ie、ua、uo、üe。
3. 三合中响复韵母，有 4 个，iao、iou、uai、uei。

汉语拼音方案规定：iou、uei 两个韵母和声母相拼时，写作 iu、ui。例如“流水”写作 liú shuǐ，不写作 lióu shuěi。

四、鼻韵母

带鼻音韵尾的韵母叫鼻韵母，是由元音和鼻辅音构成的。鼻韵母发音时，由元音开始逐渐向鼻辅音过渡，最后阻碍部分完全闭塞，气流从鼻腔流出。

普通话中作韵尾的鼻辅音有两个，就是 n 和 ng。

n 是舌尖中浊鼻音，既可作声母又可作韵尾。作韵尾时要等气流停止后，双唇构成的阻碍才消除。下面是 n 的发音部位示意图：

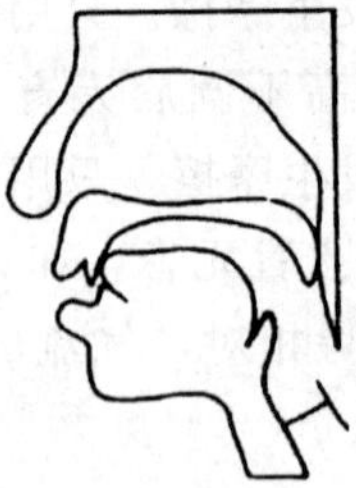

ng 是舌根浊鼻音，在普通话中只作韵尾不作声母。发音时，舌根抵住软腭，堵塞气流通往口腔的通路，同时软腭下垂。气流颤动声带，从鼻腔通过。下面是 ng 的发音部位示意图：

鼻韵母有两类，就是前鼻音韵母和后鼻音韵母。

1. 前鼻音韵母。前鼻音韵母是以 n 为韵尾的韵母，共有 8 个，an、ian、uan、üan、en、in、uen、ün。

2. 后鼻音韵母。后鼻音韵母是以 ng 为韵尾的韵母，也有 8 个，ang、iang、uang、eng、ing、ueng、ong、iong。

汉语拼音方案规定，韵母 uen 和声母相拼时，写作 un。例如"论"写作 lùn，不写作 luèn 。

第四节　声调

一、声调的性质和作用

声调指整个音节的高低升降的变化。普通话里的"同志"(tóng zhì)、"通知"(tōng zhī)、"统治"(tǒng zhì)、"同知"(tóng zhī)的不同，"主人"(zhǔ rén)、"主任"(zhǔ rèn)、"助人"(zhǔ rén)、"诸人"(zhū rén)、"逐人"(zhú rén)的不同，就是由声调的不同造成的。

汉语的声调具有区分意义的功能，声调在汉语中非常重要。声调是音高在音节中的具体表现。与印欧语相比，声调是汉语的特点之一。声调包括调值和调类两个方面，因此要认识清楚汉语的声调就要认识调值和调类。

二、普通话的调值

调值指声调的实际读法，也就是高低升降变化的具体形式。调值是由音高决定的，音乐的音阶也是由音高决定的，但是调值和音阶不同。音阶的高低是绝对的，调值的高低是相对的。一个音，女人说出来，调值会比男人的高，小孩儿说出来，调值会比成人的高。同一个人情绪平静时的调值比情绪激动时低。

描写调值常用赵元任先生的“五度标记法”。把一条竖线四等分，得到五个点，自下而上定为五度：1 度是低音，2 度是半低音，3 度是中音，4 度是半高音，5 度是高音。一个人所能发出的最低音是 1 度，最高音是 5 度，中间的音分别是 2 度、3 度和 4 度。一个音如果又高又平，就是由 5 度到 5 度，简称为 55，是个高平调；如果从最低升到最高，就是由 1 度到 5 度，简称为 15，是个全升调；如果由最高降到最低，就是由 5 度降到 1 度，简称为 51，是个全降调。五度标记法图示如下：

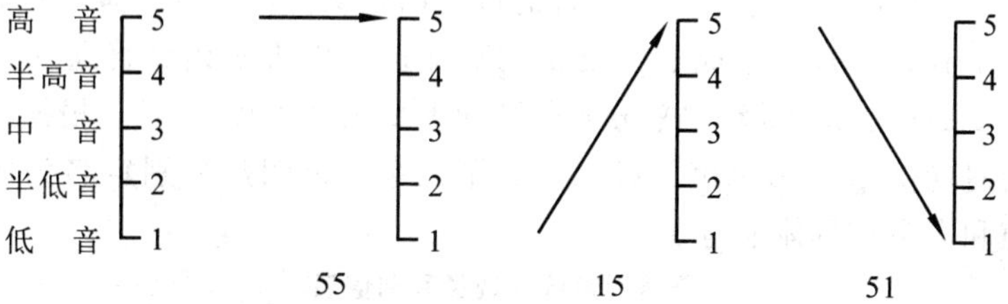

汉语普通话的“妈(mā)、麻(má)、马(mǎ)、骂(mà)，衣(yī)、移(yí)、以(yǐ)、亿(yì)，汤(tāng)、糖(táng)、躺(tǎng)、烫(tàng)”都是声调的具体反映。其中“妈(mā)、衣(yī)、汤(tāng)”的调值是 55 调，是高平调，发音时由 5 度过度到 5 度；“麻(má)、移(yí)、糖(táng)、”的调值是 35 调，是中升调，发音时由中音升到高音，即由 3 度到 5 度；“马(mǎ)、以(yǐ)、躺(tǎng)”的调值是 214 调，是降升调，发音时由半低音降到低音再升到半高音，即由 2 度降到 1 度，再升到 4 度；“骂(mà)、亿(yì)、烫(tàng)”是 51 调，是全降调，发音时由高音降到低音，即由 5 度到 1 度，如下图所示。

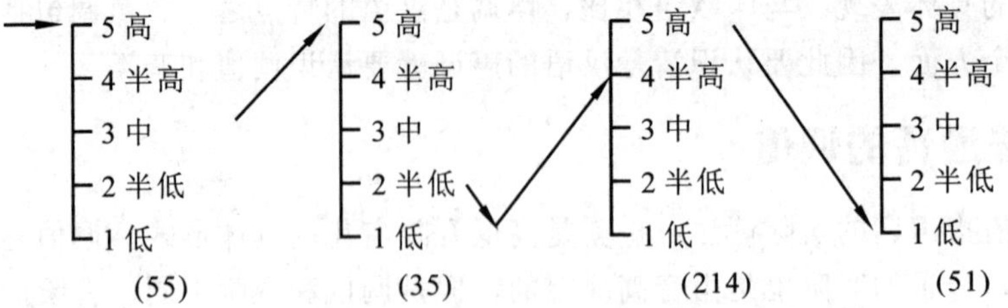

三、普通话的调类

调类指声调的类别，就是把调值相同的音归纳在一起建立起来的声调的类别。例如普通话的“骂、意、烫、替、布、至”调值相同，都是由 5 度到 1 度，就属于同一个调类。

普通话有四种基本调值，可以归并为四个调类。我们把普通话 55 调的归为一类，35 调的归为一类，214 调的归为一类，51 调的归为一类。分别叫做第一声、第二声、第三声、第四声。

古代汉语的声调有四个调类，古人叫做平声、上声、去声、入声，合起来叫做四声。现代汉语普通话和各方言的调类都是从古代的四声演变来的。在演变的过程中有分有合，形成非常复杂的局面。从中古汉语到普通话的声调演变，最重要的有三条规律：“平分阴阳”“浊上变去”“入派三声”，根据与古汉语和方言的对应关系，第一声、第二声、第三声、第四声分别定名为阴平、阳平、上声和去声。具体描写如下。

普通话声调的调类和调值表

调类	调值	调型	调号	例字
阴平	55	高平	—	轻 qīng　书 shū
阳平	35	中升	/	情 qíng　熟 shú
上声	214	降升	√	请 qǐng　属 shǔ
去声	51	全降	\	庆 qìng　树 shù

第五节 音节

一、音节的构成

汉语音节从构成说可以分为声母、韵母和声调三个部分，其中韵母部分最复杂。第三节分析韵母的时候已经简单分析过韵母的结构。一个韵母最少有一个音素，最多有三个音素。在由三个音素构成的韵母中，中间的发音最响亮的音素叫韵腹；韵腹前面的音素叫韵头，也叫介音；韵腹后面的音素叫韵尾。韵腹是韵母中不可缺少的成分，韵头和韵尾可以都有，也可以都没有，也可以只有其中的一个。韵母中如果只有一个音素，这个音素一定是韵腹。如果有两个音素，可能是韵头和韵腹，也可能是韵腹和韵尾。如果有三个音素，就一定是韵头、韵腹和韵尾。分析韵母结构时一定要先找出韵腹，然后再找韵头和韵尾（如果有韵头和韵尾的话）。

普通话 38 个韵母中，单韵母只有韵腹。复韵母中，二合前响复韵母（ai、ei、ao、ou）包含韵腹和韵尾；二合后响复韵母（ia、ie、ua、uo、ue）包含韵头和韵腹；三合中响复韵母（iao、iou、uai、uei ）里韵头、韵腹、韵尾三部分俱全。鼻韵母中一定有韵腹和韵尾（n 或 ng），有的有韵头（如 ian、iang），有的则没有韵头（如 an、ang）。

分析普通话的音节结构时，《汉语拼音方案》规定 iou、uei、uen 与辅音声母相拼时要省写为 iu、ui、un，但是分析韵母时要用原式，不用省写式 iu、ui、un。由零声母与齐齿呼、合口呼、撮口呼相拼时，《汉语拼音方案》规定要改写为 y、w 开头的音节，但分析韵母时要用原式，不用改写式。例如，yī（衣）、yū（迂）、yān（烟）、yuān（冤）、yāng（央）、wāng（汪）、wēng（翁）、yōng（雍）的韵母，要用 i、ü、ian、üan、iang、uang、ueng、iong 等。

普通话的音节有以下几个特点：

1. 每个音节都有声母、韵母和声调三个部分。

2. 声母有 22 个，其中 21 个是辅音声母，1 个是零声母。

3. 韵母有 38 个，其中 9 个是单韵母，13 个是复韵母，16 个是鼻韵母。

4. 韵母有韵头、韵腹和韵尾三个部分，其中韵腹是不可缺少的。可以做韵腹的有 9 个元音，就是 a、o、e、i、u、ü、-i（前）、-i（后）、er；可以做韵头的有三个元音，就是 i、u 和 ü：可以做韵尾的有两个元音 i、u（包括书写形式为 o 的韵母）和两个辅音 n 和 ng。

5. 有4个声调，就是阴平、阳平、上声和去声。

普通话的音节结构有以下八种类型：

种类	例字	声母	韵母				声调
			韵头	韵腹	韵尾		
					元音	辅音	
1	啊 ā			a			阴平
2	约 üē		ü	e			阴平
3	爱 ài			a	i		去声
4	烟 iān		i	a		n	阴平
5	那 nà	n		a			去声
6	列 liè	l	i	e			去声
7	逃 táo	t		a	u		阳平
8	黄 huáng	h	u	a		ng	阳平

说明：1类至4类的声母是零声母，5类至8类的声母是辅音声母；1类和5类的韵母只有韵腹；2类和6类的韵母有韵头和韵腹；3类和7类的韵母有韵腹和韵尾；4类和8类的韵母韵头、韵腹、韵尾全有；3类和7类韵母的韵尾是元音；4类和8类韵母的韵尾是辅音(具体说是鼻辅音)；7类韵母的韵尾书写形式是o，实际是u。

二、四呼

“四呼”是传统音韵学里的术语，主要是以韵头为标准对韵母做出的分类。普通话的38个韵母，有的有韵头，有的没有韵头。能够构成韵头的元音只有3个，就是i、u、ü。根据这个特点韵母可以分为四类：

开口呼：没有韵头，韵腹是a、o、e和-i的韵母。有15个。

齐齿呼：韵头或者韵腹是i的韵母。有10个。

合口呼：韵头或者韵腹是u的韵母。有9个。

撮口呼：韵头或者韵腹是ü的韵母。有4个。

韵母按四呼分类列表如下：

韵母类别	开口呼	齐齿呼	合口呼	撮口呼
单韵母		i	u	ü
	-i(前)			
	-i(后)			
	a	ia	ua	
	o		uo	
	e			
		ie		üe
	er			
复韵母	ai		uai	
	ei		u ei	
	ao	iao		
	ou	iou		
鼻韵母	an	ian	uan	üan
	en	in	uen	ün
	ang	iang	uang	
	eng	ing	ung	
	ong	iong		

三、普通话声韵配合规律

普通话声母和韵母的配合有比较强的规律性，掌握这种配合规律，有助于深入了解普通话的语音系统，更好地学习普通话。普通话声母和韵母的配合规律主要表现在声母的发音部位和韵母的四呼上。

普通话声母和韵母配合的主要规律有以下四条：

1. b、p、m 和 d、t 能和开口呼、齐齿呼、合口呼韵母相拼(b、p、m 和合口呼相拼仅限于 u)，不能和撮口呼韵母相拼。

2. g、k、h，zh、ch、sh、r，z、c、s 这三组声母能和开口呼、合口呼韵母相拼，不能和齐齿呼、撮口呼韵母相拼。

3. j、q、x 和上述三组声母相反，只能和齐齿呼、撮口呼韵母相拼，不能和开口呼、合口呼韵母相拼。

4. n、l，零声母和四呼都能相拼。

这种规律可以列表如下：

发音部位＼四呼	开口呼	齐齿呼	合口呼	撮口呼
双唇音	帮	平	（不）	〇
唇齿音	飞	〇	（服）	〇
舌尖前音	三	〇	才	〇
舌尖中音	但	天	乱	略
舌尖后音	正	〇	帅	〇
舌面音	〇	家	〇	全
舌根音	干	〇	欢	〇
零声母	安	因	晚	月

说明：

1. 表中有字的表示声和韵可以配合，画〇的表示不能配合。列出的字是举例性的。

2. 所谓配合就是相拼。能配合只是说其中有的声母和有的韵母能相拼，不是说所有的声母和所有的韵母都能相拼。

3. 双唇音、唇齿音只能和合口呼中的韵母 u 相拼，不能和合口呼中的其他韵母相拼，所以表中的“不、服”加括号。

掌握这些规律可以避免拼写上的一些错误。例如，知道 j、q、x 不能和开口呼韵母相拼，就不会把“间”jiān 误拼为 jān；知道 b、p、m、f 和合口呼韵母相拼只限于韵母 u，就不会把“波”bō 误拼为 buō。

第六节　语调

我们说话的时候，除了每个音节的声调外，整个句子在语音上还有高低快慢、抑扬顿挫的变化，这种帮助表达说话人的意思和感情的贯穿全句的抑扬顿挫就是语调。有的音节要读得重些，有的音节后面要有停顿；有的句子的音高逐渐上升，有的句子的音高逐渐下降。这些变化和单个音节的读音没有很直接的关系，但是和全句的意思和说话人的感情有直接的关系。例如说“他走了”的时候，音高逐渐上升，说成“他走了？”，书面语中句尾用问号，就是问话；音高逐渐下降，说成“他走了。”书面语中句尾用句号，就是一般的叙述。构成语调的因素很复杂，因为它包括整句话声音的高低、快慢、长短、强弱的变化。

语调主要包括停顿、重音和升降三个方面。

一、停顿

停顿就是句子内部或句与句之间说话时的间歇。一段话里面什么地方停顿、停顿是长是短，是由表达的需要来决定的。句与句之间的停顿一般要大于句子内部的停顿。在一句话里面，关系非常密切的词语间一般没有停顿，只在关系不很密切的词语间才可以有停顿。下面这个句子内可以有两个停顿：

中华民族/是一个/有五千年光辉历史的民族。

句中的停顿把一句话分为几个片段。这样的片段叫做“节拍群”。一句话里节拍群的多少可以变化，说得快时节拍群就少些，说得慢些节拍群就多些。上面的句子在说得快些的时候，中间只有一个停顿，分成两个节拍群。例如：

中华民族/是一个有五千年光辉历史的民族。

说得慢些的时候，中间可以有5个停顿，分成6个节拍群。例如：

中华民族/是一个/有/五千年/光辉历史的/民族。

说话的时候，各节拍群所用的时间要相差不多，大体一致，音节多的节拍群要说得快些，音节少的节拍群要说得慢些。这样就使各个节拍群有快有慢，听起来富于变化。

停顿的不同有时会引起结构和意义的改变。例如：“二加三/乘以四”和“二加/三乘以四”的层次不同，意义也不同。“/”表示句内较大的停顿。说成“二加三/乘四”，数学上写作“$(2+3)\times4$”，得数是二十；说成“二加/三乘四”，数学上写作“$2+3\times4$”，得数是十四。又如：“他没找着小王老高很着急”这个语言片段，说成“他没找着小王，老高很着急”，停顿在“小王”之后，意思是：他找的对象是“小王”，“他没找着小王”的这个事实，使得“老高很着急”；“老高”是“着急”的施事；说成“他没找着小王老高，很着急”，停顿在“老高”之后，意思是：他找的对象是“小王”和“老高”，“他没找着小王老高”的这个事实，使得他自己“很着急”；“他”是“着急”的施事。

二、重音

重音指的是语句里的某些音节根据表达的需要而读得较重的语音现象。人们说话时，句子里的音节有的要重读。重音分为语法重音和强调重音。

1. 语法重音

根据语法结构的要求，句子里某些成分要重读，这种重读叫语法重音。具体如下。

(1)一般句子的谓语常要读成语法重音。例如：

太阳出来了。

我们的心情很愉快。

例中的谓语“出来”、“愉快”是语法重音。

(2)定语和状语常常传达新的信息，常读成语法重音。下面是定语带有语法重音的例子：

我们的成绩也是大家的成绩。

他们在平凡的岗位上做出了不平凡的事业。

前例中的定语“我们的”、“大家的”是语法重音；后例中的定语“平凡的”、“不平凡的”是语法重音。又如：

太阳冉冉地从东方升起来了。

战士们猛虎一般冲进敌人阵地。

前例中的状语“冉冉地”、“从东方”是语法重音；后例中的状语“猛虎一般”是语法重音。

(3)动词的补语要读成语法重音。例如：

老师的普通话说得太流利了！

队伍排列得整整齐齐。

两例中的补语“太流利”、“整整齐齐”是语法重音。

2. 强调重音

为了故意强调意思，而重读某些成分，这叫做强调重音。强调重音没有固定的规律，要根据交际的具体情况而定。例如：

同学们在教室里做作业。

如果“同学们”是强调的对象，读重音，可以理解为是回答“谁在教室里做作业?”的，强调是“同学们”，不是其他人；如果“在教室里”是强调的对象，读重音，可以理解为是回答“同学们在哪儿做作业?”的，强调是“在教室里”，不是其他地方；如果“做作业”是强调的对象，读重音，可以理解为是回答“同学们在教室里做什么?”的，强调是“做作业”，不是做其他事情。

有时为了强调对比，对比的成分要读成强调重音。例如：

我们说的是普通话，不是方言。

我不知道，就是知道也不告诉你。

前例中的“普通话”和“方言”是强调重音，后例中的“知道”和“告诉”是强调重音。这里的强调重音只起强调作用，不改变句子的意义。

三、升降

全句声音的高低升降的变化最能表示说话人的态度和感情。普通话语调有两种基本类型，就是降调和升调。这种全句声音的高低升降的变化也是语调的重要组成部分。

降调就是句尾的声音降低的调子。一般来说，陈述句、祈使句、感叹句用降调。例如：

他们刚刚下课。（陈述句）

别耽误了，赶快工作吧！（祈使句）

这些花太鲜艳了！（感叹句）

升调就是句尾的声音升起来的调子。部分疑问句用升调。例如：

一般句子中暂停的地方也用升调。例如：

你们要去哪儿？

句子中间暂停的地方一般也用升调。例如：

王老师是中文系的，不是历史系的。

说话时的感情和语气可以有种种变化，这种变化常常使得句子的语调发生比较复杂的变化。例如：

今天事情办得很顺。（一般的陈述，用降调）

今天事情办得很顺？（一般的提问，用升调）

今天事情办得很顺！（事情办得出乎意料之外的顺利，先升后降）

今天事情办得很顺？（不太相信，升得快而高）

今天事情办得很顺。（极端的肯定，降得快而低）

第七节　音变

语言具有线性特征，人们平常说话，总是一个音节连着一个音节发音的。音节和音节相连时，音节的有些音，受到前后其他音的影响，会发生有规律的变化，这种变化叫做音变。

本节讨论变调、语气词“啊”的音变、轻声、儿化四个方面的音变。

一、变调

1. 上声的变调

两个音节相连，前一个音节是上声时，这个上声受到它后面音节声调的影响发生变调。规律是：

上声和上声相连时，前一个上声的调值由214调变为阳平的调值35调。例如：

买米、礼品、土改、检举、冷水、你好

由于音变，上声与上声相连的“有井”“土改”和阳平与上声相连的“油井”“涂改”的读音相同。

上声和非上声相连时，前一个上声的调值由214调变为21调。这种上声叫“半上”。

(1)上声加阴平，如：买书、好心、老师、语音。

(2)上声加阳平，如：买油、好房、表扬、语言。

(3)上声加去声，如：买菜、好事、写信、美丽。

三个上声相连的语言片段情况更为复杂。例如，“展览馆”和“好领导”都是三个上声相连，但是读音不一样。“展览馆”的结构层次是“展览/馆”，其中的“展览”先组合，第一个上声“展”变为阳平，然后是“览”和“馆”组合，第二个上声“览”也读阳平，整个片段说成“阳平＋阳平＋上声”。“好领导”的结构层次是“好/领导”，其中的“领导”先组合，前一个上声变成阳平，然后是“好”和“领导”组合，上声“好”在阳平(“领”已经变为阳平了)之前，变为半上，整个片段读为“半上＋阳平＋上声”。

2. “一”和“不”的变调

(1)“一”的变调

“一”的本调是阴平，其变调主要有以下几种情况：

①单说时或在词句末尾时读本调，即阴平55调。例如，一、第一、三分之一。

②“一”在非去声(阴平、阳平、上声)前发生变调，改读为去声的调值51。

“一”在阴平之前的例子：一天、一篇、一周。

“一”在阳平之前的例子：一年、一元、一条。

“一”在上声之前的例子：一点、一本、一两。

③“一”在去声的前边改读为阳平的调值35。例如，一定、一个、一夜。

④“一”在重叠词之间读轻声，例如：“走一走”“看一看”“试一试”。

(2)“不”的变调

①“不”的本调是去声，单说时或在词句末尾时读本调。例如，不、肯定不。

②“不”在非去声(阴平、阳平、上声)前发生变调，改读为去声的调值51。

“不”在阴平之前的例子：不说、不多、不高。

“不”在阳平之前的例子：不来、不成、不行。

“不”在上声之前的例子：不走、不少、不好。

③“不”在去声的前边改读为阳平的调值35调。例如：不去、不累、不要。

④“不”在重叠词之间读轻声，例如：走不走、去不去、好不好。

二、语气词“啊”的音变

语气词“啊”出现在句末时，由于受到前面音节末尾音素的影响，其读音会发生变化。

“啊”的音变规律如下：

1. 前面的音素是 a、o(不包括 ao、iao)e、i、ü、ei 时，“啊”读作 ya，可以写作“呀”。例如：

我等爸爸回家啊！

别老夸他啊！

我喜欢菠萝啊！

要尊重读者啊！

好漂亮的毛衣啊！

飞机飞得真快啊！

开车也不要追尾啊！

他就爱吃鱼啊。

你到底去不去啊？

大家高兴得欢呼雀跃啊！

2. 前面的音素是 u(包括 ao、iao)时，“啊”读作 wa，可以写作“哇”。例如：

这里全是土啊！

他的文章写得真好啊！

别这么笑啊！

快点走啊！

你们好自由啊！

3. 前面的音素是-n 时，“啊”读作 na，可以写作“哪”。例如：

来人啊！

这些问题可不简单啊！

这事儿真难啊！

我的天啊！

眼光真准啊！

4. 前面的音素是 ng 时，“啊”读作 nga。例如：

欢迎啊！

他们好高兴啊！

不要出声啊！

你可真行啊！

没啥用啊！

5. 前面的音素是-i(舌尖后元音)、er 或者是儿化韵时，“啊”读作 ra。例如：

真是首好诗啊！

赶快吃啊！

慢性病难治啊！

是他家老二啊！

没啥事儿啊！

6. 前面的音素是-i(舌尖前元音)时，“啊”读作[zA]。例如：

快搬凳子啊！

来了好几次啊？

这是真丝啊！

三、轻声

1. 轻声的含义

北京话中有些词语的音节改变原有的声调，读得又轻又短。这样的语音变化叫做轻声，读轻声的音节叫做轻声音节。例如，“尾巴、椅子、舌头、喜欢、钥匙、人家、聪明”等词里的第二个音节就是轻声音节。

轻声主要决定于音强和音长。轻声音节都有它原来的声调，例如“们”永远读轻声，可是单说时要读阳平。“桌子”的“子”读轻声，“孔子、孟子”的“子”读上声。由此可见，轻声和声调是性质不同的两种语音现象。

汉语拼音方案规定轻声音节不标声调符号，而非轻声音节要标声调符号，两者不同。例如，“我们”要拼作 wǒ men，“去吧”要拼作 qù ba。有的工具书在轻声音节前打“·”，例如“玻·璃”标作“bō·li”。所以下文中我们在必要时也在轻声音节之前加上“·”。

2. 轻声的作用

有的轻声音节和非轻声音节构成对比，可以区别语言单位、区别词性、区别意义。区别语言单位的，例如：

买·卖(名词)：生意。

买卖(词组)：买和卖。

东·西(名词)：泛指各种事物。

东西(词组)：东面和西面。

大·意(形容词)：疏忽，没有注意。

大意(词组)：主要的意思。

区别词性的，例如：

大·方(形容词)：不计较，自然。

大方(名词)：一种茶叶。

自·然(形容词)：不勉强。

自然(名词)：自然界，也指研究自然界的学科。

公·道(形容词)：公平、合理。

公道(名词)：公正的道理。

地·道(形容词)：纯粹，真正。

地道(名词)：地下通道。

语言单位不同、词性不同，意义也就不同。

也有的轻声音节和非轻声音节构成对比，语言单位和词性相同，但意义也不同。例如：

门·道：门路。

门道：门的通道。

本·事：本领。

本事：文学作品主题所根据的故事情节。

冷·战：因寒冷或害怕浑身突然发抖。

冷战：国际间进行的战争之外的敌对行为。

3. 轻声的读法

轻声的读法(严格说应该是说法)，包括音高、音长、音强、音色等方面的内容。

从音高角度看，轻声音节的音高可以分为两类①。一类是高调，轻声音节在上声之后是高调。例如：

---

① 许多著作认为，阴平之后的轻声音节音高是五度标记法中的2度，阳平之后的轻声音节音高是3度，上声之后的轻声音节音高是4度，去声之后的轻声音节音高是1度。

好的、我的、椅子、扁担、喇叭、姐姐、奶奶

另一类是低调，轻声音节在非上声(包括阴平、阳平、去声)之后是低调。例如：

高的、他的、芯子、松散、挖苦、妈妈、姑姑(阴平的)

来的、凉的、茄子、麻烦、裁缝、爷爷、伯伯(阳平的)

去的、要的、茬子、客人、凑合、爸爸、舅舅(去声的)

从音长角度看，如果说非轻声音节读一拍的话，那么轻声音节只读半拍。从音强角度看，轻声音节也比非轻声音节要轻许多。从音色的角度看，由于受音强的影响，轻声音节的音色不够清晰，比较模糊，容易央化弱化，甚至脱离。例如，“桌・子”的“子”，其韵母本来是-i[ʅ]，由于是轻声音节，所以常常央化弱化为[ə]；又如，“豆・腐”的“腐”，其韵母本来是 u，但是言语交际中常常脱落，“豆腐”通常说成“dòuf”。

4. 轻声的范围

第一，轻声并不是单纯的语音现象，它和语法有密切关系，而且有比较强的规律性。下列一些语法成分都读轻声：

(1)语气词“吧”“吗”“呢”“啊”等。例如，看・吧、去・吗、你・呢、走・啊。

(2)结构助词“的”“地”“得”。例如，我・的家、好好・地读书、跳・得高。

(3)动态助词“了”“着”“过”。例如，笑・了、走・着、来・过。

(4)名词的后缀“们”“子”“头”。例如，我・们、屋・子、墙・头。

(5)名词后面表示方位的“上”“下”“里”。例如，台・上、地・下、房・里。

(6)单音节动词重叠式的第二个音节。例如，看・看、试・试、问・问。

(7)做宾语的人称代词“我”“你”“他”。例如，找・我、瞧・你、麻烦・他。

第二，具有区别语言单位、区别词性、区别意义的轻声音节，要说轻声。

第三，有些词语里的轻声音节并不区别意义，但是习惯中常说，是习惯轻声。例如，“比画、薄荷、打听、豆腐、干净、骨头、凉快、扁担、漂亮、认识、拾掇、随和、衣服、应酬”，这些词语的第二个音节，北京话里如果不读轻声，听起来很别扭。这些习惯轻声，我们也应该说轻声。

第四，至于北京口语里可以读轻声也可以不读轻声的词语，例如：“打扫、颠倒、丁香、清理、炮制、旗帜、芍药、通知、预备、周旋”等，这些词语的轻声说法应该归入北京的方音，不必进入普通话。

四、儿化

1. 儿化的含义

北京语音里带“儿”的词语可以分为两类。一类指“女儿、孩儿、婴儿、小儿、幼儿”里的“儿”，有具体意义，独立构成音节；另一类指“花儿、鸟儿、宝贝儿、玩儿、今儿、明儿、遛弯儿、大院儿、盖儿、印儿”里的“儿”，没有具体意义，也不能独立构成音节，只表示它前面韵母带有卷舌动作。“儿化”指的是后一种的“儿”尾。“儿化”是北京语音里的一种十分突出的语音变化。我们学习汉语语音应该对它有所了解。

北京话里的“花儿”等儿化词，不是两个音节，而是一个音节。例如，在读“花”的韵母 ua 时，不等读完，舌尖就开始逐渐卷起来，使韵母 ua 改变了音色，带有明显的卷舌色彩，这种语音变化就叫儿化。带有儿化的音节就叫儿化音节。在书面中，有时在儿化音节的后面加一个“儿”，写作“花儿、玩儿”等；有时不一定书写出来，“儿”可以不出现，甚至那些一定要儿化的音节，在书写时也常常不写出“儿”来，例如“大院、遛弯”。汉语拼音规定，用-r 表示儿化，就是在儿化音节的后面加上个-r。例如“花儿”要拼作 huar，“一点儿”拼作 yidianr。

2. 儿化的作用

北京话里的儿化，从作用说，可以分为四类。

第一类，有的儿化能区别词性，词性不同意义也不同。例如：

盖(动词)：打上，蒙上，遮盖。

盖儿(名词)：盖子。

尖(形容词)：末端锐利。

尖儿(名词)：锐利的顶端。

破烂(形容词)：陈旧残破的。

破烂儿(名词)：破破烂烂的东西。

第二类，有的儿化不能区别词性，但可以区别意义。例如：

信：信件。

信儿：消息。

头：脑袋。

头儿：首领，领导。

光棍：地痞，流氓。

光棍儿：单身汉。

白面：小麦粉。

白面儿：毒品，海洛因。

第三类，虽然不能区别意义，但在北京话里一定要儿化，不儿化就不像北京话，北京人听起来很别扭，不容易接受，可以称为习惯儿化。例如，“摆摊儿、包干儿、冰棍儿、拐棍儿、号码儿、汽水儿、三轮儿、小孩儿、心眼儿”等。

第四类，一个词儿化后，常常就有了“小”的意义，而且还具有喜爱的含义，例如“小刀儿、小孩儿、小猫儿、小曲儿、小碗儿、小玩意儿”。不过这个现象并不严格，“老头儿、老伴儿、大院儿、东边儿”没有小的意思，“小偷儿、小流氓儿”也说不上什么喜爱的意味。有些词语可以儿化也可以不儿化，表示的意义和色彩没有明显的差别。例如：“上班、写字、作文、帮忙、打铃、冒烟、逗哏”。

3. 儿化的读法

(1)被儿化音节的末尾是 a、o、e、u 的，儿化时韵母直接卷舌。例如：

豆芽儿、粉末儿、唱歌儿、丑角儿、麦苗儿、衣兜儿

(2)被儿化音节是 i、ü 的，先加上 e 再儿化。例如：

小鸡儿、小曲儿、毛驴儿

(3)被儿化音节末尾是 i、n 的，儿化时去掉韵尾 i、n，再卷舌(有的还要加一个 e 元音)：

一块儿、小孩儿、宝贝儿、名单儿、窍门儿、干劲儿

(4)被儿化音节末尾是 ng 的，儿化时去掉韵尾 ng，使韵腹鼻化，然后再卷舌(有的还要加一个 e 元音)：

帮忙儿、短绳儿、电影儿、小熊儿、借光儿

(5)被儿化音节是－i 的，韵母变为 e 再儿化。例如：

铁丝儿、写字儿、没事儿、树枝儿

4. 儿化的规范

普通话以北京语音为标准音，所以北京话有儿化，普通话也应该有儿化，这是就整个语音系统来说的。但这并不是说所有北京话里的儿化词都要进入普通话，既没有这个必要，也没有这个可能。从原则上说，北京话里能够区别词性、区别意义的儿化词应该进入普通话，不能区别词性和意义的儿化不一定要进入普通话。最近几十年，北京话的儿化现象也有减少的趋势。例如，原来说“干劲”一定要儿化，可现在变得也可以不儿化了。儿化音节带有明显的口语色彩，书面语词儿化现象就比口语少得多。

[思考与练习]

5. 什么是语音？语音具有哪些属性？
6. 举例说明分析辅音和元音应分别从哪几个方面入手？
7. 汉语韵母有哪几种分类？
8. 汉语声母和韵母组合时具有哪些特点？
9. 轻声和儿化有哪些功能？

第二章　普通话—方音辨正

[学习提示]

中国政治、经济、社会生活迅速发展的今天，普通话在国内、国际的地位、使用范围和使用频度构建了使用的需求内化，掌握良好的普通话交际能力的重要性不言而喻。由于方音的根基相当稳固，导致各方言区人们学习普通话时产生不同的难度。但是，方言与普通话之间，可以找到语音的对应关系，需要求同；方音与普通话有差异，需要正异。求同正异，是普通话—方音辨正的根本。差异在于提点，辨正在于说明，关键在于操练和使用。

[学习目标]

- 认识普通话—方音辨正的意义及其含义
- 掌握方音—普通话辨正的方法
- 辨别方音与普通话的声调差别，念准普通话四声调值
- 辨别方音与普通话的声母差别，矫正声母发音偏误
- 辨别方音与普通话的韵母差别，矫正韵母发音偏误
- 方音辨正练习及难点克服

[教学建议]

因各地方言音系与普通话音系的差异和对应关系不尽相同，教学中应注意针对性和灵活性。针对性指的是针对某一方言区的困难作较深入的辨析和练习；灵活性指的是对不是本方言学习普通话难点的音可以不安排为教学内容，或者难度不大的音，可以以自学、检查等方式解决。

教师可以对普遍存在困难的声韵调安排集体讲练。

教师可以对某一方言区学生难以掌握的内容，安排进一步的练习。

教材注重差异提示、练习方法和练习内容的结合。差异在于提点，辨正在于说明，关键在于操练和使用。

第一节 普通话—方音辨正概说

一、普通话—方音辨正的意义及其含义

1894年，中日甲午战争。中国北洋水师全军覆没，败给日本，清政府被迫在日本签下《马关条约》：赔偿二万万两巨额军费，开放沙市、重庆、苏州、杭州为商埠，割让辽东半岛、台湾、澎湖列岛……“甲午”国耻使人们认识国家不富强的弊端，也促使举国上下认识到语言文字关乎国家的富强，因而促成了19世纪末起的三大语文运动，即切音字运动、国语运动和白话文运动。“要救中国，先要联合中国人的心；要联合中国人的心，先要统一中国的言语，这才是变弱为强的下手第一着”(《汉语拼音运动与汉民族标准语》，P8)是当时开展学习官话，统一语言的宣传。

我国幅员辽阔，人口众多，全国各地都有说汉语的居民。由于自然环境和历史原因，远溯到上古时期汉语就有了方言的差异。第一个提出以拉丁化拼音方案拼写方言的卢戆章在其《切音新字序》中说：“十九省之中除广(东)福(建)台(湾)而外，其余十六省，大概属于官话。而官话之最通行者，莫如南腔。若以南京话为通行之正字，为各省之正音，则十九省语言文字既从一律，文话皆相通，中国虽大，犹如一家，非如向者之各守疆界、各守土音之对面无言也。”当然，南京话并未成为国语或普通话。当时语言发展的历史事实是北京官话已经从各地方言中脱颖而出，成为优势方言。其实，自外国公使1864年获准在北京设立使馆后，已经认识到北京话的特征早已渗透到官话通行区域的各地方言，他们已经认为“净化它的土音的北京话”是“中国全域的通用语”。这一认识，远较中国人自己的认识早了近半个世纪，尽管北京话经历了明清两代的发展，至迟在1850年之前已经获得官话正音的地位。

现代汉民族共同语是以北京语音为标准音，以北方话为基础方言，以典范的现代白话文著作为语法规范的普通话。这一基本定论，得来并不简单。自1913年民国教育部召开的读音统一会审定了6500多个汉字的法定读音，制定了国语注音字母，并把经过这次议定的字音称为“国音”，在汉语发展史上第一次确立了现代汉民族共同语的标准音开始，民族共同语的标准音引发了以“国音”还是“京音”为标准音的“京国问题”大讨论(10、20年代)。此外，章炳麟主张：国语以江陵武昌为主体，采纳各方言中“合于周秦本音者”“合于隋唐切韵者”然后“调殊语为一家”的言论；胡以鲁提出的因为“湖北之音，古夏声

也……,交通上又为吾国之中心……故以之导用于国中，似较京语便利”的以湖北话为语音标准的论说(30 年代)；还有反对京语为标准语的“复兴文言”和“尊孔读经”(30 年代)；还有同样反对“京语”，又反对“复兴文言”和“尊孔读经”的陈子展、陈望道的“大众语”(30 年代)，他们认为“目前的白话语文只是知识分子一个阶层的东西，还不是大众所需要的……只因为这种白话还不是大众的语言”，“大众语是大众说得出，听得懂，看得下的语言”。

1955 年 10 月，教育部和中国文字改革研究会召开全国文字改革会议，确定了两个当时“文改”工作的主要任务——简化汉字和推广以北京语音为标准音的普通话。推普的工作方针是“重点推行，逐步普及”，方言复杂地区即是重点之一。同月，教育部和中国科学院社会科学部召开了“现代汉语规范学术会议”，会议一致通过的规范总原则是以北京语音为标准音、以北方话为基础方言，以典范的现代白话文著作为语法规范。这个规范的总原则，同时也是对民族标准语——普通话下的定义。1956 年 2 月 6 日国务院向全国发布了《关于推广普通话的指示》。《指示》明确提出并规定：“汉语统一的基础已经存在了，这就是以北京语音为标准音，以北方话为基础方言，以典范的现代白话文著作为语法规范的普通话。”这是从清末的《统一国语办法案》，到民国十五年《全国国语运动大会宣言》以来，关于汉民族共同语的最全面、科学的论断。

2000 年 10 月，中国历史上第一部关于语言文字的法律《中华人民共和国国家通用语言文字法》正式公布，并于 2001 年 1 月 1 日实施。它深刻地反映了汉语发展的历史和趋势。《中华人民共和国宪法》第十九条规定：“国家推广全国通用的普通话”。建立和推广规范的、全国通用的语言(标准语)，对社会发展和国家统一、各族团结、提高民族素质和个人实现具有重要意义。

汉语方言划分为不同的区域与种属归类。中国社会科学院和澳大利亚人文科学院联合编撰的《中国语言地图集》划分为十大方言区，即官话大区、晋语区、吴语区、徽语区、赣语区、湘语区、闽语区、粤语区、平语区、客家话区。又将汉语方言最多分为五个层次，即大区—区—片—小片—点。如官话大区之下分为东北、北京、冀鲁、胶辽、中原、兰银、西南、江淮等八个官话区。汉语方言的丰富，从另一个角度说明各方言区与普通话音系存在的差异丰富而复杂，各方言区的人在掌握标准语——普通话时，存在着客观的难度。

在学习普通话语音时，语音能力起到关键作用。语音能力可以从不同的角度来考察和分析。从语音的心理能力来说，它反映为音系学方面的能力，包括音系的区别特征、音位变体的形态和分布、音位组合的规律、超音段特征的形态和分布等。这些能力不是文本式的东西，而是内化了的认知结构。音系的这种认知结构的形成和发展，是通过利用母语结构及其他语言结构的迁移、目的语的语言接触、目的语语言知识的传授、言语交际活动的反馈等方式和途径来实现的。按照中介语理论，这个认知结构是伴随着学习进程，不断地调整、充实、协调和发展。

语音能力包括智慧技能和动作技能。智慧技能至少有区别性特征的辨认、各种音位的结构、音位组合规则等。动作技能指的是完成某种语音的规定动作，而且包括这些动作组织起来构成流畅、合规则和准确的整体行为。动作技能操作的流畅与时间的精确反映了动作行为的内部组织程度。发音动作是一些精细的动作，尽管动作幅度不大，差异也很细微，但产生的音效确实明显，所以发音动作的控制是有难度的。

要学好、掌握好另一音系并非易事。一个人自降临人世，就开始接受方音的熏陶，也就是说，语言运用者在不同的习得或学习条件下获得了母语(方言)能力，并在不同的社会交际环境中得到不同程度的强化，由于家长的口传身授、周围语言环境的一致性等因素，致使方音的形成根基相当稳固。在学习普通话的过程中，人们学习表现出语音能力获得的极强的迁移性，即先前获得的母语(方言)对普通话学习有极强的影响力。因此，学习过程中语音能力中的动作技能获得需要大量的形式操练，从方音到普通话，需要反复的练习。

方言是民族共同语的地域分支或地方变体，就各方言而言，晋语、湘语、赣语、客家话与官话相对接近，徽语、吴语跟官话的差别比较大，粤语、闽语、平话跟官话的差别最大。但是，这些方言跟普通话之间，都可以找到语音的对应关系，需要求同。普通话的学习，就是要掌握和运用普通话音系，需要改变方言音系的影响，方音与普通话有差异，需要正异。

求同正异，是普通话—方音辨正的根本。方言区人们的普通话学习与少数民族或外国人学汉语不同，由于有对应关系，方言区人的普通话语音学习不是全部从头开始，而是要找出差异的部分加以掌握。

在中国社会生活迅速发展的今天，在中国的世界影响力不断增大的今天，普通话在国内、国际的地位，使用范围和使用频度已经不是现代汉语其他方言所能替代的。在个人社会活动范围和社会交际活动无地域化的背景下，掌握良好的普通话技能和交际能力的重要性不言而喻，对从事教育教学行业的教师而言，尤其如此。

二、普通话学习及辨正方法

各方言与普通话差异主要在语音方面，因而在学习普通话时，重点在突破普通话语音这一关。怎样在最短的时间内有效地提高学习效率并掌握普通话，是普通话—方音辨正需要解决的问题。

普通话—方音辨正，首先要把《汉语拼音方案》作为语音学习的重要工具，掌握普通话语音发音；其次应该掌握方音与普通话的对应关系；再次应掌握正音方法并加以操练。

1. 掌握普通话语音发音

掌握普通话发音是基本要求，要克服方音中的发音差异。例如：晋中大部分片区比普通话多了"[v]""[z]""ng"三个声母，在普通话的零声母音节前可以分别有声母"[v]""[z]""ng"，"温、亡"等合口呼的音节前面加上了"[v]""鱼、遗"等齐齿呼、撮口呼音节前加上了[z]；"爱、思、熬"等"ɑ、o、e"开口呼音节前加上了"ng"。粤语区往往把儿化的"儿"作为一个单独的音节念，把"儿"和前面的音节割裂开来，而且念"儿"不卷舌，把"儿"(er)念成 e。中原官话区把普通话阴平调 55 读作 24，把上声 214 读作 55。等等。

2. 掌握正音方法并加以操练

掌握语音知识和普通话语音发音，是掌握标准普通话的基础；掌握正音方法并加以操练，是掌握标准普通话的关键。

(1)记忆字音

拿各方言区普遍存在的 zh 组和 z 组来说：

利用普通话声韵拼合规律记忆字音。如：sh 不与 ong 相拼那么"诵、颂、宋、送"等字的声母一定是平舌音 s；zh 与 ei 相拼只有一个"这"字，那么"贼"字的声母一定是 z。

采用偏旁类推法记忆字音。利用汉字的偏旁，只要记一个常用字的读音，如"主"(zh)就可类推出与之有相同的偏旁的字的读音——主、住、驻、注、柱、蛀等。

利用添形旁或去形旁的方法记忆字音。有些独体字，添上形旁后声母是 d 或 t，这个独体字一定是翘舌音声母字。如"充"字加上"纟"旁就是"统(tǒng)"字，声母是 t，据此可以推断出"充"字的声母一定是翘舌音 ch。再如"首"字加上"辶"旁就是"道(dào)"字，声母是 d，据此可以推断出"首"字的声母一定是翘舌音 sh。有些合体字，去掉形旁后声母是 d 或 t，那么这个合体字的声母一定是翘舌音。如"蛇"字，去掉形旁"虫"，剩下的"它"字声母是 t，那么"蛇"字的声母一定是翘舌音 ch。这是因为现代汉语的 zh、ch、sh 这组音主要来源与古代汉语的 d、t 这组音，所谓"古无舌上音"。

(2)利用方音与普通话的对应关系

学习普通话时，要根除方音，首先必须找出存在着哪些方音问题。应该先由学生在教师的指导下通过对比找到方音同普通话之间的差别，指导学生从理论上去认识方音与普通话语音的不同，帮助学生了解汉语方言的概况，尤其就各方言片区的方言特点，发音习惯及与普通话的显著差异进行适度讲解、辨析。例如，西南官话云南片的“衣”“鱼”“叶”“月”与普通话韵母相比，云南方言普遍没有撮口呼韵母。与普通话的撮口呼韵母差异是成系统的，具有对应关系和规律。又如，云南各地方言都有 io 韵母，在普通话中可分别读为 iao(药、脚等)和 üe(略、却、确等)。在普通话—方音差异认识，对云南人掌握好普通话撮口呼韵母是有帮助的。

(3)将与普通话有差别或差别大的语音的正音作为重点

教和学首先要把重点放到普遍有差别的音上，比如，f—h，n—l，zh、ch、sh— z、c、s，j、q、x—z、c、s 等。又如，客家方言一般都有六个以上声调，包括阴平、阳平、上声、去声、阴入和阳入，较完整地保留了古汉语的入声，在讲普通话时，往往会带上方言的入声声调。粤语一般有八个(广州话有九个)声调，包括阴平、阳平、阴上、阳上、阴去、阳去、阴入和阳入，完整地保留了古汉语的声调的基本情况。

(4)注重练习的多层面性

静态的语音练习和动态的运用相结合，将字音练习、词语练习、段落练习和说话练习结合起来，有意识地在语言交际中克服方音和提高普通话。

第二节　声调辨正

辨别方音与普通话的声调差别，了解二者的对应关系；作调类、调型和调域的分辨，矫正声调发音偏误；念准普通话四声调值。

一、普通话—方言声调调类、调值辨正

声调是汉语音节中不可缺少的成分，它同声母、韵母共同构成普通话音节。汉语中操不同方言的人对话，声调是最显著的区别性特征。因此，声调也是学习普通话语音的重点和难点。

尽管方言与普通话声调差异大，但汉语的声调同出一源，有对应规律。学习过程中，一是要作普通话声调练习；二是要跟排除方言声调对学习普通话声调的干扰结合起来。

调类是指声调的种类。大多数方言的调类与普通话调类有差异，汉语方言

中调类最多的有 10 个(如粤方言区南宁、玉林)，最少的有 3 个声调(如官话大区的烟台)。

方言与普通话调类相同，调值却有差异，如调类名称同样称为“阴平”的声调，在北京话中调值为 55(高平调)，在广东潮州话(属闽语)中的调值是 33(中平调)，在辽宁大连话(属胶辽官话)中调值却是 213(降升调)，有些云南方言(属西南官话)如保山为 42(降调型)、永胜为 434(曲折型)，一般为 44 或 55(平调型)。调类名称只是代表声调的类别，并不表示实际的调值。

方言与普通话入声保留和归并的情况不同，如云南方言的四个调类与普通话的四声有大致的对应关系。普通话读阴平、上声和去声的字，云南方言也分别读阴平、上声和去声。但在阳平上有一定的差别，因为古入声字在普通话里归入阴平、阳平、上声、去声四个调类，云南方言里基本归入阳平一个调类里。如“郭、桌、薛”普通话是阴平，云南方言为阳平；“铁、雪、尺”普通话是上声，云南方言为阳平；“浙、客、卖”普通话为去声，云南方言为阳平。

二、普通话—方言声调对应规律

普通话学习过程中，方言区的人首先要把方言中调值相同的字归入同一调类；其次将自己方言的调类对应成普通话调类；最后，按普通话调值去读各调类的字。

官话大区之外的各大方言区的入声仍然是独立的调类，首先要把自己方言中的入声字分别归并到普通话四声中，然后按相应的普通话调类的调值去读。

各方言与普通话声调对应关系表：

表 2-1　声调对应①

古声调	古清浊	例字	普通话	长沙	南昌	梅县	苏州	厦门	广州
			无入声 四个声调	有入声 六个声调	有入声 七个声调	有入声 六个声调	有入声 七个声调	有入声 七个声调	有入声 九个声调
平	清	诗	阴平 55 诗	阴平 33 诗	阴平 42 诗	阴平 44 诗	阴平 44 诗	阴平 55 诗	阴平 55 诗
	浊	时	阳平 55 时识食	阳平 13 时	阳平 24 时	阳平 11 时	阳平 24 时	阳平 24 时	阳平 21 时

① 资料来源：张斌．现代汉语．北京：中央广播大学出版社，2003：72

续表

古声调	古清浊	例字	普通话	长沙	南昌	梅县	苏州	厦门	广州
			无入声 四个声调	有入声 六个声调	有入声 七个声调	有入声 六个声调	有入声 七个声调	有入声 七个声调	有入声 九个声调
上	清	使	上声 214 使	上声 41 使	上声 213 使	上声 31 使	上声 52 使	上声 51 使	阴上 35 使
	全浊	市							阳上 23 市
去	清	试		阴去 55 试	阴去 45 试		阴去 42 试	阴去 11 试	阴去 33 试
	浊	事	去声 51 市、试 事、泄	阳去 21 市、事	阳去 21 市、事	去声 52 市、试、 事	阳去 31 市、事	阳去 33 市、事	阳去 22 事
入	清	识							上阴入 5 识
		泄			阴入 5 识、泄	阴入 1 识、泄	阴入 4 识、泄	阴入 32 识、泄	下阴入 3 泄
	浊	食		入声 24 识泄食	阳入 2 食	阳入 5 食	阳入 23 食	阳入 5 食	阳入 2 食

三、普通话四声练习

普通话 4 个调类的调值分别为阴平声(55)、阳平声(35)、上声(214)、去声(51)，各调类的发音要领和训练方法如下。

1. 阴平声 55(高平调)

发音时声带绷始终紧，始终保持高音，音长为次短。没有高平调值的方言，发音训练时首先要提高调值的高度。阴平有为其他三个声调的调值确定高低的作用。下面例子中，斜体的音节都是阴平。

guó*jiā*(国家)　rén*shēng*(人生)　chá*bēi*(茶杯)　huáng*hūn*(黄昏)

chéng*gōng*(成功)　wén*zhāng*(文章)　shí*jiān*(时间)　huán*jī*(还击)

shí*shī*(实施)　xíng*xīng*(行星)　qián*tiān*(前天)　tóng*gōng* 童工

qí*tā*guó*jiā*(其他国家)　míng*tiān*huí*jiā*(明天回家)

hóng*huā*chá*bēi*(红花茶杯)　nán*fāng*nóng*cūn*(南方农村)

2. 阳平声 35(高升调)

发音时，要控制声带从不松不紧开始，逐渐拉到最紧，声音也从中升到最高，音长为次长。不少方言地区缺少这种高升的调值。下面例子中，斜体的音节都是阳平。

mìng*míng*（命名） miàn*tiáo*（面条） gào*bié*（告别） shù*lín*（树林）
shuì*mián*（睡眠） zhèng*quán*（政权） yùn*xíng*（运行） màn*tán*（漫谈）
shàn*liáng*（善良） yù*fáng*（预防） dòng*yáo*（动摇） *huílái*（回来）
*lián*xì*shí*jì（联系实际） *shí*shì*qiú*shì（实事求是）
*fán*zhòng*láo*dòng（繁重劳动） *tián*dì*féi*wò（田地肥沃）

3. 上声升 214(降调)

发音时，声带从略紧开始，降到最低，再快速紧缩(但不可收到最紧)，音长为最长。下面例子中，斜体的音节都是上声。

hàn*yǔ*（汉语） zhì*zhǐ*（制止） yù*yǔ*（遇雨） pìn*qǐng*（聘请）
bào*zhǐ*（报纸） lì*shǐ*（历史） gòu*mǎi*（购买） fù*nǚ*（妇女）
tiào*wǔ*（跳舞） huàn*xiǎng*（幻想） chè*dǐ*（彻底） xì*qǔ*（戏曲）
sì*yǎng*jùn*mǎ*（饲养骏马） gè*zhǒng*bào*zhǐ*（各种报纸）
hàn*yǔ*kè*běn*（汉语课本） mò*xiě*zì*mǔ*（默写字母）

4. 去声 51(全降调)

发音时声带从最紧迅速放到最松，声音从最高降到最低，音长为最短。发音练习容易出现的主要问题是调值起点不够高。下面例子中，斜体的音节都是去声。

gōng*gòng*（公共） yīn*yuè*（音乐） hēi*yè*（黑夜） xī*wàng*（希望）
fāng*xiàng*（方向） bō*làng*（波浪） fā*xiàn*（发现） guān*xì*（关系）
gāo*xìng*（高兴） jī*dàn*（鸡蛋） shēn*jià*（身价） shū*jì*（书记）
qīn*mì*xiōng*dì*（亲密兄弟） gōng*shì*gōng*bàn*（公事公办）
zhōng*wài*yīn*yuè*（中外音乐） xū*yào*bāng*zhù*（需要帮助）

四、声调练习

1. 声调对比练习

欺 qī 人—旗 qí 人　呼 hū 喊—胡 hú 喊　知 zhī 道—直 zhí 道
掰 bāi 开—白 bái 开　包 bāo 子—雹 báo 子　大锅 guō—大国 guó
拍 pāi 球—排 pái 球　大哥 gē—大格 gé　窗 chuāng 帘—床 chuáng 帘
小蛙 wā—小娃 wá　抽 chōu 丝—愁 chóu 思　大川 chuān—大船 chuán

放青 qīng—放晴 qíng　开初 chū—开除 chú　猎枪 qiāng—列强 qiáng
土肥 féi—土匪 fěi　战国 guó—战果 guǒ　小乔 qiáo—小巧 qiǎo
返回 huí—反悔 huǐ　老胡 hú—老虎 hǔ　牧童 tóng—木桶 tǒng
大学 xué—大雪 xuě　直 zhí 绳—纸 zhǐ 绳　白 bái 色—百 bǎi 色
洋 yáng 油—仰 yǎng　游琴 qín 室—寝 qǐn 室　油 yóu 井—有 yǒu 井
菊 jú 花—举 jǔ 花　骑 qí 马—起 qǐ 码　情 qíng 调—请 qǐng 调
大麻 má—大骂 mà　小格 gé—小个 gè　正直 zhí—政治 zhì
发愁 chóu—发臭 chòu　斗奇 qí—斗气 qì　同情 qíng—同庆 qìng
瓷 cí 碗—次 cì 碗　白 bái 军—败 bài 军　荆棘 jí—经纪 jì
凡 fán 人—犯 fàn 人　钱 qián 款—欠 qiàn 款　糖 táng 酒—烫 tàng 酒
壶 hú 口—户 hù 口　肥 féi 料—废 fèi 料　协 xié 议—谢 xiè 意

2. 双音节练习

(1)阴＋阴：今天　听说　参观　沙滩　穿插　出生　哀伤　分钟
(2)阳＋阳：儿童　学习　才能　从容　寻求　怀疑　滑翔　岩石
(3)去＋去：现代　热烈　报告　判断　训练　目录　再见　电话
(4)阴＋阳：天堂　发言　加强　观察　中国　收藏　高潮　鲜明
(5)阴＋上：山谷　书法　思想　千古　商场　中午　争取　终点
(6)阴＋去：听众　登记　风暴　拥抱　师范　专业　真正　加入
(7)阳＋阴：黄山　雄姿　国家　名家　泥沙　阳光　明天　狂欢
(8)阳＋上：即使　言语　长远　没有　食品　营养　调理　游览
(9)阳＋去：文化　学校　情愿　游历　于是　实际　雄壮　国策
(10)去＋阴：健康　汽车　大约　事先　乐观　至今　幸亏　信息

3. 按阴阳上去的顺序练习

中华伟大 zhōng　huá　wěi　dà
坚持改进 jiān　chí　gǎi　jìn
中华有志 zhōng　huá　yǒu　zhì
千锤百炼 qiān　chuí　bǎi　liàn
光明磊落 guāng　míng　lěi　luò
花红柳绿 huā　hóng　liǔ　lù

下面各例也是：喝茶小坐、深谋远虑、驱除鬼魅、兵强马壮、开足马力、生活有序、征尘满面、心灵手快、杀敌雪恨、光明普照、飞禽走兽、登楼远眺、阴阳上去、昆虫草木、风调雨顺。

4. 按去上阳阴的顺序练习

调虎离山 diào　hǔ　lí　shān

信以为真	xìn	yǐ	wéi	zhēn
破釜沉舟	pò	fǔ	chén	zhōu
弄巧成拙	nòng	qiǎo	chéng	zhuō
妙手回春	miào	shǒu	huí	chūn
异口同声	yì	kǒu	tóng	shēng

5. 词语练读

痞子	起始	浅见	前线	品级	渠道	燃放	请命
徒步	审慎	统共	网子	围歼	完人	纬线	稳步
情景	神圣	牙关	雅观	行进	悬浮	相符	演示
丰收	松林	从容	鲜花	民兵	负责	浪潮	儿童
神灯	澄清	列车	矿区	标兵	评价	传统	奔流

6. 给下列入声字注音并朗读

吃	戳	刷	撒	湿	刮	擦	跌	踢	约	薛
雹	没	渴	谷	扑	乞	匹	雪	各	血	窄
毕	必	赤	测	客	剧	促	切	勒	密	帖
虐	速	麦	适	特	这	作	立	灭	若	袜
栅	仄	日	弱	室	朔	谒	激	疙	瞌	刹
楔	忽	撮	霹	虱	脊	涅	砾	热	眨	物

7. 入声词语练习

答复	笔直	决策	撮合	白雪	尺度	木桌	掠夺
刻苦	节拍	剔骨	托福	活血	吃喝	拙劣	捏笔
切削	夹脚	出国	角落	撤职	脉搏	抹煞	屈辱
属实	佛法	百日	压缩	逼迫	窃贼	峡谷	缺乏
博学	袭击	直属	杰出	业绩	酷热	拔出	立刻

8. 朗读下列四字格词语

攀登高峰	江山多娇	人民勤劳	犁田锄苗	美好愿景
稳妥处理	变幻莫测	巨大变化	字里行间	儿童文学
花红柳绿	风调雨顺	山河美丽	千锤百炼	山明水秀
喝杯咖啡	今天出发	中央机关	珍惜光阴	交通公司
中国青年	科学发明	家庭纠葛	稀有金属	发展生产
天南地北	美中不足	畅通无阻	乘车回家	文明园林
牛羊成群	严格执行	评比结果	男女平等	连续劳动
电灯电话	互相竞争	丧失信心	教材内容	按劳付酬

课堂论文　　制订计划　　创造纪录　　部队竞赛　　胜利闭幕
战斗阵地　　创造记录　　毕业汇报

9. 短文朗读

(1)

乡居的少年那么神往于火车，大概是因为它雄伟而修长，轩昂的车头一声高啸，一节节的车厢锵锵跟进，那气派真是慑人。至于轮轨相击枕木相应的节奏，初则锵锵而慷慨，继则单调而催眠，也另有一番情韵。过桥时俯瞰深谷，真若下临无地，蹑虚而行，一颗心，也忐忐忑忑呆在半空。黑暗迎面撞来，当头罩下，一点准备也没有，那是过山洞。惊魂未定，两壁的回声轰隆不绝，你已经愈陷愈深，冲进山岳的盲肠里去了。光明在山的那一头迎你，你先是一片幽昧的微熹，迟疑不决，蓦地天光豁然开朗，黑洞把你吐回给白昼。这一串的经验，从惊到喜，中间还带着不安和神秘，历时虽短而印象很深。

(2)

吃饭有时很像结婚，名义上最主要的东西，其实往往是附属品。吃讲究的饭事实上只是吃菜，正如讨阔佬的小姐，宗旨倒并不在女人。这种主权旁移，包含着一个转了弯的、不甚素朴的人生观。辨味而不是充饥，变成了我们吃饭的目的。舌头代替了肠胃，作为最后或最高的裁判。不过，我们仍然把享受掩饰为需要，不说吃菜，只说吃饭，好比我们研究哲学或艺术，总说为了真和美可以利用一样。有用的东西只能给人利用，所以存在；偏是无用的东西会利用人，替它遮盖和辩护，也能免于抛弃。

10. 声调会诊

以“我的家乡话”为口语表达题，记录发音不准的声调，并开出“声调处方”。

第三节　声母辨正

辨别方音与普通话的声母差别，了解二者的对应关系；矫正声母发音偏误。

一、z、c、s—zh、ch、sh

1. z、c、s—zh、ch、sh 差错情况

许多方言没有 zh、ch、sh 声母(下称 zh 组)，如西南官话区、东北官话区、中原官话区、吴语区、湘语区、客家话区、赣语区等将普通话中的 zh 组音读成 z、c、s(下称 z 组)音，如“诗人”=“私人”、“早到”=“找到”、“重来”=“从来”、“祠堂”=“池塘”、“粗布”=“初步”等。兰银官话区则把普通话里声母是 zh 组字的一部分读成 z 组，如“诗词”=“诗迟”。粤语区把普通话 zh 组和 z 组的字，都读成舌叶音声母。闽东方言区厦门话把普通话 zh 组字读成 d 声母，如“知、竹”等。

2. zh、ch、sh 发音与正音

在许多汉语方言中没有 zh 组声母字，这是普通话训练的重点、难点之一。语音受语言环境的影响是较大的，尤其在语音习得阶段。要改变十几年来形成的发音习惯，需要先纠正不正确的发音。

zh 组和 z 组两组声母在发音方法上一一相对，区别在于发音部位的不同。舌尖前音(平舌音) z、c、s 发音时舌尖平伸，顶住或接近上齿背；舌尖后音(翘舌音) zh、ch、sh、r 发音时舌尖翘起，接触或接近齿龈和硬腭前端。

正确：舌身略后缩，舌尖上翘，抵硬腭前。

错误：舌身未后缩，舌尖翘不到位，抵上齿龈。

错误：舌身后缩过多，舌尖卷起，发成“大舌头”、“卷舌头”。

练习时，注意舌头稍稍后缩，舌头前部上举，舌肌放松，舌尖轻触硬腭前端，舌尖不要过于后卷，避免接触上腭面过大。

强化、巩固练习：

(1)单音节对比

则—哲	租—猪	仄—这	足—竹	早—找	宗—中
粗—出	催—吹	促—处	村—春	惨—产	操—抄
苏—书	洒—傻	扫—少	嗓—赏	僧—生	森—深

(2)双音节对比

阻力—主力	资源—支援	暂时—战时	自序—秩序
推辞—推迟	乱草—乱吵	木材—木柴	擦手—插手
搜集—收集	桑叶—商业	三角—山脚	私事—失事
嘱咐—祖父	支援—资源	照旧—造就	札记—杂技
资助—支柱	栽花—摘花	早稻—找到	擦嘴—插嘴
粗布—初步	丧生—上升	春装—村庄	自力—智力
赞助—站住	大字—大志	塞子—筛子	散光—闪光

(3)z、c、s—zh、ch、sh 交错练习

z—zh　载重　赞助　杂志　增长　作者　宗旨

zh—z　帐子　沼泽　渣滓　职责　种族　追踪

c—ch　财产　彩绸　残春　餐车　磁场　粗茶
ch—c　差错　车次　尺寸　揣测　春蚕　冲刺
s—sh　桑树　扫射　松鼠　算术　岁数　损伤
sh—s　上司　哨所　生丝　胜诉　神色　深思
(4)绕口令
c—ch：这是蚕，那是蝉。蚕在叶里藏，蝉在树上唱。

3. zh 组—z 组字分辨和记字方法

(1)利用形声字的声旁类推记忆

汉字声旁读平舌音的，声旁相同的字则大多读平舌音；声旁读翘舌音的，声旁相同的字则大多读翘舌音。如：

召(zh)——招、照、诏、绍、沼、邵
山(sh)——讪、汕
少(sh)——沙、纱，(ch) 抄、钞
次(c) ——资、姿、咨、恣、茨、瓷

(2)借助声韵拼合规律分辨

①舌尖前音 z 组不和 ua、uai、uang 这三个韵母相拼。普通话中，抓、爪、拽、庄、桩、装、撞、状、幢、窗、刷、帅、爽等字都是翘舌音字。

②声母 sh 不与韵母 ong 相拼。普通话中，送、松、耸、宋、诵、讼、淞、怂、颂等字都是平舌音字。

③声母 z 组和韵母 en 相拼的字极少，只有谮、岑、怎、参、涔、森几个字是平舌音字，可见：珍、身、枕、甚、振、审、陈等字读翘舌音。

④eng 韵一般和舌尖后音 zh 组相拼，只有曾、憎、增、蹭、赠、僧、层等少数字是例外。

⑤单韵母 a 和舌尖前音 c 相拼的机会很少，只有擦、嚓是例外。

⑥复韵母 ou 和舌尖前音 c 相拼的机会很少，只有“凑”是例外。

⑦e 韵字的阴平和上声不以“z、c、s”作声母。

(3)利用汉字声旁的声母读时判断

①汉字声旁声母读作 d、t 的字大都读成翘舌

d—滞、淀、蝉、说、税、查、招、坠、侈、初、终等字读成翘舌。

t—治、始、纯、社、撞、蛇，等字读成翘舌。

②汉字声旁与读作 d、t 的字有关

还有一些形声字，他们声旁的声母与 d、t 是一种间接关系，例如“输”的声旁声母不是 d、t，不能直接从声旁推知“输”的声母是 sh 还是 s。但声旁

“俞”与 t 有间接关系，“俞”做声旁构成的“偷”，声母是 t，由此可推知“输”的声母是 sh。又如“除”、“招”、“纯”等字都可以用这种方法判断。

(4)记少不记多

从舌尖前音 z、c、s 和舌尖后音 zh、ch、sh 字数的比例上看，舌尖后音约占两者总和的 70%，而舌尖前音只约占两者总和的 30%。可以利用舌音前音字少的特点，在分辨声母 zh、ch、sh 与 z、c、s 时，采用记少不记多的办法，逐步提高辨识规律。

但在记字的过程中，也不可死守规律一成不变，因为有少数字也是例外。比如“宗”是平舌音声母，可类推出以平舌音作声母的很多字，但“崇”却是一个例外字。又如“寺”的声母是“s”，而以“寺”作声旁的“恃、侍、持”等字的声母却是舌尖后音。但这些情况毕竟很少，只要平时留意就行了。

4. zh、ch、sh 和 z、c、s 练习

(1)zh、ch、sh—z、c、s 对比练习

杂—闸　　则—折　　造—照　　灾—摘　　谆—尊　　知—资

珠—租　　摘—灾　　词—持　　猜—拆　　粗—出　　操—超

触—促　　崇—从　　缠—蚕　　吹—催　　色—设　　桑—商

酸—拴　　僧—生　　束—素　　睡—岁　　闪—伞　　筛—塞

史记—死记　　昨夜—卓越　　祖父—嘱咐　　租子—珠子

暂时—战士　　造就—照旧　　资源—支援　　自愿—志愿

字纸—制止　　辞职—赤字　　自立—智力　　擦车—叉车

(2)zh、ch、sh 和 z、c、s 连用

遵照　长子　操持　车次　素食　失事　滋长　宗旨

知足　操场　纯粹　损伤　收缩　自传　准则　职责

错处　储藏　算术　上算　组织　制造　促成　财产

差错　唆使　上司　杂志　正在　餐车　成才　揣测

岁数　深思　作者　种族　彩绸　尺寸　宿舍　私事

神速　赞助　转载　辞呈　春蚕　松树　声色　生死

(3)多音节词语练习

蜘蛛网　　茶话会　　指南针　　长生果　　出入证　　生产力

超声波　　政治家　　肇事者　　中山装　　成熟期　　指战员

善始善终　　舍生忘死　　绰绰有余　　插翅难飞　　称心如意

沾沾自喜　　岁月如梭　　朝三暮四　　总而言之　　茁壮成长

(4)短文朗读

①乍一看，我似乎更多地注意到了友情的阴暗面，其实并不。我曾在阴暗面中困惑过，痛苦过，但后来终于明白，友情的来去是一个探测仪，告知你与原先进入的那个层面的真实关系。如果在一个领域，一群朋友突然没有理由地冷眼相对，栽赃构陷，那就意味着你可以离开了。你本来就不应该出现在这里，临时给你的笑脸只是索取和探询，等探询明白，彼此无法调和，你的存在只能给这个村寨带来不安宁，而你住在这个寨子中也不安全，那就应该上路。昨日的友情，早已消失在黄昏的牛粪火中，繁星在天，眼前隐约有一条出山的路。不必告别，不必留话，这一切都失去了意义，快步离开要紧。

②纯粹的成人故事，却提升为单纯，能让我全然领悟。它分明是在说，不管你今后如何重要，总会有一天从热闹中逃亡，孤舟单骑，只想与高山流水对晤。走得远了，也许会遇到一个人，像樵夫，像隐士，像路人，出现在你与高山流水之间，短短几句话，使你大惊失色，引为终生莫逆。但是，天道容不下如此至善至美，你注定会失去他，同时也就失去了你的大半生命。

(5)绕口令

①三山屹四水，四水绕三山；三山四水春常在，四水三山四时春。

②石、斯、施、史四老师，天天和我在一起。石老师教我大公无私，斯老师给我精神食粮，施老师叫我遇事三思，史老师送我知识钥匙。我感谢石、斯、施、史四老师。

③我说四个是狮子，你说十个石狮子。石狮子是死狮子，四个狮子不能嘶；纸狮子也是死狮子，十个纸狮子不能嘶。狮子嘶，撕狮子；死狮子，狮子尸。想要说清这几个字，读准四、十、石、死、嘶。

④天上有个日头，地下有块石头，嘴里有个舌头，手上有五个手指头。不管是天上的热日头，地下的硬石头，嘴里的软舌头，手上的手指头，还是热日头，硬石头，软舌头，手指头，反正都是练舌头。

⑤司小四和史小世，四月十四日十四时四十上集市，司小四买了四十四斤四两西红柿，史小世买了十四斤四两细蚕丝。司小四要拿四十四斤四两西红柿换史小世十四斤四两细蚕丝。史小世十四斤四两细蚕丝不换司小四四十四斤四两西红柿。司小四说我四十四斤四两西红柿可以增加营养防近视，史小世说我十四斤四两细蚕丝可以织绸织缎又抽丝。

⑥施氏食狮史(赵元任)

石室诗士施氏，嗜狮，誓食十狮。氏时时适市视狮。十时，适十狮适市。氏视十狮，恃矢势，使十狮逝世。氏拾是十狮尸，适石室，石室湿，氏使侍拭石室，石室拭，氏始拭食十狮尸。食时，始识是狮尸，实十石狮尸，试释是事。

表 2-2　普通话 z 声母代表字类推①

兹：滋孳(zī) 淄：缁锱辎(zī) 子：籽(zǐ)孜(zī)字(zì)仔(zǎi) 咨：姿资(zī)恣(zì) 泽：择(zé) 尊：撙樽遵鳟(zūn) 责：啧帻(zé)渍(zì)(例外：债 zhai) 哉：栽(zāi)载(zài) 宰(zǎi)：梓滓(zǐ) 澡：藻(zǎo)燥噪躁(zào) 遭：糟(zāo) 邹：驺(zōu) 奏：揍(zòu)	赞：瓒趱(zàn)缵(zuǎn) 臧(zāng)：藏(zàng) 脏(zāng)：赃(zāng)(庄桩读 zhuāng) 曾：憎增缯(zēng)赠甑(zèng) 宗：棕踪综鬃(zōng)粽(zòng) 卒(zú)：醉(zuì) 族：镞 (zú) 皂：唣(zào) 祖：阻组诅俎(zǔ)租(zū) 左：佐(zuǒ) 作：酢祚胙(zuò) 坐：座(zuò)
需个别记住的字： 紫(zǐ) 姊(zǐ) 自(zì) 则(zé) 仄(zè) 早蚤枣(zǎo) 造(zào)灶(zào) 走(zǒu) 骤(zhòu) 在再(zài) 崽(zǎi) 灾(zāi) 贼(zéi) 咂(zā) 咱杂砸(zá) 足(zú) 昨(zuò) 做凿(zuò) 咀(zuǐ)罪最(zuì) 赚(zuàn) 昝(zǎn) 暂(zàn) 簪(zān) 总(zǒng) 怎(zěn) 葬(zàng) 鲰(zōu) 钻(zuān) 纵(zòng)	

表 2-3　普通话 c 声母代表字类推

慈：磁糍(cí) 此(cǐ)：疵(cī)雌(cí) 次(cí)：瓷茨(cí) 祠：词(cí) 侧：测恻厕(cè)(铡读 zhá) 才：材财(cái)菜(cài)采彩睬踩(cǎi)豺(chái) 曹：嘈槽漕(cáo) 参(cān)：惨(cǎn)参(差 cēn)骖(cān) 搓：蹉磋(cuō)嵯(cuó)	仓：沧苍伧舱(cāng) (疮读 chuāng 怆读 chuàng) 曾(céng)：蹭(cèng) 从：丛(cóng) 翠：粹淬啐悴瘁(cuì) 粗(cū)：殂徂(cú) 错：措(cuò)醋(cù) 挫：锉(cuò) 崔：催摧(cuī) 寸(cùn)：村(cūn)忖(cǔn)

① 资料来源：表 2-2 至表 2-7，云南省教育局．云南方音与普通话语音．昆明：云南人民出版社，1979：33～41.

续表

需要个别记住的字： 策(cè) 刺(cì) 辞(cí) 赐(cì) 裁(cái) 操(cāo) 草(cǎo) 糙(cāo) 蚕(cán) 藏(cáng) 聪(cōng) 淙(cóng) 层(céng) 促(cù) 撮(cuō) 擦(cā) 猜(cāi) 册(cè) 蔡(cài) 岑(cén) 惭(cán) 灿(càn) 匆囱(cōng) 脆(cuì) 氽(cuān) 窜(cuàn) 存(cún) 餐(cān)

表 2-4　普通话 s 声母代表字类推

思(sī)：腮鳃(sāi) 司(sī)：嗣饲伺笥(sì) 斯：嘶撕厮(sī) 四：泗驷(sì) 巳：祀(sì) 塞(sè)：赛塞(sài) 啬：穑(sè) 骚：搔(sāo) 叟(sǒu)：馊搜艘溲(sōu)嫂(sǎo) (瘦读 shòu) 散(sǎn)：撒(sǎ) 嗓：搡颡(sǎng)桑(sāng) 怂：耸(sǒng)	松：淞忪(sōng)讼颂(sò) 稣：酥(sū) 速：簌觫(sù)嗽(sòu)悚(sǒng) (漱读 shù) 宿(sù)：缩(suō) 素：嗉(sù) 梭：唆(suō)酸痠(suān) 锁：唢琐(suǒ) 隋：随(suí)髓(suǐ) 遂：隧燧邃(suì) 算：蒜 孙：荪(sūn) 荽：绥(suí)
需要个别记住的字： 臊(sāo) 僧(sēng) 碎(suì) 岁(suì) 私丝(sī) 死(sǐ) 似肆寺(sì) 洒(sǎ) 飒萨(sà) 色瑟涩(sè) 扫(sǎo) 擞(sǒu) 伞(sǎn) 森(sēn) 丧(～事 sāng，～命 sàng) 嵩(sō)诵送宋(sòng) 娑蓑梭(suō) 索所(suǒ)尿虽(suī) 祟(suì) 笋损(sǔn) 苏(sū) 诉塑夙(sù) 蔬(shū) 俗(sù) 肃(sù) 穗(suì) 三(sān)	

表 2-5　普通话 zh 声母代表字类推

支：枝肢(zhī) 知：蜘(zhī)智(zhì) 只(zhǐ)：织(zhī)职(zhí)枳(zhǐ) 之：芝(zhī) 直：值植殖(zhí) 执(zhí)：挚(zhì)蛰(zhé) 止：址趾芷(zhǐ) 旨：指(zhǐ)脂(zhī) 至：致窒(zhì)侄(zhí) 志：痣(zhì) 乍：诈炸柞蚱(zhà)窄(zhǎi) 折：哲蜇(zhé)浙(zhè) 者(zhě)：猪诸(zhū)煮(zhǔ)著(zhù) 召：昭招(zhāo)沼(zhǎo)召照(zhào) 丈：仗杖(zhàng) 争：睁狰峥筝(zhēng)挣(zhèng) 正：政证症(zhèng)征怔(zhēng) 蒸(zhēng)拯(zhěng) 中：忠衷钟(zhōng)肿种(zhǒng) 仲种(zhòng) 朱：珠侏蛛株(zhū) 主：拄(zhǔ)注驻蛀柱住(zhù)	茁(zhuó)：拙(zhuō) 州：洲(zhōu) 宙(zhōu)：轴妯(zhóu) 詹：瞻(zhān)赡(shàn) 盏(zhǎn)：栈(zhàn)(残读 cán) 占：战(zhàn)沾粘毡(zhān)砧(zhē)(钻读 zuān) 贞：祯桢侦(zhēn)帧(zhèng) 珍(zhēn)：诊疹子(zhěn) 真(zhēn)：镇(zhèn) 榛：臻溱(zhēn) 振：震赈(zhèn) 章：漳彰璋蟑樟(zhāng) 障瘴嶂幛(zhàng) 长：涨(zhǎng)账帐胀(zhàng) 遮(zhē)：蔗(zhè) 烛：躅(zhú)镯浊(zhuó) 卓(zhuó)：桌(zhuō)罩(zhào) 隹：锥椎(zhuī)稚(zhì)准(zhǔn)翟(zhái)濯(zhuó) 专：砖(zhuān)转(zhuàn)传(zhuàn) 壮(zhuàng)：装(zhuāng)
需要个别记住的字： 汁(zhī) 针(zhēn) 秩痔滞制(zhì) 渣(zhā) 眨(zhá) 轧(zhá) 扎闸(zhá) 蛰辄蜇磔(zhé) 这(zhè) 摘斋(zhāi) 宅(zhái) 着(zhē、zhe、zhuó) 酌(zhuó) 寨(zhài) 周(zhōu) 找(zhǎo) 兆(zhào) 朝(zhāo) 竹竺筑(zhú) 铸祝(zhù) 栅(zhà) 舟粥(zhōu) 帚(zhǒu) 咒骤绉皱(zhòu) 掌(zhǎng) 踵(zhǒng) 重(zhòng) 庄桩(zhuāng) 助(zhù) 谆(zhūn) 追(zhūi) 展(zhǎn) 绽暂(zhàn) 枕(zhěn) 斟(zhēn) 阵(zhèn) 终(zhōng) 郑(zhèng) 捉(zhuō) 拽(zhuài) 缀赘(zhuì)篆撰(zhuàn)撞状(zhuàng)	

表 2-6　普通话 ch 声母代表字类推

痴(chī)：踟(chí) 蚩：嗤媸(chì) 池：驰弛(chí) 尺(chǐ)：迟(chí) 齿(chǐ)：龊(chuò) 斥(chì)：拆(chāi) 叉(chā)：钗(chāi) 茶：搽(chá) 澈：撤(chè) 钞：抄(chāo)吵炒(chǎo) 绸：稠惆(chóu) 愁(chóu)：瞅(chǒu) 筹：畴踌(chóu) 搀(chān)：馋谗(chán) 蝉：婵禅(chán)阐(chǎn) 产：铲(chǎn)	辰(chén)：晨(chén)唇(chún) 昌：猖(chāng)唱倡(chàng) 常：嫦(cháng) 尝：偿(cháng) 成：城诚(chéng)盛(shèng) 澄：橙(chéng) 呈：程(chéng)逞(chěng) 出(chū)：础(chǔ)绌黜(chù) 厨：橱蹰(chú) 醇：淳鹑(chún) 槌：锤捶(chuí) 吹：炊(chuī) 垂：捶锤(chuí) 川(chuān)：钏(chuàn) 喘(chuǎn)：揣(chuǎi) 春：椿(chūn)蠢(chǔn)
需要个别记住的字： 翅炽(chì) 矗(chù) 扯(chě) 掣彻(chè) 持(chí) 匙(chí) 差(chāi、chà) 躇(chú) 储(chǔ) 车(chē) 诧(chà) 查(chá) 超(chāo) 朝(cháo) 酬(chóu) 抽(chōu) 蟾(chán) 颤(chàn) 肠场(cháng) 趁(chèn) 嗔(chēn) 纯(chún) 忱沉 (chěn) 琛(chēn) 惩(chéng) 丞(chéng) 乘(chéng) 冲(chōng) 重(chóng、zhòng) 舂(chōng) 锄(chú) 触(chù) 绰(chuò) 戳(chuō) 传(chuán) 床(chuáng) 幢(zhuàng) 吃(chī) 耻侈(chí) 赤(chì) 插(chā) 岔(chà) 初(chū) 除(chú) 处楚(chǔ) 畜(chù) 巢(cháo) 仇(chóu) 缠(chán) 谄(chǎn) 忏(chàn) 陈尘臣(chén) 承(chéng) 充(chōng) 宠(chǒng) 穿(chuān) 串(chuàn) 闯(chuǎng)	

表 2-7 普通话 sh 声母代表字类推

诗(shī)：侍恃(shì)(寺读 sì)	佘(shé)：赊(shē)
时(shí)：鲥(shí)	舌(shé)：适(shì)
尸(shī)：屎(shǐ)	舍(shè)：舍(shě)啥(shá)舒(shū)
师：狮(shī)筛(shāi)帅(shuài)(蛳读 si)	邵：绍(shào)
十：什(shí)	勺：芍(sháo)
石(shí)：驶(shǐ)	少(shào)：沙砂纱莎痧(shā)省(shěng)
示：视(shì)	捎：稍艄梢(shāo)哨(shào)
市：柿(shì)	受：授绶(shòu)
式：试拭轼(shì)	山：舢(shān)汕讪疝(shàn)
是(shì)：湜(shí)	删：珊姗跚(shān)
士：仕(shì)	衫：杉(shān)
逝：誓(shì)	善：膳鳝缮蟮鄯(shàn)
奢(shē)：暑署(shǔ)	膻(shān)：擅(shàn)
申：伸呻绅(shēn)神(shén)	扇(shàn)：煽(shān)骟(shàn)
审婶(shěn)	率：蟀(shuài)
参(shēn)：渗(shèn)	梳：蔬疏(shū)
垧：晌(shǎng)	拴：栓(shuān)
剩：嵊(shèng)	舜：瞬(shùn)
生：牲甥(shēng)	霜：孀(shuāng)
叔：淑菽(shú)	孰：熟塾(shú)
抒：纾(shū)	术(shù)：秫(shú)述(shù)
甚：葚(shèn)	刷：唰(shuā)涮(shuàn)
需要个别记住的字： 拾实(shí) 识(shí) 势事室似(shì) 失施虱湿(shī) 始豕矢(shǐ) 杀煞(shà) 傻(shǎ) 厦(shà) 奢(shē) 摄赦设涉射麝(shè) 寿(shòu) 赡(shàn) 慎(shèn) 沈(shěn) 深娠(shēn) 伤(shāng) 盛(shèng) 殊枢书输(shū) 数庶(shù) 赎(shú) 蜀数属(shǔ) 水(shuǐ) 睡税(shuì) 顺(shùn) 墅树戍恕束漱竖(shù) 烧(shāo) 收(shōu) 手守首(shǒu) 售兽(shòu) 陕闪(shǎn) 身(shēn) 肾(shèn) 商(shāng) 上(shàng) 声升(shēng) 绳(shéng) 圣(shèng) 耍(shuǎ) 说(shuō) 朔烁(shuò) 衰(shuāi) 甩(shuǎi) 双(shuāng) 爽(shuǎng)	

二、n—l

1. n—l 差错情况

现代汉语的许多方言里“鼻边不分”，重庆、成都、武汉等西南官话区的许多地方，把普通话分别读 n、l 声母的字读作 n 声母；长沙、南昌等湘语区、赣语区则多把 n 读作 l；福州话、厦门话为代表的闽方言区则把普通话分别读 n、l 声母的字，都读作 l；扬州、合肥等地的方言里发某些有 l 声母音节时，常把边音 l 读作鼻音 n；客家方言中不存在声母“n”和“r”，普通话中的“n”、“r”和“l”在客家话里属于同一音位，“牛奶”会读成“liulai”，“你”读成“li”。

2. n—l 发音与正音

n、l 发音困难的两个方面的原因：第一读不准音，第二分不清字。先应发好 n 和 l 这两个音。鼻音 n 和边音 l 发音部位相同(舌尖中音：舌尖—上齿龈)，发音时声带都振动(浊音)。区别是发音方法中阻碍方式的不同：发 n 时，舌尖及舌边均上举，顶住上齿龈，软腭下降，鼻腔出气，同时声带振动。发 l 时，舌尖前端上举，顶住齿龈(不顶满)，舌头两边跟硬腭的两侧保持适当的间隙，软腭上升，声带振动，气流从舌头两边渗出(上下齿张开)。可用下列两种方法正音，检测自己是否准确，一种是对镜正音法：取一张硬纸横放在上唇的上方，用一面镜子立在纸片前头。发鼻音 n 时，镜子上半部有水汽。二是前字引导正音法。如：

(1)n— 在 n 声母字的前面加一个用 -n 作韵尾的音节，两字连读，因发音部位相同，方法相近，易于发准 n 声母。如：

kàn—na(看啊)　　xīn—nián(新年)　　nián—lún(年轮)

chén—na(沉啊)　　ní—lóng(尼龙)　　xǐ huān—na(喜欢啊)

lián—nián(连年)　　ná—lái(拿来)

(2) l—在 l 声母的前面加一个 ge、ke 的音节，借 g、k 发音时的舌根高抬，相对限制了软腭下降使它不便于发鼻音而发边音。如：

gè—lèi(各类)　kē—lì(颗粒)　lè—lìng(勒令)　kě—lè(可乐)

上述方法上亦可用反复对比法进行发音训练。如：

①字的对比：难—兰、娘—凉

②词的对比：男女—褴褛、脑子—老子

3. n—l 字分辨和记字方法

n—l 辨记方法：

(1)利用声旁类推法进行记忆，如：

龙(l)—拢、笼、垄、笼、胧、聋、咙

兰(l)—拦、栏、烂

宁(n)—泞、拧、咛、柠、聍

纽(n)—妞、扭、钮、忸、杻、炄

(2)记少不记多。如：

n 声母字比 l 声母字少，可以只记 n 声母。如 n 与 ü、ei、in 相拼较少，而与 l 相拼较多：

nin—您

lin—林、临、琳、邻、凛

(3)记忆声旁代表字

把需要记忆的声旁代表字编成歌诀，如：

男女农奴拈恼怒，
哪能南囊拿牛奶，
泥扭捏，
挠内宁，
倪聂呐念难诺，
虐懦。

4. n—l 练习

(1)n 声母练习

泥泞	牛奶	恼怒	男女	南宁	农奴	能耐
轮流	扭捏	年内	拿捏	呢喃	难耐	泥淖

(2)l 声母练习

嘹亮	理论	冷落	劳力	流利	来历	力量
拉力	利落	履历	罗列	流露	浏览	利率

(3)n—l 双音节词语对比训练

隆重—浓重	涝灾—闹灾	无赖—无奈	老子—脑子
老路—恼怒	另有—宁有	旅伴—女伴	连带—年代
蓝色—难色	褴褛—男女	河南—荷兰	水流—水牛
干粮—干娘	留恋—留念	流毒—牛犊	蓝天—南天

(4)n—l 交错练习

耐劳	能量	年龄	尼龙	奴隶	暖流	努力
历年	冷暖	来年	流脑	女郎	烂泥	

(5)朗读：柳永《雨霖铃》

寒蝉凄切。对长亭晚，骤雨初歇。都门帐饮无绪，留恋处，兰舟催发。执手相看泪眼，竟无语凝噎。念去去千里烟波，暮霭沉沉楚天阔。多情自古伤离别。更那堪、冷落清秋节。今宵酒醒何处，杨柳岸、晓风残月。此去经年，应是、良辰美景虚设。便纵有、千种风情，更与何人说。

(6)绕口令

①六十六岁刘老六，修了六十六座走马楼，楼上摆了六十六瓶苏合油，门前栽了六十六棵垂杨柳，柳上拴了六十六个大马猴。忽然一阵狂风起，吹倒了六十六座走马楼，打翻了六十六瓶苏合油，压倒了六十六棵垂杨柳，吓跑了六十六个大马猴，气死了六十六岁刘老六。

②小牛放学去打球，踢倒老刘一瓶油，小牛回家取来油，向老刘道歉又赔油。老刘不要小牛还油，小牛硬要把油还给老刘。老刘夸小牛，小牛直摇头。你猜老刘让小牛还油，还是不让小牛还油？

③牛郎恋刘娘，刘娘念牛郎，牛郎牛年恋刘娘，刘娘年年念牛郎，郎恋娘来娘恋郎，念娘恋娘念郎恋郎，念恋娘郎。

④新脑筋，老脑筋，老脑筋可改变成新脑筋，新脑筋不学习就会变成老脑筋。

表 2-8　普通话 n 声母代表字类推①

那：哪(nǎ)挪娜(nuó)	聂：蹑镊嗫颞(niè)
乃：奶氖(nǎi)鼐(nài)	纽：妞(niū)扭钮忸(niǔ)
奈(nài)：捺(nà)	念：捻(niǎn)埝(niàn)
内(nèi)：纳呐衲钠(nà)讷(nè)	宁：咛拧柠狞(níng)拧(nǐng)泞(nìng)
脑：恼(nǎo)	奴：努弩(nǔ)驽孥(nú)怒(nù)
南：喃楠(nán)腩(nǎn)	懦：糯(nuò)
尼：泥呢妮怩(ní)	诺：匿(nì)偌(nuò)
倪：霓(ní)睨(nì)	挠：桡蛲铙(náo)
辇：撵(niǎn)	农：浓脓侬哝(nóng)
捏(niē)：涅(niè)	粘：鲶黏(nián)

① 资料来源：表 2-8 至表 2-9，云南省教育局．云南方音与普通话语音．昆明：云南人民出版社，1979：25～27

续表

需要个别记住的字： 馁(něi) 闹(nào) 能(néng) 难男(nán) 弄(nòng) 你拟(nǐ) 溺腻逆(nì) 孽(niè) 牛(niú) 鸟(niǎo) 尿(niào) 年(nián) 碾(niǎn) 娘(niáng) 酿(niàng) 您(nín) 暖(nuǎn) 嫩(nèn) 凝(níng) 疟(nüè) 囊(náng)

表 2-9　普通话 l 声母代表字类推

剌：喇(lǎ)辣瘌(là)	兰：拦栏(lán)烂(làn)
赖：籁癞(lài)懒(lǎn)	龙：咙聋笼珑(lóng)垄拢陇(lǒng)
腊：蜡(là)猎(liè)	隆：窿(lóng)
丽：俪骊鹂鲡(lì)	离：篱璃漓(lí)
栗：溧傈（lì)	里：厘狸(lí)鲤理俚娌（lǐ)
乐：砾(lì)	立：粒笠莅(lì)拉啦垃(lā)
雷：擂镭(léi)蕾(lěi)	力：荔(lì)勒肋(lè)劣(liè)
老：捞(lāo)唠痨(láo)涝(lǎo)	利：梨犁蜊黧黎(lí)痢俐猁(lì)
娄：楼喽髅蝼(lóu)搂嵝(lǒu)	厉：励砺粝疠(lì)
瘘镂(lòu)缕屡(lǚ)	历：沥呖疬苈坜枥雳(lì)
篮：篮(lán)滥(làn)	列：咧(liě)烈裂冽(liè)例(lì)
览：榄揽缆(lǎn)	潦：撩(liāo)獠燎寮嘹鹩(liáo)镣(liào)
流：琉旒硫(liú)	了：疗辽(liáo)
柳：聊(liáo)	留：溜(liū)榴瘤骝(liú)镏(liù)
连：莲涟鲢裢(lián)链(liàn)	令：拎(līng)伶玲铃龄零 羚羊聆翎泠囹蛉(líng)领岭(lǐng)冷(lěng)
廉：镰濂蠊(lián)	卢：鲈颅泸垆轳(lú)
脸：敛(liǎn)殓(liàn)	炉：芦(lú)驴(lǘ)
炼：练(liàn)	鲁：撸(lǔ)
恋：滦娈栾峦脔銮挛鸾孪(luán)	洛：落烙络骆珞(luò)烙酪(lào)
良：粮(liáng)狼郎廊榔螂啷(láng)	赂(lù)略(lüè)
朗(lǎng)浪莨莨(làng)	路：鹭露潞(lù)
凉：谅晾(liàng)掠(lüè)	录：禄碌(lù)绿氯(lǜ)
梁：粱(liáng)	戮(lù)：寥蓼(liáo)
林：淋琳霖(lín)婪(làn)	罗：萝逻箩锣(luó)
鳞：磷麟嶙(lín)	仑：抡(lūn)伦沦轮囵(lún)论(lùn)
菱：凌陵(líng)棱(léng)	廪：凛檩(lin)
吕：铝侣(lǚ)	蔺：躏(lìn)
虑：滤(lǜ)	

续表

需要个别记住的字： 牢(láo) 来(lái) 类泪(lèi) 漏陋(lòu) 楞(lèng) 刘(liú) 绺(liǔ) 六(liù) 联(lián) 垒(lěi) 亮量(liàng) 临邻(lín) 吝赁(lìn) 灵(líng) 另(lìng) 卤掳(lǔ) 捋(luō) 裸(luǒ)卵(luǎn) 乱(luàn) 旅履(lǚ) 率律(lǜ)

三、f—h

1. f—h 差错情况

西南官话区、湘语区、粤语区、客家话区、赣语区把普通话分别读 f、h 两个声母的字读作 f 声母。闽语区厦门话把普通话分别读 f、h 两个声母的字读作 h 声母。

2. f—h 发音与正音

f、h 都是轻擦音，发音方法相同，都是气流从窄缝中摩擦而出。区别在阻碍部位。f 是唇齿音，发音部位时上齿下唇；而 h 是舌根音，靠软腭和舌根活动来完成。

汉语方言中大都有舌面后清擦音声母 h，但有些地区发音不准确，有 f、h 相混的现象。吴语区的人发音部位靠后，闽语区的甚至发成喉音，纠正时应防止舌头过于后缩，舌面后部隆得太高。

对比辨音：

西服 xīfú——西湖 xīhú	附助 fǔzhù——互助 hùzhù
发红 fāhóng——花红 huāhóng	放荡 fàngdàng——晃荡 huàngdàng
流犯 liúfàn——流汗 liúhàn	芬芳 fēnfāng——昏黄 hūnhuáng
飞鱼 fēiyú——黑鱼 hēiyú	防风 fángfēng——黄蜂 huángfēng
公费 gōngfèi——工会 gōnghuì	翻腾 fānténg——欢腾 huānténg
浮面 fúmiàn——湖面 húmiàn	老房 lǎofáng——老黄 lǎohuáng

3. f—h 字分辨和记字方法

h、f 声母字的辨记可用下列方法：

(1)利用声旁类推进行识记。可联系自己的方言实际，选取声音为 f 或 h 声母的字，制成卡片进行记忆练习，如：

化—花、华、货、桦

反—返、饭、贩

(2)利用普通话声、韵母拼合规律识记。如在普通话里，声母 f 不跟 ai 相拼，因此，方言中念“fai”的字，都应念成 huai 音，如：“怀、淮、徊、坏”等。

4. f—h 练习

(1)读准下面的词语

①f—h

奉还 fènghuán	防护 fánghù	肥厚 féihòu	飞花 fēihuā
返航 fǎnháng	发挥 fāhuī	防旱 fánghàn	绯红 fēihóng
分化 fēnhuà	符合 fúhé	附和 fùhè	

②h—f

挥发 huīfā	海风 hǎifēng	盒饭 héfàn	何方 héfāng
洪福 hóngfú	富豪 fùháo	恢复 huīfù	伙房 huǒfáng
耗费 hàofèi	合肥 héféi	焕发 huànfā	混纺 hùnfǎng

(2)f—h 交错练习

f—h　发话　返回　分化　腐化　发狠

h—f　划分　化肥　话锋　花房　豪放

(3)f—h 对比练习

幅度—弧度	公费—工会	富丽—互利	发展—花展
红叶—枫叶	防空—航空	工会—公费	房后—皇后
仿佛—恍惚	废话—会话	附注—互助	湖面—浮面
飞鱼—黑鱼	幅度—弧度	护理—福利	开花—开发

(4)绕口令

①风吹灰飞，灰飞花上花堆灰，风吹花灰灰飞去，灰在风里飞又飞。

②红混纺比黄混纺长一丈，黄混纺比粉红混纺短一丈，问你到底是红混纺长还是红混纺长。

③红凤凰和粉红凤凰去追黄凤凰。

④正月里，正月正，姐妹二人去逛灯，大姐名叫粉红女，二姐名叫女粉红。粉红女身穿一件粉红袄，女粉红身穿一件袄粉红。粉红女怀抱一瓶粉红酒，女粉红怀抱一瓶酒粉红。

⑤胡苏夫和吴夫苏　胡庄有个胡苏夫，吴庄有个吴夫苏。胡庄的胡苏夫爱读诗书，吴庄的吴夫苏爱读古书，胡苏夫的书屋摆满了诗书，吴夫苏的书屋放满了古书。

四、z、c、s—j、q、x

1. z、c、s—j、q、x 差错情况

现代汉语的一些方言，如粤、闽、湘、吴等方言区，“i、ü”和“ i、ü”开头的韵母既能跟 j、q、x 声母相拼，也能跟 z、c、s(在不分 z 组与 zh 组的方言里，也包括 zh、ch、sh)相拼。有的方言把 j、q、x 读成 z、c、s。如，把“公鸡”读成“工资”、“洗脸”读成“死脸”、“起来”读成“此来”、“红旗”读成“红词”、“居住”读成“租住”、“知道”读成“机道”、“少数”读成“小数”等。

2. 解决方法

对舌面阻音 j、q、x 与舌尖阻音 z、c、s、d、t、n、l、zh、ch、sh、r 相比较，掌握“j、q、x”的正确发音部位和发音方法。j、q、x 发音过程中舌尖不参与阻碍。

可以采取了用元音带辅音的训练方法，按以下几个步骤去训练：

(1)发元音“i”，然后让气流从舌面与上腭之间通过，发出不带元音“i”的“希”声。气流透出口腔时与舌面和上腭摩擦，舌尖、牙齿都不参与发音。若发成“嘶(si)”或“师(shi)”则说明舌尖或牙齿对气流形成了阻碍，就是不正确的。

(2)在保持发“i”的状态下直接发出“xi”音，这时就没有尖音成分了。

(3)“xi”发好了，再扩展练习 x 与其他 i、ü 起头的韵母相拼，达到熟练程度，发音达到张口到位。

3. j、q、x 与 z、c、s(zh、ch、sh)的区分训练

(1)舌面音对比练习

j—q 机器 机枪 激情 极其 急切 技巧 解剖 金钱 禁区 惊奇

j—x 机械 讥笑 吉祥 极限 急需 迹象 教学 界限 锦绣 精心

q—j 期间 奇迹 迁就 前进 前景 抢劫 请假 请柬 请教 全局

q—x 期限 气息 器械 气象 谦虚 谦逊 球鞋 屈膝 取消 去向

x—q 稀奇 喜庆 戏曲 辖区 先遣 闲钱 新奇 星球 省亲 凶器

(2)j、q、x 和 z、c、s(zh、ch、sh)对比辨音练习

机(jī)—租(zū)—拘(jū)　　挤(jǐ)—祖(zǔ)—举(jǔ)

计(jì)—卒(zú)—剧(jù)　　七(qī)—粗(cū)—躯(qū)

企(qǐ)—醋(cù)—取(qǔ)　　气(qì)—促(cù)—去(qù)

西(xī)—苏(sū)—需(xū)　　习(xí)—俗(sú)—徐(xú)

系(xì)—素(sù)—序(xù)

鱼刺 yúcì—余气 yúqì　　遭气 zāoqì—娇气 jiāoqì

不辞 bùcí—不齐 bùqí　　私语 sīyǔ—西语 xīyǔ

艰辛 xīn—艰深 shēn　　密集 jí—密植 zhí　　缺席 xí—确实 shí

就 jiù 业—昼 zhòu 夜　　洗 xǐ 礼—失 shī 礼　　交际 jì—交织 zhī

军容—尊荣　　记叙—自叙　　机长—滋长　　祭奠—自垫

奇遇—词序　　漆器—瓷器　　悉心—私心　　序幕—肃穆

(3)读准下列各词

积资 jízī　　字据 zìjù　　自己 zìjǐ　　私交 sījiāo　　刺激 cìjī

戏词 xìcí　　其次 qícì　　私情 sīqíng　　司机 sījī　　军区 jūnqū

瓷器 cíqì	沉寂 chénjì	秩序 zhìxù	字迹 zìjī	机器 jīqì
习字 xízì	资金 zījīn	私心 sīxīn	精致 jīngzhì	急切 jíqiè

(4)短文朗读

①刘禹锡《竹枝词》

杨柳青青江水平，闻郎江上唱歌声。东边日出西边雨，道是无晴却有晴。

②人生真理之所以若见为无限，乃亦正以人知，不知此真理之所至，遂若见其为无限。试再以浅譬说之。二加二等于四，此可谓一真理。此真理似是无限，然当知数字无穷，自一以上，可以至于十百千万亿兆京垓之无穷。今若以二加二为限，则其答数仅为四此又非有限为何？唯其有限，唯其限于一数四，故可成其为无限。此一无限，实一至有限中之无限也。至有限之无限，与无限本体异。无限本体断属不可知。人类可知者，则仅此至有限中之无限耳。

(5)绕口令

①小七喜欢巧姬
巧姬也喜欢小七
小七叫巧姬一起去驾校学习驾驶飞机
驾校却不教小七巧姬学习驾驶飞机
小七巧姬就请求驾校教她俩驾驶飞机
驾校坚决不教小七巧姬驾驶飞机

②县级小学的学生学习京剧，
乡级小学的学生学习晋剧。
县级小学学习京剧的学生想向乡级小学学习晋剧的学生学习晋剧，
乡级小学学习晋剧的学生想向县级小学学习京剧的学生学习京剧。
结局是
县级小学学习京剧的学生向乡级小学学习晋剧的学生学会了晋剧，
乡级小学学习晋剧的学生向县级小学学习京剧的学生学会了京剧。

五、r—l(—y)

1. r —l(—y)差错情况

现代汉语一些方言中，如吴方言、江淮方言、闽方言和山东方言的部分地区，没有“r”声母，凡普通话“r”的声母的字，通常改读成[l]、[z]、[y]声母或“i”、“ü”开头的零声母字。如福州话(属闽语)把“绒的”(róng)读成“聋的”(lóng)，沈阳话(属东北官话)将“人”(rén)读成了“yín”、“肉”(ròu)读成“yòu”、“如”(rú)读成“yú”或“lú”，云南方言中把“容易”(róng)读作“yóng”等。

2. r —l 发音与正音

从发音部位看，“r”是舌尖后音，从发音方法看，“r”是浊擦音，发音时，舌尖上翘，抵硬腭前部留一小缝，让气流从小缝中摩擦而出，同时声带震动。为找到正确的感觉，可以先发“sh”音，然后振动声带，即是“r”音。

“r”和“l”的区别是发音部位不同，舌尖抵搭的位置有前后之别。“r”的发音部位在硬腭，“l”的发音部位在齿龈；发音方法也不同，“r”发音除阻时，气流的通道很窄，限于舌尖和硬腭之间的一点点缝隙，摩擦很重；而“l”音除阻时，气流的通道在舌侧两边，很宽松，摩擦不十分明显。

3. r—l 练习

(1)r—l 对比练习

流露 lù—流入 rù	近路 lù—进入 rù
碧蓝 lán—必然 rán	娱乐 lè—余热 rè
露 lòu 馅—肉 ròu 馅	囚牢 láo—求饶 ráo
阻拦 lán—阻燃 rán	收录 lù—收入 rù
卤 lǔ 质—乳 rǔ 汁	衰落 luò—衰弱 ruò
脸 liǎn 色—染 rǎn 色	绒 róng 子—聋 lóng 子

(2)读准 r 和 l

炼乳 liànrǔ	日历 rìlì	扰乱 rǎoluàn	热烈 rèliè
认领 rènlǐng	人力 rénlì	容量 róngliàng	留任 liúrèn
利润 lìrùn	日落 rìluò	让路 rànglù	锐利 ruìlì
热浪 rèlàng	老人 lǎorén	烈日 lièrì	例如 lìrú
利刃 lìrèn	礼让 lǐràng	来人 láirén	列入 lièrù

(3)r—l—y 发音练习

融解 róngjiě	荣誉 róngyù	软件 ruǎnjiàn	瑞雪 ruìxuě
燃烧 ránshāo	扰乱 rǎoluàn	热带 rèdài	人权 rénquán
人均 rénjūn	日用 rìyòng	然而 ránér	认真 rènzhēn
柔和 róuhé	柔韧 róurèn	弱点 ruòdiǎn	热情 rèqíng

六、零声母

1. 零声母差错情况

普通话一部分读零声母的字，如“爱、安、恩、袄、昂”等，在有些方言中读成了声母的字：在读以 a、o、e 开头的零声母字时，常在前面加舌根鼻音 ng，如青岛人将“安”读为“ngan”、“欧”读作“ngou”、“恩”读作“ngen”；普通话中合口呼的零声母字，有的方言读成了[v](唇齿浊擦音)声母，如“温、亡、万、闻、物、尾、问、喂”等字，在吴方言、晋方言中读成[v]声母。在普通话中，“uei”(胃、味等)读合口呼的零声母和读[v]声母，词没有不同。但是在一些方言，例如滇南方言(属西南官话)中，“胃”读“wèi”、“味”读“vèi”；在晋中

(属晋语)方言中，在“余、鱼、遗、衣”等“i、ü”的单音节前加上了[z]。

2. 零声母辨音练习

(1)对比练习

爱 ài 心—耐 nài 心　　海岸 àn—海难 nàn　　大义 yì—大逆 nì

傲 ào 气—闹 nào 气　　疑 yí 心—泥 ní 心　　语 yǔ 序—女 nǚ 婿

(2)读准零声母字词

扼要 èyào　压抑 yāyì　沿用 yányòng　演义 yǎnyì　扬言 yángyán

阿姨 āyí　挨饿 áiè　昂扬 ángyáng　熬药 áoyào　外围 wàiwéi

偶尔 ǒuěr　唯物 wéiwù　洋溢 yángyì　谣言 yáoyán　幽雅 yōuyǎ

友谊 yǒuyì　忘我 wàngwǒ　委婉 wěiwǎn　万般 wànbān　无谓 wúwèi

七、送气音和不送气音

1. 送气音和不送气音差错情况

普通话的辅音声母中，塞音和塞擦音 b、p、d、t、g、k、j、q、zh、ch、z、c 有送气和不送气之分，p、t、k、q、ch、c 六个送气音，b、d、g、j、zh、z 是相对应的六个不送气音。湖南、海南、广西及闽南部分地区的人发送气音困难；晋语部分地区虽有送气音与不送气音的区别，但一部分地区把不送气字读作送气字，如“跪”读作 kui(晋中)，“步”读作 pu(西安)、“读”读作 tu(晋南)。榆次、太谷、祁县、平遥等县区把部分气流强的送气声母发成了气流弱的不送气声母，如把 p 读成 b(盆、婆、趴、爬)，t 读成 d(疼、蹄)，q 读成 j(齐、渠、茄、强、穷)，k 读成 g(蝌蚪)，ch 读成 zh(长 cháng、场、肠、重 chóng、迟)，c 读成 z(糙、蚕等)；吴语区、湘语区等地的人，常将一部分普通话中送气音的字读作不送气的“浊音”字母。等等。

2. 送气音和不送气音发音与正音

送气音和不送气音在发音上并不困难，因为方言中都有送气音和不送气音。注意把不该念送气音的字念成不送气音，对比体会，反复练习。

3. 送气音和不送气音发音练习

(1)送气音与不送气音对比练习

b—p　鼻子—皮子　罢休—怕羞　宝马—跑马　拜别—派别　步子—铺子

d—t　兑换—退换　弹头—探头　底线—体现　调动—跳动　读书—图书

g—k　投稿—投考　关心—宽心　天公—天空　谷雨—苦雨　个体—客体

j—q　介意—惬意　及时—其实　季节—气节　嫉妒—气度　经销—倾销

zh—ch　展示—阐示　摘除—拆除　争霸—称霸　宅门—柴门　展品—产品

z—c　早稻—草道　清早—青草　澡堂—草堂　字符—赐福　坐落—错落

(2)送气音与不送气音连用练习

宾朋	鞭炮	布票	背叛	爆破	被迫	并排	奔跑
天地	停顿	特点	通达	妥当	团队	唐代	腾达
高考	公开	关口	贵客	客观	宽广	甘苦	概况
接洽	就寝	精确	崛起	俊俏	健全	家禽	郊区
摘抄	支撑	主持	职场	纯真	橙汁	常驻	持重
在此	造词	赞词	左侧	自从	字词	早餐	杂草
存在	刺字	擦澡	村子	参赞	操作	蓬勃	旁白
评比	碰杯	漂白	牌匾	炮兵	辞藻	嘈杂	足彩
情景	琴键	曲解	稻田	地铁	动听	考官	口感

(3)送气音与不送气音绕口令练习

①b—p 冰棒碰瓶

半盆冰棒半盆瓶，冰棒碰盆盆碰瓶，盆碰冰棒盆不怕，冰棒碰瓶瓶必崩。

②d—t 大兔子和大肚子

大兔子，大肚子，大肚子的大兔子，要咬大兔子的大肚子。

③g—k 苦读古书

苦读古书懂古通古熟古，不苦读古书不懂古不通古糊涂古，要懂古通古不糊涂，就得苦读古书熟悉古。

④j—q 娇娇嫁金桥

娇娇嫁金桥，起轿请舅瞧，清酒鸡鱼齐，七姐九舅到。锦衣裙，俏襟袄，娇娇娇又俏。

⑤zh—ch 常州和长春

常州城中产竹床，长春车厂制汽车。常州竹床装汽车，长春汽车装床忙。

⑥z—c 乐生灾

曾仔自在乐生灾，贼钻钱柜索钱财。曾仔醉卧总不醒，罪犯携赃走塞外。警方纵横千百里，围追堵截擒贼来。

第四节　韵母辨正

辨别方音韵母与普通话韵母的差别，了解二者的对应关系；矫正声母发音偏误。

一、e—o—uo

1. e—o—uo 差错情况

北方有些方言会把韵母 o 念成 e，如坡、波、破、渤、摸；西南有些方言会把韵母 e 念成 uo，如哥、割、颗、喝、和。

2. e—uo 发音与正音

发音上，e、o 区别在于 o 是圆唇，e 是不圆唇。记字上，注意拼合规律：普通话的韵母 o 只跟 b、p、m、f 拼合，而韵母 e 却相反，不能和这四个声母拼合(“什么”的“么”字除外)，所以记住 b、p、m、f 后面的韵母一定是 o 而不是 e。

3. e—o 练习

(1)读准 e 和 o

e：歌　格　阁　葛　个　科　壳　可　喝　和　鹤　勒　个　瑟　戈

o：霍　活　泼　摸　过　脱

脖 bó 子　老婆 po　蘑 mó 菇　鸟窝 wō　伯 bó 父　哥 gē 哥

天鹅 é　河 hé 水　叵测 pǒcè　波折 bōzhé　恶魔 èmó　刻薄 kèbó

(2)对比

国歌　过河　挫折　火车　撮合　墨盒

各国　合伙　勒索　婀娜　肋膜　折磨

(3)短文朗读

强者捆扎友情，雅者淡化友情，都是为了防范友情的破碎，但看来看去，没有一个是好办法。原因可能在于，这些办法都过分依赖技术性手段，而技术性手段一旦进入感情领域，总没有好结果。

(4)绕口令

①哥哥弟弟坡前坐，坡上卧着一只鹅，坡下流着一条河，哥哥说：宽宽的河，弟弟说：肥肥的鹅。鹅要过河，河要渡鹅。不知是鹅过河，还是河渡鹅。

②鹅合伙过河，河渡合伙的鹅。合伙的鹅过河，鹅多河阔；河渡合伙的鹅，河阔鹅多。

③南边来了个老伯，提着一面铜锣，北边来了个老婆儿，挎着一蓝香蘑。卖铜锣的老伯要拿铜锣换卖香蘑的老婆儿的香蘑，卖香蘑的老婆儿不愿拿香蘑换卖铜锣的老伯的铜锣。卖铜锣的老伯生气敲铜锣，卖香蘑的老婆儿含笑卖香蘑；老伯敲坏了铜锣，老婆儿卖完了香蘑。

④鹅和鸽

天上一群大白鸽，河里一群大白鹅。

白鸽尖尖红嘴壳，白鹅曲项向天歌。

白鸽剪开云朵朵，白鹅拨开浪波波。

鸽乐呵呵，鹅活泼泼，

白鹅白鸽碧波蓝天真快乐。

⑤窝和锅

树上一个窝，树下一口锅。
窝掉下来打着锅，窝和锅都破。
锅要窝赔锅，窝要锅赔窝，
闹了半天，
不知该锅赔窝，还是窝赔锅。

二、撮口呼和齐齿呼韵母

1. 撮口呼和齐齿呼韵母差错情况

有些方言如闽语、客家话、赣语以及西南官话等方言区的大部分方言中没有撮口呼韵母，容易把齐齿呼韵母 i 和撮口呼韵母 ü 相混，表现为只见齐齿呼韵母 i 而无撮口呼韵母 ü。如把“有趣”读作“有气”、“吃鱼”读作“吃姨”、“军”读作“今”等。

2. 撮口呼和齐齿呼韵母发音与正音

i 发音时，口腔开度小，舌头前伸，唇形呈扁平状，舌尖抵住下齿背，前舌面上升接近硬腭，是舌面、前、高、不圆唇元音。ü 为舌面、前、高、圆唇元音，发音状况基本上与 i 同，主要区别在于唇形是圆的。

发音上，可用唇形变化的方法来练习，即首先展开嘴唇发不圆唇音 i，舌位不动，慢慢再把嘴唇拢成圆形，就能发出圆唇元音 ü。此外，还要进一步记住哪些字韵母是 i 和 i 开头的，哪些字韵母是 ü 和 ü 开头的。普通话里撮口呼音节总共只有 24 个：

y：yu yue yuan yun yong
n：nü nüe
l：lü lüe
j：ju jue juan jun jiong
q：qu que quan qun qiong
x：xu xue xuan xun xiong

从 24 个撮口呼音节可以看出：包含音节最少；辅音声母同撮口呼韵母相拼的只有 j、q、x、n、l；声母 n、l 只同韵母 ü、üe 相拼，不同韵母 üan、ün、iong 相拼。韵母是撮口呼的字比韵母是齐齿呼的字少得多，因此只要记住撮口呼韵母的字，就可将 i 和 ü 区别开了。

3. 撮口呼和齐齿呼韵母练习

(1)单音节对比练习

医—迂	衣—淤	移—鱼	宜—于	以—雨	已—语
义—欲	毅—预	洗—许	斜—学	积—居	机—鞠
吉—局	急—菊	几—举	挤—矩	记—句	既—拒

妻—趋　七—屈　齐—渠　棋—瞿　起—取　启—曲
气—去　器—趣　西—需　犁—驴　席—徐　李—屡
洗—许　利—虑　戏—序　你—女　拟—钕　溺—岖
信—训　先—宣　截—决　惬—确　琴—裙　千—圈
军—熏　减—卷　建—倦　前—权　前—全　言—圆
严—园　金—菌　巾—军　津—均　心—勋　晋—峻
金—均　银—匀　切—确　夜—月　列—略　猎—掠

(2)双音节词语练习

不拘　布局　牧区　母语　沐浴　抚恤　复句　录取
陆续　故居　谷雨　舞曲　储蓄　出去　约略　月缺
绝学　雀跃　缺略　雪月　军训　均匀　芸芸　群众
循环　允许　逡巡　源泉　圆圈　渊源　涓涓　拳拳
泉源　全员　全院　轩辕　寻衅　音讯　云锦　音韵
捐钱　卷烟　厌倦　线圈　泉眼　权限　宣言　减员
元件　远见　怨言　谢绝　决裂　孑孓　确切　节略
劫掠　血液　协约　越界　灭绝　越野

(3)双音节词语对比练习

西药—需要　戏曲—序曲　分期—分区　里程—旅程　名义—名誉
容易—荣誉　实际—实据　遗传—渔船　移民—渔民　意见—遇见
得意—德育　办理—伴侣　大姨—大鱼　如意—如玉　十亿—食欲
连续—联系　布局—不急　举例—几例　绝症—结症　议和—愈合
历代—绿带　细雨—絮语　拟人—女人　气味—趣味　艺人—育人
仪式—于是　猎取—掠取　集结—拒绝　潜水—泉水　艳遇—愿意
季节—拒绝　夜读—阅读　金银—均匀　取乐—起落　缺口—切口
权臣—前尘　絮语—细雨　悬念—闲念　晕倒—引导　运泥—印尼
勋章—新章　韵律—阴历

(4)多音节词与联系

约定俗成　越俎代庖　略胜一筹　绝代佳人　却之不恭　削足适履
学而不厌　雪上加霜　血气方刚　学以致用　云蒸霞蔚　运筹帷幄
君子之交　群策群力　群龙无首　寻踪觅迹　循规蹈矩　训练有素
徇私舞弊　循序渐进　源远流长　缘木求鱼　卷土重来　全神贯注
权宜之计　犬马之劳　轩然大波　喧宾夺主　悬崖勒马　悬崖峭壁

(5)短文朗读

①律师们告诉我，很多被告和原告都是朋友，而且一度还称得上生死莫逆、荣辱与共的朋友，当原告不得不要对老友起诉的时候，图的往往不是法律

上的输赢而是友情上的是非，但友情上的是非怎能靠法庭来裁决。

②在个旧期间，表姐提出想尝一尝个旧曾经的特色菜和小吃。她时常回忆起小时五姨带她去吃的小笼蒸肉、烧卖、烧豆腐、豆花凉米线和姨父做的炸鸡等。我告诉表姐，个旧是个移民城市，饮食文化基本上承袭了中原的传统，只是由于来自天南海北的移民与当地土著的姆基族(彝族的一个支系)长久相处，耳濡目染的熏陶，饮食文化上多少有些变化。但最大的特色还是多元化。旧时个旧因锡而闻名于世，淘金者多，故个旧餐馆林立，花样繁多，饮食兴旺。较有名气的仁和园、永顺园、光美园、中兴酒楼、宝华酒楼等皆因建设城市需要正被拆迁而不复存在；有名的八宝鸡、纸包鸡、小笼蒸品多未被传承下来。倒是斗姆阁的卤鸡非但被传承且还出新，声名远鹤。于是便与表姐驱车30多公里赶往卡房镇的斗姆阁村。

(6)绕口令

①清早起来雨稀稀，王七上街去买席，骑着毛驴跑得急，捎带卖蛋又贩梨。一跑跑到小桥西，毛驴一下失了蹄，打了蛋，撒了梨，跑了驴，急得王七眼泪滴，又哭鸡蛋又骂驴。

②养鱼——大渠养大鱼不养小鱼，小渠养小鱼不养大鱼。一天天下雨，大渠水流进小渠，小渠水流进大渠。大渠里有了小鱼不见大鱼，小渠里有了大鱼不见小鱼。

③吃橘子——吃橘子，剥橘子，橘皮丢在垃圾箱里。不吃橘子，不剥橘子，不把橘子丢在垃圾箱里。

④蛐蛐说大话——墙头高，墙头低，墙旮旯有对蛐蛐，在那儿吹大气。大蛐蛐说："昨儿个我吃了两只花不棱登的大老虎。"小蛐蛐说："今儿个我吃了两只灰不溜秋的大毛驴。"大蛐蛐说："我在南山爪子一抬，踢倒了十棵大柳树。"小蛐蛐说："我在北海大嘴一张，吞了十条大鲸鱼。"这两个蛐蛐正在吹大气，扑棱棱打东边飞来一只芦花大公鸡。你看这只公鸡有多愣，它"哆"的一声吃了那只小蛐蛐。大蛐蛐一看生了气，它龇牙捋须一伸腿，唉！它也喂了鸡！哈哈，看它还吹大气不吹大气！

⑤真绝——真绝，真绝，真叫绝，皓月当空下大雪，麻雀游泳不飞跃，鹊巢鸠占鹊喜悦。

⑥换裙子——军车运来一堆裙，一色军用绿色裙。军训女生一大群，换下花裙换绿裙。

(7)诗词练习

①江雪

千山鸟飞绝，万径人踪灭。

孤舟蓑笠翁，独钓寒江雪。

②江南逢李龟年

岐王宅里寻常见，崔九堂前几度闻。

正是江南好风景，落花时节又逢君。

表 2-10 i、ü 辨音字①

	i	ü
j	①跻机饥肌讥叽积击基激鸡缉畸犄稽②籍急疾嫉吉集及级极即棘辑瘠脊③挤济给几己④忌记纪伎季寂计继既寄祭济剂迹际绩	①鞠拘居②局菊橘③举沮咀矩④巨距据锯剧具聚惧飓句
q	①期欺栖凄蹊漆七柒沏②其奇棋旗骑崎歧齐脐祈③起岂企乞启④气汽弃契砌迄器	①趋区驱躯曲屈祛蛆②渠③曲取娶龋④趣去
x	①西牺吸希稀夕矽奚溪膝犀悉蟋锡昔惜析嬉息熄媳②席习檄袭③喜洗铣④系戏细	①需虚须②徐③许④畜蓄叙序絮恤婿酗绪续
y	①壹一医衣依②移彝宜颐遗仪疑姨倚③乙已以④意瘪薏臆义议毅亿忆艺呓译驿异优益抑翼易亦屹逸肄谊疫役	①淤迂于②遇舆余鱼渔愉逾娱③雨予语羽宇与屿④预玉愈谕喻郁育遇寓浴欲裕御狱与豫尉驭

表 2-11 普通话 ü 声母代表字类推

于：迂纡(yū)竽盂(yú)	尉(yú、wèi)：蔚(yù)
予：妤(yú)预豫 (yù)	浴：欲峪裕(yù)
禺：愚喁隅(yú)寓遇(yù)	旅：膂(lǚ)
余：馀玙(yú)	屡：铝侣(lǚ)
俞：逾瑜愉窬嵛揄萮(yú)谕愈喻(yù)	虑：滤(lǜ)
娱：虞(yú)	氯：绿(lǜ)
鱼：渔(yú)	居：琚裾(jū)剧锯踞据(jù)
与：屿(yǔ)	疽：苴雎狙(jū)咀沮龃(jǔ)蛆(qū)
臾：庾谀腴(yú)瘐萸(yú)	局：拘驹(jū)枸(jǔ)鼩鸲朐(qú)
昱：煜(yù)	曲：蛐(qū)
玉：钰(yù)	诎：屈(qū)

① 资料来源：表 2-10 至表 2-11，云南省教育局．云南方音与普通话语音．昆明：云南人民出版社，1979：56～57

续表

域：蜮(yù) 伛：妪(yù) 巨：柜矩(jǔ)距炬拒讵苣(jù) 菊：鞠掬(jū) 遽：醵(jù)	龋：衢癯鸜(qú) 取：娶(qǔ)趣(qù) 具：惧(jù) 去：祛(qū) 区：驱岖躯(qū)
需要个别记住的字： 于淤(yū) 雩舁舆(yú) 雨羽禹(yǔ) 御郁聿驭育鬻狱毓鹬誉(yù) 女(nǔ) 履(lǚ) 率律(lǜ)车(jū) 橘(jú) 举(jǔ) 需须戌(xū) 徐(xú) 许煦(xǔ) 续绪序叙酗絮旭(xù)	

表 2-12　普通话 ü 声母代表字类推表①

悦：阅(yuè) 越：樾钺(yuè) 月：刖钥(yuè) 虐：疟谑(nuè) 厥：撅(juē)蕨蹶镢獗(jué)	决：诀抉(jué)缺(quē) 崛：倔掘(jué) 矍：攫躩(jué) 角：桷(jué) 怯：却(què)
需要个别记住的字： 约(yuē) 粤岳跃(yuè) 略掠(lüè) 嗟(juē) 觉嚼绝孓珏谲噱(jué) 瘸(qué) 壳雀鹊阙确恪(què)　薛靴(xuē) 学(xué) 穴鳕削血(xuè)	

三、前(—n)、后鼻(—ng)韵母

1. 前、后鼻韵母差错情况

现代汉语许多方言区中，普通话学习者前后鼻发音、记字是共通性的问题，也是普通话学习过程中的最大障碍之一。各方言中普遍存在着前后鼻音不分、不能发出正确的前鼻韵尾“-n”和后鼻韵尾“-ng”、鼻化等情况。例如，闽语区的广东潮汕人往往把以上两个鼻韵尾都念成-ng，“天坛”念成“天堂”、“平凡”念成“平房”、“班长”念成“帮长”，而操白话和客家话的广东人也同样分不清“亲近”和“清净”、“水滨”和“水兵”等。有些方言中还存在比较特殊的问题。例如，赣语区前、后鼻韵母发音不准确的一个主要原因是丢韵尾(饭 fàn—饭 fài、门 mén—门 méi)；晋中方音发鼻尾音时，气流同时从口腔和鼻腔中透出，

① 资料来源：云南省教育局．云南方音与普通话语音．昆明：云南人民出版社，1979：57

主要的发音部位既不在普通话前鼻韵母的上齿龈，也不在普通话中发后鼻韵母的软腭，而是居中，因而“en＝eng、in＝ing、uen＝ong”、“ün＝iong”，如“工程”和“功臣”不分、“幸福”和“信服”不分、“蠢物”和“宠物”不分、“孕期”和“用期”不分；普通话中前、后鼻韵母大多是成对的，但客家方言中后鼻韵母不全，如缺 eng、ing 等。

2. 前、后鼻音发音与正音

-n、-ng 两组鼻韵母在普通话韵母学习中占有重要的地位。鼻韵母是由元音音素之后附带一个鼻辅音作为尾音(韵尾)的复合鼻尾音充当的韵母。普通话有 16 个鼻韵母，以-n 为韵尾的韵母 8 个：an、en、in、un、ian、uan、uen、uan，以-ng 为韵尾的韵母 8 个：ang、eng、ing、ong、iang、uang、ueng、iong。

前、后鼻韵母发音区别主要体现在两个方面，一是两者区分的主要标志是韵腹元音舌位的前后不同，例如，an 与 ang 的区别主要表现在 an 中的元音是前低元音，而 ang 中的元音是后低元音；二是-n、-ng 韵尾的发音和听感性质，前鼻韵尾——舌尖和上齿龈构成阻碍；后鼻韵尾——舌根和软腭构成阻碍。

前、后鼻音韵母语音错误和语音缺陷的表现主要有以下几类：(1)不能发出正确的前、后鼻音。(2)后鼻韵母-ng 读成前鼻韵母-n，前鼻韵母-n 读成后鼻韵母-ng。(3)学习者将方言中能拼合而普通话拼合规律中不能相拼的读音迁移到普通话中。如：在普通话中声母 t、d 不能与前鼻韵母 en、in 相拼，方言中却有“ten”读音，如“誊、腾、滕、疼”。(4)学习者将前、后鼻音发成鼻化音。鼻尾音前的元音在发音主要过程中并不鼻化，只是到元音与鼻音韵尾相接的时候，才产生一个短暂的“半鼻化”的阶段。

前、后鼻音韵母的发音：(1)舌位上，发前鼻音-n 时，舌尖顶住上齿龈，不要松动，不要后缩，用力点靠前；发后鼻音-ng 时，舌头后部高高隆起，舌根后缩抵住软腭，用力点靠后；(2)口形上，发-n 时上下门齿是相对，口形较闭；发-ng 时，口形较开；(3)音色上，前鼻音-n 较尖细清亮，后鼻音-ng的声音则浑厚响亮。

前、后鼻音记字：

(1)记少不记多。如 gen 只有“跟、根”二字，其他多为 geng；reng 只有“扔、仍”二字，其余为 ren；声母 z 与韵母 en 相拼的只有一个“怎 zěn”字，其余的“曾 zēng、憎 zēng、增 zēng、甑 zèng(甑子)、赠 zèng”等字都是 eng 韵。

(2)记声韵配合规律：

d、t、n、l 只与 eng 相拼，不与 en 相拼(除外：“嫩”)；d、t、n 只与 ing

相拼，不与 in 相拼(除外：“您”)。

z、c、s 除了“怎”(zěn)“谮”(zèn)“参”(cēn)“岑”(cén)“涔”(cén)“森”(sēn)，其余都应归入 eng 韵。

b、p、m、f 只与 eng 相拼，不与 ong 相拼。

bin 音节没有上声，bing 音节有上声，据此可知“丙、秉、柄、禀”等字的韵母都是 ing。

(3)记声旁代表字，如：

申(—n)——伸、呻、绅、砷、神、审、婶、渖

林(—n)——淋、琳、霖、啉

争(—ng)——挣、峥、狰、睁、铮、筝、诤

名(—ng)——铭、茗、酩

ang 韵声旁：

邦——bang 帮 绑 梆 邦

旁——pang 磅 耪 螃 滂 膀 榜 傍

方——fang 访 放 房 防 芳 纺 仿 舫 邡 坊 妨 枋 肪 鲂 彷

当——dang 档 挡 铛 垱 筜

唐——tang 糖 塘 醣 搪 鄌 瑭 螗

堂——tang 膛 镗 樘 螳

囊——nang 攮 囔 馕 齉

良——liang 粮 踉 niang 娘 lang 朗 浪 狼 琅 莨 阆 锒

冈——gang 钢 岗 刚 纲 纲

章——zhang 彰 障 璋 樟 漳 嶂 瘴

长——zhang 张 涨 胀 账 帐 chang 怅 苌 伥

尚——shang 赏 裳 绱 tang 堂 躺 趟 棠 淌 倘 chang 常 敞 徜

仓——cang 舱 沧 苍 伧 鸧

亡——wang 忘 妄 mang 忙 芒 盲 氓 茫 邙 杧

eng 韵声旁：

朋——peng 鹏 棚 硼 堋 beng 蹦 崩 嘣 绷 镚

彭——peng 膨 澎 嘭 蟛

蒙——meng 朦 蠓 礞 艨 檬 鹲

孟——meng 锰 勐 猛 蜢 艋

风——feng 疯 枫 讽 凤 砜

逢——feng 峰 缝 锋 蜂 烽 peng 蓬 篷

奉——feng 俸 唪 peng 捧

登——deng 瞪 蹬 凳 噔 澄 磴 嶝 cheng 橙 澄

更——geng 梗 埂 哽 绠 鲠
曾——ceng 蹭 噌 zeng 增 赠 憎 甑 罾 缯
正——zheng 政 征 整 证 症 怔 钲 cheng 惩
争——zheng 挣 睁 铮 诤 峥 筝 狰
成——cheng 城 诚 铖 宬 sheng 晟 盛
呈——cheng 程 逞 酲 埕 裎
生——sheng 胜 笙 牲 甥 眚
ing 韵声旁：
丙——bing 炳 病 柄 邴
并——bing 饼 摒 屏 ping 瓶 姘 洴（例外：拚）
平——ping 评 萍 坪 苹 枰
名——ming 铭 茗 酩 洺
丁——ding 顶 订 盯 钉 叮 仃 町 酊 ting 厅 汀 亭 婷
定——ding 锭 腚 啶 碇
廷——ting 挺 庭 艇 霆 蜓 梃 莛 铤
亭——ting 婷 停 葶
菱——ling 凌 绫 陵 棱
令——ling 苓 领 岭 零 龄 铃 羚 玲 翎 伶 聆 瓴 鸰 柃 呤 图
（例外：邻、拎）
京——jing 景 惊 鲸 憬 璟 猄
茎——jing 径 胫 颈 经 泾 迳 痉 劲 qing 轻 氢
青——qing 清 情 请 晴 氰 箐 蜻 jing 静 精 靖 睛 菁
形——xing 形 型 刑 邢 铏
婴——ying 樱 缨 嘤 撄 瘿 罂 璎
星——xing 醒 腥 惺 猩
莹——ying 营 萦 萤 莺 荧 茶 滢
an 韵声旁：
安——按 氨 鞍 胺 案
半——伴 拌 绊 畔（例外：胖）
en 韵声旁：
恩——恩 摁 嗯 蒽 煾
门——们 闷 扪 焖 闻 问 钔
辰——晨 宸 振 震 赈 唇
分——份 芬 粉 纷 忿 酚 吩 氛 汾 玢
艮——跟 根 莨 哏 恳 垦 裉 很 狠 恨 痕

珍——疹 诊 轸 趁
真——镇 缜 稹 慎
贞——侦 桢 桢 浈
申——伸 婶 神 审 绅 砷 胂
壬——任 妊 荏 饪 衽
刃——忍 韧 纫 仞 轫
in 韵母声旁：
银——垠 龈
宾——摈 滨 傧 缤 殡 膑 镔 髌 鬓（例外：兵）
民——抿 苠 岷 泯 珉
林——淋 琳 霖 啉
尽——烬 赆 荩 侭
禁——襟 噤 僸 龘
磷——鳞 嶙 遴 辚
今——妗 衿 矜 琴 芩 衾
斤——近 靳 芹 新 薪 欣 忻
因——茵 姻 洇

3. 前、后鼻音练习

(1)单音节对比

林—玲	森—僧	线—相	反—纺	分—风	音—英
言—洋	问—瓮	音—应	宾—兵	盆—朋	门—蒙
单—当	善—上	进—静	亲—轻	陈—程	闷—梦
贫—平	民—名	今—京	新—星	您—凝	近—敬
信—姓	嫩—能	粉—讽	诊—整	根—耕	跟—更
痕—横	真—睁	见—降	现—项	韩—航	判—胖
办—棒	管—广	饭—放	看—抗		

(2)双音节词语

参战 cānzhàn	反感 fǎngǎn	烂熳 lànmàn	谈判 tánpàn
坦然 tǎnrán	赞叹 zàntàn	根本 gēnběn	门诊 ménzhěn
人参 rénshēn	认真 rènzhēn	深沉 shēnchén	振奋 zhènfèn
近邻 jìlín	拼音 pīnyīn	信心 xìnxīn	辛勤 xīnqín
引进 yǐnjìn	濒临 bīnlín	帮忙 bāngmáng	苍茫 cāngmáng
商场 shāngchǎng	当场 dāngchǎng	刚刚 gānggāng	上当 shàngdàng
承蒙 chéngméng	丰盛 fēngshèng	更正 gēngzhèng	萌生 méngshēng
声称 shēngchēng	升腾 shēngténg	叮咛 dīngníng	经营 jīngyíng

命令 mìnglìng	评定 píngdìng	清静 qīngjìng	姓名 xìngmíng
共同 gòngtóng	轰动 hōngdòng	空洞 kōngdòng	隆重 lóngzhòng
通融 tōngróng	恐龙 kǒnglóng	艰险 jiānxiǎn	简便 jiǎnbiàn
连篇 liánpiān	前天 qiántiān	浅显 qiǎnxiǎn	田间 tiánjiān
贯穿 guànchuān	软缎 ruǎnduàn	酸软 suānruǎn	蜿转 wǎnzhuǎn
专款 zhuānkuǎn	转换 zhuǎnhuàn	源泉 yuánquán	轩辕 xuānyuán
涓涓 juānjuān	昆仑 kūnlún	温存 wēncún	温顺 wēnshùn
论文 lùnwén	馄饨 húntun	谆谆 zhūnzhūn	两样 liǎngyàng
洋相 yángxiàng	响亮 xiǎngliàng	狂妄 kuángwàng	双簧 shuānghuáng
蕹菜 wèngcài	水瓮 shuǐwèng	炯炯 jiǒngjiǒng	汹涌 xiōngyǒng
演讲 yǎnjiǎng	香甜 xiāngtián	坚强 jiānqiáng	两面 liǎngmiàn
岩浆 yánjiāng	绵羊 miányáng	想念 xiǎngniàn	现象 xiànxiàng
镶嵌 xiāngqiàn	量变 liàngbiàn	观光 guānguāng	狂欢 kuánghuān
观望 guānwàng	王冠 wángguān	壮观 zhuàngguān	宽广 kuānguǎng
光环 guānghuán	万状 wànzhuàng	双关 shuāngguān	端庄 duānzhuāng

(3)对比练习

烂漫—浪漫	赞颂—葬送	竿子—缸子	泛滥—放浪	担心—当心
反问—访问	心烦—新房	一般——帮	前面—墙面	赝品—样品
鲜花—香花	大连—大梁	牵手—枪手	简章—奖章	眼光—仰光
专车—装车	船上—床上	碗里—网里	关节—光洁	万年—忘年
机关—激光	手腕—守望	栓剂—双季	关里—光里	花篮—花廊
施展—师长	板架—绑架	心欢—心慌	遣送—强送	念成—酿成
心境—行进	亲生—轻生	金质—精致	人民—人名	贫民—平民
信服—幸福	频繁—平凡	亲近—清静	禁止—静止	因循—英雄
金银—经营	琴艺—情意	民心—明星	引子—影子	亲身—轻声
禁止—静止	金鱼—鲸鱼	新近—心境	寝室—请示	红心—红星
水滨—水兵	新建—兴建	民心—明星	引子—影子	陈旧—成就
真挚—争执	申明—声明	木盆—木篷	深思—生丝	清真—清蒸
瓜分—刮风	绅士—声势	人参—人生	余温—渔翁	诊治—整治
身世—生事	时针—时政	粉刺—讽刺	伸展—生长	人身—人生
审视—省市	阵势—正是	枕套—整套	木盆—木棚	真诚—征程
开门—开蒙	门牙—萌芽	分田—丰田	建军—进军	简章—紧张
连接—邻接	连夜—林业	签字—亲自	鲜血—心血	盐粉—银粉
现任—信任	仙境—心境	眼见—引见		

(4)多音节词语练习

按部就班	满载而归	翻然悔悟	三顾茅庐	探囊取物	昙花一现
南辕北辙	瞻前顾后	肝胆相照	含沙射影	恩重如山	喷薄欲出
粉身碎骨	参差不齐	森严壁垒	针锋相对	趁火打劫	仁至义尽
根深叶茂	恨之入骨	烟波浩渺	变本加厉	颠沛流离	甜言蜜语
拈轻怕重	连篇累牍	见贤思齐	千锤百炼	先发制人	先礼后兵
饮水思源	引经据典	彬彬有礼	民不聊生	淋漓尽致	近在咫尺
秦晋之好	沁人心脾	心满意足	心心相印	完璧归赵	万象更新
短兵相接	乱臣逆子	转危为安	川流不息	软硬兼施	冠冕堂皇
宽宏大量	焕然一新	温文尔雅	寸步难行	损兵折将	顿开茅塞
谆谆教导	春寒料峭	顺理成章	滚瓜烂熟	困兽犹斗	浑然天成
鹏程万里	梦寐以求	风调雨顺	层出不穷	登峰造极	能言善辩
冷若冰霜	峥嵘岁月	生不逢时	耿耿于怀	纵横交错	从容不迫
洞若观火	童叟无欺	浓墨重彩	龙腾虎跃	中庸之道	融会贯通
洪水猛兽	阳春白雪	良莠不齐	两厢情愿	江郎才尽	匠心独运
江河日下	强弩之末	枪林弹雨	相得益彰	响彻云霄	莺歌燕舞
冰清玉洁	名垂青史	平分秋色	宁缺毋滥	令行禁止	泾渭分明
蜻蜓点水	行将就木	形影不离	亡羊补牢	枉费心机	壮志未酬
窗明几净	双管齐下	光彩夺目	广开言路	旷日持久	黄粱美梦
犹如隔世	瓮中捉鳖	瓮声瓮气	庸人自扰	雍容华贵	迥然不同
炯炯有神	穷途末路	茕茕孑立	琼浆玉液	汹涌澎湃	胸有成竹

(5)绕口令

①学习就怕满懒难——学习就怕满、懒、难，心里有了满、懒、难，不看不钻就不前；心里去掉满、懒、难，永不自满，边学边干，蚂蚁也能搬泰山。

②换斑竹　斑竹林里头有干斑竹，包谷林里头有干包谷。潘家三虎走进包谷林，掰了一担干包谷，回家路过斑竹林，换了三根干斑竹。

③老彭拿着个盆，路过老陈的棚。盆碰棚，棚碰盆，棚倒盆碎棚压盆。老陈要赔老彭的盆，老彭不要老陈来赔盆。老陈陪老彭去补盆，老彭帮老陈来修棚。

④生身亲母亲，谨请您就寝，请您心宁静，身心很要紧。

⑤羊和狼　东边来了一只小山羊，西边来了一只大灰狼，一起走到小桥上，小山羊不让大灰狼，大灰狼不让小山羊，小山羊叫大灰狼让小山羊，大灰狼叫小山羊让大灰狼，羊不让狼，狼不让羊，扑通一起掉到河中央。

⑥半边莲　半边莲，莲半边，半边莲长在山涧边。半边天路过山涧边，发现这片半边莲。半边天拿来一把镰，割了半筐半边莲。半筐半边莲。

⑦碌和棍　碌下压个棍，棍上压个碌，碌压棍滚，棍滚碌滚。

⑧风、松、钟、弓　走如风，站如松，坐如钟，睡如弓。风、松、钟、弓，弓、钟、松、风，连念七遍口齿清。

⑨王庄和匡庄　王庄卖筐，匡庄卖网，王庄卖筐不卖网，匡庄卖网不卖筐。你要买筐别去匡庄去王庄，你要买网别去王庄去匡庄。

⑩天上七颗星　天上七颗星，树上七只鹰，梁上七个钉，台上七盏灯。拿扇扇了灯，用手拔了钉，举枪打了鹰，乌云盖了星。

(6)诗词朗读练习

①渭城曲

渭城朝雨浥轻尘，客舍青青柳色新。
劝君更尽一杯酒，西出阳关无故人。

②望庐山瀑布

日照香炉生紫烟，遥看瀑布挂前川。
飞流直下三千尺，疑是银河落九天。

③送杜少府之任蜀州

城阙辅三秦，风烟望五津。
与君离别意，同是宦游人。
海内存知己，天涯若比邻。
无为在歧路，儿女共沾巾。

④枫桥夜泊

月落乌啼霜满天，江枫渔火对愁眠。
姑苏城外寒山寺，夜半钟声到客船。

⑤江城子·密州出猎

老夫聊发少年狂。左牵黄，右擎苍。锦帽貂裘，千骑卷平冈。为报倾城随太守，亲射虎，看孙郎。酒酣胸胆尚开张。鬓微霜，又何妨。持节云中，何日遣冯唐。会挽雕弓如满月，西北望，射天狼。

⑥鹧鸪天

彩袖殷勤捧玉钟。当年拚却醉颜红。舞低杨柳楼心月，歌尽桃花扇底风。从别后，忆相逢。几回魂梦与君同。今宵剩把银釭照，犹恐相逢是梦中。

⑦闻官军收河南河北

剑外忽传收蓟北，初闻涕泪满衣裳。
却看妻子愁何在，漫卷诗书喜欲狂。
白日放歌须纵酒，青春作伴好还乡。
即从巴峡穿巫峡，便下襄阳向洛阳。

⑧秋夕

银烛秋光冷画屏，轻罗小扇扑流萤。

天阶夜色凉如水，坐看牵牛织女星。

⑨过桥米线始于明末清初甲申年(公元1644年)的蒙自。相传有一位姓邓的书生为了赶考，每天在南湖的一座小岛上温习诗文，妻子为了不影响丈夫学习，每天从家里前往给丈夫送饭。因小岛离家不近，还需过一座桥，饭菜送到已经凉了。一天妻子炖了一锅鸡汤，准备给丈夫补补身子，妻子将米线放入鸡汤后又舀了一大勺鸡油放在里面，想让丈夫油油地吃一顿。正准备给丈夫送去时，不料妻子突然晕倒，待醒来，日已偏西，可罐中鸡汤还暖热未冷，究其原因是汤被厚厚的热油覆盖着，保持了汤的热度。妻子从中受到启发，以后又将生猪肉片、生鱼片放入汤中氽熟，就着米线一起送给丈夫去吃，丈夫吃后鲜美可口，很受感动，更加刻苦攻读，终于考上状元，所以民间便把蒙自米线称为“过桥米线”。

蒙自过桥米线传入建水后，经由东门外锁龙桥一家米线馆采用汤氽米线法而得欢迎。80多年前传入昆明，最先由光华街“一品园”经营而大受欢迎。1920年“仁和园”食馆继“一品园”又推出蒙自过桥米线并完全保持了滇南的风味而大受昆明人欢迎。解放以后，过桥米线得到普及。目前在北京、香港均能品尝到过桥米线，为人们的生活食谱添了光彩。

表 2-13　an、ang 辨音字①

	an	ang
零	①安桉氨鞍庵鹌谙③俺铵④岸按案胺暗黯	①肮②昂④盎
b	①扳颁班斑般搬③阪坂板版钣舨④办半伴拌绊扮瓣	①邦帮梆浜③绑榜膀④蚌棒傍谤磅镑
p	①番潘攀②爿胖盘磐蟠蹒④判叛畔拚盼襻	①乓滂膀②庞旁膀磅螃③耪④胖
m	②埋蛮谩蔓馒鳗瞒③满螨④曼谩蔓幔慢漫	②邙芒忙盲氓茫硭③莽蟒
f	①帆番蕃幡藩翻②凡矾钒烦蕃樊繁③反返④犯范饭贩泛梵	①方坊芳②防坊妨肪房鲂③仿访纺舫④放
d	①丹担单郸殚眈耽③胆疸掸④石旦但担诞淡惮弹蛋氮澹	①当铛裆③挡党谠④当挡档凼砀荡宕

① 资料来源：表2-13至表2-15，云南省教育局．云南方音与普通话语音．昆明：云南人民出版社，1979：28～30。

续表

	an	ang
t	①坍贪摊滩瘫②坛昙谈郯痰弹覃谭潭檀③忐坦钽袒毯④叹炭碳探	①汤铴镗②唐塘搪溏瑭糖堂樘膛螳棠③倘惝淌躺傥④烫趟
n	①囡②男南喃楠难③腩蝻④难	①囊囔②囊馕③攮
l	②兰拦栏岚婪谰阑澜斓蓝褴篮③览揽缆榄懒④烂滥	①啷②郎廊榔螂狼琅锒③朗④浪
g	①干杆肝竿甘泔柑尴③杆秆赶擀敢橄感④干赣	①冈刚纲钢扛肛缸罡③岗港④杠钢戆
k	①刊看堪③坎砍侃槛④看阚瞰	①康慷糠②扛④亢伉抗炕钪
h	①鼾酣憨②邗汗邯含晗函涵韩寒③罕喊④汉汗旱捍悍焊颔翰瀚撼憾	①夯②行吭杭航④巷
zh	①占沾毡粘旃詹谵瞻③斩崭盏展搌辗④占战站栈绽湛颤蘸	①张章彰獐漳樟蟑③长涨掌④丈仗杖账帐涨障瘴
ch	①掺搀②单婵禅蝉谗馋孱潺缠廛澶蟾③产铲谄阐④忏颤	①昌菖猖娼鲳②长苌肠尝偿徜常嫦③厂场昶惝敞④怅畅倡唱
sh	①山舢芟杉钐衫删姗珊栅跚苫扇煽膻③闪陕④讪汕疝苫钐单掸禅扇骟善缮膳擅赡蟮	①伤殇商墒③上垧晌垧赏④上尚绱
r	②蚺然燃③冉苒染	①嚷②瓤③壤攘嚷④让
z	①糌簪②咱③攒④暂錾赞瓒	①赃脏臧③驵④脏奘葬藏
c	①参骖餐②残蚕惭③惨④灿孱璨	①仓苍沧舱②藏
s	①三叁③伞散馓糁④散	①丧桑③搡嗓④丧

表 2-14　en、eng 辨音字

	en	eng
零	①恩④摁	
b	①奔③本④笨	①崩②甭③绷④迸蹦泵
p	①喷②盆④喷	①烹②朋棚硼鹏彭澎膨③捧④碰
m	①闷②门们④闷	①蒙②盟萌蒙檬朦③猛蜢锰④梦孟

续表

	en	eng
f	①分芬纷吩②坟焚汾③粉④奋份粪忿愤	①风枫疯蜂峰丰封②逢缝冯③讽④奉凤缝
d		①登灯③等④邓凳瞪
t		②疼腾誊滕藤
n	④嫩	②能
l		②棱③冷④愣
g	①根跟②哏③艮	①耕庚羹更③耿梗④更
k	③肯啃垦恳④裉	①坑
h	②痕③很狠④恨	①亨哼②横衡恒④横
zh	①真贞针侦珍胗斟③诊疹枕④振震镇阵	①争筝睁征正挣蒸③整拯④正政证症郑挣
ch	①嗔抻②晨辰沉忱陈臣尘橙③碜④衬趁称	①称撑②成城诚承呈程惩澄乘盛③逞骋④秤
sh	①申伸呻绅身深②神③沈审婶④甚慎肾渗	①生牲笙甥升声②绳③省④圣胜盛剩
r	②人仁壬③忍④任认刃纫韧	①扔②仍
z	③怎	①曾增憎④赠锃
c	①参②岑	②曾层④蹭
s	①森	①僧

表 2-15　in、ing 辨音字

	in	ing
零	①因姻殷音阴②银龈垠吟寅淫③引蚓隐瘾饮尹④印荫	①英应鹰婴樱缨鹦②营莹萤盈迎赢③影④映硬应
b	①宾滨缤彬④殡鬓	①兵冰③丙柄秉饼禀④病并
p	①拼②贫频③品④聘	①乒②平苹萍屏瓶凭
m	②民③敏皿闽悯泯	②名茗铭明鸣冥④命
d		①丁钉仃叮③顶鼎④定锭订

续表

	in	ing
t		①听厅汀②亭停廷庭蜓③挺艇
n	②您	②宁狞拧凝③拧④宁佞
l	②林琳淋磷邻鳞麟③凛禀檩④吝赁蔺	②灵伶蛉玲零铃龄菱陵凌绫③岭领④另令
j	①今斤巾金津襟筋③紧锦仅谨馑④尽劲缙觐烬近晋禁浸	①京惊鲸茎经菁精睛晶荆兢粳③景颈井警④敬镜竟净静境竞径劲
q	①亲侵钦②勤琴芹秦禽擒③寝④沁	①氢轻倾青清蜻卿②情晴擎③顷请④庆亲
x	①新薪辛锌欣心馨④信衅	①星腥猩兴②形刑型邢行③省醒④幸姓性杏兴

四、in—ian

1. in—ian 差错情况

西南官话的滇南、滇西一些方言 ian 韵发音窄化，读为 in 韵。

2. in—ian 辨正

首先要发准 ian 韵。其次，利用声旁类推以及记个别字的方法掌握 ian 韵。

表 2-16 ian 韵字声旁类推①

间：简涧锏	咸：缄减碱
兼：廉镰歉谦嫌	舷：弦
笺：践贱溅钱浅线	焰：陷馅阎
见：舰现砚	奄：阉腌淹掩
建：键毽腱健	烟：咽胭烟
签：检捡剑俭睑险验	延：筵涎蜒
欠：歉嵌	宴：堰偃
前：煎剪箭	彦：颜谚
厌：魇恹餍	连：练莲涟链炼
沿：铅	柬：谏
先：宪冼	严：酽俨

① 资料来源：云南省教育局．云南方音与普通话语音．昆明：云南人民出版社，1979：31

续表

需要个别记住的字： 监 坚 尖 奸 茧 渐 件 荐 鉴 牵 潜 乾 虔 黔 钳 倩 茜 堑 仙 鲜 闲 贤 衔 显 羡 献 限 县 腺 炎 檐 岩 演 眼 衍 燕 艳 盐

3. in—ian 练习

(1)读准 in—ian

点心 diǎnxin　今天 jīntiān　鳞片 línpiàn　千斤 qiānjīn

进见 jìnjiàn　潜心 qiánxīn　先进 xiānjìn　新鲜 xīnxiān

铅印 qiānyìn　变频 biànpín　连襟 liánjīn　年薪 niánxīn

勤俭 qínjiǎn　偏心 piānxīn　前进 qiánjìn　尖音 jiānyīn

(2)in、ian 对比辨音练习

眼 yǎn 见—引 yǐn 见　鲜 xiān 血—心 xīn 血　建 jiàn 军—进 jīn 军

签 qiān 字—亲 qīn 自　连 lián 夜—林 lín 业　简 jiǎn 章—紧 jǐn 张

偏 piān 音—拼 pīn 音　棉 mián 芯—民 mín 心　盐 yán 粉—银 yín 粉

仙 xiān 境—心 xīn 境　连 lián 接—邻 lín 接　现 xiàn 任—信 xìn 任

颜 yán 色—银 yín 色　心 xīn 花—鲜 xiān 花　牵 qiān 连—亲 qīn 临

剪 jiǎn 贴—紧 jǐn 贴　河滨 bīn—河边 biān　先 xiān 前—辛 xīn 勤

(3)in 韵诗

近河滨，景色新，绿草茵茵水粼粼，禽鸟唱林阴。

政策好，顺民心，人人尽力共驱贫，辛勤换来遍地金，天灾难相侵。

诗心禁不住，一曲今昔吟。

(4)绕口令

①比尖

尖塔尖，尖杆尖，杆尖尖似塔尖尖，塔尖尖似杆尖尖。有人说杆尖比塔尖尖，有人说塔尖比杆尖尖。不知到底是杆尖比塔尖尖，还是塔尖比杆尖尖。

②水连天

天连水，水连天，水天一色望无边。

蓝蓝的天似绿水，绿绿的水如蓝天。

到底是天连水，还是水连天？

第三章　朗读与朗诵

［学习提示］

朗读是介于念读和诵读之间的一种以书面语言为蓝本的单向口语表达形式，是把书面语言转化为优胜语言的创作活动，也是教学口语和一般口语的重要形式之一。它以清晰响亮、准确生动的有声语言再现文章的思想内容，或再创造文学作品的树形象，使听众得到明晰的信息和艺术享受。本章主要围绕朗读和朗诵的技巧而展开。

［学习目标］

- 了解朗读的概念及其作用
- 掌握朗读的基本技巧
- 了解各种文体的朗读方法
- 掌握朗诵的基本技巧

第一节　朗　读

一、朗读及其作用

朗读是介于念读和诵读之间的、一种以书面语言为蓝本的单向口语表达形式。它是把书面语言转化为有声语言的创作活动，也是教学口语和一般口语的重要形式之一。也就是以清晰响亮、准确生动的有声语言再现文章的思想内容，或再创造文学作品的新形象，使听众得到明晰的信息和艺术享受。朗读时要的口语不同于日常生活中的口语，它必须忠实于原文，做到不漏 、不添、不改、不破、不颠倒顺序，语感上又要比自然口语更响亮、更生动、更具美感。朗读又不同于朗诵。它不追求戏剧化和高度的风格化。朗读的言语不能过度夸张，也不能过于平淡。过于夸张，会显得装腔作势，虚情假意；过于平淡，又会像拉家常一样乏味呆板。

朗读的作用是多方面的。第一，作为一种常见的口语表达形式，朗读具有很强的社会作用。它是人们艺术欣赏、感情抒发的重要方式，是进行思想宣传、情操教育的重要手段，是人们提高语言运用能力的这样途径。“情动于中而发于言”。优秀的书面语作品，是富含深刻的思想和真挚的情感的，是艺术语言和思想感情的高度统一。朗读者通过对作品的感知、理解，声气的还原，使自己与作者的思想感情合拢，加上进一步的口头创造，将其呈现在听者的面前，就能引起听众内心的强烈共鸣。

第二，朗读在语言能力的培养方面的作用是明显的。叶圣陶先生曾说：“读文章，写文章，最好不要光用眼睛看，光凭手写，还要用嘴念。读人家的东西，念出来，比光看容易吸收。有感情的文章，念几遍更容易领会。自己写了文章也要念，遇到不顺的地方就要改。好文章，要多念。”这段话清楚地点明了阅读理解、文章写作与朗读的关系。至于口头表达，一个人的口语能力强，主要表现为言辞得当，表达自如，发音纯正，吐字清晰，同时有中心有主次，干净利落，形象生动。而朗读不仅能够培养形象思维、逻辑思维的能力，而且能够锻炼发音，丰富语汇，增强语感，从而提高口头语言的表现力和感染力。

第三，朗读是课堂教学的基本形式。“读书百遍，其义自现。”在语文教学中，朗读是不可缺少的环节。任何一篇范文的教学，没有讲解固然不行，没有朗读同样不能好地完成教学任务。教师绘声绘色的朗读，能通过语音将学生带入文章的情景与事理之中，增强作品的感染力，引发学生阅读理解的兴趣；而指导学生朗读，则能调动学生积极地用眼、用口、用耳、用脑，使学生更加深入地理解文章，细致地体味文章所述的事理情；发现词句、段落之间的联系，感受语言组织的精妙、优美。朗读同样是其他课堂教学的重要手段之一。在教学过程中，准确地朗读教材内容，无疑会帮助学生增强记忆，加深理解；在讲解分析中，适时恰当地引诵有关名言诗句，对于启发学生智力，活跃课堂气氛，提高教学效率，都是非常有益的。

第四，朗读有强化记忆的作用。它是加深朗读者对文本的记忆的有效方法。它把视觉符号转变为听觉符号，把无声化为有声，这样朗读者不但可以从视觉的途径接收信息，同时还可以从听觉的途径接受信息，使得文本能够深刻地被记忆在脑海里。

第五，朗读在教师口语训练中有着特殊的作用。朗读是普通话基础训练的延续，又是说话训练和教师职业口语训练的必要准备。通过书面语言的朗读，能够不断地巩固和提高普通话基础训练的成果，纠正方言；还能够不断地习得和储存大量词语和句式，习得灵活多样的言语组织技巧和表达方法，为进行说话训练和教师职业口语表达训练打下较好的基础。

二、朗读的要求

1. 理解作品

理解是朗读的前提。朗读前，必须充分理解并深刻领会作品，感受作品的内容和形式。要在阅读的基础上，对作品进行由局部到整体的理解。局部理解，即作品词语、句子、层次以及辞格义的理解。整体理解，即总体了解文章写什么人、什么事，抒什么情，以把握它的主旨。对一些名家名篇，还要联系其创作的时代背景和创作意图去进行理解。

2. 感受作品

感受是在初步理解的基础上对作品进一步体味和揣摩，这是一种审美性的朗读，我们常常称之为“美读”。朗读时要深入到作品的字里行间，将文章的词句努力转换为在时间和空间上跳跃流动的音符，充分调动各种感觉器官和思维器官，全神贯注地体味其丰富的含义、生动的形象，揣摩其严密的逻辑、内在的意义，让自己的理智和情感随着文字的跳跃和起伏，产生共鸣。对作品的感受是多方面的，总体来说，主要是对形象的感受和逻辑的感受。

3. 明确朗读的目的和对象

朗读的目的指“为什么”朗读，朗读的对象指“为谁”朗读。朗读是一种再创作的活动。除了非正式的自我朗读外，一般的朗读过程是“取他人所作，由自己朗读，为他人所听”的过程。这之间融合了朗读者对作品思想的认知与评价，还融合了朗读者对听众反应的期待。因此，朗读者必须处理好原作、朗读与听众三者之间的关系，明确朗读的目的和对象。一方面，要通过朗读准确地传达作品的主要内容和态度感情，又不能只是对作品内容作简单“音译”，而要有朗读者的个性色彩，要充分表达出朗读者自己的理解和感情；另一方面，要根据不同的对象确定并努力实现朗读的侧重目标，比如对文化水平不高的听众，应当侧重于字词准确，内容清楚，亲切有趣；而对于文化水平较高者，朗读者要在表达更深刻的题旨和更丰富的感情方面下工夫。

4. 掌握一般的朗读技巧

朗读技巧是实现朗读目的的重要手段，是对作品进行有声创作所进行的设计和处理。任何外在的语言表达都是在一定的内部心理状态的支配下进行的，因此，广义的朗读技巧包括内部心理感受的技巧和外在的言语表达技巧两个方面。内部心理感受的技巧，主要有对作品的形象感受技巧和逻辑感受技巧。外在的表达技巧主要是言语声气技巧，包括声音的停连、轻重、缓急、抑扬、节奏等多个方面。掌握一般的朗读技巧，主要是指能熟练地运用各种语音技巧。光对作品有深刻理解仅是起点，还要善于传达，能熟练地将语音技巧，如停顿、重音、快慢、节奏、抑扬、高低升降等运用到朗读中，将对文本的体验丰富而细腻地表现出来。当然，强调语音技巧，并不意味着追求“花哨”，而应该根据内容的需要，选择以某种技巧为主、其余配合的方式进行朗读。

三、提高对作品的感受力

1. 形象感受

所谓形象感受，是指作品文字语言所引起的朗读者对事物形象的内心感知与体会。语言虽然是线性排列的符号，但它所承载的信息总会使人受之于言而感之于心。当人们阅读或朗读作品时，其语言所描写的人、物，所记叙、说明的事理会刺激人的各种感觉器官，引发大脑产生想象与联想，在内心形成一种非直观的、局部或整体的内在形象。就文学作品(包括诗歌、散文、小说)而言，塑造形象是其达意传情的重要手段。可以说，形象是他们的灵魂。说明文、议论文同样运用形象化的手段来说明事物、阐述道理。因此对于朗读者来说，要做到绘声绘色、富有表情的朗读，准确鲜明地传达作品所包含的以及自己体会理解到的思想感情，并以此来感染听众，引发共鸣，对作品的形象感受是必需的、极为重要的。

2. 逻辑感受

作品中的逻辑关系，主要指全篇各层次、段落、语句之间的内在联系，是文章的安排和构思。这种内在联系，犹如文气，顺畅地贯穿全篇，体现在作品的脉络中。朗读者必须抓准语句、篇章的含义，把握思想感情的目的性；还要在心中形成一种语言链条，对作品中那种上下衔接、前后呼应的语言的整体性、连贯性、流动性有一个整体的把握。朗读时，要善于把握这种逻辑关系，以便更好地体味作品。一般说应从以下 3 个方面入手：

首先，要注意段落之间的层次关系，句群、句子之间的事理关系，看看作品思想是如何从整体上展开、从细微处表现的。

其次，要注意关键词的运用，尤其是动词、形容词。

再次，要注意修辞手法的使用特色。

3. 情感感受

朗读者还应该以自己的心去体会作者的心。文章是作者生命运动的结果。一篇优秀的作品，是作者思想、感情的结晶，作者的创作必然是“情动于中而发于言”的。作家徐迟在谈到诗朗诵时说：“朗读者应该进入到诗人创作时所具有的那种精神状态中去，把诗人在创作时燃烧着的思想感情，再一次在朗诵中燃烧起来。”所以，只有当朗读者在朗读时感受到作者创作时的情感，才能感动自己，感染听众。

四、朗读的基本技巧

1. 语气

作品以句子为基本单位，包含具体的思想感情。朗读作品也是以句子为基本单位，通过有声语言把句子的思想感情准确地表达出来。朗读时，既要把握作品内在的思想感情色彩和分量，又要把握住外在高低、强弱、快慢、虚实的声音形式，综合这两方面，我们称之为语气。所以语气包含了两方面的问题，即思想感情的具体性问题和形式的语句性问题。语气是朗读中语句“神”与“形”的结合体。语气是用不同的声音和气息表达不同的语意和感情的技巧。语气在朗读中占有极为重要的位置。我们要注意研究表达不同感情、不同语意时的出声、出气状态，掌握语气表达的一般规律。现举几例说明，供朗读训练时参考：

· 表达“爱”的语气：气息缓而出声柔和。说话时用声自如、出语轻软，给人以“亲切感”。

· 表达“恨”的语气：气息促而出声生硬。说话时，似忍无可忍，咬牙切齿，给人以“挤压感”。

· 表达“喜”的语气：气息满而出声甜润。说话时，气息顺畅，激情洋溢，给人以“兴奋感”。

· 表达“怒”的语气：气息粗而出声重实。说话时，语势迅猛而似不可遏制，给人以“震慑感”。

· 表达“悲”的语气：气息沉而出声轻缓。说话时，郁闷沉静，欲言又止，给人以“阻滞感”。

· 表达“急”的语气：气息短而出声紧促。说话时，吐字弹射有力，气息急迫，出语间隙停顿短暂，给人以“催逼感”。

· 表达“惧”的语气：气息提而出声凝滞。说话时，出语不顺，气息似积存于胸，出气强弱不匀，给人以“衰竭感”。

· 表达“疑”的语气：气息放而出声伸延。说话时，气息似断又连，吐字夸张韵腹，以降升调收尾，给人以“踌躇感”。

以上是对语气表达的规律和技巧的一点说明，但并不是提倡硬性的模仿与做作。“强哭者虽悲不哀，强怒者虽严不威”，语气表达的技巧应该与感情的自然流露融为一体，“感有万物之异，言有万态之殊”，切忌一味浓墨重彩的渲染，要合情、合理、合度才好。

2. 语调

句子是语言表达的基本单位。在朗读时由于表达的意见、感情不同就会使句子带上一定的调子。这种在句子中用来表情达意的抑扬顿挫的调子就叫语调，它是朗读句子时声音快慢、高低、长短、强弱、虚实等各种形式的总和。语气是通过语调表露出来的。语气的千变万化，决定了语调的丰富多彩。

这是一百万元。（一手交钱，一手交货，司空见惯）

这是一百万元！（强调金额很大）

这是一百万元？（怀疑，不相信有这么多）

这是一百万元？（惊讶，怎么这么多）

这是一百万元？（喜悦，为一下子有这么多钱而高兴）

这是一百万元！（后悔，不该错过赚大钱的机会）

从上例可以知道，语调的升降变化，在句末较为明显。语调变化多端，主要有以下几种：

(1)高升调。高升调多在疑问句、反诘句、短促的命令句子里使用，或者是在表示愤怒、紧张、警告、号召的句子里使用。朗读时，注意前低后高、语气上扬。如：

近来你的学习成绩怎么下降了！↑

全世界无产阶级联合起来！↑

(2)降抑调。降抑调一般用在感叹句、祈使句或表示坚决、自信、赞扬、祝愿等感情的句子里。表达沉痛、悲愤的感情，一般也用这种语调。朗读时，注意调子逐渐由高降低，末字低而短。如：

我们的理想一定能实现。↓

请你帮我解决这个问题吧。↓

(3)平直调。平直调一般多且在叙述、说明或表示迟疑、思索、冷淡、追忆、悼念等句子里。朗读时始终平直舒缓，没有显著的高低变化。如：

我们面临着严峻的考验。→

毛泽东永远活在我们心中。→

(4)曲折调。曲折调用于表示特殊的感情，如讽刺、讥笑、夸张、强调、双关、特别惊异等句子里。朗读时由高而低后高，把句子中某些特殊的音节特别加重加高或拖长，形成一种升降曲折的变化。如：

她太可爱了，连哭鼻子的样子也招人喜欢。

好个国民党的友邦人士！是些什么东西！

语调的根本特征是曲折的，这是作品语句蕴含的具体思想感情的要求，也是普通话韵律的要求。语调不同于字调，它有一种整体声音形式。虽然字调的变化对一句话的语调有一定影响，但不能因此就把语调简单地看成字调的扩大。一个字的声调有它的调型、调势。而语调却是由众多音节连缀而成，这不仅同音高有关，同音强、音长、音色也有关。语调声音形式复杂多样，无比丰富。一个极为简单的“啊”字在表情性上就明显存在着千差万别，很难用它的某一个声调代替全部。据说国外有一个著名演员，在一次宴会上表演了以当晚的菜谱为内容的“节目”，人们以为平淡无奇，很不感兴趣。但是那位演员运用多变的语调将单调的菜谱读得有声有色，人们听到的已不是枯燥乏味的菜谱，而似乎是一个罪人痛苦忏悔的诉说，听众心头激起了感情的涟漪，有的竟然潸然泪下。撇开表演因素，节目演出的成功，很大程度是仰仗了这位演员语调表达的高妙技巧。所以语调的表达要处理好共性与个性的关系，既要掌握一般表达规律，又要随语势改变而有所变化，切不要形成固定的语调模式。

3. 停连

停连是指朗读语流中声音的中断和延续，是停顿和连接的合称。停连是一个过程。这个过程依次是句逗—顿歇—停顿—停连。无论从朗读者还是从听众哪一方面来看，停连都是传达或接受作品时生理和心理的双重需要，其中心理需要起主导作用。

第一，停连的位置。停连位置恰当才能取得良好的朗读效果，一般停连位置有如下几种形式：

区分性停连。这是对不按词语分隔、只有线性连写的汉字按语义进行创造性的划分和组合的停连类型，它使语义更清晰、更准确，不出现歧义和误解。如“闯王一边一个亲兵持枪而立”这句话，如果在“一边”的后面安排一个停顿，说明是一个亲兵；如果在“亲兵”后面停，就有两个亲兵。

呼应性停连。这是指加强语句内在联系(如主谓关系、动宾关系等，尤其是长句子中“呼”和“应”距离较远时)的停连类型。如“他ˆ 十六岁上大学，二十岁读研究生，二[十三岁参加工作。”一句(ˆ 为停顿符号，[为连接符号)，“他”为呼，“十六岁”等是应。

并列性停连。指在作品中属于同等位置、同等关系、同等样式的词语之间的停顿及各成分内部的连接。如“一切都像刚睡醒的样子，欣欣然张开了眼。山ˆ 朗润起来了，水ˆ 涨起来了，太阳的脸ˆ 红起来了”。

分合性停连。指为突出内容综合和分述关系而作的停连。如“这些石刻狮子，有的母子相抱，有的交头接耳，有的像倾听水声，ˆ 千态万状，维妙维肖。”三个“有的”是分述，“千态万状”，“维妙维肖”的是综合，中间的停顿是分合性的。

强调性停连。指为强调某一词语而在其前后安排的停顿和其他词语之间产生的连接。这其实是重音表达手段的一种。如“拂晓的时候，战斗ˆ 开始了。”

判断性停连。指为表现思索和判断的内容、过程、状态等所作的停连。如“床前明月光，凝是ˆ 地上霜”。

转换性停连。指为表现内容的转折和反差所安排的停连，停顿时间一般较长。如“你丢下自己的小孙孙，把伤员背进了防空洞。当你再回去抢救小孙孙的时候，^ 房子^已经炸平了。”

生理性停连。表现因生理变化而引起的停连，如哽咽、语噎、垂危时的叮咛、气喘嘘嘘的报告、人物的口吃等。可不拘标点，灵活处理，并注意神似，点到为止。如“他蓦地抽回手去，深深地吸了一口气，用尽所有的力气举起手来，直指着正北方向：‘好，好同志……你……你……你把它^ 带给’”。回味性停连。让听众品味词语特殊含义的停连。如“年轻时读向秀的《思旧赋》，很怪他为什么刚开头却又煞了尾，现在^ 我明白了。”

第二，停连的一般性处理方法。停连的处理对于出现在一句话说完的时候和出现在一句话还没有说完时，其方法是不同的：

在一句话说完的时候，停顿要和句子的收势结合起来。这种收的具体形态有以下几类：

·急收。收音音节实在、简短、干脆利落，显出果断、急促、迅速。如“这以后的路，卢进勇走得特别快。^ 天黑的时候，他追上了后卫部队。”

·缓收。收音舒缓、松驰，甚至可以字字延长，表现深厚隽永的情感。如“让你感到像是进了连绵不断的画卷，真是‘舟行碧波上，人在画中游’”^ 。

·强收。收音音节用力声大，一字千钧、坚定豪迈。如“我希望每个人都成为具有共产主义风格的人”^ 。

·弱收。收音音节用力小些，平稳而安适。如“我们乘着木船，荡舟漓江，来观赏桂林的山水”^ 。

在一句话还没有说完时的句中出现了停连，既有上句的收，又有上句的起，具体形态有以下几类：

·停前扬收。停前音节上行，造成起伏和推进感。如“抬望眼，仰天长啸，^ 壮怀激烈”。

·停前徐收。停前音节稍稍拖长，造成欲断还连的效果，使听者有所期待。如“记得楼前是一片园林，不是山。这到底是^ 什么幻景呢?”

·停后缓起。停顿以后，后半句的开头音节慢慢出口。如“一口口的米酒千万句话，长江大河起浪花”一句中，“长江大河”缓缓送出，显出壮阔、旷远。

·停后突起。停后急吸气、急发声、快吐字。如“他下意识地把手插进裤袋里、^ 意外地，手指触到了一点粘粘的东西”一句中，“意外地”突起，显出突然性。

与停顿时间长短密节相关的，还有个连接的缓急问题。有停顿，但时间很短，即使有标点也稍顿即走。句子之间、段落之间也可酌情使用，造成积极行进、一往无前的紧张气氛和较强的动作感，这称为“停而紧连”。如：“团长一声令下：‘团旗！上！’我^跃出战壕，高举红旗，向敌人的阵地^ 冲上去”。有停顿，但在停顿的空隙里填上延长的音节、吸气声，也可屏息，与后面词语连为一体，产生一种震撼人心的深沉呼喊的效果，称为“停而缓连”。如：你的人民˜世世代代想念你！想念你啊～～～，想念你，～～～想～～～念～～～你～～～”其中的浪线，即是前一音节韵尾的延长和气声填充的“缓连”，然后是一个短暂的停顿。

完成句：

①急收——“我鼓起勇气，迈开大步，向着部队前进的方向走去。”

②缓收——“小兴安岭是一座巨大的宝库，也是一座美丽的大花园。”

③强收——“我们不怕死，我们有牺牲的精神！我们随时像李先生一样，前脚跨出大门，后脚就不准备再跨进大门！”

④弱收——“我排队等候，又仰卧在小船里，出了洞。”

未完成句：

①停前扬收——“轻轻地问了一声：妈妈，您疼不疼？”这种扬收，要看停前的词，词组的轻重格式，末一个音节的声调调值，全句重音位置以及全句语气，目的在于造成一种行进感。

②停前徐收——“母亲由衷地笑了，笑得那么舒心。”扬收与徐收可并用，造成预断还连的感觉，能在听觉上引起对后面词语的期待。

③停后缓起——“她却不顾自己，而是马上扶起坐在地上的小女儿，女儿也很懂事地给妈妈拍去头发上的雪。”停后开头的音节，词或词组，从容发声，缓缓出口，一般使用较低的声音。

④停后突起——“雪地中一位年轻的母亲拉着身后的小女儿跑着，笑着。忽然，母亲脚下一滑，摔倒在雪地上。”停顿后急发声，快吐字，不论使用较高的音还是较低的声音，都要改变停前的声音形式，造成新的色彩和分寸。

⑤停而紧连——“我忙跑过去拉起她，她却不顾自己，而是马上扶起坐在地上的小女儿。”缩短标点符号的停顿时间，甚至某些句子之间，段落之间也可以紧连，停后迅速衔接，甚至不唤气，不偷气，只就气，造成积极行进，一往直前的紧张气氛和较强的动作感。

⑥停而缓连——“他把我带到一头大水牛跟前。于是，我的一段童年便和一条用麻线搓成的牛绳拴在了一起。”停顿要有声音的空隙。有时这种空隙要用停前，停后的音节延长来填充，使有声语言若停若连，连而不抻，停而不干，连时可以吸气，停时可以屏息，处理得灵动而自然。

4. 重音

重音的语音特点是表现在扩大音域和延续时间上，同时增加强度。一般来说，重音是通过“音量”加强和“音长”的延长来表现的，加强“音量”就是在发音时多用些气力，音波的振幅就要加大，声音也就比较响。一般用于表达明朗的态度、观点以及形象鲜明的事物。例如，“让暴风雨来得更猛烈些吧！”而“音长”的延长就是延长音节发音的时间。一般用于渲染内在的情绪，表达深挚的情意等，富有抒情色彩。有时也为了使音节传送清晰，用拖长音节这种方法来启发听众的想象，加深听众的印象，加强话语的感染力。在朗读时重音可分为逻辑重音、语法重音、感情重音。为了便于掌握，我们归纳出以下四种重音类型，供朗读训练时参考。

①修辞性重音。重读比喻中的喻体词、比拟句中的拟体词、摹状句中的描摹词、对偶句中相互对应的对偶词、反语句中的反语词、顶针句中的句末句首的顶针词、排比句中对应排列的排比词、对比句中最显示差异的词等。这些词读重音，可以使语言的修辞效果显示出来。例如“月光如流水一般，静静地泻在这一片叶子和花上。”中的“流水”要重读。

②关联性重音。重读复句中的关联词语，以显示其并列、假设、因果、递进、条件、转折等语法与逻辑关系。另外，事件、行为、思想发展过程中的主要动词应重读，以显示相关联的语意。例如“孔雀很美丽，可是很骄傲”中的“骄傲”要重读。

③呼应性重音。重读上下文显示相互呼应的词语词组。包括对话问答式呼应、语段领属性呼应、篇章线索呼应等重音。

④区分性重音。重读为区分程度、判断性质、提示注意、分清范围、强调某种感情色彩的词语。举例来说：第一次提到的人或事物的名称应重读。其次是极而言之的副词要重读，比如“好极了”的“极”，“他一点也不怕”的“一点儿”。第三是重复以引起重视的词语要重读。比如“我是中国人，我有一颗中国心”，句中的“中国”应该重读。第四是突出某种感情与意境的词要重读。比如“有的人活着，他已经死了；有的人死了，他还活着”。此句中的“活”与“死”，既表现作者对革命前辈的“死”的惋惜，也表现对为富不仁的反动派“活”的憎恨，所以“活”与“死”应该重读。第五是在肯定或否定判断句中，判明有无某种情况、某种性质的词应该重读。比如“这件衣服是红色的”，句中的“红色”应重读。

确定重音要排除“习惯重音”的干扰。比如朗读“在苍茫的大海上”，有人刚开始就把“在”读得很重，这就是平时习惯所致。另外，重音不可确定过多，因为多重音其实就是无重音了。

重音表达要研究技巧，重音不是“加重声音”的简称。突出重音的方法，是多种多样的。

加强音量，就是有意识地把一些词或词组读得响亮，以增强音势。如：“欢欣，这是一种青春的、诗意的情感。”(王蒙《喜悦》)

轻读、拖长，就是有意识地将需要重读的音节拖长，用延长音节的办法使重音突出、清晰。如：“山朗润起来了，水涨起来了，太阳的脸红起来了。”(朱

自清《春》)

重音轻读，就是对需要重读的词语发音时气息、声势减弱，轻轻吐出，造成一种“轻中显重”、四两拨千斤的艺术效果。这种技巧常以表达深沉、凝重、含蓄、细腻的情感。如：“轻轻地我走了，正如我轻轻地来。”(徐志摩《再别康桥》)

连中有停，语流中，在重音前后运用停顿，以使重音更加鲜明地显现出来，使语句目的更明确。如：“妈妈喜欢吃鱼头。”(《妈妈喜欢吃鱼头》)

实中转虚，利用内心深切的震动，把声音坚实地表达出来。这种方法的表达特点是声多气少。如：“这位伟大的战士，直到最后一息，也没挪动一寸地方，没发出一声呻吟。”(《我的战友邱少云》)

5. 语速

语速是朗读时语流的速度。语速不当会影响表达效果。语速过快，大量语言信息不停顿地涌进别人的大脑，过于紧张的“信息编码”活动会使别人大脑皮层由兴奋转向抑制，最后信息处理就下意识地中止了。语速过慢，大脑思维状态疲软，也会导致注意力的涣散，因此朗读时语速要快慢适宜。这里的快慢相宜是指朗读速度快慢变化要适当。朗读的速度是作品的思想内容、人物性格、人物的年龄、职业、人物的感情、语句的性质等方面决定的。语速适当，就能表达出作品的不同情境，造成良好的效果。朗读时，语速大体可分为慢速、快速、中速三种。

·慢速。叙述比较平静、庄重和追忆、沉思的场面，表现苦恼、绝望、悲愤、沉重、缅怀、悼念的心情，作品中的发人深省的警句、庄严的号召以及老年人的语言描写等，要用慢速朗读。

·快速。叙述比较紧张或急剧变化发展的场面，表现紧张、焦急、热切、惊惧、欢畅的心情，刻画人物的机警、活泼、年轻以及表达作者抨击、斥责、质问、雄辩的感情等，要用快速朗读。

·中速。一般的继续、说明、议论的句子，以及感情没有突出变化的地方则要用中速朗读。如：“我从乡下跑到京城里，一转眼已经六年了。其间耳闻目睹的所谓国家大事，想来也很不少；但在我心里，都不留甚么痕迹。倘要我寻出这些事的影响来说，便只是增长了我的坏脾气，——老实说，便是教我一天比一天的看不起人。”(鲁迅《一件小事》)这是一段一般的记叙句子，应用中速朗读。

快、中、慢这三种语速是对立统一的，是相比较而存在的。那么哪种语速好呢？在速度这个问题上没有优劣之分，各有各的作用，不能代替，不能混淆。缺乏朗读知识的人，误认为快读就好，实则不然。读得过快，听者领会的力量追随不及，顾前难顾后，常有神龙难见首尾的遗憾。朗读作品，应根据内容的需要去安排快速、慢速和中速，才能适于思想感情的表达。另外，语速还受听话对象年龄因素的制约。年龄不同，生理、心理发育状况也就不同。所以，为不同年龄段的人朗读作品，语速应当有所差别。

五、几种体裁文章的朗读处理

文章体裁有多种，不同体裁的文章对朗读又不同的要求。为了朗读好文章，我们应该注意不同体裁文章性质上的特点，以便朗读时选择更适合于它的表达方式。

1. 诗歌的朗读

诗歌是通过有节奏、有韵律的语言反映生活，抒发情感的。它是一种词语凝练、感情强烈、节奏鲜明、韵律整齐的文学体裁。按不同的标准，诗歌可以有不同的分类，如叙事诗和抒情诗、格律诗和自由诗等。

诗歌的特点是内容凝练，想象丰富，感情充沛，节奏鲜明，韵律和谐，语言精炼。朗读诗歌时，必须读出诗歌中的“诗情画意”，尽量给人以美的享受，美的熏陶，从而陶冶人们的情操，提高人们的思想文化素养和艺术修养，起到美化、净化人们心灵的作用。

诗歌朗读的要求：首先，朗读者要深入体会诗歌的内容和作者所要表达的思想感情，使自己的感情与之融为一体，充分体现“诗言志”。其次，由于诗歌概括性强，具有较大的跳跃性，朗读时要用诗中内在的感情把上下联系起来，用语调表情把前后沟通起来，一气呵成。最后，要读出节拍，读出韵脚，音乐性是诗歌最大的特征，它主要体现在节奏和音律上，所以要使朗读富有音乐感。

(1)格律诗的朗读

一般意义上的格律诗，指中国古典文学中五言、七言的绝句和律诗。“格”是格式，“律”是声律，声律包括平仄和押韵。格律诗对其字数、句数、平仄、押韵和对仗都有严格的要求。

根据诗的字数和句数的不同，又可分为律诗、排律和绝句三种。

律诗：有五言、七言之分。五言律诗每首为八句，每句五个字，共四十个字。

排律：也叫“长律”，至少在十句以上，有长达一二百句的，多是五言，七言的很少。

绝句：又叫“截句”，是截取律诗的一半之意。绝句也分五言、七言。五言绝句每首四句、每句五个字，共二十个字。七言绝句每首四句，每句七个字，共二十八个字。

首先，格律诗讲究平仄、押韵与对仗。

平仄，是根据古代汉语的声调来确定的。律诗的平仄格式是固定的，形成几种格式。“平”，在古代汉语中指“平声”，在现代汉语中则指“阴平”和“阳平”。“仄”在古代汉语中指“上声”、“去声”和“入声”。而在现代汉语中指“上声”和“去声”。诗歌的平仄交错，可使声调多样化，使人听之和谐悦耳、音韵铿锵。

对仗，就是在一联的出句和对句中(每两句相配称为“一联”，一联的前一句叫做“出句”，后一句叫做“对句”)，把同类性质的词依次并列起来，如名词对名词、动词对动词、形容词对形容词、副词对副词等(绝句不讲究对仗，用不用对仗都可以)。对仗的种类有很多种。

押韵，指把同韵母的字放在同一位置上(一般都放在“对句”的句尾处)押韵不止是律诗不可缺少的条件之一，也是一般诗歌所应具备的共同特点。

总之，格律诗讲究平仄，注重对仗，注意押韵，有自己的声律美和形式美。

其次，格律诗的朗诵要划好语节。凡格律诗都有一定的句数和每句的字数，它是用明显的格律来包容凝聚的思想感情。因而，我们在朗诵前，应参照诗句的具体语义及每行字数划分为一定规格的语节来表现它。

语节，相似于音乐中的节拍，每一语节中字数多，字的疏密度就小，反之，字数少，其疏密度就大，这就形成了语流速度的不同。中国古典诗歌的节奏比较规整，节拍感很强，它们都体现在语节上，而语节的存在正是格律诗的重要标志。不同的格律诗有不同的语节划分。因此，划好语节就成为朗诵格律诗的第一步。

下面我们重点来看看五言和七言绝句、律诗的划分情况。

中国古典诗歌中每句都有一定的“顿数”，并有规律可循。一般“五言诗”是每句两顿，每顿两个字或一个字，并且主要是第三个字或第五个字可以一个字成为一顿。而“七言诗”则比五言诗增加一顿为每句三顿，其主要是第五个字或第七个字可以一个字成为一顿。实际上，格律诗的节奏主要在于平仄格律，而平仄的安排又是与“顿”相结合的，在顿与顿之间，就形成了一定的语节。照此说来，我们无须再自划语节了，按照以上划分规律不是可以了吗？诚然，照此规律朗诵是可以的，它可有较强的韵律感、品味感与吟诵感，有时，还可有力地点指诗眼。但有时会破坏诗句中语义的完整性。因而，从这一角度出发，有些诗可以减少顿数，将五言诗改为一顿，将七言诗改为两顿。这样，可以使诗的末尾语义完整，让人听得更清楚。

例如：

《静夜思》
床前/ 明 / 月光，
疑是/ 地上/ 霜。
举头/望/明月，
低头/ 思/故乡。

《早发白帝城》
朝辞/白帝/彩云/间，
千里/江陵/一日/还。
两岸/猿声/啼/不住，
轻舟/已过/万重/山。

以上五言诗和七言诗究竟划分为哪一种更合适，可根据诗文的具体情况而定。如果用在古诗词赏析中，可用第一种划分稍好些，因它能较好地体现中国古典诗歌的格律特征。而在一般朗诵中，用第二种划分较好些，因它能较完整、清晰地体现诗义，朗诵起来也不过于死板。尤其在诗句的最后三个字为一个密不可分的概念时，就更需要用此种划分法来朗诵，否则会因形害义。

再次，押住韵脚。在诗句末尾韵母相同的字称为韵脚。马雅可夫斯基曾说："没有韵脚，诗就会散架子的。韵脚使你回到上一行去，叫你记住它，使得形成一个意思的各行诗维持在一块儿。"在中国古典诗歌中，押韵更是极为重要的，没有韵脚难称格律诗。韵是诗歌语言音乐性的重要条件。

例如《春晓》。这是一首格律诗，朗诵这首诗时，应该注意每个字都要吐音清晰，淌出诗的节奏。每行诗句都可处理为三处停顿：

春眠/不觉/晓，
处处/闻/啼鸟。
夜来/风雨/声，
花落/知/多少。

念到"晓、鸟、少"时，字音要适当延长，略带吟诵的味道，使听众能感觉出诗的音韵美和节奏感。前两句是写诗人早上醒来后看到的景物，朗诵时要用柔和、舒缓的语调，音量不要过大。"鸟"字的尾音可稍向上扬，表现出诗人见到的是春光明媚，鸟语花香的明朗景象。后两句写诗人想起昨天夜里又刮风又下雨，不知园子里的花被打落了多少。在读"花落知多少"时，要想象出落花满园的景象。可重读"落"字，再逐渐减轻"知多少"三个字的音量，表现出诗人对落花的惋惜心情。

(2)自由诗的朗读

①要把握诗歌思想内容，确定情感基调。诵读现代诗，首先必须把握其思

想内容，根据思想内容，确定情感基调。如《再别康桥》，写的是离愁别绪，其情感基调定在一个“愁”字上，而且，这愁，不是哀愁，不是浓愁，而是轻淡的柔愁，愁中又带有一丝对康桥美景的沉醉，带有一丝对母校眷恋的深情。

②根据情感的需要，确立语速。诗歌诵读的语速，有一定的规律可循。“如果表现的内容是欢快的、激动的或紧张的，速度要快一些；表现的内容是悲痛的低沉的或抒情的，速度要慢一些；表现的内容是平铺直述的，速度采取中等为宜。”比如，《再别康桥》与《我爱这土地》的语速要慢一些。

在同一首诗歌当中，语速并非一成不变。诗歌情感有发展，语速随之有变化。如闻一多《发现》一诗：

我来了，我喊一声，迸着血泪，
“这不是我的中华，不对，不对！”
我来了，因为我听见你叫我；
鞭着时间的罡风，擎一把火，
我来了，不知道是一场空喜。
我会见的是噩梦，哪里是你？
那是恐怖，是噩梦挂着悬崖，
那不是你，那不是我的心爱！
我追问青天，逼迫八面的风，
我问，拳头擂着大地的赤胸，
总问不出消息，我哭着叫你！
呕出一颗心来，你在我心里！

作者一步步发现，一步步追问，节奏愈来愈紧，痛苦越来越深。最后，在沤心沥血之中终于发现，祖国原来珍藏在自己心底。因此，这首诗的语速应是：慢→快→慢。

③根据诗歌意境，确定轻读重读及音长音短。诗歌诵读，有轻有重，有音长音短，才能将诗歌情感强调出来，才能将诗歌的韵味体现出现，字词句的轻重及音长音短，要根据诗歌内容、意境来判断。如《再别康桥》：

轻轻地我走了，
正如我轻轻地来；
我轻轻地招手，
作别西天的云彩。

这整节诗比较轻柔，但轻柔之中依然有强调部分。其中，下画双线部分可稍读重一些；而下画单线部分的三个“轻轻”虽然属于这节诗中重点强调的部分，但根据诗歌意境来看，不能重读。那么该怎么处理呢？我们可以这样处理：语速放缓慢，声音稍微拉长。这样，两种强调处理，各有不同，一种重读，一种轻读拉长，“歌”的韵味便出来了。

④根据语境的关系，确定诗句的停顿。诗歌诵读，需要正确处理好停顿。节奏自然鲜明，诗歌才富有韵律美。“一般来说，顿号后的停顿最短，逗号后的停顿长一点，分号和冒号后的停顿再长一点，句号、问号、感叹号和省略号后的停顿更长一些。”对于标点符号处的停顿我们容易判断，那么，无标点符号之处又如何停顿呢？我们要明白的是，古诗有节拍停顿，现代诗也有节拍停顿。一般是“两个音节一拍或三个音节一拍”，如顾城的《一代人》：

黑夜/给了我/黑色的/眼睛，
我/却用它/来寻找/光明。

有时需根据诗歌内容和语意关系来断定。比如闻一多的《红烛》最后一节，一般性的处理可能会是这样：

红烛/啊！
“莫问/收获，//但问/耕耘。”

然而如果我们仔细分析诗歌内容、意境，会发现这样的处理不太合适。诗人借咏颂燃烧的红烛寓志，在反复吟咏之后明志，表示要以“莫问收获，但问耕耘”的执著态度对待人生。所以，最后一节的处理，应有别于本诗其他章节。这是本诗的高潮部分，每一字都非常重要，每一字都寓含作者的情与志。为了体现每一字的力度，在诵读时，我们这样处理比较合适：

红/烛/啊！
“莫/问/收/获，//但/问/耕/耘。”

如此处理，一字一顿，一字一拍，更能准确地突出诗人的志向及志向的坚定。

总的说来，现代诗歌诵读，不同于一般的课文朗读，它具有很浓的表演性。它需要读者掌握一定的技巧，将情感投入其中，反复吟咏，方能渐入佳境，最终达到“诗、人合一”的最高境界。

2. 散文的朗读

散文是一种取材广泛、手法多样、文笔优美、短小精悍、及时地反映现实生活的文学样式。散文的特点是形散神聚。作者展开丰富的联想，把零散的题材用贯穿全文的线索巧妙穿插，首尾呼应，连缀成散文。不论抒情性散文还是议论性散文，都具有各自的艺术意境。作者把自己独到的见解和强烈的感情熔铸在所描写的对象、所阐发的道理之中，使内容更有深度和新意，更富有感染力。就意境而言，散文与诗相似，好的散文就是一首诗。特别是抒情性散文，总是致力于意境的开拓。作者“登山而情满于山，观海则意溢于海”，或因事见情，或触景生情，总之能情景交融，情文并茂。至于议论性的散文虽然有时无诗意的构思或引人的意境，但它们却往往能巧比善喻，富于联想，深含哲理的意味，使人耳目一新。所以朗读散文同样有一个分析意境，进入意境的问题。例如《记一辆纺车》中，所描写的那种幕天席地、群山环拱的宏伟劳动场面，就是以一种特有的韵味，抒发了作者对革命圣地延安的怀念。朗读者必须分析和进入这饱含着深邃思想和激荡感情的优美意境，才能在朗读中更好地表达革命者在艰苦生活中崇高的理想、豪迈的气概、乐观的志趣。

朗读散文还应根据“形散神聚”的文体特点，抓住在全文起统摄作用的主线，对散文有了深刻透彻的理解，这样读来就会语势顺畅，脉络分明并感染听众。比如，朗读朱自清的散文《荷塘月色》，首先就应了解作者当时的心情和处境。作者对当时社会现实非常不满，因此幻想超脱现实，求得解脱，心情是复杂的，因而反映于散文中的是作者的一种难得觅来的片刻逍遥而产生的淡淡的喜悦和摆脱不了的淡淡的哀愁。这种苦闷、彷徨的心情又随物赋形，逐渐流露出来。随着统摄全文的“这几天心里颇不宁静”，从几个看似“静”的侧面烘托出来。所以说，“不宁静”是《荷塘月色》的主线。朗读时，抓住了这根主线，就能梳理出全篇各部分的内在联系，并体会到全文字里行间蕴藉的思想感情。

散文是一种比较自由的文体，朗读时要讲究技巧，体现节奏感，要求读得真实、质朴，接近日常生活语言。特别是散文大都采用第一人称写法，读时应该像作者那样向听众亲切地述说自己的心里话，或向听众面对面介绍什么，描写什么，赞美什么，歌颂什么；或讽刺什么，打击什么，等等。要用语言表达它们的内容特点。比如《记一辆纺车》开头：“我曾经”此文的第一段写得很恳切，真挚，娓娓而谈。朗读时应语势舒缓、节奏和谐。“想起它”的三次重复，“战场的战友”、“旅途的旅伴”的对称，造成一种一唱三叹、回环往复的抒情气氛。这是一种情深意长的怀念，好像面对一位多年不见的老战友，有许多话要说，却已是不知说什么好，只觉得一往情深，沉浸在浓郁的情意之中。对一辆纺车竟有这样的深情厚意，不能不使听者产生一个悬念：这究竟是一辆什么样的纺车？所以朗读者应该注意技巧，句尾要读得音断而情连，才能发人深思，有吸引力。

散文具有灵活多样的语言特色，叙述、描述抒情、议论兼而有之。因此朗读散文又需要富于变化。如《背影》这篇散文，作者用平淡质朴、悲切凄凉的情调，生动地刻画了一位慈父的形象，抒发了作者的爱父挚情，同时也流露出对旧社会世态人情的不满情绪。全篇句句平白如水，笔笔潜藏深情，不雕不饰，显示散文语言的朴实无华的清淡美。朗读此文时就应该语气平稳，情切意深。

3. 小说的朗读

小说是通过完整的故事情节、典型的环境描写，塑造鲜明的人物形象来反映社会生活的。人物、情节、环境是小说必备的三要素。所以小说的朗读要充分体现这些特点，要注意综合运用各种朗读技巧。

(1)要注意区分叙述语

一般说来，小说的叙述语言，是作者的客观介绍和描绘，应以体现作品基调的语言来读，要自然流畅，灵活亲切，接近并略慢于日常口语，力求做到绘声、绘色、绘形。人物语言，即指小说中人物的对话。对话是显示人物性格特征的重要窗口，朗读时就要从分析人物的外貌、经历、身份和心理活动等方面着手，把握人物的思想、性格、人际关系等，找出具有人物个性化的语言，运用不同的音色、语调和语气，表现出各自鲜明生动的人物形象，让听者分辨出不同的人物，并能听出各人的感情和态度。个性化的人物语言主要是从语调、语气方面来体现，朗读者要在人物语言的特质方面做些暗示，在自己音色范围内变化语调、语气就可以了，不需要完全去模仿人物对话的声音。此外，还要处理好人物对话间的衔接和过渡。

小说塑造人物既可以写外貌特征，也可以写细腻的心理活动，既有作者的议论和抒情，也有人物的举止和对话。凡有人物，大都有对话。朗读人物对话，应根据人物的性格、情绪、心理活动加以生动的表达，作必要的音色处理。朗读者在处理小说中的人物对话或心理活动时，既要具有人物的真情实感，又不能像演戏似地完全忘情地沉浸于角色之中，去扮演这个人物，应意识到自己只是作品的转述者、作者的代言人。

课文《项链》中，有一段写女主人公梦想着奢华的享受，面对现实中简朴的生活，她显得神情恍惚。这种细腻深刻的心理描写，深刻地烘托了人物强烈的虚荣心"每当她在铺着一块三天没洗的桌布的圆桌边坐下来吃晚饭的时候，对面，她的丈夫揭开汤锅的盖子，带着惊喜的神气说'啊！好香的肉汤再没有比这更好的了……'这时候，她就梦想到那些精美的晚餐，亮晶晶的银器梦想到那些挂在墙上的壁衣，上面绣着古装人物，仙境般的园林，奇异的禽鸟梦想到盛在名贵的盘碟里的佳肴梦想到一边吃着红色的妒鱼或者松鸡翅膀，一边带着迷人的微笑听客人密谈。"

读这一段，要表达出人物的出神的向往，神情的恍惚，而且要读出字里行间不断地折磨着主人公的那种无法得到满足的虚荣心的痛苦呻吟……所以，不能光根据表面上各种诱人的字词而读得神采飞扬，语声琅琅，要注意挖掘出人物内心的哀伤。又如"她没有漂亮服装，没有珠宝，什么也没有。然而她偏偏只爱这些，她觉得自己生在世上就是为了这些。她一向就希望着得人欢心，令人艳羡，具有诱惑力而被人追求。"这一段，更要读出她内心的叹息和失望，以及那种历生活的困苦而排遣不了的萦绕在心头的哀怨。人物的内心活动是这样有力地左右着主人公的精神面貌，这就给她整个的生活镀上一层灰暗的凄愁。

(2)要注意情节发展的脉络

情节，蕴含着作者的题旨和志趣。作者的题旨，志趣应该在朗读的基调中体现，情节发展的脉络，应该通过变化的节奏来显露。在一定基调范围内，小说的节奏要求适当加大幅度，高低、快慢、强弱、虚实的变化显得更有对比的鲜明度，更有回环的运动感。在一般情况下，情节的发展线索是由作品中一定的句子显示的。朗读这些关键句子时，要通过适当的停顿、重音和较慢的语速，将其发展脉络突现出来。

《最后一课》是法国19世纪著名的小说家都德的一篇有代表性的短篇小说。小说通过阿尔萨斯省一个小学生小弗郎士在最后一堂法语课中的见闻和感受，表达了法国沦陷区人民爱国憎敌的悲愤感情和崇高的爱国主义精神。本文是采用第一人称写的。朗读时要用真挚的感情、生动的语调，形象地表现出小弗郎士思想情绪的变化，并引发听者思考促使其变化的深层蕴意。

韩麦尔先生是作者热情讴歌的对象，他爱国情深，忠于事业。朗读他的话应做到声音低沉、气息舒缓、语速较慢、色彩暗淡、语气严肃，处处流露出幽怨、激愤的情感。

文中有很多关于小弗郎士大段的心理独白，有的偏于抒情，有的偏于分析。朗读时要从声音、语速、气息和感情上加以区别，有层次地再现他的情感变化。全文可分为三段。第一段第一节，写小弗郎士上学路上的见闻，点明背景。朗读时语调可轻松些，语速略快些，表现出一个贪玩、稚气、可爱的孩子的形象。除了读清重音外，要读出叹赏、兴奋、饶有趣味的语气。

第四节中的破折号表示思想的跳跃，追忆中断，语气转换，要略作停顿，并读出破折号前后的不同语气。心里思量的话要轻读，“向我喊”的话应在句末略微拖长些。

第二段第一节，写韩麦尔先生讲授“最后一课”的情景。可分为三层。第一层第一节，写上课前教室里的情景，渲染严肃的气氛，为“最后一课”作铺垫，点明开端。朗读时要带着不安的观察语气细腻地描绘出这种异乎寻常的安静第节“平常日子……”读时语速可稍快。第二节“我本来打算……”读时音势渐轻，语气略沉，以显示这不平常的气氛给小弗郎士带来的精神压力第节“可是一点也没有什么……”读时要表达出两种心情一是庆幸老师的宽容。

二是在异常的情况下产生的不安。第三节中的“吃惊”，“肃静”，强调的语气中应渗透着不理解的情感同样，对郝史的模样，对人们的“忧愁”，也要读出疑惑的语气，为下一步的情绪过渡做好铺垫。第二层第一节，写韩麦尔先生宣布上“最后一课”后，小弗郎士的悔恨和村里人对最后一堂法语课的纪念。

韩麦尔说话又柔和又严肃的语调，贯串前后，朗读时要很好把握。因为韩麦尔热爱孩子，所以态度十分“柔和”又因为宣布的是一个令人沉痛的消息，所以又非常“严肃”。一开始说话，他的声音里就满含着深情的眷恋。这里前后用了两个“最后”前一个“最后”，表现了他沉痛愤慨的心情后一个“最后”，提出了勉励学生珍惜时间的原因。两个“最后”都可用重捶、缓速的声音读出，前面部分可稍作停顿，以表达对祖国的诚挚的爱。

其次，在表现小弗郎士的一系列心理活动时，朗读的语气要自然真挚、亲切细腻，音量也要适当控制，体现出感恰均变化。在读“心里万分难过”一节时，要充分表达出他被剥夺学习法语之后的强烈痛苦和愤激之情。读追悔过去的文字，声音不要太高，语气要诚恳，感情要真挚，语速要稍慢，以表达小弗郎士的痛恨、懊悔和激动的心情。

接着又回到了现在，字里行间充满了对老师的深切同情和爱戴，至此共同的命运和心情，使他们紧紧地贴在一起了。

第三层第一节，写“最后一课”的动人情景。“天啊……头也不敢抬起来”，朗读时，语气里要带着羞愧和悔恨的情感。韩麦尔对小弗郎士说的话，朗读的语气要满含着谅解和惋惜之情朗读“难道……吗”“不是……吗”这些自责的语句时，宜用沉痛而内疚的语调，表达出一名教师的崇高品德。读韩麦尔谈法语，语调要饱含对祖国的无限的爱。当读到“挺容易，挺容易”，“我从来……他也从来……”等语句，语调宜平稳，表达出小弗郎士在教师的教导下，变得用功学习了。接着上习字课。朗读时要充分表达出小弗郎对祖国语言文字的无限热爱和对敌人暴行的极端愤慨讽刺之情。

朗读“法兰西”“阿尔萨斯”，要一字一顿，以示将祖国和家乡铭刻在心。朗读“这些字帖……飘扬”，语气要真挚亲切。此外，习字课肃穆的课堂气氛、感人的学习场面，朗读时都要着意烘托。朗读“个个人……沙沙地响”等句，可用重音轻读方法，以此表达对祖国的依恋和敬意。

“我每次抬起头来……”，通过韩麦尔的神态和小弗郎士的想象，描绘出韩麦尔忧伤沉痛的心情，读时要表达出对老师的同情和敬意，音量可逐渐加大，语速可逐渐加快，气势可逐渐加强，表明有一种抑制不住的激情在小弗郎士的胸中滚荡。郝史老头学拼音的动人情景，朗读时要充分表达出小弗郎士深受教育和感动的心情。在“我真永远”之后可作一声断意连的停顿，以示小弗郎士永志不忘接着再一字一顿地轻轻读出“忘—不了……”，以表达这“最后一课”对小弗郎士的深刻教育和影响。

第三段第一节，写韩麦尔先生悲壮地宣告“最后一课”的结束。朗读“钟声”“号声”这一节，语速宜缓慢，语气宜深沉。韩麦尔强忍内心巨痛而说的两个“我—我—”，应以悲愤痛苦的感情读得略微拖长而又硬住，读时可运用略带“泣诉”和“颤音”的方法，使人感到他已是悲痛失声了。紧接的两句“但是他梗住了，他说不下去了”，也宜用略带“泣颤”的语调读出，进一步烘托韩麦尔先生的极度悲愤之情。下面再用重音突出他的一连串有力的动作，“写了两个大字”后面宜作一感情停顿，然后用较强的力度和不高的语调，一字一顿地读出

“法兰西万—岁”最后一节描述韩麦尔动作的语句，朗读时语气里应饱含着崇敬的手势语，应读得激情内蕴，声音轻微，尤其最后一个“吧”字，应读得极轻而真切。

4. 议论文的朗读

议论文，是指有感而发，对某一件事表示自己的意见、观点、看法而形成的一篇文章，其中包括演讲稿、辩护词以及随笔等。从广义上说，也有人把随笔归入散文，但随笔跟抒情散文是完全不同的文体，随笔是一种议论文。

议论文有明确的观点，符合逻辑的论证过程，它应该是脉络清楚，条理分明，重点突出。所以，议论文的朗读应该具有以下几个特点：

(1)声音明亮清晰。这是因为在文章中要明确地亮出作者的观点，而且是毫不犹豫，为了表现坚决，应该使用明亮的音色，在发音时，要使自己的发音器官肌肉紧绷，这样声音就不至于显得拖泥带水。

(2)语句重音作用明显。因为在议论文中有大量的议论，为了论证，一定会有所强调，所以语句重音就显出特别重要的作用。

(3)层次分明。在议论文中的思考和议论必然有一定的脉络和思路，由此一步步带着听众走向结论，所以必须是层次分明的，朗读时必须运用音量的大小，速度的快慢等因素逐步推进到结论的出现，这也就是全文的高潮所在。

【案例】

理解万岁

记得《论语·学而篇》中有那么一句话：“患不知人也。”意思是，可担忧的不是理解人吧！

的确，理解、相知是人类多么宝贵的一种境界。理解自然、理解社会、理解人生……人类不也就是在这种境界之升华中行运的吗？

乘着创世纪的诺亚方舟，理解是那只窥探到大自然，衔回了橄榄枝的鸽子；

沿着千回百折的汩罗江，理解是屈原感叹社会而转唱于今的骚体长辞；

拨着高山流水般的琴声，理解是蔡锷小凤仙人生难得一知己的知音一曲……自然界在理解中求达平衡，社会在理解中求达和谐，而更重要的是人类在理解中求达进化。

人是需要理解的。每个人都渴望理解自己，也渴望理解他人，更渴望被他人理解。

不理解自己的人，是难以把握自己的人生航向；不理解他人的人，是难以团结生活和事业的同盟军的；不被他人理解的人，则难以挣脱孤独和苦闷的阴影。而只有理解自己，也理解他人，同时让他人理解的人，才能在求索的漫漫路途中不昏不聩，不傲不矜，不令不子。

有时候，理解是一股热源，它能给人以无穷无尽的力量。镇守在亚热带南中国边疆的战士们，被短短一曲“十五的月亮”吟出了泉水般的泪水，他们紧紧抱在一起，陶醉在被理解之中，久久也不松开。一旦他们重新卧在堑壕里，那颗心便会化成山一样的屏障。

有时候，理解是一架罗盘，它能改变人一生的走向。在工读学校里，一道理解的目光，竟能使那误入歧途的年轻人怦然心动，反省、疚悔，以至作为一个真正的人重新崛起。

有时候，理解是一道霓虹，它能给原本庄重的生活增添绮丽。读一读马克思给燕妮的书信吧，伟人对理解的渴求，以及被理解后的欢愉和情爱，难道不会给你给我们或新或深的启迪吗？

当然，要达到这个境界，并不是件轻而易举的事。恢弘的宇宙，繁复的社会、神秘的自然，以及大千世界，芸芸众生，要达到相互间那种完全彻底的默契无懈的理解；从现阶段人类的认识能力、幻想能力、道德能力、智商凝聚力及科学技术水平来看，还十分遥远。那么就从一点一滴开始吧，理解自己的同志和朋友、父母和妻儿、理解自己周围的每颗小草，每片树叶，每粒尘土和每缕风，每束光吧！

《理解万岁》这篇短文从《论语》中的一句话：“患不知人也”说起，论述了“理解是人类一种宝贵的境界”这个道理。在论述时，全文十个小节又从五个不同的层面加以阐述。这五个层面环环相扣，结构是很严密的：

①开题与立论：第一小节——引用《论语》，提出话题。第二小节——论点：理解是人类宝贵的境界。

②历史的回顾：第三小节——人所共知的历史事实。第四小节——自然、社会的发展规律。

③人们需要它：第五小节——人渴望相互理解。第六小节——理解与否，影响巨大。

④理解是什么：第七小节——理解是热源，给人力量。第八小节——理解是罗盘，改变方向。第九小节——理解是霓虹，增添绮丽。

⑤怎样达到它：第十小节——从一点一滴开始。

我们可以清楚地看出，全文的重点在第四个层面。在这一层中作者用了三个小节来反复论证，同时也在这一层中用了很具体很生动的事实来证明自己的论点。由此可见，作者说到这儿，倾注了感情，眼前似乎出现了堑壕里的战士，误入歧途的青年，历史上的伟人：耳边似乎听见了“十五的月亮”的歌声……因此我们在朗诵时，也要把这一层次作为重点来处理。我们在朗诵这几个小节时，一定要倾注我们的热情，例如：朗诵“紧紧地”“久久地”“山一样的”应该有重音，以体现理解给人的力量是如何巨大；朗诵“怦然心动”“反省”“疚悔”时，要一个比一个高而强，体现理解所带来的这些行动之间的关系是像一个又一个的台阶一样，把跌入深渊的人托上彼岸；在朗诵“霓虹”“绮丽”“书信”“渴求”时，要把声音放得很柔和，不用加强而用延长的方法来处理重音。使声音充分表现出人们被理解之后的欢欣。

既然全文是以第四层次为中心的，前面的三个层次就要为第四层次做铺垫。第一层次用平实的语调，体现庄重；第二层次用较为缓慢低沉的语调，体现沧桑感；第三层次开始，要逐步加快节奏和语速，从反面说时可以稍稍放慢放低，以便和正面说有所对比。这样就可以和第四层次相衔接。而最后一个层次，应该是引起听众深深思考的一节。朗读时要放慢语速加重语气，给人以“语重心长”的感觉。在这一小节中，有些重音是绝不能忽视的：“一点一滴”“小草”“树叶”“尘土”“风”“光”。也许有人会问，为什么要把重音放在草和叶上，朋友、父母就不重要吗？当然重要！父母、朋友，怎么说也比草、叶重要。惟其重要才不能作为这儿的重音。请注意。这儿特别说的是“一点一滴”。是指要从身边最不容易注意的地方做起。因此后边一连串的人和事物是由大到小来排列的，不信，我们来看看：和尘土相比，小草和树叶是不是还算大的？但是眼风和光相比，尘土是不是还算“有形”的？所以，这儿是由大到小排列的。作者的意思是：要是你连小到这样微不足道的东西都能理解，那你就能达到这个宝贵的境界了。由此可见作者要强调的正是那最最小的东西。这也就是我们为什么要把树叶尘土处理为重音的缘故。

5. 说明文

(1)说明文的朗读基调

说明文具有条理清楚，结构严谨的特点。我们在朗读时不像朗读记叙文、寓言等文章而投入一定的情感。说明文的朗读基调应较平实；在语速、停顿等方面可以用叙述的语气把文章读的正确，强调说明文中所介绍事物的特点，使受众理解说明文的内容，在朗读中发展思维。

《太阳》一文，为了说明太阳离我们很远时，开头引用了一个神话故事，这个神话故事的引用是为了帮助我们理解说明事物的状况，我们朗读时，可以区别于一般的神话故事的朗读带着神秘的感情色彩，而应用较平实的叙述的语气来朗读，为了强调太阳离我们远，传说中的“箭能射到太阳”和“箭射不到太阳”，中间用了连词“其实”连接，为了让受众形象地感受太阳的远，朗读时可以将“其实”适当加强语气，又让人体会到“其实”这个连词含有转折的意思，引导受众关注句与句之间的条理和顺序。

文中介绍太阳的特点，那些枯燥的数据说明，我们也要通过朗读，读出那些特点来。文章第一段3、4、5句写的就是太阳离地球很远的特点，“其实，太阳离我们有1.5亿公里远，到太阳上去，如果步行，日夜不停地走，差不多要走3500年，就是坐飞机，也要飞二十几年。这么远，箭哪能射得到呢?”第3句和第4句用了列数字、举例子、类比等说明方法，充分体现了太阳离地球很远的特点。第5句是作者的疑问。把其实“1.5亿”“太阳”“步行”“日夜不停”“3500年”“坐飞机”“二十几年”等词语都重读，并且从“就是坐飞机”开始，语速稍微加快，这样太阳远的特点就很清晰地、深刻地印在我们的脑海中了。最后，第5句是疑问句，我们可以用若有所思的语气来读，效果很好。

(2)逻辑感受

说明文对科学知识的说明，是按序列层层展开的，为了让受众把握好说明文内在的逻辑结构，在朗读时主要靠正确的停顿，节奏的变化来感受文章的内在逻辑结构。

受众有一定的逻辑思维，我们可以通过朗读进一步培养逻辑思维。

例如《蛇与庄稼》中第一段，叙述了广东沿海地区发生的一次大规模的海啸后，庄稼得不到好收成，后来一位老农说破了秘密，老农说破秘密时的一段话是因果关系：原来洪水淹没了田地的时候，藏在洞里的蛇都给淹死了，田鼠却窜出洞来，因为没有了吃田鼠的蛇，田鼠繁殖的特别快，庄稼叫田鼠糟蹋得特别严重，所以庄稼就欠收了。

在这一段话中，老农为了说清蛇与庄稼的关系，从现象分析，看到问题的实质，层层递进，我们朗读时，通过语调的变化来表达课文的内在逻辑结构。“藏在洞里的蛇都给淹死了，田鼠却窜出洞来，因为没有了吃田鼠的蛇，”读得稍慢，而“田鼠繁殖得特别快，庄稼叫田鼠糟蹋得特别严重，”读的时候应加快语速。“所以庄稼就欠收了。”可以用平常的语速读。

6. 小品文的朗读

这里说的小品文，不是指一般的随笔，杂感等短篇文章，而是指在广播和文艺演出中经常出现的问题，如广播小品、讽刺小品等。这种小品文变化多端，形式新颖活泼，篇幅短小精炼。通过小品文的朗读，我们可以加深对作品的理解。

这里，以讽刺小品《小崔的本领》为例谈谈这种文体的朗读表达方式。这篇小品文，篇幅不长，只有七百字左右，可划分为三个大的段落。第一段把小崔这个人物推出来，让他漫无边际的信口开河，胡吹乱吹。有点同学对小崔的话发生质疑后，他不但没有收敛，反而越发吹得厉害。这样，通过两个人的一问一答使矛盾展开了。第二段是从“有一个”到“小傻瓜”。通过一个足球中锋与小崔的对话，暗示小崔对体育运动和球类比赛一窍不通，以此来说明小崔的无知。第三段先说小崔没学过游泳，还硬说自己游泳技术高超，然后通过几个同学对小崔的这个吹牛大王的惩治说明小崔并不会游泳，最后是小崔受到嘲弄之后，好吹牛的毛病还是没有改掉，不过同学们谁也不会再相信他的话了。

朗读好这篇小品文，应该先把文中的几个人物注意进行分析。他们虽然都是中学生，但按人物语言应该赋予他们一不同的个性，可分为："吹牛大王小崔"；好质疑提问的人；憨厚的足球先锋；暗下心计的人；起哄逗乐的人。这五个人中，核心人物是"吹牛大王"小崔，其思想和个性特点是自认为身价百倍，本领高超，什么都懂，什么都会，什么都能，而实际上他的言行都是不切合实际的。其他几个人物，虽各有个性，但又都是围绕核心人物进行活动的，把作品的矛盾展开，深化，使小崔可笑无知的"本领"暴露无遗。

在朗读小品文时，人物语言的表达可用转述的方法，关键是按其不同个性和思想活动，塑造出各有特色的人物形象。在语气、语调、节奏、顿歇上要有明显的差别，用声上也可以做些修饰。要以作品内在感情驱使语气、声音等方面的变化，来区分不同的人物。小品文大多是以第三人称的手法撰写的。朗读时，可以用旁观者的口吻，把观察到的场景、人物、事情介绍给听众。朗读人物之间的对话，在句式上要有变化。一般说，问话是上升的语调，答问是用下降语调，但这也不尽然。如"谁说我不会?"是一带反诘的意思，实际上是表示肯定的语气，应该用下降的语调来处理。

在朗读小品文时，语气表达中找准重音很重要。如《小崔的本领》一文转述小崔的话，这里需要突出的重音有"弹小提琴"的"弹"字，因为人们平常说拉小提琴，小崔一张嘴说个"弹"字就露了"馅"了，"中央音乐学院请我，我都不去"一句中的"中央"读次重音，而"请"和"不"读重音。中央音乐学院对"弹"小提琴者是不会请的，朗读中突出"请""不"是为了表现小崔为自己找歪理。接下来，"画美术"的"美术""钢笔"和"油画"的"钢""油"都读重音。一般人们习惯说"画画"，可小崔却说："画美术"。而且钢笔怎么能画油画呢？"油画就是中国画"是错误的，"昨天下午"和"好几年"又是时间上的矛盾，可作为次重音，朗读时速度可稍放慢些。后面，小崔又把新买的进口电视机，说是自己装的。那么，这里就应把"买""进口""自己装的"作为重音来突出。当一个同学打断小崔的话，对他自己装进口的电视机发生疑问时，小崔用肯定的语气以"当然"作了答复，所以，这"当然"也是要作为重音来强调的。朗读小品文时，确定重音主要依据作品的逻辑关系和感情变化，对重音的表达，也要依据环境、人物思想活动和情感变化来使用重读、轻读、停顿、升高、下降等不同的表达方式。

在朗读表达中，还要注意语势，要从人物对话的第三者的叙述中，让人们听出当时的环境和气氛。如："喂！小崔，你快给我们表演一下吧！""你游什么式啊！"虽然，这是同学们在游泳池里的喊话，朗读时要把喊的语势，喊的意思表达出来，而没有必要真的叫喊，让人们听出来说这话有一定距离就行了。

总之，朗读小品文，需从分析理解作品入手，明确主题，并围绕主题进行表达，通过人物性格的塑造为主题服务。这样在朗读中才不至于喧宾夺主，冲淡主题，才能给听众留下较深的印象，并让人们从其中理解和感受到深刻的含义。

7. 寓言

寓言是一种文学体裁，以散文或者韵诗的形式，讲述带有劝谕或讽刺意味的故事。结构大多短小，主人公多为动物，也可以是人或非生物。主题多是惩恶扬善，多充满智慧哲理。素材多起源于民间传说。

寓言是带有劝喻或讽谏性的故事。“寓”是“寄托”的意思。寓言，通常是把深刻的道理寄于简单的故事之中，借此喻彼，借小喻大，借古喻今，惯于运用拟人的手法，语言简洁锋利。

【案例】

一只“讲道德”的狼

狼常常到牧场里偷吃羊，牧羊人便在牧场周围设了陷阱，要捉住狼。一次，贪心的狼又来了。它一心只想到羊肉的滋味，当然不会知道地上有陷阱，一不留神，便跌进了陷阱。狼用尽气力也跳不上来，便大叫起来：“岂有此理！你们凭什么设陷阱暗算别人？这太不讲道德了！”牧羊人笑着说：“原来你是一只讲道德的狼。那么，你来偷吃我的羊，算是什么道德呢？”

(1)了解故事的基本内容，这是读懂寓言的基础。

认真读明白寓言中的故事：这则寓言讲的是一只狼因为想偷吃牧场里的羊，结果落入陷阱，可是它却反过来指责牧羊人设陷阱不道德。

(2)仔细琢磨故事中蕴含的道理，这是读懂的关键。

首先要找出故事中各种事物之间的联系，这则寓言讲了狼要吃羊而落入陷阱；牧羊人设陷阱是为了保护羊。然后进行分析就可知，按照狼指责牧羊人设陷阱是不道德的这说法，牧羊人只有不设陷阱，乖乖地让狼吃羊才是讲道德了。很显然这是讲不通的。最后就能得出结论：一贯做坏事的狼，居然也讲起道德来了，这是十分荒谬可笑的。这就是这则寓言的道理。

(3)进一步与现实生活进行联系：领悟寓言中的道理。

读寓言不能就事论事，人和狼说话，讲道理，生活中是没有的，但生活中像狼这种荒谬可笑的例子有没有呢？对照找一找是有的。世上不是有那么一种人嘛，想坑害别人，结果自己倒霉，却反而指责别人不讲道德。这不就是像那只狼一样的恶人吗？能够联系实际，这才是读懂的标志。

8. 童话

童话世界是瑰丽而生动的，在童话作品中，天地日月、风云雷电、山川鸟兽、花草虫鱼，都可以被赋予“人”的性格，“人”的思想感情，并以其鲜明的形象和独特的个性活跃在幻想生活的舞台上，所以总是特别受到孩子们的欢迎。

朗读童话除了用普通话语音朗读、把握作品的基调、使用朗读的基本技巧外，关键是“化妆”好角色。朗诵时可以适当地把声音“化化妆”以加强表现力，朗诵的音色因角色不同而有变化。为了逼真地表现出作品中的角色，可以进行模仿、夸张，例如朗诵乌鸦的话时，声音可以尖一些，因为乌鸦体形很小；而朗诵蜗牛的话时，可以把声音放低一些、慢一些，因为蜗牛总是慢腾腾的。这样立刻就可以使两个角色声音拉开距离，形成对比。不但可以塑造不同的角色，还可加强作品的艺术效果。

第二节　朗　诵

文学宝库中，留下了许多脍炙人口、富有启迪意义的诗歌、散文，它们宣传真理和正义，弘扬真情和正气，召唤人们为人类的理想和美好的生活勇往直前，感化人们提高市民的质量和珍惜生存的权利。这些名篇佳作，只是“看”，很多情况下总觉得不满足，往往要产生朗诵的愿望。因为朗诵能净化我们的心灵，开阔我们的视野，提升我们的思想境界。

一、朗诵的定义

朗，即声音的清晰、响亮。诵，即背诵。朗诵，就是用清晰、响亮的声音，结合各种语言手段来完善地表达作品思想感情的一种语言艺术。

朗诵是口语交际的一种重要形式。朗诵不仅可以提高阅读能力，增强艺术鉴赏，更为重要的是，通过朗诵，大者可以陶冶性情，开阔胸怀，文明言行，增强理解；小者，可以有效地培养对语言词汇细致入微的体味能力，以及确立口语表述最佳形式的自我鉴别能力。因此，要想成为口语表述与交际的高手，就不能漠视朗诵。

朗诵是把文学作品转化为有声语言的一个富有表演艺术的再创作活动。在这个再创作活动中，朗诵的作品都是文学作品，同时朗诵是一种表演艺术，它要求朗诵者运用的有声语言更具有更强烈的艺术感染力，并要求运用表情、形体的配合进行表演。

二、朗诵者的身份

面对一篇作品，朗诵者应当以什么样的身份去感受表达？没有对身份适当的把握，便无合理的技巧处理与声音运用，就会影响到朗诵表达的整体效果。所以，朗诵者在朗诵前，首先要进行身份定位。

身份定位，可决定用什么样的身份和口气来表达作品的内容。一般来讲，朗诵者应当用朗诵者本人的身份来体现。原因在于朗诵与表演不同，表演是将自己变为剧中或影视片中的某一具体人物，因而，处理外貌、形体要适应那个人物以外，他的语言也需符合所扮演人物的性格、习惯及表达特点，甚至音色也有严格要求。而朗诵则不同，它大多是朗诵者以自己的面目出现，以自己的身份在说话，他不必将诗中的语言人物化，也不必将自己变为作者。

实际上，朗诵者有作者“代言人”的成分，但其代作者而表现是主要是思想、认识与情感这些内质，而不是他的口气、声音和语言外形。应该看到，朗诵者一旦将作品理解、吃透又渗入了自己的体验后，某种程度就变为自己的认知体验与审美追求了，他只是将作品作为自己朗诵创作的一个基础、一种规范与情思定向，取其灵魂、骨架。施以血肉、筋脉，给其以传播的生命。如：

我们对着高山喊：
周总理——
山谷回音：
“他刚离去，他刚离去，
革命征途千万里，
他大步前进不停息。”

如果朗诵者以演员身份出现，就会把自己设想成一个角色，那么，这首诗的整体表现就会向角色塑造是否成功上靠拢，声音形态就变成了实实在在的求“真实”。如：“我们对着高山喊：周总理——您在哪里？”这句话，如果表现成生活中找人的声音，去喊、去叫，这样就有点过。

朗诵者如果把自己变成作者，也会影响到朗诵效果。如《三门峡——梳妆台》这首诗，如果一个青年人硬要去寻找六七十岁的老作者的口气和声音来表现这首诗，能有好效果吗？无论是声音外形还是气质都不会适应，结果是魂形不合，求形舍本。

总之，身份定位，可以更好地体现作品言为心声、直抒胸臆的特点，也可以避免替别人说话，情动不深、心动不真的感觉或以作者本人及他人面目出现的不适当感觉与处理。

三、朗诵艺术的表现特征

朗诵是有声语言的艺术再创作，是通过朗诵者的有声语言和态势语言给听众以艺术感受的一种口语形式。朗诵艺术是一种独立的艺术语言形态，它既有语言艺术的共同规律，又无处不显示出自身的表现特征。朗诵艺术的表现特征主要是：

1. 热情洋溢的表演心态

朗诵者的创作心态，是一种当众表演心态。不同于生活中的谈话，不同于语文上的朗读，不同于大会上的发言，不同于当众发表的讲演，也不同于话剧的角色塑造。这种表演心态，要求朗诵者以个人身份当众“孤独”地创造文本的情景，表达文本的精神。但不是扮演文本作者，复制史实，而是强化转述意识，增加历史的厚重感，而不是扮演文本中人物，重现角色，而是站在时代高度，大力张扬美学内涵，显化人生况味，使热情洋溢，积极迫切，愿望强烈，感同身受。

朗诵者要把对文本的理解、感受、体验和把握，有的放矢、有感而发地向听者揭示出来。

朗诵者要使用态势语这种语言，用手势语、眼神、体态等辅助语言表达，把朗诵作品字里行间的寓意和深情淋漓尽致地表现出来。

2. 张弛有度的疏密尺度

这里指语流的速度，必须有快有慢，不要一快就快到底，一慢就拖到尾。要快而不乱，慢而不断。从词到词群，从句到句群，从音节到词语，从段落到篇章，都存在这个问题。

疏密尺度，因语意、语气、重点、基调的差别二改变，因思想感情运动状态的变化，而有语流行进速度的把握。

疏密尺度，主要表现在节拍的一定时值内所容纳的字词数量，一个节拍中可能是一两个音节，也可能是多个音节，而每个音节的时值又会有诸多不同。

疏密尺度，要看音节的长度，根据语意的发展，几乎每个音节的长度都不一样。当然，其中还包括约定俗成的一些词语声音形态，如轻重格式、轻声、主次关系等比较固定的时值估量与时值比较。

张弛鲜明，是朗诵中相当重要的表现方法，一定要避免张弛相近。张弛对比太小、自己感到有了张弛而实际听觉并不明显等情况，当然也要避免为了张弛鲜明而生硬变化的毛病。

疏密关系，在诗词中要特别掌握词语拓开的方法。初学者唯恐中断语意，往往把词语挤在一串里，不敢拉开距离，不敢有加大停顿、快速连接的对比，我们的训练就从这里开始。原则是：充实内心依据，拓开音节距离。如下面的散文、诗歌在朗诵时，要把音节拓开。

| 在→苍茫的 | 大海上 |，
| 狂风→ | 卷集着 | 乌→云 |。
| 在乌云和 | 大海之间 |，
| 海→ | 燕→ | 像黑色的 | 闪电→，
| 在高→ | 傲地 | 飞→翔 |。

——｜让暴风雨｜来得更猛→｜烈→｜些吧→｜！

李白→乘舟→将→欲行→，
忽闻→岸上→踏→歌→声→。
桃花→潭水→深→千尺→，
不及→汪伦→送→我→情→。

3. 高低起落的抑扬幅度

抑扬，应该包含高低、强弱、快慢，这里主要指高低起落。

在朗诵中，语流的高低变化也是非常重要的，像一条大江大河一样，波浪滚滚，大起大伏。即使是潺潺的小溪，涓涓的细流，也要找到他们的流动感、起伏度。

抑扬顿挫，是表达内容的需要，是语气的夸张和色彩分量渲染的需要，不是故弄玄虚，不是哗众取宠。要让听者感受到强烈的干扰，要让诗味得到浓重的散发。

抑扬讲究渐变和突变，要避免不足和过分。

抑扬技巧多种多样，高低有依据，起落有层级。

四、朗诵的特殊用声技巧

朗诵中，我们还可以通过音色和语调的变化充分地表达作品的思想感情。它包括虚声、颤音、拖腔、笑言、泣语、模拟等等。

1. 虚声

虚声也称气声，即控制住声音，以气音为主，似耳语说话。一般在紧张的氛围及自言自语，或朗诵到有人大声呼叫的语言时采用虚声。运用气音的方法是：吸气时放慢速度，加强深度，吐字时除可伴随一定的气音、虚音，将气很舒展地呼出。如：我对着山腰的小敏喊："喂，快一点！"真的高声叫喊，会影响朗读的表达效果，用虚声才能表达出特定的情感来。再如《雷雨》中鲁贵"说鬼"一段独白，朗诵中部分台词就可采用虚声。

"我喝了两口烧酒，穿过荷花池，就偷偷地钻到这门外的走廊旁边，就听见这屋子里啾啾地像一个女鬼在哭。哭得惨！心里越怕，越想看。我就硬着头皮从这门缝里，向里一望。

就在这桌上点着一支要灭不灭的洋蜡烛，我恍恍惚惚地看见两个穿着黑衣裳的鬼，并排地坐着，像一男一女，背朝着我，那个女鬼像是靠着男鬼的身边哭，那个男鬼低着头直叹气。

我就是趁着酒劲儿，朝着窗户缝轻轻地咳嗽一声。就看这两个鬼飕一下子分开了，都向我这边望：这一下子他们的脸清清楚楚地正对着我，这我可真见了鬼了。

我这才看见那个女鬼呀，（回头低声）——是我们的太太。

那个男鬼就是大少爷。”

鲁贵给四凤“说鬼”，他为渲染当时的恐怖气氛，就故意在有的地方压低了嗓门，用虚声说话。而后面两句“是我们的太太”“就是大少爷”则是加强神秘感并给予强调。前面两个虚声处理要注意真声与虚声的过渡，不要区分得过于明显，要采用逐步过渡的方法。这样才显得自然，不做作。而后面则可以采用心理停顿的方法，因为中间有态度上和思想上的过渡，因而真声与虚声可以有明显的界限。

虚声由于声音小，有时气音很重，这就要求朗诵者嘴上的力度要适当加强。气音多时气息就不易控制好，朗诵者要注意气息的均匀，气息的集中。这样，声音才可能远，才能让观众听清，并且很真实。

2. 颤音

颤音是指在言语中某些音节或词语的声音强弱交替，在颤抖中说话。一般用在感情激动、兴奋、愤怒、情绪难以控制又极力抑制的情况下（也有因年纪大了，说话时的自然颤抖）。运用颤音的方法是：吸气有如在抖气，呼气同样要颤栗，小腹软腭部位都痉挛，悲痛难忍心哭泣。如：“老爷，你就行行好吧!”（发音微颤。突出人物的无可奈何的祈求。）“天哪，这是怎么回事啊?”（语调如泣，绝望知情逼真。）

3. 拖腔

拖腔是指为了突出强调或更细致形象地描绘人物的神态、心理，揭示作品中的某些内涵而采用的一种在言语中的某一音节或词语后有意延长其韵腹、拖长其声调的技巧。例：连长冲出掩体，高声喊道：“同志们，冲!”（命令，用拖腔朗读，并运用虚声，就能表现出指挥若定、富有号召力的特点。）“啊，我想起来了。（表示追思。）再如《贪得一钱丢了官》中的一段：

“他以为自己做得巧妙，没人看见。其实旁边坐着的一位老者，早就看见了，老者忽地起来，问他姓啥名什。书生办了昧心事，只得如实说出自己的姓名。老者听罢，冷笑一声走了。”

朗诵中，拖的是“早”字，通过拖腔我们似乎看到了一位老者正稳稳坐在一边，眯缝着眼睛，虽然不声不响，却将书生偷钱之事，尽收眼底，眼光里流露出一丝隐蔽的鄙视神情。后面的两次拖腔，一次是“听罢”的“罢”字；一次是“冷笑一声”的“声”字，则把老者听了书生报完姓名以后的心理状态及神情描绘得活灵活现，我们仿佛看到一位既沉稳又充满智慧的老者就在我们的面前，也让我们感觉到这位老者轻蔑冷笑后蕴藏着的更多文章。

4. 笑言

笑言是指在笑声中朗诵的一种特殊技巧，一般用在心情高兴或很有趣的内容，也可用嘲笑、讥笑、冷笑、狞笑、狂笑、惨笑、憨笑等各种心绪中。运用笑言的方法是：口腔、喉、胸要放松，小腹膈肌来弹动，气息直射打软腭，随之发出“哈”“哼”“嘿”等笑言。著名话剧演员乔奇朗诵歌德的《跳蚤之歌》，就充分运用了笑言技巧，绘声绘色地唱了一曲跳蚤之歌(w为笑言技巧符号)：

从前有一个国王，
他养了只大跳蚤，
跳蚤？w哈哈！跳蚤。
国王待他很周到，比亲人还要好。
跳蚤！w哈哈哈哈哈！
跳蚤！w哈哈哈哈哈！
跳蚤！
国王命令一个裁缝：
“你听我说，奴才！
快给我这位朋友，
缝一件大龙袍！”跳蚤的龙袍？
w哈哈哈哈哈！
跳蚤？哈哈哈哈哈！
龙袍？w哈哈哈！哈哈哈哈哈！
跳蚤的龙袍！
……

全诗共有六处不同的笑声，有国王对跳蚤的嬉笑，有裁缝听说要为跳蚤做龙袍所发出的苦笑，有跳蚤穿上龙袍大闹宫廷得意忘形的狂笑，有跳蚤亲戚沾光后发出的窃笑，有跳蚤捉弄皇后、宫女时轻蔑的冷笑，也有觉醒了的群众要捏死跳蚤所发出的欢笑。乔奇在朗诵这首诗之前，翻阅了大量资料，深入体会“人物”的思想感情，还仔细研究了歌唱家演唱这首诗的技巧。他针对不同“人物”的不同的笑，恰如其分地运用了笑言技巧，使这些笑声有高有低、有大有小、有强有弱、有不同的音色，更有不同的感情色彩。

5. 泣语

泣语指在哭声中朗诵的一种技巧，一般用于人物极度悲伤时的语言。朗诵中需要哭的地方一般不多，同时朗诵也不能像演戏那样去真实地大哭，但饮泣的状态在朗诵中却常常会遇到。因此，就需要训练泣语的方法了。比如朗诵李存葆的这篇小说《高山下的花环》中，玉秀和作品中的“我”在梁三喜坟前相遇的一段。

6. 模拟

模拟是指为了将作品中的环境、气氛描绘得更加生动、人物更加鲜明，对大自然的现象以及飞禽走兽的声音、鬼哭神嚎加以描摹，有时甚至采用叩击的手段进行润色(一般多用于近似故事的小说中或神话寓言中)的技巧。有一篇寓言《禽言兽语》是进行模拟训练的记号的教材：

虎的转变：谁敢摸我的屁股？不想活了！什么？给钱？这还差不多！

哈蟆的理想：等我发了以后，一定天天吃天鹅肉。

鼠的窃喜：我们过街，人人喊打？其实有几人真打？不过喊喊罢了。

龟的梦想：参加赛跑的兔子都骄傲。

鳄的抗议：都说我凶残，那人们使用的鳄鱼皮具是怎样来的？

蜗牛的遗嘱：如今这年头，有座自己的房子多难啊！不珍惜行吗？

母鸡的秘诀：光下蛋不行，还要会吆喝。

狼的恼怒：我和狈好招谁惹谁了？

狮的反思：如果我不当兽王，我还能干些什么？

鹦鹉的委屈：不学人话没饭吃啊！

这篇寓言朗诵时所采用的音色应该是丰富多彩的，语气语调也必须是各色各样的。我们要想较好地朗诵它，一定要从形象、特征出发，基本功一定要扎实，气息运用得要好，声音的控制一定要适当。

五、朗诵应当注意的问题

1. 弄清朗诵与朗读、演讲的区别

朗诵、朗读、演讲，它们属于同源的艺术种类，在基本理论和技巧方面有许多相似之处。朗读和朗诵的主要区别在于：朗读与朗诵都是运用普通话再现作品，所用重音、停顿等基本技巧相同，但朗读更接近生活，功能更全，社会性更广泛；朗诵则艺术性更强，手段更多样，更能吸引人并感染人。(1)依据的材料不同。朗诵主要是文学作品，如诗歌、剧本台词等；朗读更全面。(2)表现的形式不同。朗诵具有表演性，需要特定场合，可以通过体态、化妆、音乐、灯光、舞美布景等手段强化情感和渲染气氛；朗读不需要以上手段。(3)表达的特点不同。朗诵可用气音、颤音，可以泣诉，可以笑语，用气发音较为严格，气息要充沛，音色要优美，感情更强烈，声音可夸张，表情富于变化；朗读要求自然真实，忌过分夸张和表演。(4)适用的对象不同。朗诵面向观众，观众用欣赏眼光从中获取艺术感染和美的享受；朗读面向听众，听众主要想获取信息和知识，在此基础上亦可获取美的享受和艺术感染。

朗诵和演讲的区别在于：第一，表现在选题上。演讲时人类为了满足精神需要，为推动社会发展而创造的一种精神实用技术。它是以讲话的逻辑力量征

服听众为目的，具有很强的导向作用，所以演讲的选题有很强的针对性和现实性。朗诵虽也有一定的教育和引导作用，但针对性没有演讲那么强。第二，表现在作品上。演讲艺术是演讲者自我独立完成的创作过程——从构思命题到题材选定，从题旨的选择到具体内容的安排，从语句的落实到公众面前的正式演说。而朗诵大多则是依据他人的作品，体味、挖掘其中的思想感情，去艺术地表现和发挥作品的思想内涵。

2. 朗诵是在背的基础上诵，诵的基础上背

诵是背的进步，背的艺术化。朗诵作品，如果不会背，一定会影响感情的投入。朗诵作品，内在感情是第一位的，如果不会背，只顾想句子，朗诵者就不可能随内容而倾注所需的感情——抑扬顿挫、高低快慢、轻重缓急和喜怒哀乐的色彩。要获得运用自如的"变幻"艺术，就得深入作品，就得会背每一句话，把它们变成如同自己的话一样。同时要在多多朗读和流利背记的基础上进行"诵"的训练。要多听听行家们的朗诵，再来比较比较，有多少差距，再孜孜不倦地练习。

3. 有声语言要和态势语相结合

朗诵者的身姿体态、举手投足、神情容貌要和有声语言和谐统一，这样能拓宽信息传输渠道，补充和强化有声语言，使有声语言的表现力和感染力得到升华。态势语是口语交际的辅助手段，不能脱离朗诵内容而存在，它的表现必须服从于朗诵内容。朗诵中，感情的投入是第一位的，内容技巧、态势语是外部技巧，是第二位的。外部技巧要服从内部技巧。态势语随情感的波动而自然地符合，不可只注重态势语的设计而忽视情感投入。态势语的表达要达到简单得体、自然、适度，不可繁多、杂乱、生硬、做作。

【案例 1】

我常想读书人是世间幸福人，因为他除了拥有现实的世界之外，还拥有另一个更为浩瀚[1]也更为丰富的世界。现实的世界是人人都有的，而后一个[2]世界却为读书人所独有。由此我想，那些失去或不能[3]阅读的人是多么的不幸[4]，他们的丧失[5]是不可[6]补偿的。世间有诸多的不平等[7]，财富的不平等，权力的不平等，而阅读能力的拥有或丧失却体现为精神的不平等。

一个人的一生[8]，只能经历自己拥有的那一份[9]欣悦，那一份苦难，也许再加上他亲自闻知的那一些[10]关于自身以外的经历和经验。然而，人们通过阅读，却能进入不同[11]时空的诸多他人的世界。这样，具有阅读能力的人，无形间获得了超越有限生命的无限可能性。阅读不仅[12]使他多识了草木虫鱼之名，而且可以上溯[13]远古下及未来，饱览存在的与非存在的奇风异俗。

更为重要的是，读书加惠于人们的不仅是知识的增广，而且还在于精神的感化与陶冶。人们从读书学做人，从那些往哲先贤以及当代才俊的著述中学得他们的人格。人们从《论语》中学得智慧的思考，从《史记》中学得严肃的历史精神，从《正气歌》中学得人格的刚烈，从马克思学得人世 // 的激情，从鲁迅学得批判精神，从托尔斯泰学得道德的执著。歌德的诗句刻写着睿智的人生，拜伦的诗句呼唤着奋斗的热情。一个读书人，一个有机会拥有超乎个人生命体验的幸运人。

（谢冕《读书人是幸福的人》，选自《普通话水平测试实施纲要》344 页）

解析思路：

1. 浩瀚 hàohàn　　2. 一个 yígè　　3. 不能 bùnéng
4. 不幸 búxìng　　5. 丧失 sàngshī　　6. 不可 bùkě
7. 不平等 bùpíngděng　　8. 一生 yìshēng　　9. 一份 yífèn
10. 一些 yìxiē　　11. 不同 bùtóng　　12. 不仅 bùjǐn
13. 上溯 shàngsù

这篇文章解答了为什么说读书人是幸福人，因为他除了拥有现实的世界之外，还拥有另外一个更为浩瀚更为丰富的世界。读书人通过阅读可以进入不同时空诸多他人的世界，可以获得超越有限生命的无限可能性，可以上溯远古及未来。通过阅读不仅是人增长知识，而且获得精神的感化与陶冶，通过阅读可以从那些往哲先贤以及当代才俊的著述中学得他们的人格。所以一个读书人是一个有机会拥有超乎个人生命体验的幸运人。朗读时运用句中的停顿和重音，把意思准确表达出来，语速用中速。

【案例 2】

没有一片绿叶，没有一缕[1]炊烟，没有一粒泥土，没有一丝花香，只有水的世界，云的海洋。

一阵台风袭[2]过，一只孤单的小鸟无家可归，落到被卷到洋里的木板上，乘[3]流而下姗姗[4]而来，近了，近了……

忽然，小鸟张开翅膀[5]，在人们头顶盘旋了几圈，“噗啦[6]”一声落到了船上。许是累了？还是发现了“新大陆”？水手撵[7]它它不走，抓它，它乖乖地[8]落在掌心。可爱的小鸟和善良的水手结成[9]了朋友。瞧，它多美丽，娇巧的小嘴，啄[10]理着绿色的羽毛，鸭子样的扁脚呈现出春草的鹅黄。水手们把它带到舱里，给它“搭铺”，让它在船上安家落户，每天把分到的一塑料[11]桶淡水匀给它喝，把从祖国带来的鲜美的鱼肉分给它吃，天长日久，小鸟和水手的感情日趋笃厚[12]。清晨，当第一束阳光射进舷窗[13]时，它便敞开[14]美丽的歌喉，唱啊[15]唱，嘤嘤[16]有韵，宛如春水淙淙[17]。人类给它以生命，它毫不悭吝[18]地把自己的艺术青春奉献给了哺育[19]它的人。可能都是这样？艺术家们的青春只会献给尊敬他们的人。

小鸟给远航生活蒙上了一层浪漫色调[20]，返航时，人们爱不释手，恋恋不舍地想把它带到异乡。可小鸟憔悴[21]了，给水，不喝！喂肉，不吃！油亮的羽毛失去了光泽。是啊，我//们有自己的祖国，小鸟也有它的归宿，人和动物都是一样啊，哪儿也不如故乡好！

慈爱的水手们决定放开它，让它回到大海的摇篮去。回到蓝色的故乡去。离别前，这个大自然的朋友与水手们留影纪念。它站在许多人的头上，肩上，掌上，胳膊[22]上，与喂养过它的人们，一起融进那蓝色的画面……

（王文杰《可爱的小鸟》，选自《普通话水平测试实施纲要》276 页）

解析思路：

1. 缕 lǚ
2. 袭 xí
3. 乘 chéng
4. 姗姗 shānshān
5. 翅膀 chìbǎng
6. 噗啦 pūlā
7. 撵 niǎn
8. 乖乖地 guāiguāide
9. 结成 jiéchéng
10. 啄 zhuó
11. 塑料 sùliào
12. 笃厚 dǔhòu
13. 舷窗 xiánchuāng
14. 敞开 chǎngkāi
15. 啊 nga
16. 嘤嘤 yīngyīng
17. 淙淙 cóngcóng
18. 悭吝 qiānlìn
19. 哺育 bǔyù
20. 色调 sèdiào
21. 憔悴 qiáocuì
22. 胳膊 gēbo

《可爱的小鸟》是写一只孤单的无家可归的小鸟落到大海中的船上，跟善良的水手们友爱相处的故事。这是一篇人与自然和谐的诗篇。朗读时，可以用一种恬静的抒情的语调来朗读，声音不要太高，语速用慢速，注意文中“一”“不”的变调。

【案例 3】

盼望着，盼望着，东风来了，春天的脚步近了。

一切都像刚睡醒[1]的样子，欣欣然张开了眼。山朗润[2]起来了，水涨[3]起来了，太阳的脸红起来了。

小草偷偷地从土里钻[4]出来，嫩嫩的，绿绿的。园子里，田野里，瞧去，一大片一大片满是的。坐着，躺着，打两个滚[5]，踢几脚球，赛几趟跑，捉几回迷藏。风轻悄悄的，草软绵绵的[6]。

“吹面不寒杨柳风”，不错的，像母亲的手抚摸着你。风里带来些新翻的泥土的气息，混着[7]青草味儿[8]，还有各种花的香，都在微微湿润的空气里酝酿[9]。鸟儿[10]将巢安在繁花绿叶当中，高兴起来了，呼朋引伴的卖弄清脆的喉咙，唱出婉转的曲子，跟清风流水应和着[11]。牛背上牧童的短笛，这时候[12]也成天嘹亮地响着。

雨是最寻常的，一下就是三两天。可别恼。看，像牛毛，像花针，像细丝，密密地斜织着，人家屋顶上全笼着[13]一层薄烟[14]。树叶儿却绿得发亮，小草儿也青得逼你的眼。傍晚时候，上灯了，一点点黄晕[15]的光，烘托出一片安静而和平的夜。在乡下，小路上，石桥边，有撑起伞慢慢走着的人，地里还有工作的农民，披着[16]蓑[17]戴着笠。他们的房屋，稀稀疏疏的，在雨里静默着。

天上风筝[18]渐渐多了，地上孩子也多了。城里乡下，家家户户，老//老小小，也赶趟儿[19]似的，一个个都出来了。舒活舒活筋骨，抖擞[20]抖擞精神，各做各的一份儿事去。“一年之计在于春”，刚起头儿，有的是工夫，有的是希望。

春天像刚落地的娃娃，从头到脚都是新的，它生长着。

春天像小姑娘，花枝招展的，笑着走着。

春天像健壮的青年，有铁一般的胳膊和腰脚，领着我们上前去。

（朱自清《春》，选自《普通话学习读本》205 页）

解析思路：

1. 睡醒 shuìxǐng	2. 朗润 lǎngrùn	3. 涨 zhǎng
4. 钻 zuān	5. 滚 gǔn	6. 软绵绵 ruǎnmiánmián
7. 混着 hùnzhe	8. 味儿 wèir	9. 酝酿 yùnniàng
10. 鸟儿 niǎo'er	11. 应和着 yìnghézhe	12. 时候 shíhou
13. 笼着 lǒngzhe	14. 薄烟 bóyān	15. 黄晕 huángyùn
16. 披着 pīzhe	17. 蓑 suō	18. 风筝 fēngzheng
19. 赶趟儿 gǎntàngr	20. 抖擞 dǒusǒu	

《春》用那诗一般的抒情笔调和优美语言，细致、生动地描绘春天秀丽的自然风景，描绘充满生命力的春天景象，表现作者热爱自然、热爱生活、追求未来、积极进取的生活态度，以及为建造人类美好的春天而奋发努力的崇高理想。文章构思精巧、结构严谨，语言朴实清新、节奏明快、极富有表现力。

文章第一部分用鲜明、准确、生动的语言写出盼望春天来临的迫切心情。朗读时注意处理动词，突出春天来临的变化。第二部分抓住“春”的特点，具体准确、绘声绘色地描绘了春天的各种景象：以春草图、春花图、春风图、春雨图、迎春图等展示春天的魅力。朗读时要抓住特点，表达各部分的差异，也要注意整体的连贯。第三部分以三个精妙的比喻热情地赞颂春天。朗读时要分别突出春天的“新”“美”“力”。

【案例 4】

我在加拿大学习期间遇到过两次募捐，那情景至今使我难以忘怀。

一天，我在渥太华[1]的街上被两个男孩子拦住去路，他们十来岁，穿得整整齐齐，每人头上戴着个做工精巧、色彩鲜艳的纸帽，上面写着“为帮助患小儿麻痹[2]的伙伴募捐”。其中的一个，不由分说就坐在小凳上给我擦起皮鞋来，另一个则彬彬有礼地发问：“小姐，您是哪国人？喜欢渥太华吗？”“小姐，在你们国家有没有小孩儿[3]患小儿麻痹？谁给他们医疗费？”一连串的问题，使我这个有生以来头一次在众目睽睽[4]之下让别人[5]擦鞋的异乡人，从近乎狼狈的窘态中解脱出来。我们像朋友[6]一样聊起天儿[7]来……

几个月之后，也是在街上。一些十字路口处或车站坐着几位老人。他们满头银发，身穿各种老式军装，上面布满了大大小小形形色色的徽章、奖章，每人手捧一大束鲜花。有水仙、石竹、玫瑰[8]及叫不出名字[9]的，一色[10]雪白。匆匆过往的行人纷纷止步，把钱投进这些老人身旁的白色木箱内，然后向他们微微鞠躬，从他们手中接过一朵花。我看了一会儿[11]，有人投一两元，有人投几百元，还有人掏出支票填好后投进木箱。那些老军人毫不注意人们捐多少钱，//一直不停地向人们低声道谢。同行的朋友告诉我，这是为纪念二次大战中参战的勇士，募捐救济残废军人和烈士遗孀[12]，每年一次；认捐的人可谓踊跃[13]，而且秩序井然，气氛庄严。有些地方[14]，人们还耐心地排着队。我想，这是因为他们都知道[15]：正是这些老人们的流血[16]牺牲换来了包括他们信仰自由在内的许许多多。

我两次把那微不足道的一点钱捧给他们，只想对他们说声“谢谢[17]”。

（青白《捐诚》，选自《普通话水平测试实施纲要》374 页）

解析思路：

1. 渥太华 wòtàihuá
2. 麻痹 mábì
3. 小孩儿 xiǎoháir
4. 睽睽 kuíkuí
5. 别人 biéren
6. 朋友 péngyou
7. 天儿 tiānr
8. 玫瑰 méigui
9. 名字 míngzi
10. 一色 yīsè
11. 一会儿 yīhuìr
12. 遗孀 yíshuāng
13. 踊跃 yǒngyuè
14. 地方 dìfang
15. 知道 zhīdao
16. 流血 liúxuè
17. 谢谢 xièxie

作品回忆了“我”在加拿大学习期间遇到过的两次募捐活动，其感人之处在于募捐者的善举本身。文章的基调是平实叙述、看到赞扬的。朗读是语调应平实自然，用中等语速，娓娓道来。有些需要强调的地方可以放慢语速、延长声音的方法来表达，如“头一次”的“头”“别人”的“别”等，这样比使用重音更自然、柔和，更符合文章的基调，不至于起伏过大。当然，有些句子的语调也要根据需要而有所变化，如第一次募捐时小男孩的问话，就可以用较高的语调来模仿小男孩发问，且用升调。

【案例 5】

朋友[1]即将远行。

暮春时节，又邀了几位朋友在家小聚，虽然都是极熟的朋友，却是终年难得一见，偶尔电话里相遇，也无非是几句寻常话。一锅小米稀饭，一碟大头菜，一盘自家酿制[2]的泡菜，一只巷口买回的烤鸭，简简单单，不像请客，倒像家人团聚。

其实，友情也好，爱情也好，久而久之都会转化为亲情。

说也奇怪，和新朋友会谈文学、谈哲学、谈人生道理等等，和老朋友却只话家常，柴米油盐，细细碎碎，种种琐事[3]。很多时候[4]，心灵的契合[5]已经不需要太多的语言来表达。

朋友新烫了个头，不敢回家见母亲，恐怕惊骇[6]了老人家[7]，却欢天喜地来见我们，老朋友颇能以一种趣味性的眼光欣赏这个改变。

年少[8]的时候，我们差不多都在为别人[9]而活，为苦口婆心的父母活，为循循善诱[10]的师长活，为许多观念、许多传统的约束力而活。年岁逐增，渐渐挣脱外在的限制与束缚[11]，开始懂得为自己活，照自己的方式做一些自己喜欢的事，不在乎[12]别人的批评意见[13]，不在乎别人的诋毁流言，只在乎那一分随心所欲的舒坦[14]自然。偶尔，也能够纵容自己放浪一下，并且有一种恶作剧的窃喜。

……

就让生命顺其自然，水到渠成吧，犹如窗前的//乌桕[15]，自生自落之间，自有一分圆融丰满的喜悦。春雨轻轻落着，没有诗，没有酒，有的只是一分相知相属[16]的自在[17]自得。

夜色在笑语中渐渐沉落，朋友起身告辞，没有挽留，没有送别，甚至也没有问归期。

已经过了大喜大悲的岁月，已经过了伤感流泪的年华，知道[18]了聚散原来是这样的自然和顺理成章，懂得这点，便懂得珍惜每一次相聚的温馨[19]，离别便也欢喜。

（杏林子《朋友和其他》，选自《普通话水平测试实施纲要》396 页）

解析思路：

1. 朋友 péngyou　2. 酿制 niàngzhì　3. 琐事 suǒshì
4. 时候 shíhou　5. 契合 qìhé　6. 惊骇 jīnghài
7. 老人家 lǎorenjia　8. 年少 niánshào　9. 别人 biéren
10. 循循善诱 xúnxúnshànyòu　11. 束缚 shùfù　12. 在乎 zàihu
13. 意见 yìjian　14. 舒坦 shūtan　15. 乌桕 wūbǎi
16. 相属 xiāngzhǔ　17. 自在 zìzài　18. 知道 zhīdao
19. 温馨 wēnxīn

本篇作品的叙述从几位朋友的相遇始，至离别终。其间作者思绪飞驰，在真诚友情的交汇中，在平淡的经历中得到了真谛的感悟，流露出一种由生活磨砺出的成熟与豁达。文章语言朴实无华，似和老朋友倾诉，所以基调是平和舒缓而亲切的。文中叙议结合，议论部分表达了作者对人生的感悟，朗读语速要稍慢，并适当运用重音和停连来表明作者的观点，比如第六自然段中的一句话："年岁逐增，渐渐挣脱外在的限制与束缚，开始懂得为自己活，照自己的方式做一些自己喜欢的事，不在乎别人的批评意见，不在乎别人的诋毁流言，只在乎那一分随心所欲的舒坦自然。"

【案例 6】

我们家的后园有半亩空地[1]，母亲说："让它荒着怪可惜的，你们那么[2]爱吃花生，就开辟出来种花生吧。"我们姐弟几个都很高兴，买种[3]，播种[4]，浇水，没过几个月，居然收获了。

母亲说："今晚我们过一个收获节，请你们父亲也来尝尝[5]我们的新花生，好不好？"我们都说好。母亲把花生做成了好几样食品，还吩咐[6]就在后园的茅亭里过这个节。

晚上[7]天色不太好，可是父亲也来了，实在很难得。

父亲说："你们爱吃花生么？"

我们争着答应："爱！"

"谁能把花生的好处说出来？"

姐姐[8]说："花生的味美。"

哥哥[9]说："花生可以榨油。"

我说："花生的价钱[10]便宜[11]，谁都可以买来吃，都喜欢吃。这就是它的好处。"

父亲说："花生的好处很多，有一样最可贵，它的果实埋在地里[12]，不像桃子[13]、石榴[14]、苹果那样，把鲜红嫩绿的果实高高地[15]挂在枝头上，使人一见就生爱慕之心。你们看它矮矮地长在地上，等到成熟了，也不能立刻分辨出来它有没不果实，必须挖出来才知道[16]。"

我们都说是，母亲也点点头。

父亲接下去说："所以你们要像花生，它虽然[17]不好看，可是很有用，不是外表好看而没有实用的东西[18]。"

我说："那么，人要做有用的人，不要做只讲体面，而对别人[19]没有好处的人了。"

//父亲说："对。这是我对你们的希望。"

我们谈到夜深才散。花生做的食品都吃完了，父亲的话却深深地印在我的心上。

（许地山《落花生》，选自《普通话水平测试实施纲要》384 页）

解析思路：

1. 空地 kòngdì	2. 那么 nàme	3. 买种 mǎizhǒng
4. 播种 bōzhòng	5. 尝尝 chángchang	6. 吩咐 fēnfu
7. 晚上 wǎnshang	8. 姐姐 jiějie	9. 哥哥 gēge
10. 价钱 jiàqian	11. 便宜 piányi	12. 地里 dìli
13. 桃子 táozi	14. 石榴 shíliu	15. 高高地 gāogāode
16. 知道 zhīdao	17. 虽然 suīrán	18. 东西 dōngxi
19. 别人 biéren		

本文是一篇语言朴实自然的散文，文中通过人物对话把花生的好处说了出来。朗读时要把人物对话读好。后面“父亲说：‘对。这是我对你们的希望。’”要读得深情清晰。

【案例 7】

这是入冬以来，胶东半岛上第一场雪。

雪纷纷扬扬，下得很大。开始还伴着一阵儿[1]小雨，不久就只见大片大片的雪花，从彤[2]云密布的天空中飘落下来。地面上一会儿[3]就白了。冬天的山村，到了夜里就万籁俱寂[4]，只听得雪花簌簌[5]地不断往下落，树木的枯枝被雪压断了，偶尔咯吱[6]一声响。

大雪整整下了一夜。今天早晨，天放晴了，太阳出来了。推开门一看，嗬！好大的雪啊[7]！山川、河流、树木、房屋，全都罩上了一层厚厚的雪，万里江山，变成了粉妆玉砌[8]的世界。落光了叶子的柳树上挂满了毛茸茸[9]亮晶晶的银条儿；而那些冬夏常青的松树和柏树[10]上，则挂满了蓬松松沉甸甸[11]的雪球儿[12]。一阵风吹来，树枝轻轻地摇晃，美丽的银条儿和雪球儿簌簌地落下来，玉屑[13]似的[14]雪末儿[15]随风飘扬，映着清晨的阳光，显出一道道五光十色的彩虹。

大街上的积雪足有一尺多深，人踩上去，脚底下[16]发出咯吱咯吱的响声。一群群孩子在雪地里堆雪人，掷[17]雪球，那欢乐的叫喊声，把树枝上的雪都震落下来了。

俗话说，“瑞雪兆丰年”。这个话有充分的科学根据，并不是一句迷信的成语。寒冬大雪，可以冻死一部分越冬的害虫；融化了的水渗[18]进土//层深处，又能供应[19]庄稼[20]生长的需要。我相信这一场十分及时的大雪，一定会促进明年春季作物，尤其是小麦的丰收。有经验的老农把雪比做是“麦子的棉被”。冬天“棉被”盖得越厚，明春麦子就长得越好，所以又有这样一句谚语：“冬天麦盖三层被，来年枕着馒头睡。”

我想，这就是人们为什么把及时的大雪称为“瑞雪”的道理吧。

（峻青《第一场雪》，选自《普通话水平测试实施纲要》342 页）

解析思路：

1. 一阵儿 yīzhènr　2. 彤 tóng　3. 一会儿 yīhuìr
4. 万籁俱寂 wànlàjùjì　5. 簌簌地 sùsù de　6. 咯吱 gēzhī
7. 啊 ya　8. 粉妆玉砌 fěnzhuāng-yùqì　9. 毛茸茸 máorōngrōng
10. 柏树 bǎishù　11. 沉甸甸 chéndiāndiān　12. 雪球儿 xuěqiúr
13. 玉屑 yùxiè　14. 似的 shìde　15. 雪末儿 xuěmòr
16. 底下 dǐxia　17. 掷 zhì　18. 渗 shèn
19. 供应 gōngyìng　20. 庄稼 zhuāngjia

《第一场雪》是写入冬以来胶东半岛上的第一场大雪。

第二段描写下雪时的景象，写得非常形象，第三段写第二天早晨雪过天晴阳光映着的美景，第四段写街上人们踩着雪，咯吱咯吱响；孩子们堆雪人，掷雪球儿，“那欢乐的叫喊声，把树枝上的雪都震落下来了。”第五段是谈论“瑞雪兆丰年”的道理。第六段是结论。

朗读前面第二、三、四段的时候，需要展开想象的翅膀，调动我们平时看到下大雪的经验，把作者形象的描写，用我们的声音形象转述出来。朗读第五、六段时，要用亲切、自然的语气清晰地表达出作者的喜悦之情。

语音上要注意儿化，“一”“不”变调，叠音轻声，卷舌声母字和后鼻音字。

【案例8】

我们的船渐渐地逼近榕树了。我有机会看清它的真面目：是一棵大树，有数不清的丫枝[1]，枝上又生根，有许多根一直垂到地上，伸进泥土里。一部分树枝垂到水面，从远处看，就像一棵大树斜躺在水面上一样。

现在正是枝繁叶茂的时节。这棵榕树好像在把它的全部生命力展示给我们看。那么[2]多的绿呀，一簇[3]堆在另一簇的上面，不留一点缝隙[4]。翠绿的颜色明亮地在我们的眼前闪耀，似乎每一片树叶上都有一个新的生命在颤动，这美丽的南国的树！

船在树下泊[5]了片刻，岸上很湿，我们没有上去。朋友[6]说这里是“鸟的天堂”，有许多鸟在这棵树上做窝，农民不许人去捉它们。我仿佛听见几只鸟扑翅的声音，但是等到我的眼睛[7]注意地看那里时，我却看不见一只鸟的影子。只有无数的树根立在地上，像许多根木桩。地是湿的，大概涨潮时河水常常冲上岸去。“鸟的天堂”里没有一只鸟，我这样想到。船开了，一个朋友拨着船，缓缓地流到河中间去。

第二天，我们划着船到一个朋友的家乡去，就是那个有山有塔的地方[8]。从学校出发，我们又经过那“鸟的天堂”。

这一次是在早晨，阳光照在水面上，也照在树梢[9]上。一切都//显得非常光明。我们的船也在树下泊了片刻。

起初四周围非常清静。后来忽然起了一声鸟叫。我们把手一拍，便看见一只大鸟飞了起来，接着又看见第二只，第三只。我们继续拍掌，很快地这个树林就变得很热闹[10]了。到处都是鸟声，到处都是鸟影。大的，小的，花的，黑的，有的站在枝上叫，有的飞起来，在扑翅膀。

（巴金《小鸟的天堂》，选自《普通话水平测试实施纲要》428页）

解析思路：

1. 丫枝 yāzhī　2. 那么 nàme　3. 簇 cù
4. 缝隙 fèngxì　5. 泊 bó　6. 朋友 péngyou
7. 眼睛 yǎnjing　8. 地方 dìfang　9. 树梢 shùshāo
10. 热闹 rènao

文章写作者划船参观"鸟的天堂"，先从鸟儿们居住的榕树写起。船渐渐地逼近榕树，作者的观察和描写都也是由远及近，由整体到局部。如密林般的桠枝，密不透风的绿叶以及树下的湿地营造出一种深不可测的神秘气氛，特别是鸟的天堂里不见一只鸟，形成了悬念。朗读时要保持一种神秘的色彩，声音轻柔，语速中等可稍慢，给听者留下思考的空间，使听者如同跟随作者一天去观察发现一般。至最后一段，鸟声鸟影热闹非凡，可用轻快的节奏，明亮的音色来表现这种热闹的情景和作者兴奋的心情。

【案例9】

爹不懂得[1]怎样表达爱，使我们一家人融洽[2]相处[3]的是我妈。他只是每天上班下班，而妈则把我们做过的错事开列清单，然后由他来责骂我们。

有一次我偷了一块糖果，他要我把它送回去，告诉[4]卖糖的说是我偷来的，说我愿意替他拆箱卸货[5]作为赔偿。但妈妈[6]却明白[7]我只是个孩子。

我在运动场打秋千跌断了腿，在前往医院的途中一直抱着我的，是我妈。爹把汽车停在急诊室[8]门口，他们叫他驶开，说那空位[9]是留给紧急车辆停放的。爹听了便叫嚷道："你以为这是什么[10]车？旅游车？"

在我生日会上，爹总是显得有些不大相称[11]。他只是忙于吹气球，布置餐桌，做杂务。把插着蜡烛的蛋糕推过来让我吹的，是我妈。

我翻阅照相册时，人们总是问："你爸爸[12]是什么样子的？"天晓得！他老是忙着替别人[13]拍照。妈和我笑容可掬[14]地一起拍的照片，多得不可胜数[15]。

我记得妈有一次教[16]我骑自行车。我叫他别放手，但他却说是应该放手的时候[17]了。我摔倒之后，妈跑过来扶我，爸却挥手要她走开。我当时生气极了，决心要给他点颜色看。于是我马上爬上自行车，而且自己骑给他看。他只是微笑。

我念大学时，所有的家信都是妈写的。他除//了寄支票外，还寄过一封短柬[18]给我，说因为我没有在草坪上踢足球了，所以他的草坪长得很美。

每次我打电话回家，他似乎[19]都想跟我说话，但结果总是说："我叫你妈来接。"

我结婚时，掉眼泪的是我妈。他只是大声擤[20]了一下鼻子，便走出房间。

我从小到大都听他说："你到哪里去？什么时候回家？汽车有没有汽油？不，不准去。"爹完全不知道怎样表达爱。除非……

会不会是他已经表达了而我却未能察觉？

（［美］艾尔玛·邦贝克《父亲的爱》，选自《普通话水平测试实施纲要》352页）

解析思路：

1. 懂得 dǒngde　　2. 融洽 róngqià　　3. 相处 xiāngchǔ
4. 告诉 gàosu　　5. 卸货 xièhuò　　6. 妈妈 māma
7. 明白 míngbai　　8. 诊室 zhěnshì　　9. 空位 kòngwèi
10. 什么 shénme　　11. 相称 xiāngchèn　　12. 爸爸 bàba
13. 别人 biéren　　14. 笑容可掬 xiàoróng-kějū
15. 不可胜数 bùkě-shèngshǔ　　16. 教 jiāo　　17. 时候 shíhou
18. 短柬 duǎnjiǎn　　19. 似乎 sìhū　　20. 擤 xǐng

短文通过对一系列生活小事的叙述，表现了作者对父亲的爱从不理解到理解、领悟的过程。文章前九个自然段都用对比来说明爸爸不懂得怎样表达爱，朗读时可用对比的方式来读。如读到妈妈对我的爱时，语气是温柔的、赞美的；而读到爸爸对我的爱时，要以"埋怨"的口气表现出"不理解"。但文中无处不显示出父亲对"我"深沉而强烈的爱，只是自己未能察觉而已。所以，对能显示父爱的的地方，如"叫嚷道"一句，要用强调型重音来表现父亲的气愤、急切。文章最后两个自然段是点睛之笔，"除非……"处要有较长的停顿和拖腔，最后用低缓。深沉的语气来表现作者思考和顿悟的过程。

【案例10】

读小学的时候[1]，我的外祖母过世了。外祖母生前最疼爱我，我无法排除自己的忧伤，每天在学校的操场上一圈[2]又一圈地跑着，跑得累倒在地上，扑在草坪上痛哭。

那哀痛的日子[3]，断断续续地持续了很久，爸爸[4]妈妈[5]也不知道[6]如何安慰[7]我。他们知道与其骗我说外祖母睡着了[8]，还不如对我说实话：外祖母永远不会回来了。

"什么[9]是永远不会回来？"我问着。

“所有时间里的事物，都永远不会回来了。你的昨天过去，它就永远变成昨天，你不能再回到昨天。爸爸以前也和你一样小，现在也不能回到你这么[10]小的童年了；有一天你会长大，你会像外祖母一样老；有一天你度过了你的时间，就永远不会回来了。”爸爸说。

爸爸等于给我一个谜语，这谜语比课本上的“日历挂在墙壁，一天撕去一页，使我心里着急[11]”和“一寸光阴一寸金，寸金难买寸光阴”还让我感到可怕；也比作文本上的“光阴似箭，日月如梭”更让我觉得[12]有一种说不出的滋味。

……

时间过得那么[13]飞快，使我的小心眼里[14]不只是着急，而是悲伤。有一天我放学回家，看到太阳快落山了，就下决心说：“我要比太阳更快地回家。”我狂奔回去，站在庭院前喘气的时候，看到太阳还露着半边脸，我高兴地跳跃[15]起来，那一天我跑赢了太阳。以后我就时常做那样的游戏，有时和太阳赛跑，有时和西北风比快，有时一个暑假才能做完的作业，我十天就做完了；那时我三年级，常常把哥哥[16]五年级的作业拿来做。

每一次比赛胜过时间，我就快乐得不知道怎么[17]形容。

……

如果将来我有什么要教给我的孩子，我会告诉[18]他：假若你一直和时间比赛，你就可以成功！

（［台湾］林清云《和时间赛跑》，选自《普通话水平测试实施纲要》360页）

解析思路：

1. 时候 shíhou	2. 圈 quānr	3. 日子 rìzi
4. 爸爸 bàba	5. 妈妈 māma	6. 知道 zhīdao
7. 安慰 ānwèi	8. 睡着了 shuìzháole	9. 什么 shénme
10. 这么 zhème	11. 着急 zháojí	12. 觉得 juéde
13. 那么 nàme	14. 心眼里 xīnyǎnrli	15. 跳跃 tiàoyuè
16. 哥哥 gēge	17. 怎么 zěnme	18. 告诉 gàosu

作品中，作者通过自己童年时的生活经历，告诉人们一个生活哲理：假如你一直和时间比赛，你就可以成功。朗读文章开头的两个自然段时，要把语调压低，节奏放慢时，表达失去亲人后的忧伤难过。在朗读“我”与爸爸的对话时，“我”的语调应较高且上扬，表现儿童的天真与疑惑；爸爸的语调则应较为低缓。对于引用的俗语等要读得连贯，以便于引号外的内容区别开来。至六、七两个自然段，作者的感情由“悲哀”逐渐转向“喜悦”，要读得轻快而明亮。结尾充满哲理的思考，达到最高潮，朗读语气应肯定且应用升调。

［本章小结］

朗读是介于念读和诵读之间的一种以书面语言为蓝本的单向口语表达形式，是把书面语言转化为优胜语言的创作活动，也是教学口语和一般口语的重要形式之一。它以清晰响亮、准确生动的有声语言再现文章的思想内容，或再创造文学作品的树形象，使听众得到明晰的信息和艺术享受。朗读技巧是实现朗读目的的重要手段，是对作品进行有声创作所进行的设计和处理。广义的朗读技巧包括内部心理感受的技巧和外在的言语表达技巧两个方面。内部心理感受的技巧，主要有对作品的形象感受技巧和逻辑感受技巧。外在的表达技巧主要是言语声气技巧，包括声音的停连、轻重、缓急、抑扬、节奏等多个方面。掌握一定的朗读技巧，可将对文本的体验丰富而细腻地表现出来。

朗诵是口语交际的一种重要形式。朗诵不仅可以提高阅读能力，增强艺术鉴赏，更为重要的是，通过朗诵，大者可以陶冶性情，开阔胸怀，文明言行，增强理解；小者，可以有效地培养对语言词汇细致入微的体味能力，以及确立口语表述最佳形式的自我鉴别能力。朗诵中，我们可以通过虚声、颤音、拖腔、笑言、泣语、模拟等特殊的朗诵技巧充分表达作品的思想感情。

第四章　态势语

——言语交际的辅助性语言

［学习提示］

态势语，是口语交际活动中传递信息的重要手段，是通过身姿、手势、表情、目光等配合有声语言传递信息的一种形式，又称为体态语。态势语，是人类三大语言形态之一。态势语和口头语言、书面语言一起，共同构建神圣的语言殿堂。态势语可以弥补有声语言在表情达意上的不足，态势语具有有声语言和书面语言所不具备的视觉方面的种种优势。态势语不仅是人们在口语交际中思想感情的外化，同时也是进行言语交际者展示风采、风度的手段。全面了解态势语的构成和态势语在言语交际中的作用，有助于我们更好地进行人际交往活动。本章将从态势语的含义和作用，静态态势语，动态态势语三个方面展开对态势语的学习和研究。

［学习目标］

- 认识态势语的含义、特点和作用
- 了解态势与运用的基本要求
- 掌握静态态势语的含义、构成及作用
- 掌握动态态势语的含义、构成及作用

第一节　态势语在言语交际中的作用

一、什么是态势语

1. 态势语的含义

态势语，是口语交际活动中传递信息的重要手段，是通过身姿、手势、表情、目光等配合有声语言传递信息的一种形式，又称为体态语。

态势语，是人类三大语言形态之一。态势语和口头语言、书面语言一起，共同构建神圣的语言殿堂。如果说，口头语言是人类以有义有序的声音为物质材料的信息载体，书面语言是人类以有义有序的文字为信息载体的话，那么，态势语就是人类以有义有序的面部表情、身势动作、空间距离、服饰装束为物质材料的信息载体了。

态势语是人类独有的语言形态。当人们还不会使用口头语言和书面语言的时候，当人们不必使用口头语言和书面语言的时候，当人们不想使用口头语言和书面语言的时候，当人们不宜使用口头语言和书面语言的时候，态势语总能够独立地发挥它特有的表情达意的作用。当然，即使在人们进行口语交际的过程中，态势语所起的作用，也是不容忽视的。

在人际交往中，更多的时候，我们只注意到交谈中的人的有声语言的表达，很少会注意到交谈者伴随着言语表达流露出来的非言语信息。事实上，人们在进行言语交际的过程中，总是避免不了地在举手投足、挑眉弄眼之时，有意或者无意地流露出许多信息。毛泽东主席在奔赴重庆谈判时，在机场时候的“挥手之间”，充分展现了一代伟人无比的气魄和豪迈；而闻一多，则用他的“拍案而起”有力地控诉着国民党反动派的血淋淋的罪行；在布尔什维克的党代会上，列宁用他那独特典型的姿态——微微俯身倾向听众，右手坚定有力地挥向前方，告诉人们胜利在望；罗斯福总统却总是能够用他带有“满脸动人的表情”的演说征服了许许多多的美国人民。

2. 态势语的特点

在日常人际交往中，态势语是有一定规律可循的。了解这一点，不仅有助于理解别人的意图，而且能够使自己的表达方式更加丰富，表达效果更加直接，进而使人与人之间的关系更加和谐。

就产生的时间来看，态势语或许是人类最早的语言形式。有的学者认为，当人类尚未学会用有声语言来交流思想，沟通情感的时候，人们就已经会用手势、表情、动作等态势来传情达意、相互交流思想感情了。早在那个时候，态势语就已经形成了自己的表达模式和表达特点。随着人类社会的进步和发展，态势语并没有有声语言的出现而消失，反而在伴随着有声语言进步和发展的同时，越来越丰富，越来越成熟，其作用也越来越大，以至于在当今时代的人际交往过程中，态势语成了必不可少，甚至在许多情况下起重要作用的交际手段。

态势语之所以有如此强大的生命力，就在于它有着有声语言和书面语言所不具有的独到之处，具有以下几个方面的特点。

(1) 广泛性

只要人们开口说话，就会有意无意地运用态势语，其中手势和眼神运用最多，以此来辅助有声语言传情达意。在某些特殊情况下，例如在会场上、在阅览室里，人们有时不便开口说话，这时就会运用态势语来传递信息。态势语使用的频率之高、范围之广，是其他任何一种辅助性的交际工具所不能相提并论的，因此态势语的广泛性的特点是比较明显的。

（2）直观性

有人做过这样的统计，在人们的各种感官中，听觉和视觉的作用占百分之九十以上，其中视觉的作用又特别明显，有百分之八十七的感觉印象来自于眼睛。有声语言诉诸于人们的听觉，不具有视觉的可感性。而态势语以其立体的、动态的手势、表情、动作、姿态构成一定的人体图像来传递信息，直接作用于人们的视觉感官，具有直观性的特点。在人们进行言语交际的时候，当讲到事物的形状大小时，用手势来比划事物的形状、大小，就比用有声语言去描绘更能够给人直观性感受，更易于听众理解和接受。

（3）细微性

态势语在传达人们的思想、意念、感情、态度等方面，往往是非常准确、细微的。人类的任何主观思想感情因素，几乎都可以通过态势语表达出来。在这方面，有声语言与之相比起来就显得逊色许多。也就是说，态势语由于是人体身形动作，因而人的任何内心变化都可以由态势语自然而然地传达出来，有时往往是不加思考而发出的，但却极为细致、极为准确。

（4）依附性

态势语和有声语言一样，具有多义性。一个手势，一种表情，一个动作，往往不止表达一个义项。比如瞪眼一个表情，就可以表达好几个义项：表示愤怒、表示好奇、表示诧异、表示仇恨等。再比如点头的动作，也可以表示致意、同意、肯定、承认、赞同、感谢、应允、满意、认可、理解、顺从等多种意义。态势语的这种多义性决定了态势语对语境以及有声语言的依附性。离开了一定的语境，孤立地分析某个态势语，其意义就不明确了。而且，不少态势语不仅要依附一定的语境，而且更要依附有声语言，才能明确有效地传递信息。

（5）规范性

态势语还具有一定的规范性。人类在长期的实践过程中，基于有效地进行交际的需要，态势语的含义和规则往往被固定下来，成为约定俗成的文化形态。就是说，某种态势语与某种思想感情达成了一致，成为一种固定的关系。长此以往，约定俗成，就形成了态势语的规范性。这种规范性一经形成，就要求人们遵守。不遵守态势语的规范性，就会给交际活动带来障碍，使交际效果受到不良影响。

二、态势语在言语交际中的作用

人类要想准确生动地表情达意，仅仅靠口头语言是不够的，因为经过理性加工的有声语言往往不能直率地表露一个人的深层心理和真实意向，常言说的“词不达意”“言不由衷”，就是这个道理。从听者的角度来说，有声语言的这种无形性、隐蔽性和间接性，往往叫他们难以尽解人意。

态势语可以弥补有声语言在表情达意上的不足，态势语能通过有形可视的、具有丰富表现力的、各式各样的动作和表情协助有声语言将内容准确无误地表达出来，形成视觉、听觉作用双管齐下的局面，能给听者以完整、确切的印象。

态势语具有有声语言和书面语言所不具备的视觉方面的种种优势，所以在人们的言语交际过程中，态势语不仅对有声语言起着重要的补充、强调、渲染等辅助作用，而且还可以极大地对人际间的言语交往活动起到活跃气氛的作用。态势语是人们在言语交际中不可或缺的一种语言表达方式。

在言语交际中，态势语主要有以下几种作用。

1. 强调作用

在口语表达的过程中，有的意思已经表达得很清楚、很充分了，但是为了突出和强调作用，人们常常辅之以眼神、手势等，来加强口语表达的效果。

毛泽东在《第一次全国人民代表大会第一次会议开幕词》报告结尾时激情澎湃、坚定有力地说：

> 我们的目的一定要达到！（掌声）
> 我们的目的一定能够达到！（掌声）

毛主席每讲完一句，就伴随着做出一个向前推进的有力的手势。这个手势，强调了“我们的目的一定要达到”的革命坚定性和“我们的目的一定能够达到”的胜利的必然性，给全党全军和全国人民以极大的鼓舞和鞭策。

2. 补充作用

在口语表达过程中，虽然有的意思已经基本表达清楚，但是人们总是意犹未尽，用眼神、手势等态势语加以补充，完善口语表达的不足。

英国前首相丘吉尔在一次演讲说：“我们现在的生活水平比历史上任何时期都高，我们现在吃的东西很多。”讲到这里，他故意停顿了一下，看了听众好一会儿，以此来吸引他们的注意力。然后，他盯着自己的大肚皮说：“这是最有力的实证。”在这段演讲中，丘吉尔用有声语言宣称“生活水平高”这一观点，辅之以态势语进行论证，首先是妙用语气停顿，随后用“盯着自己的大肚皮”这一态势语加以强调，不仅力敌千钧，而且妙趣横生。

3. 替代作用

在口语表达过程中，态势语不仅对言语交际具有辅助功能，有时它还可以暂时离开有声语言，仅仅用表情、手势、身姿来传递信息、交流感情。态势语的这种临时独立充当交际手段的作用，就是替代作用。这种替代，不但不会影响到听众对内容的准确理解，相反，还会收到“此时无声胜有声”的效果。当然，在正常的口语表达中，用态势语代替口头语言的情况，一般是短暂的，表达的意思也是明确的。态势态势语的这种替代作用，尤其是在青年男女谈情说爱的时候，比有声语言更细腻，更丰富，表达效果会更好，“眉目传情”“暗送秋波”等境界，可以充分证明态势语的这种替代作用是多么妙趣横生。

4. 审美作用

态势语不仅是人们在口语交际中思想感情的外化，同时也是进行言语交际者展示风采、风度的手段。准确、简洁、优雅和富有个性的态势语，有助于言语交际者顺畅无误地表达自己的思想感情，又能给听者美好和谐的审美愉悦。

在言语交际的过程中，表达者巧妙设计和运用态势语，不仅可以使表达者风度翩翩、仪态万方、声情并茂、形神皆备，还可以给听者带来很好的审美效果。有经验的演说家，总是善于运用恰当、独特的态势语来改善自己的形象。据说，美国前总统肯尼迪具有“超凡的魅力”，不管说什么，只要做几个姿态，就能把听众吸引住。他的身材并不高，但是他那精心设计的姿态总是能够唤起一种形象高大的印象。肯尼迪的魅力，可以说是体态的魅力，风度的魅力。这种优美的体态、风度，能够帮助说话者建立良好的第一印象，使说话者的形象更加符合听话者的期待，这样就可以从谈话的开始，就在说话者和听话者之间架起了沟通的桥梁。

美国已故总统尼克松在他的《回忆录》中对周恩来总理的风度做过这样的描述——

周恩来的敏捷机智大大超过了我能知道的其他任何一位世界领袖。这是中国独有的、特殊的品德，是多少世纪以来的历史发展和中国文明的精华结晶。他做人很谦虚，但沉着坚定。他优雅的举止，直率而从容的姿态，都显示出巨大的魅力和泰然自若的风度。他从来不提高讲话的调门，不敲桌子，也不以中止谈判相威胁来迫使对方让步。他在手里有“牌”时，说话的声音反而更加柔和了——在谈话中，他有四个特点给我留下了不可磨灭的印象：精力充沛，准备充分，谈判中显示出高超的技巧，在压力下表现得泰然自若。

这是对周恩来总理的整体的审美评价，其中不容忽视的是，谈到的举止、姿态，讲话的调门，不敲桌子等，都是态势语中的重要组成成分。这就是说周恩来总理的举止行为（即态势语）和他的智慧、品德一样，都具有很高的审美价值。

美国心理学家经过多次实验，总结出了这样一个公式：人际交往中的信息总效果＝7％的有声语言＋38％的语调＋55％态势语。对于这个公式列出的百分比是否具有特殊性，这个公式是否又是放之四海而皆准，我们暂且不论，但是这个公式至少可以告诉我们，态势语在人们的言语交际中所起的作用是相当巨大的。

三、态势语运用的基本要求

态势语是表达者文化素养和审美情趣的一种体现，运用它，旨在更好地协助有声语言传递信息、表达思想因而应该做到端庄、高雅，大方、得体，符合听众的审美要求，以增强表达的效果。态势语运用的基本要求有以下四点：

1. 自然雅观

自然，是运用态势语的首要要求。所谓自然，是指态势语切合表达内容的思想实际，切合表达者个人的性格特征和身份地位，切合特定的交际场合，即内容、情感的自然表达个性风格的自然流露。各种表情、姿态、道具的使用都自然贴切，恰如其分，不生硬做作、刻意表演，甚至故弄玄虚。如男士演讲时，可以两手叉腰，双腿分开，昂首挺立，凝视前方。这种身姿可以给人威武雄壮、刚毅不屈之感。如果女士也做这样的姿势，就会显得过分，不一定产生美感了。女士演讲的身姿一般是：步态轻盈，手势轻柔，动作轻巧，目光柔和，显示出女性内在的美。如果男士要刻意地去模仿，就只能是扭捏作态，不伦不类，令人作呕。由此可见，态势语应该自然贴切，符合个性特征、交际环境和情感内容。动作出于自然，自然展现优美。表达时根据自己的情感体验和个性风格，根据现场的气氛和听众的态度，灵活贴切地运用相应的态势语技巧，就会产生和谐舒展，优美生动的表达效果。

强调态势语的自然，并不意味着随随便便，因为有些态势语虽然自然，但不够雅观，这同样会影响交际效果。因此，自然雅观的原则强调态势语不可不用，不可乱用。不用则已，用则传情达意实现口语交际的目的。

2. 准确得体

准确，是指态势语应该与所要表达的思想内容相吻合，恰当地传情达意。只有准确的态势语，才能够起到补充或加强话语意义、帮助听众理解并激发听众情感的作用。如一位青年在《地球和国运》的演讲中说：“因此，我又想起了在清朝末年的一个传说：那时，我国曾派过一个体育代表团参加一次国际比赛。在入场式上，其他代表团都是在军乐声中步入运动场的，唯独中国队却是在一片喧天的京剧锣鼓声中，一溜跟头翻进场内，全场观众为之哗然。”这段内容似乎是一则趣闻，但演讲者的脸上却毫无表情，反而掠过一丝悲哀，表情非常严肃，传达出外国人在讥笑我们，堂堂中国政府连常规仪式都不懂的痛悔意思。由于准确地使用了态势语，演讲收到了良好的效果。态势语运用不准确，是有损表达者形象的。美国前总统尼克松，在一次记者招待会上对大家说：“大家请坐”，他的手却向上举起，记者们以为是让他们站起来。在另外一次演讲中，尼克松手指听众，嘴上却说：“我”；手指自己，嘴上却说：“你们”。这种不准确的态势语让这位总统在听众面前出尽了洋相，落下了笑柄。

得体，是指态势语运用要同特定的口语交际场合、交际目的和表达者的身份、年龄相符合，考虑到听众的社会习惯和审美要求，不能不顾社会条件随意套用。如拇指和食指接触构成圆圈伸开其余三个手指，在美国表示“OK”，即同意、赞美之意，但在拉丁美洲的很多国家却是一个侮辱性的动作。据报道，尼克松在担任美国副总统期间，有一次他在迎接拉美客人的时候竟然做出了两个“OK”的手势，这是多么地不得体呀！一位美国人在法国做客时，被公寓管理员询问对住处是否满意，他伸手表示“OK”，没有想到这位管理员不高兴地耸耸肩，说道：“如果你不喜欢你的房间，我们可以再为你找一间”。原来，“OK”的手势在法国表示的是“零”或者“不值得”。由此可见，态势语运用不得体，不仅会损害表达者的个人形象，而且还会严重影响到表达效果。所以，说话者应该根据实际情况，选择恰当得体、符合听众风俗习惯和审美要求的态势语来辅助有声语言的表达，根据社会背景、文化传统、审美情趣精心地准确地使用态势语。

3. 简洁精炼

态势语丰富多彩，有很强的表意作用，但是态势语毕竟只是口头语言的一种辅助手段，因而使用时应该做到少而精，简而明，以能够辅助口语贴切表意为准。不可过多过滥，否则就会喧宾夺主，甚至弄巧成拙妨碍有声语言的表达。稳重老练，文雅谦和的口语表达者，都十分注意手势、动作、表情等态势语运用的简明精炼。高尔基曾经这样描述列宁运用态势语所产生的魅力：

他的动作轻巧而灵活，手势简捷而有力，与他那言语不多，但思维丰富的演说完全吻合。在他那蒙古型的脸上，一双锐利的眼睛在熠熠发光，表现出一个不屈不挠的战士对谎言的反对以及对生活的忠实；他那双眯缝的眼睛在燃烧着，使着眼色讽刺地微笑着，闪烁着愤怒，这双眼睛的光辉使得他的演说更加强烈，更加清新。

通过高尔基对列宁态势语的描述，我们不难看出，在演讲过程中，列宁的态势语运用得十分简洁精炼，在演讲中产生了极大的征服力量。口语表达时，态势语不精炼简洁的主要表现有：手势频繁，动作重复。我们在运用态势语的时候，如果指指点点，比比划划，一句话一个手势动作地忙个不停，就只能是手势泛滥，令听众眼花缭乱，目不暇接，从而影响到有声语言信息的接受，还很可能使听众觉得滑稽可笑；当然，如果缺少变化，始终重复着某一个动作，或总是点头，或总是举拳，或总是挥手，同样只能令听众感到单调、乏味，甚至反感，从而影响表情达意。因此，我们在进行言语交际的时候，要注意做到态势语的简洁精炼。

4. 协调生动

协调，是指态势语与口语的内容、情感配合适当，以及不同类型的态势语之间配合适当，做到协调一致，不然，就会使态势语与口语内容和情感严重脱节，从而贻笑大方。在口语表达过程中，态势语运用的幅度、力度、频率等受到有声语言、语境等诸多因素的制约。所以，在运用态势语的时候，要注意把握分寸，动作要适量，不要用得过猛过滥；要注意动作的幅度，不宜过分夸张，形式不宜复杂；力度频率要适中，要有利于口语表达，不能喧宾夺主，哗众取宠。

生动，是指态势语的运用富有活力，能够感动人。只有生动的态势语，才能艺术地表情达意，才能给人以美感从而产生感染力和征服力。事实上，态势语是丰富多彩的，如光“看”的动作就有三百多个同义或者近义的词语，如正视、斜视、注视、逼视、仰视、俯视、鄙视、轻视等都是描绘眉眼表情的。在口语表达的时候，表达者应该根据自己的特殊感情体验，根据听众的态度，根据表达内容的需要，灵活运用多种态势语技巧，这样才能产生和谐的配合，充分展示出态势语表情达意的活力，从而取得和谐舒展、优美生动的表达效果，产生活泼灵秀、富有朝气的艺术魅力。

5. 优美适时

优美，是指在口语交际的过程中，我们运用态势语，要做到端正、高雅，符合生活美学的要求。人们在进行言语交际的时候，除了获得信息，受到启迪之外，还需要获得美的享受。所以，人们在进行言语交际的时候，做出来的态势语，不能像戏曲舞台动作那样一招一式地要求，那样的话，不仅不会给听众带来审美情趣，还会显得过分夸张，喧宾夺主，成为小丑一样的表演。当然，我们也不能畏手畏脚，动作生硬呆板，使我们在言语交际活动中难以得到美的感受。总之，优美的态势语，是要符合表达者和听话者的审美习惯，符合他们的性别、年龄、经历、职业和性格等特征的。

适时，是指态势语的表达和有声语言要相互协调，配合默契。在言语交际的过程中，态势语要受到有声语言的制约，如果态势语的表达和有声语言的表达相互错位，或者出现得太早或太迟，那将会是相当滑稽可笑的。例如，呼口号的时候，常常会同时用举拳的动作相配合。但如果把口语表达和态势语表达分割开来或先呼口号后举拳，或先举拳后呼口号，中间形成一个较大的时间空隙，那就形成了一种漫画式的幽默，会成为笑柄。所以，在进行言语交际的时候，要做到态势语和有声语言协调配合，把全身的热情和精神投入到思想的表现中去，才能做到态势语和有声语言协调默契，浑然一体。

态势语的运用，应该像运用口头语那样，做到准确而精炼，优美而生动，争取做到每一个动作、手势，每一种眼神、身姿，都有内在的依据，从而加强表情达意的作用，引起听众共鸣，取得理想的表达效果。

第二节　静态态势语

具体来说，态势语包括眼神、表情、手势、身姿、仪表风度、服饰装束、空间距离等多种要素，我们可以把这些要素进一步划分为两大类型。相对而言，在言语表达过程中，伴随着有声语言产生并且常常发生变化的态势语，我们把它称为动态态势语（如果直接代替有声语言传情达意的时候，这一类态势语也常常在短暂的时间内有一个动作由产生到结束的过程）。这一类态势语主要包括眼神、表情、手势、身姿四大类；而仪表风度、服饰装束、空间距离这些在言语交际中，先于有声语言出现的态势语，在人们进行口头语交流的过程中，没有明显的从产生到发展，再到结束这样一个动态过程的态势语，我们把它称为静态态势语。

一、仪表风度

仪表，是指人的身材、容貌、服饰、姿态等外在因素，以及由这些因素综合体现出来的气质和风度。而风度，就是人们对美的仪表的一种衡量尺度，是人们在长期的社会生活与交往中逐渐形成的具有个人特色的举止和姿态。这些举止和姿态，是人的思想、品德、性格、气质等内在因素的外在反映。

仪表和风度，在一定程度上反映出人们的内心世界。在言语交际的过程中，人们首先是通过视觉，观察到言语交际活动参与者的形象的。尽管言语交际的双方还没有开口说话，大家都已经先从视觉上获得了对方的“第一印象”，而这种“第一印象”，也会直接影响到言语交际的效果。

良好的仪表和风度，能够产生很强的吸引力，牢牢地吸引言语交际活动中的其他参与者。以演讲为例，演讲者不仅仅是真理的宣传者，知识的传播者而更应该是美的体现者。在演讲现场，演讲者事实上是听众的审美对象，听众不仅通过演讲者生动活泼、含义深刻的演讲获得美感享受，而且通过对演讲者的仪表、风度的欣赏，得到美的熏陶。

仪表和风度，也能在一定程度上体现出民族特点和时代精神。这是因为仪表和风度在一定程度上反映出人们的内心世界，而人的内心活动与精神面貌、时代特色紧密相关。在言语交际的过程中，交际者注意仪表，讲究风度，以美的姿态出现在对方面前，这种行为本身就显示出了对对方的尊重。这种无声的信息传递，可以很自然地缩短言语交际活动中的双方对象赢得彼此的关注和尊重，拉近彼此的心理距离形成融洽和谐的说话气氛。相反，如果言语交际活动中的对象都不修边幅，蓬头垢面，穿着随便，举止粗鲁，以一副邋遢相出现在彼此面前，势必会造成隔膜，相互引起反感。

二、服饰装束——服饰语

1. 服饰语的含义和作用

服饰语，是指在交际场合中，表达者通过服装、发型、饰物以及化妆所传递的信息。服饰作为态势语的组成部分，有着十分重要的协调配合作用。服饰是身姿的外形，同样可以反映一个人的精神气质、文化素养和审美观念。在人际交往活动中，衣着整齐，服饰得体，优美大方，表情自然，不仅会给人留下美好的第一印象，而且还会使自己产生良好的“自我感觉”，提高自信心，增强自信力，促使口语表达取得成功。

俗话说：“人靠衣裳马靠鞍”，“三分人才，七分打扮”“佛要金身，人要衣裳”。在现代社会，服饰的作用早已不仅仅是防寒避暑，而是更多地展现着一个人的整体形象，体现着一个人的社会地位、审美情趣，学识修养、个性特征以及精神面貌。美国著名政治家、科学家本杰明·富兰克说：“饮食也许可以随心所欲，穿衣却要考虑给人的印象。”要获得好的印象，就要做到协调与适中。一是与个人的年龄、职业、身份地位以及肤色形体相协调，整洁合体，突出个性。二是要符合交际对象的场所，端庄大方，美观和谐。

服饰，可以展现人的内在精神面貌、生活情趣和审美追求，可以赢得听众的信任和尊重，可以使人的形象更加富有魅力，因此，在社会生活和人际交往中利用服饰技巧可以产生出奇制胜的作用。20 世纪 60 年代初，在美国总统竞选的时候，尼克松本来处于优势，而肯尼迪处于明显的劣势。然而，在电视屏幕上，肯尼迪服饰整齐，仪表堂堂，神态自若，气宇轩昂，因而逐渐赢得了许多选民的信任；尼克松则不仅面容憔悴不堪，而且衣着不整，有些邋遢，使得许多本来拥护他的选民失去信心而支持肯尼迪。最后，肯尼迪以微弱的优势取得了竞选的胜利。这充分说明了服饰在言语交际活动中，在树立形象，赢得信任方面起着重要的作用。

2. 服饰语的运用要求

（1）要符合年龄和身份

人际交往时，服饰的色彩和款式，应该符合自己的年龄、职业和身份，做到和谐统一，即绝不能为了突出个别部分的美而破坏了整体形象的美，要注意服饰整体是以一“种恰到好处的协调和适中”而形成美感，这是最重要的。如从年龄上讲，少女穿款式较为活泼且色彩鲜艳的服装，像红色、黄色、浅绿和浅蓝都比较合适；中年妇女则应该穿着布料厚挺、淡雅为主的服装，如棕色、米色、浅灰、紫红和黑色等较为适宜，这样显得稳重大方。

(2) 要符合体形和肤色

人际交往中所穿着的服饰，应该符合自己的体形和肤色的特征。一般地说，“人瘦不要穿黑衣服，人胖不要穿白衣服；脚长的女子一定要穿黑袜子，脚短的女子一定要穿白袜子”。服饰与肤色的反差也不能过大，如皮肤黑的人，就不宜穿粉红、粉蓝和奶黄等嫩色服装，也不宜穿黑色服装。

此外，上装和下装的颜色也要注意协调。服装配色的基本规律是：深浅、明暗不同的两种同一色系相配，如墨绿配浅绿，咖啡色配米色，显得柔和文雅；两种颜色比较接近的服装相配，如红色配青绿色，黄色配青紫色，效果比较强烈；两种颜色相对的服装相配，如红色配绿色，黄色配紫色，能形成鲜明的对比，有时也能取得较好的效果。

(3) 要符合内容和环境

服装的款式和颜色，要与交际的场合和表达的内容协调一致，这有助于思想感情的表达和听众对内容的理解和接受。如参加晚会，我们不妨可以穿得鲜明、漂亮一些，以此表示欢欣、喜悦；在追悼会上致辞，就必须穿得庄严、肃穆，表示严肃、哀痛。与不同的人交际，也应该身着不同的服装。如果同一般民众交谈，不妨可以穿得朴实大方一些；对知识分子演讲，则应该穿得典雅美观一些。如 1987 年底，苏、美两国的国家首脑在华盛顿签署中程导弹条约时，两位第一夫人（南希和赖莎）的服装无疑是一次无声的自我介绍。两人不约而同地穿上灰色的套装。赖莎为了改变苏联妇女“货车司机”的形象，再外加一件红色 T 恤衫以突出上下身的比例，令人耳目一新。而南希的套装双肩垫得太厚，收腰过于夸张，在这种庄重的外交场合似乎就显得不太协调。新闻媒体认为赖莎胜于南希。

注意服装款式与表达内容的一致，就会收到良好的交际效果。有一位女青年，参加“社会主义好”演讲比赛时，穿的是西装，给听众以欣喜、美好的感觉；参加小说角色播讲时，她则穿了白衬衣，打上领带，显得潇洒、大方；参加历史故事演讲比赛时，她讲的是一个勇敢战斗、光荣牺牲的英雄的故事，这时她穿的是军装，表示崇敬、肃穆；参加“青春和理想”演讲比赛时，则穿上了 T 恤衫，显得活泼、大方。这位女青年能够根据不同的内容选择不同的服饰，既表现了她高雅的鉴赏水平和审美情趣，同时也使得她的言语表达取得了圆满的效果。

总的说来，在人际交往中，服饰着装必须符合目前国际上公认的 TPO 原则。“T”（time）代表时间、通常也用来表示日期、季节、时代；“P”（place）代表地点、场所、地位、职业；“O”（object）代表目的、目标、主题、对象等。这就是说，服饰打扮要具有时代感，要与交际场所、交际对象、交际内容相一致，这样才能保证言语交际的成功。

饰品是人身上佩戴的各种装饰品。有些饰品在社会发展过程中，已经赋予了特定的意义，因此，饰品也可以传递出特定的信息。如戒指戴在食指上，表示“未婚”，戴在中指上，表示“正在恋爱”，戴在无名指上，表示“已婚”，戴在小指上，则表示“独身”。所以，在言语交际中，一定的装饰物，也是可以向对方传递出许许多多的信息的，我们在言语交际中，也要相当注意装饰物品传递信息的作用。

我们讲究服饰，并不是要求着装时髦华丽，而是要紧紧围绕口语表达这个中心，注意发挥服饰语的作用。一般地说，就是要求我们，在言语交际中，我们要能够根据年龄、身份、职业，根据言语交际中的表达内容，根据言语交际的环境以及社会风尚来选择协调适中的服饰，做到既能突出个性风格，又能加强表达效果。例如，学校的年轻女教师，之所以不能穿超短裙、露背装进教室上课，就是因为这类衣服与教师这个职业的庄重、威严要求不协调而会产生消极的影响。

三、空间距离——界域语

1. 界域语的含义与社交意义

界域语，是指言语交际者之间以空间距离所传递的信息。界域语也称个人空间、人际距离、势力圈范围，是人际交往中的一种很重要的态势语。人们在进行言语交际的过程中，常常会利用交际对象间的距离作为信号来传递一定的思想，利用界域来表达一定的情感。美国心理学家罗伯特·索然，经过大量的观察和实验研究，认为人人都有一个把自己圈住的、心理上的个体空间，它就像一个无形而可变的“气泡”。这“气泡”，不仅包括了个人占有物（如写字时的桌椅，驾驶时的汽车等），还包括了身体周围的空间。一旦有人靠得太近，突破了“气泡”，我们就会感到不舒服或者不安全，马上就会做出相应的恰当的反应，心理学家多次做过的“推空气”实验，也早已证明了这种“气泡”的存在。了解了界域语的内涵和社交意义，我们就会在人际交往中正确地处置和运用界域语，以此来维护和完善个人的交际形象，从而取得圆满的交际效果。

2. 界域语的类型和作用

（1）位置界域。位置界域是指交际者之间的座位所产生的交际意义和效果。如下列图形所示：

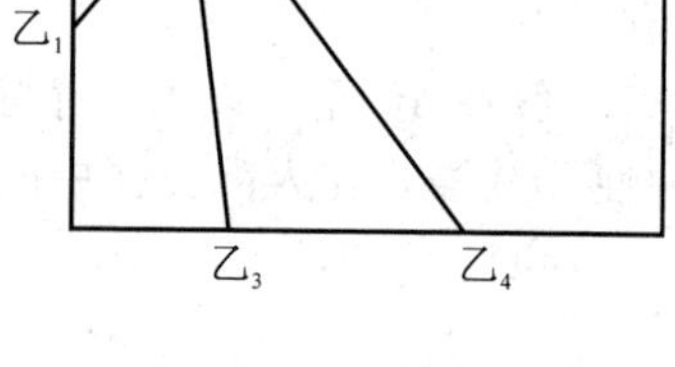

在办公桌前，甲与乙交谈，乙可采取四种不同的位置。相对于甲来说，$乙_1$是社交位置，社交位置体现出一种“诚挚、友好”的交际氛围。坐在这个位置上，没有紧张的情绪感觉，行动方便，有利于观察对方的体态变化，从而随时调整话题，把握住谈话的主动权。如果其中某个人感到有威胁时，桌子的角也可以起到屏障作用。与客户谈生意、找领导汇报工作等，最策略、最巧妙的选择就是这个位置了。$乙_2$是友好位置，友好位置体现出的是一种“亲切、信赖”的交谈氛围。这种位置显示出交谈双方意气相投、关系亲密、地位平等的关系，最有益于合作。在谈心、征求意见、说服劝导等言语交际活动中，采用友好位置的坐法较有利于沟通。$乙_3$是竞争位置，竞争位置是同对方隔桌而坐，会造成一种防范性的竞争氛围，一般是用于谈判。$乙_4$是公共位置，公共位置是双方之间无沟通需要的座位。一般在公共场合，如饭店、图书馆、公园等地方，往往会采取这种互不搭界的位置就座。例如，一个熟人来找你交谈，他挨着你坐，或者将椅子向前靠近，这就表示他希望通过友好位置或者靠近的举动与你建立起亲密的关系，实现其交际目的。人们还发现这样一种有趣的现象：

在一个大礼堂听报告，如果不需要对号入座的话，我们就会发现：第一个进入会场的某甲，会随意选择一个座位坐下；随后进来的某乙不认识甲，便会在离甲较远的地方坐下；随后，某丙又会选择在另一个既不靠近甲，也不靠近乙的地方坐下；以后进入会场的人会同样逐渐填补先进入会场的人之间的空档。

这种现象生动形象地说明了位置界域的存在，也告诉我们，在言语交际中，我们要合理利用和谨慎注意位置界域的问题。

(2) 距离界域。距离界域是交际者相距的空间长度所产生的交际意义和效果。西方学者萨姆瓦说：“个人的空间，我们所占有的称作自己的宇宙的那一部分，包含在我们周围那看不见的界域中——并且由我们来决定谁可以和为什么踏入这一界域。当我们的空间未经允许而被侵犯的时候，我们便以各种各样的方式来作出反应。退让着回避，或者停立在那里，但双手却由于紧张出汗变得潮湿了，或者有时以一种激烈的方式反映出来。”这段话说明，人们都有自己的“个体空间”，社会交往也有一个成文或不成文的空间划定。正确地认识和掌握“个体空间”的意义和作用，无疑大大有利于言语交际的顺利进行。

时蓉华先生在《社会心理学》中说：“人际关系，是人与人之间心理上的关系，是人与人之间心理上的距离。”人们在心理上的距离，往往会反映在空间距离上，这种距离主要有以下几种。

①亲密距离。亲密距离一般在 45 厘米以内，亲密距离表达的含义是“热烈、亲密”。这是一种接触性界域语，在人际交往中间隔最小或者说毫无间隔，

也就是人们常说的“亲密无间”。出现在这种界域内人们，可以彼此听到对方的呼吸，看到对方的细微的表情，甚至可以嗅到对方身体的气味。在这种界域内，人们主要可以表达爱抚、安慰、保护等言语行为。只有关系相当亲密的人，才能在这样的界域内进行言语交际，比如父母与孩子，配偶之间等，如果交际双方不是这样的亲密关系，却硬要以不自然的方式强行进入他人的亲密距离，就会引起被侵犯者的不悦甚至反抗。

②个人距离。个人距离一般是45～100厘米之间，个人距离表达的含义是“亲切、友好”。这是一种接近性界域语，是与熟人（同事、同学、邻里、师生等）交往的空间。交际双方保持着手能够接触到的距离，已完成握手、促膝谈心、传递物品等动作。在个人距离关系中，人们可以采用肢体接触物体或者手拿物品等方式来扩大自己的空间势力圈。

③社交距离。社交距离一般在100～210厘米之间，社交距离表达的含义是“严肃、庄重”。这是一种交际性界域语，体现出一种较为正式的非私人的交往关系，双方很少情感渗透。在文明社会里，几乎一切复杂的事务交往都是在社交距离中完成的，如上、下级之间的工作交谈，来访接待，贸易洽谈，咨询等。社交活动中双方身份、地位悬殊时，如国家元首接见平民，上级领导到几层视察，警察审问犯罪嫌疑人等，地位较高的一方，为了维护和保持尊严，会有意扩大社交距离。

④公众距离。公众距离一般在210厘米以外，这是一种没有特殊心理联系的界域语。空间距离较大，一般情况下减少了说话者与听话者之间用有声语言进行沟通交流的可能性和现实性。公众距离一般适用于群体交往活动中，如作报告、讲课、表演等。

在现代交际中，界域语并不完全像上面介绍的那样机械、刻板，影响空间距离的因素有许许多多。如乘坐公共汽车，在深夜上车的话，即使我们离原来在车上的人稍近一些，也不会令其产生反感，因为彼此可以做伴，减少孤独与害怕。这是受到时间因素的影响的结果。不同的民族文化和风俗习惯，对空间语言的距离也会有一定影响。如两个关系一般的人交谈，西班牙人或者阿拉伯人习惯保持15厘米左右的个人距离，日本人习惯保持30厘米左右的个人距离，中国人则习惯保持45厘米左右的个人距离，而北美一些国家的人，比如美国，则会把这种个人距离拉开到70厘米左右。这就要求我们应该根据不同的交际对象，使用不同的界域语了。

实际上，在人们正常的言语交际活动中，交际双方的参与者，会自然而然地随着关系的亲疏而调整彼此间的空间距离的。如果有一方突破了应该保持的空间距离，另外一方会自然而然地调整自己的距离，保证正常交际的空间距离。当然，随着言语交际的深入，当交际双方的关系逐渐亲密起来，交际者也会自然而然地调整交际的空间距离。总的说来，学会把握空间距离，可以取得良好的交际效果，更好地沟通思想感情。

第三节　动态态势语

在言语交际活动中，人们使用得最多的辅助性语言，应该说是动态态势语了。动态态势语主要包括眼神、表情、手势、身姿四大类型，动态态势语在言语交际中所起到的作用是相当巨大的。

一、眼神——目光语

1. 眼神的作用

眼睛，是人类心灵的窗户。眼睛，除了接受外界信息的功能以外，还有外泄和传输内心世界的功能。内心的欢乐与痛苦，平和与焦躁，喜爱与憎恶，尊敬与鄙视，恬淡与奢求，渴望与气馁，进攻与退却，接纳与拒绝，感情的潮涨与潮落，良心的苏醒与泯灭等，这一切的一切，几乎都可以通过眼睛直接或者委婉地告诉人们，告诉大众，告诉世界的。所以，文坛巨擘泰戈尔才会说："一旦学会了眼睛的语言，表情的变化将是无穷无尽的。"

在许许多多的文学作品中，传神写照之笔多集中于眼睛，像"炯炯有神""含情脉脉""暗送秋波"等境界，都是和眼神有关的。而眼神，一向被人们公认为人类最明确的情感表现和交际信号，在面部表情各要素中，占据最主要的地位。

眼神与有声语言之间，存在着一种同步效应，人们的思想感情可以通过眼神自然流露出来。眼神配合有声语言，能够表达出风度多彩的思想感情。这是因为人的眼睛上有上百条神经连接着大脑，它们是大脑获得信息的重要渠道，同时又受到大脑中枢神经的控制。所以说，眼睛能自如地传递心灵的信息，反映人的喜怒哀乐之情。

在言语交际中，人们常常通过眼神，把内心的激情、学识、品德、情操、审美情趣等信息传递给听者。不同的眼神，可以给人不同的印象。眼神坚定明澈，可以使人感到坦荡、善良、天真；眼神阴暗狡黠，给人以虚伪、狭隘、奸猾之感；左顾右盼，显得心慌意乱；翘首仰视，露出凝思高傲；低头俯视，表现出胆怯、害羞之感。总之，眼神会透露出人们内心的真意和隐秘。眼神不仅可以辅助有声语言表达思想感情，而且有时甚至还能直接代替语言。例如，教师在讲课过程中，课堂上出现局部骚乱的情况，教师可以不开口，而采用盯视法，投出一道目光，让不专心听讲的学生领会到教师所要表达的含义，集中精力，专心听讲。这样，眼神就代替了有声语言，起到了很好的控场作用。

在言语交际过程中，眼神既能输出信息，又能接收信息。交际者在运用眼神传递信息的时候，也可以通过目光察言观色，接受听者的信息，使得眼睛发挥了传递信息和接收信息的作用，保证人们的言语交际活动能够顺畅地进行。

目光语，是指运用眼神、目光来传递信息、表达感情、参与言语交际的语言。在所有的态势语中，目光语是一种更复杂、更深刻、更微妙、更富有表现力的语言。目光本来属于面部表情的组成部分，如微笑、愤怒、喜悦都必须有目光的参与。因为目光一向被人们认为是最能够表达情感和明确传递信息的手段，在面部表情中占主要地位，所以，我们一般都把目光从面部表情中独立出来，进行单独的研究和分析。意大利艺术家达·芬奇认为，人的眼睛变化可以反映一个人的内心世界。他在《笔记》中指出："眼睛是心灵的窗户。"芬夫·瓦多·爱默生也说过："人的眼睛和舌头所说的话一样多，不需要字典，却能够从眼睛的语言里了解整体世界。"这些论断都充分说明了目光语在言语交际中的重要作用。

2. 运用眼神的基本方法

运用不同的目光语，可以传递出不同的信息。在语言交际的过程中，目光语的运用，主要有以下四种方法。

（1）前视法。是指视线平直向前流转，统摄全场听众。运用前视法，视线落点应该放在全场中间部分听众的脸上，在此基础上，适当变换视线，照顾到全场听众。这样，可以使听众感受到说话者的指向性，有利于说话者保持端庄优美的姿势，随时注意会场的气氛和听众的情绪。运用前视法，应该注意兼顾全场，用弧形的视线在全场流转，这样可以使每一个听众都感觉到表达者在注意他，从而产生更大的聆听兴趣。

（2）环视法。是指有节奏的或不时的来回环顾会场内的听众。在言语交际的过程中，运用环视法，可以保持说话者和听话者之间的目光接触，增强双方的感情联络。在前视法的基础上运用环视法可以收到良好的表达效果。当然，在运用环视法的时候，我们要防止头部摆动过分有规律，类似摇头的电风扇；也要防止眼睛滴溜溜地乱转。否则，会使得听众觉得滑稽可笑，而影响到交际效果。

（3）点视法。是指偶尔进行的有重点地把视线集中到某一点或某一局部的方法。运用这种方法，可以对专心致志的热心听众表示赞许和感谢；对想询问的听众给予支持和鼓励；对影响现场秩序的听众进行制止，使其收敛，达到控场的目的。运用点视法的时，针对性要强，目光含义要明确。同时，也要适可而止，避免与听众目光长时间接触，以免被注视的听众局促不安，同时也造成其他听众感到被冷落。

(4) 虚视法。是指运用一种没有具体指向的目光来似看非看的方法。这种方法可以用来克服怯场心理，显示出彬彬有礼，稳重大方的神态，还可以把思想集中到讲述的内容上来。在回忆和描述某种情景时，虚视法可以表示思考，可以引导听众进入想象的境界，使其受到优美意境的熏陶和感染。

总之，在言语交际中，我们无论运用哪一种眼神，都是为了更好地表达思想内容和情感，绝对不能漫无目的地故弄玄虚。眼神的运用要和有声语言以及其他态势语密切配合，协调一致。同时，在运用眼神时，应该表现出信心和活力，显示出应有的风度。

3. 运用眼神应该注意的问题

目光语主要通过视线接触的部位、视线接触的时间、视线接触的方式来传情达意。因此，有必要对运用目光语的注意事项进行研究。

(1) 注意目光注视的部位。在口语交际中，交际对象是个体还是群体，说话者注视的部位是完全不同的。所谓注视的部位，实际上是指人际交往中目光所及之处。如果口语表达者面对的是群体，那么，他的目光所及之处，就应该是“大家”，高明的口语表达者会让在场的每一位听众都亲切地感觉到，你是在看着他说话。如果口语表达者面对的是个体，注视的部位不同，不但可以说明自己所持的态度不同，而且表明双方的关系也不同。注视对方的双眼，表示尊重对方，聚精会神，一心一意，这种注视，属于关注型注视；注视对方额头，表示认真严肃，这种注视属于公务型注视；注视对方眼部至唇部，是口语交际中常用的注视方法，这种注视属于常规的社交型注视。

(2) 注意目光注视时间的长短。在言语交际活动中，说话者对听话人注视的时间的长短，往往跟说话者的态度有着密切的关系，如果要表示友好，表示重视，表示很感兴趣，那么注视的时间就会稍长一些；如果表示不在意，漫不经心甚至是蔑视，则注视的时间会相当短暂。一般来说，在言语交际活动中，说话者的视线接触听话者面部的时间，应该占全部谈话时间的30%—60%，如果超过这一平均值，我们可以认为说话者对听话人比谈话的内容更加感兴趣。在言语交际活动中，我们对对方采用凝视或者不视，都是失礼的行为。不过长时间的凝视除了表达强烈的爱或恨之外，还有一种蔑视和威慑的功能，所以有经验的警察、法官常常会利用这种手段迫使罪犯坦白交代；而长时间的不视，我们还可以认为，是表达者不愿意让听者看出自己的心理活动的规避行为，这就意味着表达者企图掩饰什么，或者心中藏着什么事情。

(3) 注意目光注视的角度。加拿大医学博士伯恩提出的人格结构的P、A、C分析理论，对于我们理解注视角度是有许多好处的。伯恩认为，人们的注视角度主要有三种：第一种，视线向下的P型（parents），表示出父母对子女，或者长辈对晚辈的爱护与宽容的心理状态；第二种，保持平视的A型

(Adult)，是基于理性与冷静思考或对等评价的成人心理状态；第三种，视线向上的C型（Children），表示尊敬、敬畏和撒娇等以自我为中心的儿童心理状态。这些分析理论，可以成为我们判断注视角度和情感色彩的重要依据。基于上述理论，我们在人际交往中，如果是交谈或谈判，应该用正视、平视、环视等注视角度来看待对方。正视表示自己态度的庄重和对听讲者的尊重，环视可以全面照顾，不致使人产生冷落感。如果是演讲，作报告，由于空间距离大，视域宽广，表达者就应该持续不断地把目光投向听众，既要用正视，又要结合环视、虚视、点视、俯视等方式，才能与听众建立和保持一定的必要的联系，造就融洽和谐的气氛，以便取得良好的表达效果。

二、面部表情——表情语

在人际交往中，当我们有些话语难于启齿时，用笔写又觉得难以达意时，我们常常就会求助于表情这样一种特殊的表达工具。罗曼·罗兰曾经说过："面部表情是人类经过多少个世纪培养成功的语言，是比嘴里讲的要复杂千万倍的语言。"杨炳乾先生说："人身表情之最敏速，而又最精密者，莫如面容，面容之变化，其细微有非语言笔墨所能形容者。"这些言论，都证明了面部表情在言语交际中具有绘声绘色的表情达意的功能。当我们看到一个人"眉飞色舞""喜笑颜开"的时候，就知道他心里很高兴；当我们看到一个人"神采奕奕""容光焕发"的时候，就知道他的心情喜悦而振奋；当我们看到一个人脸色铁青的时候，就知道他的内心充满愤怒。总之，看到一个人的面部表情，我们就能够知道这个人内心的隐衷。

1. 表情语的含义和作用

表情语，是指通过面部表情来传递信息，交流情感的语言。表情是人脸上所显示的内心体验。在一般情况下，面部表情可以显示出千变万化的情绪变化，面部表情在人类的交际活动中的作用是独特并且巨大的。达尔文在《人类与动物的表情》一书中指出，现代人类的表情动作是人类祖先遗传下来的，因而人的面部表情具有全人类性。这种全人类性是的面部表情成为社交活动中少数能够超越文化和地域传递信息的交际手段之一。所以，对表情语尤其是面部表情和目光的作用应给予必要的重视和充分的发挥。

在70多万种人体语言中，表情语大致占了35.7%。人体脸部的眉、目、鼻、嘴，组成了表情语最集中、最丰富的三角区，而这三角区再加上脸部肌肉、脸色，便有了最容易配合有声语言传情达意的表情语。在各种态势语里，面部表情的使用频率是最高的，甚至要比手势高出许多，其中，三角区又是表情最集中最丰富的区域。例如，眉毛可以表示的表情就有20多种：横眉表示轻蔑，飞眉表示兴奋，锁眉表示忧愁，皱眉表示为难，展眉表示宽慰，扬眉表示畅快，挤眉表示戏谑，低眉表示顺从等。再比如嘴的表情也是千变万化的：撅嘴表示不快，抿嘴表示害羞，努嘴表示暗示，撇嘴表示不愿，咧嘴表示高兴，歪嘴表示不服等。据生理学家研究表明，人的面部肌肉组织是由 24 双肌筋交错构成，其中 18 双肌筋，可以通过收展表示不快乐时候的表情；其中的 6 双肌筋，可以通过收展出快乐的感情。因此，可以说面部表情是由脸的颜色、光泽、肌肉的收展，以及脸面的纹路所组成。面部表情的这种最为灵敏的特点，能把具有各种复杂变化的内心世界，如高兴、悲哀、痛苦、畏惧、愤怒、失望、忧虑、烦恼、报复、疑虑等，最迅速、最敏捷、最充分地表现出来。

俗话说："进门看颜色，出门看天气。"这是有用的经验。这里的看颜色，就是观察分析对方的表情，进而作出判断，争取相应的方式交往，以此保证人际交往的成功。在现实生活中，我们也会有弄巧成拙的时候，分明是主人一味的敷衍，客人还以为是殷勤的接待，直到主人不得不下逐客令，我们才恍然大悟。这就是不会看脸色的结果。人的表情和动作，是人的思想感情的自然流露，为什么生活中我们还会出现这种相悖的现象呢？心理学家们认为，人的表情可以用对称与否来鉴别。一般说，诚恳、热忱、爽朗、欢愉等表情是对称的、自然地，而虚伪、厌烦、勉强、支吾的感情难免做作、不自然，很难对称起来。在动作行为的真与伪的辨别方面，一般认为虚伪者多带私欲、举止矫揉，真诚者感情细腻、动作自然。区分这两者的最好办法，是看对方对其他同志、对工作和事业的态度，即返回到日常生活中去考察。如果对方对周围的事物的态度是一致的那就是真的，否则，必然有伪，需加防范。因此，在人际交流中，我们既要善于观察表情，还要善于捕捉一刹那的感情流露，并综合其他表情，来识别判断。

大家一定经常被外国人丰富多变又自如的表情折服，他们合适不夸张的表情，常常可以给他们的语言增添几分诙谐和幽默。相比之下，中国人讲究含蓄，凡事不动声色，不太善于用表情来帮助说话。所以我们应该加强这方面的训练，学会利用自己的神情，让听者产生共鸣，促进人们的思想交流。在言语交际中，大家最忌讳的就是那种毫无表情的冷面郎君，也就是朱光潜先生所批判的零度风格。当然，我们也不能在任何场合都挂着一张笑嘻嘻的脸，像一个笑面佛，这样又近于痴傻，有损自己的交际形象。我们要学会准确地用表情语来表达自己的思想感情，要使内心的感情得到自然的流露，切不可伪装，那样会给人一种虚伪的感觉，使交际效果适得其反。有表演艺术家说过："没有离开体验的体现，也没有离开体现的体验。"这就证明人的内心体验和外部体现是一个整体的两个侧面，两者有机地联系在一起。面部表情在传递信息方面起着重要的作用，特别是在情感交流中更是如此。

人的面部表情能传递丰富的感情。苏格拉底说："高贵和尊严，自卑和好强，精明和机敏，骄傲和粗俗，都能从静止或运动的面部表情和身体姿态上反映出来，从性别和性格两方面都得到证实。"达·芬奇在其名作《最后的晚餐》里刻画了耶稣和他的十二门徒，熟悉圣经故事的人，大都能够从每个门徒的举止神情看出：那豪放的是保罗，那忠厚的是约瑟，那沉默的是约翰，那激动的是彼得……达·芬奇用生动的笔触通过举止、神情把人物刻画得栩栩如生，这正是表情在言语交际中体现出来的无限魅力所在。

有人问雅典的大演说家德摩斯梯尼："对于一个演说家，重要的才能是什么?"他回答说："表情。"又问："其次呢?"又回答："表情。"再问："再次呢?"再回答："表情。"从德摩斯梯尼的回答，我们可以看出，那些演说家是何等地看重表情在言语交际中所起到的作用呀。

2. 显现面部表情的主要部位

面部表情是依靠五官的动作来表达的。五官中起主导作用的眼睛，其次是脸、眉、口。目光语前面已经单独列出介绍，这里主要讲脸、眉、口。需要指出的是，五官中的某一个器官的单独运动就几乎是不可能的，面部表情依靠的是眼、脸、眉、口、鼻的组合运动。这里把它们单独列出来，主要是为了叙述的方便。

（1）脸

脸的表情依靠的是面部肌筋动作和肌肉颜色、纹路的变化来展现的。脸面肌肉颜色和纹路的变化又跟脸面肌筋动作的变化密切相关。一般情况下，脸上的肌筋动作都向上，则显示出"愉快""和蔼""善意"的表情；脸上肌筋动作都向下，则表示出"不快""悲哀""痛苦"的表情。

（2）眉

眉和目相连，眉目常常联合传情达意。横眉竖目，表示恼怒；双眉紧锁，表示忧愁；眉目骤张，表示惊讶；眉目低垂，表示冷漠；眉飞色舞，表示兴奋等。由此可见，在运用态势语表情达意的时候，眉的动作变化，必须和眼睛的变化协调配合。而眼神变化，实际上也包含着眉的变化，因此我们才说，眉总是和眼结合起来表情达意的。

（3）口

口型变化也可以表情达意。口角向上，表示"高兴""愉快""谦虚"；口角向下，表示"忧愁""失望""傲慢"；嘴唇紧闭，口角向下，表示"厌恶""不满"；嘴唇微开，口角向下，表示"悲哀""痛苦"；嘴唇大张，表示"畏惧""恐怖"；嘴唇一直张开，则表示"麻木""呆傻"；口角平而嘴唇张开，可以表示"期望""倾听"；口角平而口大开，则表示"诧异""惊愕"；嘴唇颤抖，可以表示"气愤""激动"等。在表情达意时，口型变化，又必须和脸面、眉目变化协调配合，所以说，口型实际上是与脸面、眉目、眼神一起构成面部表情的。

3. 面部表情的基本类型

(1) 笑与无表情

笑与无表情是面部表情的两个极端。任何其他面部表情都发生在这两极之间。其表现形式为愉快和不愉快这样两类情感活动。愉快时，如喜爱、幸福、快乐、兴奋、激动等，面部肌肉横拉，眉毛轻扬，瞳孔放大，嘴角向上面孔显短，即所谓"眉毛胡子笑成一堆"；不愉快时，如愤怒、恐惧、痛苦、厌恶、蔑视、惊讶等，面部肌肉纵伸，面孔显长，即所谓的"拉得像个马脸似的"。无表情的面孔，目光平视，脸上肌肉几乎不动。无表情的面孔是将一切感情隐藏起来，叫人不可捉摸，往往产生令人窒息的交际效果。

运用面部表情应当防止在无表情和笑这两极上僵化。无表情的木偶，冷若冰霜，是朱光潜先生批评的所谓"零度风格"；而无论什么场合，什么地方都开口大笑，则又近乎痴傻。这两种情形都有损于自己的形象，造成思想交流的极大障碍。不过，如果用无表情的神态表示拒绝，则会比赤裸裸的愤怒或者厌恶更加深刻，更能够拒人于千里之外。

(2) 高级表情语——微笑

微笑是一种"高级表情语言"，微笑更是一种处事艺术。微笑不仅能够解愁、健身、美容，而且更重要的是能够给人以美感，能够调节人际关系。在表情语中，微笑是最有感染力的，微笑能够向对方传达出善意、愉悦、欢迎、友好、欣赏乃至请求领悟等信息，甚至还可以表示道歉、拒绝、否定等消极意义或者宽慰、松弛的情绪，微笑是放之四海而皆准的"人际交往的高招"。微笑的作用，正如培根所说："含蓄的微笑往往比口若悬河更加可贵。"

在生活中，微笑可以强身健体，延年益寿，是老少皆宜的"营养佳品"；在工作中，微笑作为一种动态的表情语，可以成为有好的使者，事业成功的桥梁，可以使你财源广进，可以在陶冶你的心灵的同时，美化你的形象；在言语交际的时候，发自内心的自然流露的微笑，可以进一步表示欢迎和友善，使人感到温暖、亲切和愉快，给交谈者带来融洽平和的气氛。因此，有人把微笑的功能做了六个比喻：微笑是吸引顾客的"磁石"，微笑是息怒的"灭火机"，微笑是办事的"通行证"，微笑是开心的"钥匙"，微笑是爱情的"催化剂"，微笑是家庭的"向心力"。

一个微笑，可以缩短你与他人之间的距离，给人春风般的温暖；一个微笑，可以使陌生人成为朋友；一个微笑，可能会燃起一对青年男女的爱慕之情；一个微笑，可以使别人开心，自己幸福。微笑能够创造家庭的快乐，微笑能够建立人与人之间的好感。微笑能使疲倦者休息，使拘束者轻松，使悲哀者节哀，微笑是一种情绪的调和剂。有一家大公司的人事经理表示，他宁愿雇用会微笑的小学生程度的人做店员，也不愿意雇用老是摆着扑克面孔的哲学博士。

4. 常用面部表情的一般含义

点头表示同意；摇头表示否定；昂首表示骄傲；低头表示屈服；垂头表示沮丧；侧首表示不服；咬唇表示坚决；撇嘴表示蔑视；鼻孔张大表示愤怒；鼻孔朝人表示轻蔑；嘴角向上表示愉快；嘴角向下表示敌意；张嘴露齿表示高兴；咬牙切齿表示愤怒；神采飞扬表示得意；目瞪口呆表示惊讶。

三、手势动作——手势语

1. 手势语的含义与作用

手，是人体敏锐的表情器官之一。手势，是人类在进化历程中最早使用的交际工具，是最为灵活自如、最富有表现力的态势语言。在各种态势语言里面，手势是使用频率最高，表现力最强，形态变化最多，使用最灵活、最方便的态势语言。手势最能表达丰富多彩的思想感情。在言语交际活动中，寓意深刻、优美得体的手势动作，能产生极大的魅力，激发听者的热情，加深听者对表达内容的理解，使得言语交际活动更加容易获得成功。

手势语，是指表达者运用手指、手掌、拳头和手臂的动作变化来辅助有声语言表情达意的一种态势语。它包括手指、手掌、手臂以及双手发出来的能够表达信息的各种动作。手势语言十分丰富，能表示各种意义，在口语表达的过程中，它可以弥补有声语言的不足，起到辅助或强化的作用。这一点，孔子曾经在《礼记·乐记》里论述到："说之，故言之；言之不足，故长言之；长言之，不足，故嗟叹之；嗟叹之不足，故不知手之舞之，足之蹈之。"古罗马著名政治家西塞罗指出："一切心理活动都伴有指手画脚等动作，手势恰如人体的一种语言，这种语言甚至连最野蛮的人也能够理解。"这些话语，充分说明手势语以其鲜明、突出的视觉形象，强化了言语传递的信息。

在所有的态势语里，手势语的表现力仅次于面部表情，而手势的使用频率却是最高的。因为手势使用起来灵活方便，因为手势变化形态多种多样，因为手势表达的内容丰富多彩，所以，手势可以产生极强的表现力和吸引力，在口语表达中起着不可低估的作用。许多有经验的演说家，在盛大的群众聚会上演讲之前，面对喧闹的广大群众，他们往往会先做出双手举过头顶，手心向外的姿势，向群众摇摆。这种手势有两个含义：一是表示对听众的欢迎，致以礼貌性的谢意；二是请听众静下来，以便开始演讲。在言语交际中恰当地运用手势，对于加强有声语言的语势，补充有声语言的不足，建构表达者的人格形象，增强话语的说服力和感染力，都有着十分重要的作用。

在日常生活中，人们常常用手势来增强口语表达的感情色彩。比如，人在高兴的时候，常常会拍桌子，捶腿，摸胡子；人在悲伤时会捶胸口；为难时会搓手；悔恨时会自拍脑门；称赞别人时会竖起大拇指；小看别人时会伸出小拇指等。在言语交际中，手势同样能够表达出交际者的内在思想。交谈中，说话者手掌伸开，手心朝上，可以表示他诚实、直率；说话者一边说，一边用手指指，说明他可能相当自负；说话者一边说，一边摆弄手指，或用手指弹桌子，表明他内心紧张；说话者在谈话中单手握拳，拳臂向上，好像在宣誓一样，这时候你可要多加小心了，因为说话者虽然表面上装得老实，实际上内心正打着什么主意呢。

在交谈中，手势不仅可以加强语气，还可以使静态的语言富有动态的活力，使表达变得有声有色。因此，善于表达的人讲话时十分注意手势的运用，以此保持优雅的风度。在言语交际中，有时手势还能独立地表达某种意见，如翘起大拇指表示称赞、夸奖；翘起小拇指表示蔑视、差劲儿；招手表示召唤；挥手表示告别等。

2. 手势的活动区域及其内涵

手势的活动范围，大致可以分为上、中、下三个区域。

(1) 上区。胸部以上为上区。手势在这一区域活动，一般表达理想、希望、激昂、祝贺等积极向上的内容和情感。手势向上，掌心也想上，一般表示积极肯定的意思。

(2) 中区。胸部以下至腹部为中区。手势在这一区域活动，表示一般性的叙事说理和比较平静的思想和情绪。

(3) 下区。腹部以下为下区。手势在这一区域活动，一般表达憎恶、鄙视、批判、否定、失望等内容和情感。手势向外、向下，掌心也向下，传递出消极否定的信息。

值得注意的是：同样的手势，在不同的区域活动，表达的意思会有不同。比如搓手，在上区搓手，表达跃跃欲试的内容；在下区搓手，表达出的含义却是害羞，扭捏，不好意思等。

3. 手势语的意义类型

手势表达的含义相当丰富，如在特定文化的言语环境里，举手表示赞成，摇手表示反对，搓手表示为难，叉手表示自信，招手表示呼唤，拱手表示礼节，握手表示欢迎和友好，紧紧握手表示信赖，挥手表示告别等。从手势表达的内容上看，手势大致可以分为以下四种类型。

(1) 情感手势

情感手势是用来传递情感的手势。情感手势常常用来表达说话人的某种思想感情、意向或态度。如捶打胸口表示悲痛，挥动拳头表示愤怒；敲打前额表示悔恨，抚摸鼻子表示犹豫；双手叉腰表示挑战、示威或自豪；而双手摊开表示真诚、坦荡或无可奈何；扬起手掌向正上方推举常表示一种强大的力量和宏伟的气势，而用手摸后脑勺则表示为难、尴尬和不好意思；翘大拇指表示称赞、钦佩，而伸小拇指表示低劣、卑下或无足轻重。情感手势主要用于带有强烈感情色彩的内容，应伴随表达内容的内在感情基调自然流露，这样才能加深听众对话语思想情感的理解，才能产生情深意切、感染力强的表达效果。例如：

1946 年，闻一多先生在昆明作了著名的《最后一次演讲》，其中有一段演讲词是：

“反动派暗杀李先生的消息传出后，大家听了都悲愤痛恨。我心想，这些无耻的东西，不知道他们是怎么想法？他们的心里是什么状态？他们的心怎样长的？”

说到这里，闻一多愤怒地用力拍了一下讲台。这“呯”的一声，顿时震撼了全场听众的心房，把混在台下的几个特务吓得紧缩着脑袋，不敢吱声。

闻一多先生这个拍桌子的手势动作辅助逼问探究的话语，充分表达了他悲愤交加的心情，已经急剧上升到了顶点，同时也产生震撼和威慑的双重作用。

（2）象形手势

象形手势是用来模拟事物形状的手势。象形手势通过比画事物形象特征，摹形状物引起听众的联想，给听众一种形象化的感觉，让听众产生一个较为明确的具体印象。如伸出双手相对成圆形比画西瓜的大小，抬起手臂说明物体的高度，都使言语表达更为明确、清晰。象形手势在言语表达过程中，往往带有一点夸张的意味。象形手势的使用，可以使听众如睹其形，如临其境，很能渲染烘托有声语言要表达的内容。

（3）指示手势

指示手势，是指出、指明、指示具体对象的手势。指示手势主要用来指明言语交际中涉及的人或事物及其所在的位置，从而增强真实感和亲切感。指示手势有实指和虚指之分，实指涉及的对象是在场的，听者视线所能达到的；虚指涉及的对象远离现场，是听者无法看见的。

（4）象征手势

象征手势，就是用来表示抽象意义的手势。象征手势主要用来表示一些复杂的情感和抽象的概念，使听者对抽象事物有一种具体感。象征手势往往具有特定的内涵，而且使用也较为普遍。比如在欧洲，握拳伸出右手的食指和中指构成“V”字形状，用来表示胜利；大拇指与食指构成一个圈其余三指伸直张开的手势，可以表示良好、顺利、称赞；五指由外向内集中收拢的连贯动作，表示集中力量；挥拳猛砸下去则表示狠狠打击；双手扬起伸向前方表示憧憬和希望。象征手势能够创造出呼之欲出、令人遐想的特定情景，促使听者加深对表达内容的理解。

象征手势的含义是比较抽象的。所以，运用象征手势的时候，常常需要配合有声语言来进行，这样才能运用得准确、恰当，才能起到启发听者联想和共鸣的作用。

四、身势动作——身姿语

1. 身姿语的含义

人的身体的每一个部位，每一个器官，都有表情达意的功能。在人际交往中，怎么站、怎么走，似乎只是一些不足挂齿的小细节，其实其中蕴藏着许多美与丑的学问，是人际交往中不能不研究的一个重要内容。一个品行端庄富有涵养的人，他在举手投足之间的各种姿势，会表现得比较得体优雅，一个一个气味低俗、缺乏教养的人，是很难做出得体优雅的举止来的。所以，人们往往通过个人的动作与身姿表现出属于自己的气质与风度，同时，也会通过别人的动作身姿去评价、衡量他们的审美观和价值观。俗话说："站有站相，坐有坐相。"这句话道出了言语交际中对参与者的姿态的一个基本要求。说话者如果是站立讲话，则应该保持正确的站姿：头要端正，腰要直，肩要平，挺胸收腹，重心放在脚底中央稍偏外侧的位置，双手自然下垂。这样的站姿，可以使说话人显得精神振奋、充满信心；如果说话人是坐着和别人交谈，一般不能翘二郎腿；如果面前坐的是长辈，说话人则应该双手扶膝，端坐不靠，表现出诚恳、尊敬的姿态。动作与姿态，是人的思想感情与文化修养的外在表现。

坐相如此、站相如此，吃饭、穿衣、行走等日常生活，同样需要讲究动作的得体优雅。有的人貌不惊人，甚至可以说长得还有点丑，但是却能赢得人们的好感与尊敬，究其原因，就是他们风度翩翩、姿态优雅、谈吐不凡、心地善良、文明正直，彬彬有礼。

身姿语是指人的静态和动态等各种身体姿势所传递的交际信息。静态的身姿语主要包括立、坐、蹲等姿势；动态的身姿语只有步姿。俗话说："坐如钟，站如松，卧如弓，行如风。"就是强调人们在进行言语交际时应该具有的正确身姿。在人际交往中，与有声语言密切相关的身姿语是首语、立姿语、坐姿语和步姿语，它们是展示仪容、表现风度、传递信息的有效手段。

下面分别讨论首语、一般交际时的身姿语和演讲时的身姿语的运用及要求。

2. 首语

首语是通过头部活动来传递的信息。在言语交际中，所运用的首语主要是点头、摇头和侧首。在特定交际环境中，点头表示赞成、肯定，摇头表示拒绝、否定，侧首一般表示怀疑、深思或欣赏，而女人与儿童，常常会凭借这个动作撒娇。此外，昂首表示充满信心，胜利在握，踌躇满志，目中无人，骄傲自满等；低头表示屈服，顺从，委屈，无可奈何或另有想法等。首语中的各种动作，在不同语境、不同内容、不同对象的交际活动中，具有较深较多的含义。有人以“点头语”为例进行了较为深入的研究，认为点头语有表示致意，表示同意，表示肯定，表示承认，表示赞同，表示感谢，表示应允，表示满意，表示认可，表示理解，表示顺从十一种含义。首语的运用除了注意与有声语言的自然配合外，还应该做到动作明显，足以让对方看得清清楚楚，以便对方正确理解，正确领会。此外，首语还因民族文化环境的不同而具有截然相反的形式，例如印度和保加利亚的某些地区，他们用摇头表示肯定，用点头表示否定，正好与大家的表达习惯相反。因此，运用首语不仅要注意含义的差别，还要注意民族文化习惯的不同。

3. 一般交际时的身姿语

（1）坐姿语。坐姿语是通过各种坐姿传递信息的身姿语。不同的坐姿传递出不同的信息。如男性微微张开双腿而坐，是稳重豁达的表示；将一条腿架在另一条腿上，即翘起二郎腿的坐姿，是轻松自信的表示；女性并拢双膝而坐，是端庄矜持的表示；双腿交叉又配合交叉双臂的坐姿，则表达自卫、防范的含义。

在一般交际活动中，坐姿有三种基本类型：

①正襟坐姿。也叫庄重坐姿，要求上身挺直，精神集中，两手平放在膝上或手按着手，双腿并拢或略微分开。女性也可以采用双膝并拢或脚踝交叉的姿势。采用这种坐姿，表示庄重和尊重对方，这种坐姿，多用于外事谈判、严肃会议或主席台就坐等场合。运用这种坐姿要注意，不可过于紧张，那样会给人造成呆板僵直的感觉。

②轻松坐姿。即非常自由自在、随随便便、轻松如意的坐姿。身体可以斜着，双手可以交叉放在胸前，或抱于脑后，一条腿可以翘在另外一条腿上。采用这种坐姿，表示轻松、随意、融洽、和谐、不拘礼节。这种坐姿多用于非正式交际场合中，如在家中或宿舍，与非常熟悉的人随便聊天。

③半轻松坐姿。介于正襟坐姿和轻松坐姿之间，坐的姿态较为轻松，如头部稍稍后仰，背靠椅背，手随便放在扶手上，腿可以架在另外一条腿上等。采用这种坐姿，显得轻松自如，不拘束，可以营造和谐融洽的气氛，缩短交际双方的心理距离。这种坐姿一般适用于交谈、接待、座谈会、联谊会等场合。运用这种坐姿要注意，腿不能不断地抖动，身子也不能左右摇晃。

坐姿的一般要求是：入座时应轻而稳，不要让人觉得毛手毛脚不稳重；坐的姿态要端正、大方、自然，不要将座椅做得太满；上身要挺直，不左右摇晃；腿的姿势配合要得当，一般不能翘起二郎腿；与人交谈时，上身要稍做前倾，以表示自己的专心和对对方的尊重。只有这样，才能形成优美得体的坐姿，表现出文雅有礼的气质和素养。坐姿的运用，是受到交际环境制约的，在不同场合、气氛中，对不同对象，我们应该采取与之相适应的坐姿。此外，“坐有坐相”的说法还有更深一层的含义：一个人的坐姿，也是他的素养和个性的体现，因而人们必须注意通过坐姿来塑造自己的良好形象。

（2）立姿语。立姿语是通过站立的姿态传递信息的语言。不同的立姿给人不同的印象，也传递出不同的信息。站立时，脊背直立，胸部挺起，双目平视，表示愉悦、自信；弯腰曲背的立姿是精神不振或意志消沉的表现。

立姿可以分为四种基本类型：

①庄重严肃型。腰板挺直，全身直立，精神振奋，给人以庄重严肃的感觉。适用于就职演说、大会讲话、被人介绍接受奖励等场合。

②恭谨谦虚型。略微低头，垂首含胸站立，给人以谦虚、诚恳、恭谨的印象。适用于求学、求助、求救等场合和状态中。如刘备三顾茅庐时，见孔明草堂春睡，他不让叫醒孔明，自己就这样在旁边站立许久，关羽、张飞都急不可耐了。这恭谨的立姿语，表现了刘备求贤若渴的愿望，也终于让刘备赢得了孔明对他的耿耿忠心。

③傲慢自负型。两手交叉于胸前，两脚向外分开斜倚式站立。这种站姿，给人以傲慢、自负、骄矜的印象，这种站姿会拒人于千里之外，使人觉得惹不起或者不好打交道。

④无礼粗鄙型。歪斜着身子，一脚在前，一脚在后，或交叠着双膝站着，抖动着脚尖，目光滴溜溜乱转。这种站姿，给人粗俗、鄙陋、无礼的印象，这种立姿让人看了就反感或厌恶，更谈不上与其交际了。

前两种身姿一般适用于正式或公开的场合。如在站立讲话时，应保持正确的立姿，即：头要端正，腰要平直，挺胸收腹，两腿自然分开，两脚平行相对，重心放在脚底中央稍偏外侧位置，双手自然下垂或配合一定的手势语，这样才能显得精神饱满，气宇轩昂，潇洒自如，从而收到良好的表达效果。

立姿语同样表现出气质与风度，不管对方的态度如何，也不管交际顺利与否，我们都应该采取正确得体的立姿语来展示和表现自己的形象。

（3）步姿语

步姿语是通过行走的步态传递信息的语言。心理学家史诺嘉斯的实验表明，人们的步姿不仅与其性格有关，而且与其心情和职业有密切的关系。

根据人们行走的步态，步姿语有四种基本类型：

①轻松自如型。行走时，步伐稳健，双臂自然摆动，上身正直，两眼平视，步幅不大不小，步速不快不慢，可以一手拎包或者托着大衣。这样的步姿

表示自如轻松，安详平静，既大方自然，又端庄稳重，是使用频率很高的步姿，适用于一般会见、探访、出席会议、走进社交场合等。

②庄重礼仪型。行走时，步伐矫健，双膝弯曲度小，步幅、步速适中，步伐和手的摆动有强烈的节奏感，眼睛正视前方。这种步姿所传递的信息是庄重、热情、礼貌。适用于检阅、颁奖、接见等隆重场合。

③高昂自得型。行走时，步态轻盈，昂首挺胸，高视阔步，步伐稍快，步幅较大。这种步姿的含义是愉悦、自得、有自豪感。适用于表现兴奋和踌躇满志、充满得意的心情。如实现某一理想或目标时，重大谈判达成协议时，讲演或表演获得极大成功时，常常会自觉不自觉地使用这种高昂自得的步姿。

④沉思冥想型。行走时，步速时慢时快，快时，步子急促；慢时，低视地面，缓缓而行，伴有偶尔抬头回顾，或不时停下搓手等动作。总的步态是踱来踱去。这种步伐的含义是焦急、心事重重、集中思考，适用于处理重大问题，作出重大决策或抉择等境况中。如在战争中，指挥官正在谋划一个重大战役，或者为了某一战况焦虑不安；在学习上，碰到难题不能解决；在工作中遇到关键问题难以决策或定夺；在爱情上产生了感情矛盾，取舍不定等，往往会出现这种步姿。

步姿语的运用要求：步姿语与坐姿语、立姿语不同，是一种动态信息，因而在同一语境的不同动作过程中，应该运用不同的步姿来行走，以体现自己的良好风范。在口语表达中，如果是上台发言或演讲，就应当特别注意：上台就是亮相，要给听众一个良好的第一印象，这关涉到后面的发言是否能够成功，因此，最好用自然高昂性，上台时，昂首挺胸，步履稳健，神态自如，面带微笑，这样给人精神饱满，信心十足，充分准备的印象。下台时则应该采取自然型步姿，从容自如地走下来，防止出现漫不经心、晃头晃脑或慌里慌张、失去常态的情况。如果是在隆重场合领奖，从座位上走出来到领到奖品，这个过程需要变换运用三种步姿，即由最初的高昂自得型到轻松自如型，再到庄重礼仪型。运用这种变化的步姿，才能适应交际的需要，也才能体现出步姿运用的要求。

4. 演讲时的身姿语

演讲时的身姿包括上台、下台、站立、就座、走动、移步等多种身体姿势。身姿语的得当与否，关系到演讲能否取得圆满的效果，因此，有必要进行专门训练。

(1) 上台、下台

上台又叫“亮相”。演讲者入场上台，是给听众的第一印象。第一印象不错甚至完美，就可以为演讲的顺利进行奠定良好的基础。因此，演讲者上台，步态动作、眼神目光、面部表情和手势身姿等，必须自然大方、文明有礼，给听众一个完美的印象。

入场上台的体态动作要领是：一、精神饱满，从容自然，面带微笑；二、挺胸抬头，目视前方，不东张西望；三、步态稳健，身姿端正，手臂自然摆动；四、口微闭，双唇不要颤动；五、两手自然摆动不要放在后面，更不能插进衣袋；六、走上台后，转身要自然，不能用操练的转身动作；七、站定后，要环视全场，然后转为正视，脚步不要随意移动。

演讲者下台的体态动作同样重要。下台前必须向观众打招呼，说声“谢谢”或“再见”，然后和上台时的神情步态等一样，从容自然地走下台。下台时，注意步态身姿决不可失去常态而匆匆忙忙跑下来，也不可漫不经心随随便便地离开。这些都会产生不良后果，使听众发笑，引起听众非议，破坏整个演讲效果。

(2) 站立、就座

站姿同样反映一个人的素养和风度，演讲者站在台上，成为公众审视的对象，因而其站姿、神态的每一个细小变化，都会牵动着听众敏锐的目光。站姿不妥，或弯腰抖腿、过于轻挑，或笔直挺立、过于僵硬，都会使听众产生极不舒服的感觉，影响其客观的评价。如果演讲者站在台上英姿勃勃，健美潇洒，就会给人一种悦目赏心的美感，产生自觉积极接受的交际效果。

演讲者在台上的站姿动作要领是：第一，站在台前中间。这个位置可以使演讲者通观全场，能最大限度地与全场听众进行视线交流。第二，挺胸收腹，双手下垂，讲态自然，不可过于严肃、僵硬死板；也不可过于懒散，毫无生气。第三，双脚可以采用前进式站法，即一脚在前，一脚在后，两脚稍有距离，身体稍向前倾，重心稍偏前脚。这种站姿能给听众振奋向上的感觉，富有健康、和谐的美感。双脚也可以采取自然站法，即两脚掌平行分开，距离与肩同宽。这种站姿可以给人一种意志集中、精神抖擞的感觉。这两种站法都有利于自然发音，有利于走动移步，也有利于做手势动作。第四，站好之后，应该向主席致意，环视全场后向听众行礼，不要急于开口。与听众目光交流，打好招呼后再开讲。这样做，既可以显示出演讲者良好的修养，又可以为演讲的成功奠定良好的基础。

演讲者如果准备坐着讲，坐姿的动作要领是：端庄有神，抬头挺胸，精神饱满，正视听众。切忌上身趴在桌上，眼睛只对着讲稿。也不可冒冒失失地用大动作搬动桌椅，以避免分散听众的注意力。

当然，演讲以站着讲为好。站着讲，是尊重听众、文明礼貌的表现，可以促使演讲者精简内容，不拖延时间。更重要的是，可以充分显示演讲者的体态风貌，便于掌握听众情绪，调节全场气氛，组织演讲高潮，从而提高演讲水平，取得演讲的最佳效果。

(3) 走动、移步

走动、移步，同样是演讲者身姿的重要构成要素。正确的走动和移步，有助于演讲内容的表达，并可以显示演讲者优美的风度和夺人的气势。

演讲者在台上走动和移步的方向，一般都有一定的表意作用。走动、移步向前，可以表示进取、希望、肯定等积极意义；向后，可以表示退让、否定、畏惧等消极意义；向左或者向右，可以活跃演讲气氛，有时还可以显示演讲的节奏和层次。

走动、移步的动作要领是：第一，表意目的明确。走动和移步是为了表达某种感情，还是为了显示语言的节奏和层次，都要心中有数。力求做到该走则走，走出风度、气势；该停就停，停得有韵律和有节奏。决不可盲目地、毫无意义地在台上乱转，那样会使人感到焦躁不安。第二，不可频繁走动。走动和移步不可太多，幅度也不宜过大。倒背双手在台上迈开大步游荡，不仅会分散听众注意力，也会使听众觉得你在虚张声势而感到滑稽可笑，甚至产生厌烦的情绪。

自信，无论你在求职还是工作还是学习还是交际中，都有着相当重要的作用。有了自信，我们便有了挑战困难的勇气；有了自信，我们就能在别人面前充分地展现自我的风采；有了自信，我们就会赢得别人的尊重；有了自信，一只丑小鸭可以变成一只白天鹅。那么，我们如何去获得自信呢？

只要你能够传递出一个坚定的眼神，只要你的脸上能够挂上一个真诚的微笑，只要你能够穿上得体的服装，只要你能够迈出坚定的步伐，只要你能够昂首挺胸，直面困难，那么，你的精神世界里，还会缺少自信吗？

[思考与练习]

1. 态势语的含义和作用是什么？
2. 静态态势语的类型有哪些？它们各有什么作用？
3. 动态态势语的类型有哪些？它们各有什么作用？
4. 了解综合运用态势语，可以在言语交际中起到的作用。

第五章　教学口语

根据《教师口语课程标准》规定："教师口语是研究教师口语运用规律的一门应用语言学科。"作为职业语言的教师口语具有鲜明的职业性。从内容上看，教师的社会角色决定了教师口语应当具有教育性和科学性。从形式上看，教师口语不同于一般的日常口语，它是经过教师提炼的语义连贯畅达，结构严谨，逻辑严密的准确规范的口头语言。因而教师口语有其自身的特性和规律，教师职业口语根据其运用的实际，通常分为教学口语、教育口语、交际口语 。本章先讨论教学口语，后面两节分别讨论教育口语、交际口语。

[学习提示]

教学口语是教师从事教育教学的基础，是师生进行信息传递和情感交流的中介。一段深刻精辟的阐述，会令学生终身难忘；一个生动形象的比喻，会使学生茅塞顿开；一句恰如其分的赞扬，会使学生信心倍增。实践证明，教师口语能有效激发学生的学习兴趣和思维能力，为学生学习语言、提高表达能力树立良好的典范。正如教育家苏霍姆林斯基说的那样："教师的语言修养在很大程度上决定着学生在课堂上脑力劳动的效率。""高度的语言修养是合理地利用时间的重要条件。"了解教师口语的相关知识，掌握其规律与技巧对教师来说是一项非常重要的工作。本章主要围绕教师口语的特征及主要教学环节的口语技巧展开。

[学习目标]

- 认识教学口语能力的构成因素
- 掌握提高教学口语的途径和方法
- 了解教学口语的含义及特征
- 了解主要教学环节的口语特点
- 掌握主要教学环节的口语技能
- 了解文、理科教学用语的特点及要求

第一节　教学口语概述

一、教学口语的重要性及作用

口才之于教师，有如眼睛之于射击，枪炮之于战士，是必备的工具或条件。虽然当今是计算机和网络普及的时代，现代教育技术被许多人广为推崇。即便如此，现代教育技术也不可能完全取代教师在课堂上的地位，取代不了“口耳相传”这种基本的教学形式。在教学实践中，教育教学的任务主要是通过教师的语言来完成的，“传道、授业、解惑”无一不借助于教师口语。有人说，教师是“吃开口饭的”，此话道出了教师的职业特点，教学口语是帮助学生打开知识宝库的钥匙，是点燃学生智慧之光的火种，是播撒学生心田的种子，同时也是沟通师生心灵的桥梁。

古今中外教育家都非常重视教师语言的运用。我国古代教育典籍《学记》中说：“善歌者使人继其声，善教者使人继其志。其言也，约而达，微而臧。罕譬而喻，可谓继志矣。”这告诉我们，良好的教师口语是使人“继志”的前提，也是“善教”的标志。苏联教育家马卡连柯说过：“只有在学会用十五种至二十种声调说：‘到这里来！’的时候，只有学会在脸色、姿态和声音的运用上能够做出二十种风格韵调的时候，我就变成一个真正技巧的人了。”我国杰出的教育家叶圣陶先生也曾说：“凡是当教师的人绝无例外地要学好语言才能做好教育工作教学工作。”当代的一些优秀教师如斯霞、于漪、钱梦龙、魏书生等，他们在教学中不断总结探索语言运用的规律，努力追求语言的艺术，从而形成各具鲜明特色的教学语言风格。他们在教学上的成功，在很大程度上取决于语言的运用。可以说，他们在讲究语言艺术方面为广大教师树立了典范。

但在教学实践中，教学口语仍存在一些问题，如：语音不纯，乡音难改；声音嘶哑，尖细；语调平直、缺乏节奏、情感等。在新教师中，更多表现为通读教案、讲义或书本；或卖弄学问，故作高深；或拖泥带水，主次不分，甚至存在讥讽轻视，恶语伤人等现象。这对于学生的发展极为不利，往往会导致恶性循环。要改变这些状况，必须掌握教学口语的特征和技巧，提高教师的语言素养。所以优秀的教学口语在教学中有着不可替代的重要作用。

1. 教学口语是提高课堂教学效率的重要保证

教师语言的好坏直接影响到课堂教学的效率的高低与质量的好坏。教师的语言做到准确流畅、简洁清晰、音量适中、快慢有致、难易适度、针对性强，并善于化深奥为浅显，化抽象为形象，化枯燥为有趣，化平淡为新奇，就能使学生爱听、乐听，高效省力地接受教育。这样，既可节省时间，又能提高质量，并减轻学生的负担。请看著名特级教师霍懋征给低年级学生讲“聪明”一词的教学片断：

老师：“你们愿意做个聪明的孩子吗？”

学生：“愿意。”

老师：“那为什么有的人聪明，有的人不聪明呢？”

有的孩子说：“有人生来就聪明。”

老师：“不对，一个人除非生理上有毛病，不然都可以变成很聪明的。关键是会不会用四件宝。你们想知道是哪四件宝吗？”此时，学生注意力高度集中，老师接着说：

“第一件宝：上边毛，下边毛，中间一颗黑葡萄。”

学生们立刻说：“眼睛。”

她说“第二件宝：东一片，西一片，隔座山头不见面。”

“耳朵。”

“第三件宝：红门楼，白门槛，里面有个红孩儿。”

“嘴巴。”

“第四件宝：白娃娃，住高楼，看不见，摸不着……”

没等老师说完，学生抢着回答：“脑子。”

“这四件宝怎么用呢？”

她在黑板上先写出“耳”字，然后在“耳”字右边从上到下写出两点和“口”“心”（用心就是用脑），耳、眼、口、心，合成一个聪字，他又在黑板上写了一个“明”字，然后说：“这四件宝不能只用一次，要日日用，月月用，天长日久就聪明了。”

这里是霍老师通过引用谜语，妙释字型等语言技巧，既帮助学生有效地掌握“聪明”两字的形体结构，也使他们懂得了多听、多看、多问、多想与聪明的因果关系。语言通俗形象，生动有趣，富有启发性。在轻松活泼的言语气氛中，使学生对所学知识留下深刻印象。相反，如果教师不讲究语言艺术，就会影响教学效率和质量。苏联教育家霍姆林斯基在《给教师的建议》中曾说：“二十年前我去听一位老师的课，观察孩子们怎样感知新教材的讲解。我发现，孩子们听后很疲劳，下课时简直是筋疲力尽了。我开始仔细观察听教师的语言（他教生物学），使我大为吃惊。教师的语言是那样混乱，没有逻辑顺序，他讲的教材的意思是那么模糊不清，以至第一次感知这个、那个概念的孩子，不得不用全部力气，才能听懂一点点东西，孩子们感到疲劳的原因正在于此。”可见劣质的教学语言严重影响教学效果。

2. 教学口语能有效地激发学生的创造力和思维力

教师语言的功能在于把知识和道理传授给学生，在传授过程中还担负着发展学生智能、激发学生思维力和创造力的任务。教师的语言可以成为激发学生思维的春风，也可以成为抹杀学生创造能力的秋霜。成功的教学语言，总是能有效地诱导激发学生积极思维，使学生主动地、创造性地完成学习任务，避免被动地接受。有关研究表明，在语言水平高的教师的教学下，学生的思维力和创造力都比一般的学生高。请看一位老师教《威尼斯商人》一课的教学片段：

教学接近尾声时，一位同学提出：“夏洛克明明给安东尼奥三千块钱，就因为契约写得不严密，不仅丢掉了三千块钱，而且被法庭判的倾家荡产，这合理吗?”顿时，同学们议论纷纷。老师说：“这个问题非常尖锐，也很有深度。……是啊，夏洛克在这场官司中被击得一败涂地。应该承认，他确实很倒霉。下面，我们一起想想办法，让夏洛克打赢这场官司。如果那样的话，面对鲍西娅的步步紧逼，夏洛克应该怎么说呢?”同学们陷入沉思。老师提醒说：“恐怕还得从这血和肉的关系上作文章。”“我知道了!”一个同学满怀喜悦地站起来，摹仿着夏洛克的语调说道：“好一位法官！威尼斯的哪条法律上写着割肉不许流血？你们这些吃肉的家伙，你们吃的哪一块肉没有血？肉铺里卖的哪一磅肉是不带血的？我可不可以对你们说，你们吃肉的时候不许吃下一条血丝！你们买肉时，不许买回一滴血！你们做不到。那么，威尼斯的法律就等于一纸空文。”这位同学侃侃而谈，惟妙惟肖。“可是，鲍西娅要求割肉时不能超出或不足一磅的重量，这怎么办?”又一个问题提了出来。“我试试。”另一位学生说道：“至于割多割少，我自有办法，我会一点点地加上去，直到加足分量为止。契约上并没有写必须一刀割足。预备好称肉的天平吧!”老师说：“好！这两位同学设计的台词既解决了我们的问题，又体现了夏洛克的语言特点。可是，大家想想，即使这样，夏洛克会胜诉吗？你们希望他胜诉吗?”教师及时把问题引向深入，让同学们更进一步思考。

在这则教例中，教师的语言不多，却成功地调动了学生思维的积极性，激起了他们创造的火花，使他们获得了创造的乐趣。

教师在课堂上若不善于运用语言艺术，就无法调动学生的思维积极性，有时甚至抑制学生创造性的思维。如一位老师讲仿生学，告诉学生船是依照鸭子的形状造的。飞机是依照鸟的形状造的。有位小学生敏捷地联想到一种新的东西，问老师：“有没有一种既仿鸭子又仿鸟造出的东西呢?”教师的思路被打断了，恼怒地说：“世界上没有这种东西!”“没有？可以制造嘛!”学生说。“造？等你成了科学家再造吧!”教师接着按教案讲他的课，这个学生还要求发言，可教师再也不理会他了。应该说这个学生的思维是积极的，富有创造性的，但老师不但不鼓励他，反而抑制了他的创造性，这是非常遗憾的。

3. 教学口语是培养学生口语能力的重要途径

中小学阶段，正是学生学习掌握语言的重要时期。心理学家、语言学家研究认为，儿童学习语言，获得语言能力，大部分是通过在没有强化条件下进行的观察和模仿，语言示范性对儿童语言发展具有重大的影响。古人云："师者，人之楷模也。"在学校中，教师的语言无疑是学生模范的对象、学习的楷模。学生对教师的一词一句一腔一调都非常敏感。可以说，不论是哪一学科哪一年级的教师，在教育教学的过程中，他们的语言客观上都在起示范作用，是儿童言语发展的最重要的因素，所以应该要使每一堂课都成为言语训练课。我国许多优秀教育工作者也都非常重视这一点。特级教师斯霞曾说："教师的语言应该成为学生的楷模，要使学生学会普通话，说话口齿清楚，咬字正确，声音响亮，语言完整，简短扼要，用词确切，那么教师首先要做到这些。"特级教师于琦说："语文教师带领学生学习规范的书面语言，如果自己的口头语言生动、活泼、优美，就能给学生以熏陶，大大提高学习效果。"事实上，受语言水平高的教师长期熏陶的学生，其语言能力显然要强于一般学生。因为学生生活在这样的环境里，正如蓬生麻中，不扶自直。若是教师语言基本功差，说话满口方言，话把太多，甚至词不到意，东拉西扯，就会给学生学习语言带来消极影响。长期接受这样的老师的教育，却要求学生养成良好的语言习惯和语言能力，是不可想象的。

4. 教学口语是融洽师生关系的润滑剂

教学语言不只是传递知识的工具，也是沟通师生关系、交流感情的纽带。在学校教育中，师生关系的和谐和教师的语言水平具有很大的关系，善于说话的教师，往往更能赢得学生的信赖，因而更容易建立起一种友好和谐的师生关系，为学生创造良好的氛围。相反，不善言辞的教师，师生关系往往较为疏远，有时还会因为表达不好而伤害学生，造成师生之间的情绪对立，影响教学。

学生取得成绩时，教师一句热情的赞扬，学生受到挫折时，教师一句真诚的鼓励，学生碰到困难，教师一句及时的疏导，学生遭到不幸时，教师一句关切的安慰，学生情趣低落时，教师一句幽默的逗趣，学生遇到难堪时，教师一句巧妙的解围都是增进师生情谊、融洽师生关系的有效方式。优秀的教师都非常重视语言在沟通师生关系中的这种特殊作用，因而常借助语言的魅力，沟通师生情感，请看下面的例子：

课上，老师发现一个女同学在写一张条子，收来一看是写给一位男生的。看着上面稚气的话，老师忍不住笑了。这激起了全班同学的好奇心。几个调皮的男生大声喊："老师，念出来。"写条的女孩低埋着头，满脸涨的通红。全班同学好奇的期待着，老师说："你们真的想知道?"学生一致点头，师："其实是再普通不过的两句话。”老师打开纸条大声念道：“好好学习，天天向上！”班里轰起一片笑声！那位女同学大大地舒了口气。课后，她塞给老师一张纸条，很快跑开了。纸条上写着：“您是我所见过最聪明最美丽的老师，我一定记住您对我说的话：好好学习，天天向上！”

老师若如实地念出纸条上的话，甚至再加上几句严厉刻薄的批评，显然会使这位女同学十分难堪，同时他也一定会非常记恨老师。这样不但达不到教育的目的，还造成了师生之间的感情对立。可老师没有那样做，她巧妙的话语既给好奇的全班同学一个交代，又给这位女同学一个台阶下，同时也达到了教育的目的，更重要的是，赢得了同学的信赖。这就是语言的魅力。

有位老师给高考落选学生补课，第一次上课，他这样说：“我将要给你们讲的，没什么新鲜的，你们早都学过了。你们都是久经沙场的很有经验的人，无须我多说。”这位老师的话，不但刺疼了同学们的心，让他们感到委屈和羞愧，还大大拉开了师生之间的距离，使同学们对他产生厌恶，甚至敌意。

可见教学是一门艺术，是教师钻研教材、研究学生、进行创造性劳动的智慧之果。而教学艺术在很大程度上取决于教学口语的艺术。那么，什么是教学口语呢？

二、教学口语的含义及特征

教学口语是教师用于课堂教学的工作用语。即教师在教学过程中，根据学生的特点和教学内容的需要，以传授知识、培养能力、进行思想教育为目的而使用的教学工作用语。这种口语是经过转化的书面语和经过优化的口头语的结合。它以有声语言为主，辅之以面部表情、手势、体态，具有口语的特点。但因为教学用语受到教学内容和教学任务的约束，比起一般口语来，随意性和灵活性更小，更显规范和严谨。此外，它又吸取书面语准确、精练、严密的特点，将书面语转化为口头语。因此，教学口语既具有口语通俗、流畅的长处，又具有书面语典雅、蕴藉的优点。呈现出以下特点：

1. 科学性

不论哪一门学科，都有其内在的结构体系，这个体系是由基本概念、术语及相互之间的逻辑关系构成的知识系统。教师的“传道、授业、解惑”就体现着教学工作的科学性。如何“传”，如何“授”，如何“解”，必须遵循科学规律。所传的“道”，所授的“业”，所解的“惑”，更应该是科学的，而非谬误。这一切都集中体现在教师的教学口语的科学性中。具体而言，要求教师讲授知识必须概念准确，推理合乎逻辑，解说必须符合客观事物的实际，评判必须恰如其分，同时，还必须遵循恰当的教学方法，而不能望文生义，模棱两可，更不能用想象与猜测代替科学的推理与论证。例如，地理老师在讲授我国降水的有关内容时说："我国东南沿海靠海近，故降水多，西北地处内陆，故降水少。"作为我国降水分布的事实，即"我国东南沿海降水多，西北内陆降水少"这句话是正确的，但关于降水多少的原因的解释却不够准确。靠海近不一定降水多，如非洲西海岸的干旱地区，美洲西海岸的干旱地区等。科学的说法应该是：我国东南沿海地区更易受到来自太平洋的暖湿夏季风的影响，所以东南沿海较西北内陆降水多。又如，语文教师解释"言之无文，行而不远"说："只说出来，没有写下来，就不会流传久远。"这是望文生义。是违反科学性的。再如，政治课中把"货币"说成"钱"，把"大脑"说成"脑袋"，化学课中把"加热"说成"烧"，数学课中把"分子""分母"说成"上边""下边"，物理课中把"力"说成"劲儿"等等，都是违反了教学内容的科学性。

2. 规范性

学生在课堂上接受教育、获取知识的第一媒介便是教师的教学口语。这一神圣的职责，决定了教师使用教学语言必须规范。"为人师表"，首先就是"言表"。课堂教学口语要求语音方面用标准或比较标准的普通话。在词汇方面，要使用普通话词汇，不用或少用方言和古语词，不能生造词语。在语法方面，无论句子或语段，语序或词语搭配，都必须符合现代汉语语法。如果教师授课不用普通话而用方言，即使课讲得再好，学生也会因听不懂老师的话而使教学效果大打折扣。如果教师授课时吐词不准，有语病，带口头禅，那就不仅会给学生造成不良影响，还会严重影响教学信息的有效传递。如有些教师把"南方"说成"蓝方"，"诗人"说成"私人"，讲课时习惯夹杂着诸如"这个""那个""嗯、啊""是不是"等口头禅。这些无疑对于学生的发展是不利的。

3. 生动性

古人说："言之无文，行而不远。"语言应当是有文采的，教师的语言应该比一般人的语言更生动，比一般人的语言更具美学价值。苏霍姆林斯基也曾说："所有智力方面的工作都要依赖于兴趣。"生动的教学口语是学生学习兴趣的调味剂。

青少年时期学生的形象思维发展很快，生动的表达有利于语言信息在传输过程中发挥最佳效率。生动形象和富有情感的教师口语能激发学生的学习兴趣和上进心，有助于调动学生智力因素与非智力因素，从而大大提高教育教学的效率。因为在教学中，生动的教学口语能加强学生的无意注意，延长注意力集中的时间，也能使学生加深对知识的理解。

教师口语的生动性表现在语言的形象鲜明，它使学生如临其境、如闻其声，使抽象的道理具体化、深奥的道理浅显化。教师在运用有声语言的同时，再辅以优美而恰当的态势语，二者相得益彰，能使教师口语显得生动而富有感染力。

一位老师是这样讲解“点的轨迹”这个抽象概念的：他拿起手中的蓝色粉笔头，放低声音轻轻地说：“同学们，我这里有一个刚从墨水瓶里爬出来的小虫子。”同学们屏住呼吸，盯着他的手，好像在看一个魔术表演。“现在我们让这个‘小虫子’距离点 A 30 厘米爬行，它爬呀，爬呀，身后留下了点点墨迹，这就是‘小虫子，运动的轨迹。’”“噢，原来这样！”同学们都会心地笑了。教师用形象化的口语毫不费力地把“具有某种性质的所有点组成的图形，叫做具有这种性质的点的轨迹”这个绕口令式的定义讲解得一清二楚。

4. 启发性

课堂教学除传授知识外，一个更重要的目的是通过知识的讲解，开启学生的智力。教学口语不仅仅是对有关知识精到细致的讲解，它还担任着启发学生思维、让学生有所领悟的任务。因此，教师在讲课时，讲课内容应当充实新鲜，言之有理，言之有物，既要语意明确，又要给学生留有思考的余地。教师的教学口语一定要致力于启示、疏导、设疑、解疑。

著名教师徐振维在教《祝福》一课时问学生：“我”在祥林嫂死去的当晚，独坐在油灯下时，为什么要写下雪的声音？徐老师的问话旨在引导学生理解环境描写对人物刻画的烘托作用。可是，面对徐老师的问题，学生脸上露出了惊异和茫然。这时他及时改变了角度，把学生的思维先引向生活经验，再转入课文：“你们平时听到过下雪的声音吗？下雪在‘我’听来为什么‘似乎瑟瑟有声’这是一种怎样的心情？这样写是为了说明祥林嫂就埋葬在这大雪里头。”这显然是一个臆想的答案。徐老师于是引导学生读课文的上下文，当读到下文的“使人更加沉寂”一句后，又问到：“可见写雪是为了写……”教师眼里充满着期待。生：“是为了写当时封建势力之盛。”徐老师继续引导说：“我们要学会具体分析的方法，不能以老是套概念化的结论。‘沉寂’是什么意思？反映什么心情？”生：“沉闷，寂静，反映心情沉重。”师：“终于点到要害。写‘似乎听到瑟瑟下雪声’是为了写‘沉寂’是为了突出心情的沉重，气氛的沉闷。”听了学生的回答，徐老师脸上洋溢着兴奋的神情。“那么下雪有没有声音？‘似乎’又是什么意思？”生：“并不一定真有声音。”学生已经真正理解了课文。徐老师根据学生的反馈信息，不断调整自己的教学语言，使教学获得了成功。

5. 教育性

教书育人是教师的重要职责。这职责体现在教学的全部过程和每个环节之中。任何学科都充满着教育性。教师的全部活动都贯穿着明确的教育目的。因此教师在开口与学生讲话时，一刻也不能忘记自己是教师，担负着对学生进行言传身教的重任，要时时做到目中有学生，心中有学生。教师必须运用自己的语言，按照课程教学大纲的要求，向学生准确地讲授科学知识及所包含的思想意义。这种讲授，既不能脱离教材任意增加不必要的内容，也不能照本宣科生搬硬套。一个成熟的教师不应使教学过程纯知识化，而应熟练地运用教学口语，履行教书育人的神圣职责，将“育人”寓于“教书”之中。

如：一位教师带着一群一年级的学生走在繁华的大街上，她指着一幢高大的楼房问：“盖起它需要什么？”“需要砖、瓦、水泥。”孩子们争着回答。“还有呢？”小家伙们支吾了。师说：“还需要知识，要用许多知识。”学生说“也需要我们学的数学吗？”师说：“当然要用。离开它连楼房要建多高，多大也不知道，更不清楚要用多少砖瓦、水泥才怎能建好楼房？”这位教师看似在大街上与学生闲聊，可她的语言却蕴涵了极为丰富的教学内容，而孩子们则在不知不觉中接受了她的教育。

教学口语按照其在教学过程中的不同作用和不同方式，可以将其分为导入语、讲授语、提问语、小结语、过渡语、应变语等几种。其种类将在本章各小节中分类介绍。

三、教学口语能力的构成因素

1. 学好普通话是教学口语能力的基础

普通话是全国通用的现代汉民族共同语，使用普通话有利于克服语言隔阂，促进社会交往，对国家的经济、政治、文化建设具有重要作用。对于个人而言，一个人是否具有语言规范意识，能否在必要场合自觉使用普通话，是衡量一个人是否具有国家意识、现代意识的标志。柳斌同志在全国语言文字工作会议上指出：“普通话是教师的职业语言，要把会讲普通话列为合格教师的必备条件之一，把使用普通话进行教育、教学作为对教师工作的基本要求。”因此，讲一口规范流利的普通话，既是合格教师的基本条件，也是培养教师口语能力的起点和前提。

2. 丰富的知识是教学口语能力的物质基础

研究思维的结果告诉我们，人对外界信息的接受是以“块”和“潜知”的形式储存在大脑皮层，“块”和“潜知”积累的越多，知识就越丰富，口语表达者的思路和视野就越开阔，认识就越深刻，表达就越充分。说理就能纵横捭阖、滔滔不绝、独具匠心。俗话说：“胸存语库，文章才能生色。”可以说，胸存语库，说话才能生色。一个人如果知识贫乏、胸无点墨、思想苍白，纵有伶牙俐齿，也不过如小儿骂街、泼妇吵架。蜀国名相诸葛亮，所以能舌战群儒，说服东吴群臣联合抗曹，主要在于他能以超人的智慧、渊博的学识，晓之以理，陈明利害。相反，如军阀韩复榘，身居高位，无知无识，虽故作斯文，登台演讲，结果洋相百出，沦为笑柄。又如在“狮城舌战”中获胜的上海复旦大学辩论队，在集训期间，每个队员几乎都阅读了上百本书，从儒家的四书五经到西方哲学、经济学、社会学的权威著述，还听取了四十多位专家的五十多场讲座，从而丰富了辩手们的知识底蕴。正如复旦大学辩论队的顾问王沪宁教授所说：“一场高水平的辩论，不仅是技术密集的辩论，而且还是知识密集的辩论……这里有一个知识量的竞争，就像在战争中一样，弱势的兵器是无法与强势的兵器作战的。”这里虽说的是辩论，但要具有较强的教师口语能力，更是如此，如果没有雄厚的知识作为基础，教师口语必然显得苍白无力。

3. 良好的思维品质是教师口语能力的基本保障

口语表达就是把思维转化为有声语言的过程。思维的速度、深度、广度直接影响着口语表达的效果。因此培养教学口语能力的一个重要方面就是要训练良好的思维品质。

（1）良好的思维品质表现为思维的条理性和缜密性

思维的条理性和缜密性就是指在口语表达中的思路系统、语脉清晰、话语严密、不疏不漏、富有逻辑力量。只有如此，在口语表达时才能目标明确、主次分明、前后有序。思维的条理性和缜密性是口语表达者思维质量的反映。

（2）良好的思维品质表现为思维的敏捷性和应变性

口语具有现场性、应变性等特点，因此，就要善于摆脱常规思维方式的束缚，机智地适应瞬息万变的形势，冷静地面对现实难题，迅速地找到巧妙恰当的应对、答辩途径。思维的敏捷性和应变性是口语表达者思维速度的反映。古今中外的论辩家就是凭借才思敏捷、信“口”拈来，才留下了智辩的佳话。

（3）良好的思维品质表现为思维的评估性和批判性

所谓评估性是指听话人能够正确地评断对方话语的内涵，不仅要把握它的表层含义，而且还要善于捕捉“弦外之音”和表象背后的真意。所谓批判性是指在正确洞察评估了对方话语的真意后，予以准确、恰当地批驳。思维的评估性和批判性反映了口语表达者思维的深度。只有具备了良好的评估和批判的品质，才能产生清醒的判断和精辟入里的锋利言辞。20世纪50年代初，周总理曾接待一位美国记者的采访。那位记者看见周总理的桌上放着一只美国派克金笔，便问：“请问总理阁下，您是中华人民共和国总理，也喜欢使用派克钢笔吗?”周总理以其思维准确的评估性和深刻的批判性，立即听出记者话语的弦外之音，便不动声色地答道：“这不是一支普通的钢笔，这是一位朝鲜朋友在战场上得到的战利品，作为礼物送给我的。我觉得很有意义，就收下了贵国的这只笔。”周总理言辞锋利而又不失礼仪，这正是思维的评估性和批判性的生动体现。

（4）良好的思维品质也表现为思维的广泛性

思维的广泛性是指口语表达者善于运用发散性思维，以话题为中心向四周展开联想、辐射，从而使话语开阔，既博论恢宏、滔滔不绝，又紧扣题旨。思维的广泛性是口语表达者思维广度的反映。所以教师口语能力与思维品质有着密不可分的关系，只有在良好的思维训练的基础上，才能练出卓越的口语才能。

4. 健康的心理素质是培养教师口语能力的重要因素

说话是个复杂的生理与心理过程，口语交际双方的心理常常处于互动互变状态中。口语表达需要有良好的心理素质，如坚定的自信心、稳定的情绪、较强的心理调控能力等。同时也需要掌握口语交际中心理沟通的各种方法。作为教师，具备健康、良好的心理素质显得更为重要。

5. 把握教师口语的基本规律是培养教师口语能力的根本因素

规范的普通话、丰富的知识积累、良好的思维能力、健康的心理素质，对于培养教师口语能力固然重要，但这些均属于基础性的因素，只有掌握教师口语的基本技巧如语调技巧、表达技巧、口语常用修辞技巧、态势语技巧，了解教师口语的特征，掌握各个环节的基本表达规律及要求，并切切实实地把有关口语的基本理论知识转化为能力，这才是培养教师口语能力的关键。

四、提高教学口语的途径和方法

1. 重视理论修养

教师口语与语言学，修辞学、心理学、教育学、美学、逻辑学等许多学科有密切的关系，教师要提高自己的职业口语能力，不但要掌握教师口语自身的理论和规律，还要吸收这些理论知识的滋养。教师要学点语言学，懂得语音、词汇、语法等语言要素的构成规律，把握语言规范的标准。学点修辞学，掌握提高语言表达效果的手段和规律，了解各种语体的构成与特点，领会语言手段和语境，规范与变异的辨证关系。学点心理学，了解不同年龄，不同性别，不同个性的学生的心理特征，把握学生注意、记忆和思维的规律。学点教育学，懂得反馈、启发、迁移、直观、期待、刺激、因材施教、循序渐进等教育原则和方法。学点美学，动得语言美如均衡美、变化美、形象美等的表现形式与规律。学点逻辑学，懂得思维的形式与规律及其与语言的关系，等等。这是提高教师职业口语能力的极为重要的理论基础。

同时，教师口语与教师从事的专业如语文、数学、音乐、体育、美术、外语等不同学科有着密切的关系。教师语言能力、语言水平的提高，同样离不开这些不同学科的基础知识和基本理论的滋养。没有扎实的学科知识和理论，教师口语的技能便失去了基础。因此，教师还必须重视学科知识和理论知识的修养。

曾经有一个其貌不扬的实习老师到一个高中数学尖子班实习。学生们见一个“黄毛丫头”来代替特级教师上课，班上不少同学心里颇不服气。于是几个数学强手想给她来个下马威。他们翻阅了大量数学习题集，终于在奥赛题上找到了一道“绊马索”，得意地去“请教”这位新老师。正在他们幸灾乐祸之际，实习老师说：“我看这道题起码有3种解法，这是一道奥赛题，《中学生数理化》上介绍过解法，我认为并不是最好的，你们看我这个解法可能还简单一些吧。”老师具体的讲解了它的思路，几位学生不得不由衷地佩服这位新老师。

这位老师的言谈平淡无奇，但却有一种神奇的魅力。没有丰厚的学科知识作基础，这种魅力便无从产生。

2. 注意语言积累

语言表达的能力，有赖于语言积累。不可想象，一个阅读面窄、词汇贫乏的人会有很强的语言能力。苏霍姆林斯基曾描写过这样一位教师讲课时的情形：教师在诉说时所说的话，好像很痛苦地挤出来，学生并不是在追随教师的思路，而是看着他是多么紧张地挣扎着用词来表达自己的思想，多么艰难的寻找着要用的词。这些教师语言能力差的症结在于语言积累少、词汇贫乏。特级教师朱雪丹总结自己的经验说：“我觉得一个人的语言能力和他的文化素养、文化水平有着密切的关系，要提高语言的表达能力就必须多看书，从书面语言中吸取丰富的营养。我比较喜欢看文学作品，常看一些优美的散文。学习它是怎样用精练的语言有条理地叙事的，吸取它丰富的词汇，并尽可能把书面语言融会到自己的口头语言中去。”这的确是经验之谈。教师只有大量地阅读、广泛地积累，才能养成敏锐的语感，提高自己的口语表达能力。

3. 加强实践训练

正如吕叔湘所说的：“使用语言是一种技能，跟游泳、打乒乓球等技能没有本质上的不同，不过语言活动的生理机制比游泳、打乒乓球等活动更加复杂罢了。”任何技能都必须具备两个特点，一是正确，二是熟练，要做到这两点，必须重视实践训练。可以说实践训练是提高教师口语能力的直接有效的途径。教师通过各种实践训练可以熟练的掌握教师口语表达的各种技能技巧。实践训练可分两类：一是正规的课堂训练，把学习内容分为几个点，有计划、按步骤地进行规范的课堂训练。二是个体的自我训练。教师口语的学习是一项长期工程，每个教师在教育教学的实践中都要不断地进行自我训练，事实上，成功的教学口语往往是通过反复的自我实践获得的。特级教师于漪谈到口语的自我实践训练时说：“我原本教学用语不规范，一是有‘啵’的口头禅，一是乱用‘但是’。学生的俏皮话使我震动，我痛下决心，要提高教学法用语的质量。我把在课上要说的话写成详细的教案，然后自己修改，把可有可无的字、词、句删去，不合逻辑的地方改掉，用比较规范的书面语言改造不规范的口头语言，再背出来，口语化。教学后，详写教后心得，对自己的课评头品足，找缺点，找不足，以激励自己不断改进。”她把这种训练方法称为“以死求活。”可见实践对于教学口语的重要性。当然方法可以因人而异，各有不同。但加强实践训练，是提高教师职业口语能力的有效途径。

第二节 导入语训练

一、导入语的作用及要求

导入语，即通常所讲的“开场白”，是指教师一堂课开始时对学生讲的与教学目标有关、能调动学生学习兴趣的语言。导入语如同乐章的序曲，作用非常大。俗话说：“良好的开端是成功的一半。”高尔基也说过：“最难的是开始，就是第一句话。如同在音乐上一样。全曲的音调都是它给予的。”开场的几句话，不一定要多，但若能到生动、亲切、风趣，便可先声夺人紧紧抓住学生的心，让学生留下深刻的印象。这不但能为整堂课的教学打下良好基础，而且还能使开场白成为师生心灵沟通的桥梁和纽带，这对于教师教学无疑是很重要的。成功的导入语不仅能沟通师生心灵，活跃课堂气氛，还能激发学生的学习兴趣，诱导学生积极思考。可以说，一堂成功的课离不开成功的导入语。所以优秀的教师都非常重视导入语的精心设计。导入语具体要求如下。

1. 目标明确

导入语的目标设计一是要紧紧围绕教学内容而设计。导入语是为学生更好地学习教材服务的，因此导入语的设计要充分考虑与所教授内容的有机联系，而不能游离于教学内容之外。二是要切合学生的年龄特点、心理状态、知识能力、爱好兴趣。这样，学生才会听得津津有味，绝不可随心所欲，信口开河。

2. 新奇有趣

托尔斯泰在《少年时代》一书中曾说过：“成功的教学所需要的不是强制，而是激发学生的兴趣。”追新求异是人们共有的心理，新奇的东西能激发人的兴趣，因此设计导入语必须新奇有趣。让学生前所未闻才感新奇，因新奇才觉有趣，深感有趣才会去学。一篇课文的导入语一旦激起学生的兴趣，学生就会主动地跟随教师去探讨知识的奥秘。

3. 简洁精练

莎士比亚说：“简洁是智慧的灵魂，冗长是肤浅的装饰。”导入语要精心设计，力争用最少的话语，最短的时间，迅速而巧妙地缩短师生间的距离，将学生的注意力集中到听课上，切忌拖沓冗长。

4. 亦庄亦谐

导入语要活泼生动，但也不能过于轻松，失之随便，甚至以庸俗的东西吸引学生，这会分散学生的注意力，又会影响教师的形象。好的导入语活泼而不失庄重，生动而有雅趣。

二、导入语的类型

教学没有固定的模式，一节课如何开头也没有固定的方法。由于教学内容、教学对象不同，个人兴趣爱好和习惯的不同，教师所设计的导入语也各不相同。导入语的分类千差万别，根据导入语的设计方式，可以将其分为以下几类。

1. 引趣式

采用与教学内容密切相关的轶闻、趣事、故事、谜语、诗歌等有趣的方式引入新课的导入语。

【示例】

一次，钱梦龙老师在武汉给近千名教师上示范课。课前，气氛显得过于严肃、紧张。上课时，钱老师从容地走上讲台，面带微笑，亲切地对学生说："我打个谜语给你们猜一猜，好不好?"学生高兴地回答："好!"师："虽然发了财，夜夜想成才——打一人名，你们认识的人。"场上静得出奇。一会儿，一位女生举手，站起来，信心十足地回答："钱梦龙"。顿时，全场欢声雀跃，紧张气氛即消。钱老师这个有趣的"谜语"，给学生留下风趣幽默、可亲可敬的师长的美好记忆。这堂课始终处在轻松愉快的氛围之中。

【示例】

一位数学老师在讲"等比级数求和"时，引用印度的舍罕王要重赏发明64格国际象棋的大臣西萨的事。

传说印度的舍罕王，要重赏发明64格国际象棋的大臣西萨。西萨说，我想要点麦子。您就在这棋盘的第一格赏我一粒麦子，第二格赏两粒，第三格赏四粒……依次都使后一格的麦粒比前一格多一倍，您就把麦粒的总和赏给我吧！国王听了，连连说：您的要求太低了！同学们，你们说这个要求真的太低了吗?

(老师在黑板上写出了18446744073079551615一串数字。)

这就是西萨要求得到的麦粒的总和，这些麦粒以重量来计算，约5270亿吨，竟是全世界两千年内生产的全部小麦。

国王为什么吃亏，这样大的数字怎样才能迅速算出，学了"等比级数求和"，我们就知道了。

2. 设疑式

教师紧扣教材设疑，激发诱导学生积极思考以引入新课的导入语。唯有疑才能思，唯有思才能真正调动学生的学习积极性和创造力。

【示例】物理老师讲"摩擦力"的导语

“同学们，一块大石头放在地上，一只蚂蚁能不能推动它？为什么？”此时学生议论纷纷。最后教师归结：“问题的关键不在于石头的重量，而在于石头和地面间摩擦力系数的大小，这就是今天我们要学的内容——摩擦力。”

【示例】地理老师讲授“经纬网”时的导语

在茫茫的大海上，有艘轮船突然发生了故障，失去了控制，报务员立即发出呼救信号，报告了出事地点。于是临近它的船只纷纷前往营救，不久直升飞机也出现在这个海域的上空。而海洋上没有其他的目标，遇难船只是怎样报告自己的位置，营救者又是怎样找到它的呢？这堂课我们要解决的就是这个问题。

3. 情境式

即根据课文创设情境，指用形象的语言把某个场合的情景描绘出来，使学生通过联想与想象，获得生动鲜明的感受。

【示例】《再别康桥》的导语

古人云“黯然消魂者，惟别而已矣”。所以在古人的诗文中，既有“西出阳关无故人”的无奈，又有“天下谁人不识君”的豪迈，更有“相见时别难亦难”的苦涩。那么，现代人又如何去体悟和理解离别的呢？今天我们来学习徐志摩先生的《再别康桥》，领略一下现代诗人笔下的离别之情……这样的导语，自然而然，毫无雕饰，这样的创设，让你乘上想象的翅膀，领略作者离别康桥的柔情。

【示例】丁玲《果树园》的导语

当曙光冲破黑暗，太阳刚从晨曦中苏醒过来的时候，一轮红日跃出海面，将万道金辉洒向人间。于是，村舍、山峦、树木、田野、河流……都镀上一层金色，显得那么神秘而富有诗意。那金色的霞光、晶莹的露珠、清新的空气，构成一支美妙的晨曲，激荡着人们的心灵。晨光中的大地是美好的，那么果园的清晨又是一番怎样的美景呢？让我们走进作家丁玲的文章去观赏一下《果树园》清晨的美景吧。

4. 悬念式

古人说：“学源于思，思源于学。”教师一开始便巧设疑点、布置悬念，能迅速调动学生的思维，诱发他们探究问题、掌握新知，激起学生的好奇心和求知欲。

【示例】初中数学“方程”一课的导语

让我们做一个游戏，请同学们想一个数，不要说出来，把这个数除以 2 再减去 3，然后把运算的得数告诉我，我可以猜出你想的那个数是几？（有三位同学给了老师数字）同学们一定非常想知道老师是怎样把你们脑子里想的数算出来的，当你们学了一元一次方程后，你们不但能像老师一样迅速算出别人脑子里想的数，而且还知道为什么可以这样算。

【示例】《太阳》一课的导语

传说古时候天上有十个太阳，照得地面寸草不生，人们热得受不了，就找了一个箭法很好的人射掉了九个，只留下了一个，地面上才不那么热了，为什么射箭的人不把十个太阳都射下来呢？

刚才同学说的是太阳和我们人类的关系，但为什么说没有太阳就没有我们这个可爱、美丽的世界呢？这就是今天语文课的学习任务。

5. 心理沟通式

就是教师根据学生的心理状态，设计语言及时排除学生的心理障碍。教学中，学生的心理障碍主要来自对学习内容的畏难情绪，这就需要教师通过设计巧妙的导语给以缓解和排除，以激发他们学习新课的兴趣。

【示例】《琵琶行》中描摹音乐的片段，历来被誉为古典诗歌里描写音乐的绝唱，但学生却难以体会。如何引导学生体会描摹音乐的妙处，进而领会作者的感情，这是本课的难点之一，如何突破这一难点。请看一位教师的导入："同学们，一位盲人快要离开人世时，对别人说：'我多想看看阳光及世上一切美好的东西啊！'于是人们请来莫扎特，莫扎特用小提琴拉了一首曲子，盲人流下了眼泪说：'我看见了，我看见了，我看见了阳光、鲜花、小鸟、河流！'盲人带着喜悦满足的神情离开了人世。美妙的音乐就有这样的作用，它能引起人物心灵的共鸣。《琵琶行》中琵琶女的深沉演奏就使一代诗人白居易潸然泪下。请同学们打开书，我们一起来体会一下琵琶女的高超技艺，也来领略一下作者化动听琴声为美妙诗句的非凡本领。

总之，妙用导入语是一门学问，它能使我们的老师超越课堂的藩篱，拓展自身的创造力，更重要的是它能激发学生的学习兴趣和求知欲望，活跃课堂气氛，对帮助学生理解课文起到事半功倍的作用。当然 导入语的设计是一种教学的艺术，因此没有固定的模式，也无所谓最好的模式，而是因教学的内容、氛围 、对象、目标的不同而有不同的设计。

第三节 讲授语训练

讲授语，是指教师系统连贯地向学生讲解教材、传授知识和技能的教学语言形式，它是课堂教学中讲授法的语言体现，也是教师教学活动的中心用语。教学的内容主要是通过讲授语的形式传输给学生的。讲授语的好坏，直接关系到教学的成败。而讲授法是教师通过口头语言向学生系统讲授有关知识和技能的一种教学方法。也是课堂教学中应用最为广泛的方法。它要求教师能够充分了解学科的特点，把握学科的科学性和思想性，掌握学科的规律性，了解学生的心理特征，用科学的方法和手段将知识传授给学生。但在当今这种方法遭到一些人的质疑，为了更好地理解和应用讲授语，我们先了解讲授法在当今教学中的情况。

一、讲授法的优点与缺点

讲授法作为一种古老的教学方法至今已经拥有两千多年的历史，讲授法从诞生之日起一直受到人们的争议，很多人都把讲授法和“满堂灌”或者“填鸭式”的教学方法相提并论。然而无论怎样的责难，讲授法作为一种传统的教学方法和最基本的教学组织形式，一直以其独特的魅力活跃在教学领域。实际上，讲授法得以盛行的因素并不仅仅因为其自身的历史悠久，而是因为讲授法自身独有的特性。

第一，讲授法可以使学生能够迅速领会教师所要传授的教学内容。教师结合学生的学习特点经过精心策划，将知识的重点、难点剖析后展现在学生面前，使学生能够对学习的内容心领神会。

第二，讲授法可以使师生得到情感的交流、思想和行为上的互动。教师和学生可以通过讲授法进行质疑和解答，教师也可以通过和学生的接触、交流，达到对学生心理特点和学习情况的进一步了解，使师生关系得到巩固、加深。

第三，从学校的角度考虑，讲授法可以减少学校的经济投入，扩大教学范围。在我国，尤其是中小学校通常采取大班授课制，这样既可以减少小班授课所需要的人力物力，又可以使教学同步进行。

第四，讲授法可以迅速更新知识内容，跟上时代前进的步伐。现代社会科技文化发展迅猛，信息流通量大，单纯依靠已有的书本知识已难以与时代同步。而教师的讲授可以随时弥补书本知识更新速度慢、内容涵盖有限的缺点，使教师和教材相辅相成，日臻完善知识的传授。

当然，传统的讲授方法仍然有很多不足之处：首先传统的讲授方法是教师一味地讲，学生一味地听，大大降低了学生们参与课堂的能力，阻碍了学生创造力的发挥。其次，传统教学往往不能使教师真正发挥传道、授业、解惑的作用。由于讲授的对象数目较多，师生之间缺乏单独的交流机会，学生不能给教师及时全面的情况反馈，使教师难以“对症下药”。再次，讲授时间过长，讲授内容过多，易加重学生的思想负担，甚至使学生产生逆反心理。由于讲授往往以教师为主，学生独立思考的能力受到削弱，加上学生之间智力和心理发展的不平衡性，使许多基础弱的学生跟不上老师的步伐，日积月累，就会形成厌学的心理。

新课程改革纲要实施后，虽然新课程体系在各个方面较原来的都有了创新和突破，但反映到教师身上，讲授法仍有一些不足之处。如由于课堂的开放性与灵活性，教师不可能像以前那样按部就班地授课，因此，许多教师在即将下课时才讲到关键内容，导致课程无法圆满结束，而有的教师在短短的时间内就完成了教学任务，其他的教学时间不知如何支配。另外，仍有一部分教师在讲授过程中放不下尊严和架子，居高临下，不能和学生真正成为朋友，没有达到讲授的预期效果。再如对于课程内容，一些教师不能准确把握哪部分内容应少讲，哪部分内容应多让学生思考的尺度，讲授难以帮助学生正确地构建知识结构。

作为教师，我们应对讲授法作全面的了解和把握，以发展辩证的眼光来看待讲授法，要改变讲授法的不足之处，应对讲授语有透彻的理解和把握。

二、讲授语的特点与要求

1. 提纲挈领，突出重点

教师讲授时，应抓住要点、突出重点，突破难点，这是讲授成功的关键。教师要善于寻找教材中的重要概念，关键词语，做到画龙点睛，这样既有利于加深学生对教学内容的理解和记忆，又可以节省教学时间，收到事半功倍之效。如：

朱自清的《春》：这篇课文的中心词应该是盼春—绘春—颂春

地理老师讲授降水过程应抓住关键词：上升—冷却—凝结—降水

历史老师讲授鸦片输入对中国的危害，其核心词是：国困—民穷—兵弱

在抓住关键词的同时，再来确定文章的重点与难点，这样教师的讲授就可以避免盲目性。

2. 语义畅达，严谨缜密

语义畅达，表现为语言组织的层次性和连贯性。严谨缜密，表现为词语选择的规范性与准确性。要做到清晰明确地讲授内容，要注意以下几点：

第一，话题集中。所有材料都应该为主旨服务，即使有时在讲授受到意外因素的干扰，不得不暂时偏离话题，也要善于调控，及时调整到正题上来。

第二，层次清楚。在一个话题之下，先讲什么，后讲什么，怎么讲，须有妥善的安排。

第三，衔接得当。在讲授过程中，层次之间、段落之间、语句之间要注意过渡衔接。

【示例】钱梦龙老师上文言文《愚公移山》课堂实况，部分节录。

师：好。那让我们回到本题上来，再来看看老愚公。他做的事看起来好像很傻。他要移山，可他已经多大年纪了？/生：就要到90岁了。/师：这么大年纪了，他自己能看到山移走吗？/生：看不到。/师：这一点愚公自己也知

道。你们看，他是怎么说的？/生："虽我之死"。/师：你能解释一下吗？/生：即使我死了。/师：这里的"虽"为什么不解释"虽然"？/生："虽然"，说明他已经死了。/师：对，这里要用个假设的意思。可见愚公移山时早就想到在自己手里是移不了山的。他自己能享受移山之利吗？/生：（齐）享受不到。/师：这看起来似乎有点傻了，对不对？但我们用另外一种观点来看，用什么观点呢？（一学生插话，为子孙……）/师：啊，很好，请你讲下去，为子孙什么？/生：为子孙后代造福。/师：哎，讲得真好。同学们都讲得这样好，真叫老师高兴，我们如果用"为子孙后代造福"的观点去看愚公，他不仅不笨，而且还不是一种小聪明，而是……/生：（接话）太聪明。/师：对了！有句成语就叫"大智大勇"，还有一句成语也许你们还不知道，叫做"大智若愚"（板书）。你们看看，这个成语谁能解释？/生：大聪明的人看起来很像愚蠢的。/师：为什么？知道吗？/生：因为他有远见，深谋远虑。

从片断实录中可以看到：钱老师适时地提出"虽我之死"的关键句，并对"虽"的义理进行考辨，揭示出隐含意义，让学生彻悟。便顺势用学生的答案"为子孙造福"来论理，以情语来激情，情理相融。再由"小聪明"引出"大聪明"，推引出成语"大智大勇"、"大智若愚"，从已知推及未知，认知在深化，词义在扩张。可见，整个教学用语连贯周密，语义畅达，达到了炉火纯青的高度。

3. 启发诱导，重在点拨

新的教学观把教学过程理解为是师生沟通、对话、交往共同构建意义的过程。所以传统意义上的教和学应该让位于师生互教互学，彼此形成一个学习共同体。在这个学习共同体中，教师的角色发生了变化，由过去传授知识为主的演员，变成了做学生学习、成长的促进者的导演。所以教师在教学时的讲授语要求少而精，且重点应该是启发和诱导。

【示例】

一位教师在讲授鲁迅的《祝福》时，提了一个问题让学生思考：作者为什么让祥林嫂反复地讲"我真傻"？当学生回答不得要领时，教师继续问：请同学们想一想，祥林嫂的悲惨命运究竟是谁造成的？是吃掉阿毛的狼吗？祥林嫂到底傻在什么地方呢？学生开始积极的思考，在教师的启发下，学生明白了，祥林嫂看到了自然界的狼吃了自己的阿毛，却没有看到社会的"狼"正在吞噬自己。"我真傻"，深刻揭示了祥林嫂受迫害而不觉悟的性格特征。

4. 通俗形象，深入浅出

对于教材中难懂的词句、深奥的道理、陌生的概念、定理、规则，学生初次接触往往不易把握。教师的讲授必须善于化难为易，化深为浅，化抽象为具体，做到通俗明白、深入浅出，才能帮助学生有效地接受新的知识。

【示例】一位教师对小学语文《党费》中“乱葬岗子”的解释：

你们知道吗，“乱葬岗子”就是解放前胡乱埋死人的土岗子，岗子：不高的山或高起的土坡。解放后没有了。解放前“乱葬岗子”有三种情况。有的是地主，地主的坟墓级别高，所以特地盖个房子，还有人看着，怕狗给扒了。还有一种不是地主，也不是农民，是生活水平处于中间的人家，是不用人看守的。第三种是贫农，没有钱买棺材，卷个席，挖个坑，往里一扔就得了。到了一定的时候就堆满了尸首，满山都是尸体，这就是解放前“乱葬岗子”的情形。为什么要立牌子呢？怕狗给扒了。狗是专门吃死人的。上学期就有一课《小英雄雨来》，形容日本鬼子像吃过死人的野狗。同学们见过野狗吗？它吐出长长的舌头，露出利剑似的牙齿，谁见了都害怕。

5. 把握讲授的时间

掌握好讲授的内容和时间的关系。因为学生连续注意的时间不长，心理研究的有关资料证明，5～7岁的儿童可持续15分钟左右，7～10岁是20分钟左右，10～12岁是25分钟左右。在有意注意以后，就需要用无意注意来加以调节。教师要根据学生这一心理特征，把讲授的主要内容安排在这一时间内。如果要讲的内容较多，则应按其内在联系分成若干部分，中间注意加以调节。

三、讲授语的常见类型

1. 讲述语

讲述语是教师运用生动形象的语言对事物或事件进行系统的描述、描绘的语用形式。教学中，用生动形象的语言描述事态，有声有色地讲述人、物、事、理，在教学中穿插一些知识，恰当地使用比喻、成语、典故、名言、警句等，都属于描述的方式。讲述是课堂中使用频率最高，应用最广泛的一种讲授类型。由于讲述在课堂教学中应用范围较广，使用频率较高，因此，无论对知识的讲解、问题的阐述，以及新旧知识的复习和衔接都可以使讲述发挥效应。讲述语可分为叙述式和描述式两种。

叙述式在文科课程中多用于叙述学习要求、政治事件、社会面貌、时代背景、人物关系、故事梗概、写作方法、历史事实、地理状况等。在理科课程中用于叙述学习要求、数量之间的关系、自然现象的变化、物体结构和功能、元素符号和分子、生物种类和遗传、实验过程和操作方法等。描述式在文科课程中多用于刻画人物、描绘环境、介绍细节、渲染气氛、表达感情等。在理科课程中，往往用于描述与课题内容密切相关的科学家或发明家的某些经历或业绩。叙述式和描述式的相同之处在于都是说事而不是说理。大多数用于讲授具体的知识，提供表象，发展学生的形象思维，不适合讲授抽象的知识。叙述式和描述式的不同之处在于：叙述式的语言简洁明快，朴实无华，描述式的语言细腻形象，生动有趣。

【示例】

教读朱自清《荷塘月色》时，学生对课文第四自然段中“微风过去，送来缕缕清香，仿佛远处高楼上渺茫的歌声似的”一句不好理解，老师是这样讲述的：

师：一阵一阵的，断断续续的，有时很香，有时又没有，使劲儿也闻不出来；你再闻，它又来了。就这么个味儿，若隐若现，若有若无。这就好像远处高楼传来断断续续的歌声似的。这就是作者比喻奇特的地方。

还有一处，就是作者写动态下的叶子，“叶子本是肩并肩密密地挨着，这便宛然有了一道凝碧的波痕”。为什么像“凝碧的波痕”呢？你们看见过荷塘没有？那微风吹过来，荷叶朝一边靠拢，有的分开了。靠拢，分开，就有起伏，就像波浪。那又为什么是“凝碧的波痕”呢？因为叶子靠拢来以后，整个颜色就显得深了。大家注意体会。这里写荷塘里动态的景物主要是用一些奇特的比喻，绘声绘色地把我们带进迷人、似乎还有点神妙的境界。这就是月下荷塘的景致，很优美，很迷人。下面我们大家一起朗读一下，好好体会。（全班朗读第四自然段）

这段叙述语，解开学生的疑难，如果教师不叙述，学生将难以理解。近些年，语文课堂上片面反对老师的叙述，以问代讲，泛滥成灾。语文课不是要不要叙述的问题，而是要叙述恰当的问题，该讲则讲，十句不为多。不该讲则不讲，一句也为多。针对教学内容，讲清目的；根据学生情况，讲述有度；根据学生接受能力，讲之有法；为启迪学生心智，讲之有情，感染学生。如果教师不是照着教学参考资料念，不是讲废话，而是讲到了学生心坎上，那叙述是会受到学生欢迎的。从教学实践看，一堂课如果没有教师 2～3 次的精彩叙述，这堂课就很难有光彩，难以达到预期效果。叙述语的基本要求是：第一，语脉清楚。应把客观事物在时间上的发展、变化，在空间上的状态、位置及事物间的联系清楚有序地叙述出来。第二，语速从容，语调在平实中有起伏。再看描述语的运用：

【示例】教读杜甫的《绝句》“两个黄鹂鸣翠柳”，一位老师这样描述。

这是一幅春天的美丽的图画：新绿的柳枝上，成双成对的黄鹂在欢快地鸣叫。那蔚蓝的天空好像用水清洗过一般，清澈明朗。一字儿排开的白鹭在碧空飞翔。凭窗向西远眺，那巍峨的群山，大概有千年的积雪吧，在阳光下闪闪发光。就在门前的河边，那停泊的船只啊，或许是远眺归来，或许是即将登程航行远方……

这是想象描述，根据已有的诗句进行再造想象，勾勒了诗的意境，给学生展示了具体的诗情画意。这种描述对文学作品的鉴赏或史实的再现极为有利，有助于学生理解诗歌的意境，培养学生的想象力。在教学中运用描述语的技巧：一是在形象化的讲述中融入情感，把复杂的情景具体地描述出来，以引起学生的同感、共鸣，加深学生对自然境界和艺术境界的认识和感受。二是运用多种修辞手法，如比喻、对比、拟人等，外加语气、语调、节奏的变化，渲染出生动形象、立体可感的意境。

2. 讲解语

讲解语是教师在启发学生探索知识的时候运用阐释、说明、分析、论证、概括等手段，揭示事物内部之间的联系、发展规律，帮助学生认识事物本质的语用形式。与讲述相比，讲解更加注重阐释、说明、分析、论证等方法的运用，注重对事物的解释和论证。而讲述则更倾向于对事物的介绍、描述。

讲解的目的是教师通过对事物本质属性的揭示，帮助学生解决在探究性、自主性学习过程中遇到的重点、难点问题。其中讲解的对象以教学内容当中的概念、原理、事实、规则、法则为主，而这些事物往往以抽象的符号出现在教师和学生的大脑当中，不易被学习者轻易掌握，因此要求教师在启发学生时，首先明确事物的本质属性，使学生在掌握事物本质基础之上对抽象事物进行形象化的加工，达到对事物的认识。教学口语中的讲解要求做到准确、清晰、简明、生动。设计讲解语，可用诠释、比较、下定义、举例子、引材料、用图表等方式。

【示例】一位老师对《白杨礼赞》这样解题。

礼，是顶礼或敬礼；赞，是赞美。《白杨礼赞》这个题目的意思是，对白杨树顶礼赞美。但要说明的是：顶礼，是佛教的最高礼节，顶礼的人跪下，用头顶着受礼人的脚。所以，这个题目表达了作者对白杨树极为崇敬的深情。

这个解题，诠释准确，语言干净明了，让学生心知其故。若对“礼赞”一词不进行解说，学生就会糊里糊涂地过去了，但经这一解说，就引起了重视，为课文的学习起了导向作用。同时，学生对“礼赞”一词就不会用错了。

【示例】

“所谓生物工程是指什么呢？生物工程是指在工程领域内应用下列技术的总称，包括：基因操作技术、细胞融合技术、细胞培养技术及生物转化技术等。生物工程主要包括基因工程、细胞工程、酶工程、发酵工程和组织培养等方面的内容。”

这一讲解语前一句揭示的是概念的内涵，是定义。后一句是用划分列举法揭示了生物工程这一概念的外延。

3. 归纳语

归纳是从一系列具体的事实中概括出一般的原理。从思维进程看，讲解是由整体到局部，由抽象到具体，由深奥到浅显的分析、解疑；归纳则是由局部到整体，由具体到抽象，由感性到理性的综合和总结。在教学中教师精要简洁的归纳，能够在详尽分析的基础上，从整体上掌握事物的本质、知识的要领，使学生的思维发生质的飞跃。

【示例】一位语文教师在讲解鲁迅的《从百草园到三味书屋》时，在分析完第一部分即关于百草园的描写后，进行了这样的归纳：

这一段对百草园的描写有声、有色、有形、有味，就像一幅图画，给人一种绚丽明快、充满生气的感觉，而鲁迅先生幼年时的形象以及他对百草园的眷恋也在这里展示出来，而这又真实地反映了鲁迅先生对自由自在、无拘无束的生活的向往与热爱。

这一段归纳语准确而简洁地概括了作者对百草园的描写手法、语言特点及所反映的思想感情，既有助于学生从总体上把握文章又为下文的讲述作了铺垫。

4. 评点语

评点语即画龙点睛式的点评分析语。在讲授过程中，对于重要的概念、关键词语或文章的中心句，往往需要教师集中进行点评分析来引导学生展开联想，引导学生积极思考，挖掘其内涵，理解其与整体内容之间的深层联系，以训练学生的思维。

【示例】

教读《孔雀东南飞》时，有一位学生质疑：刘兰芝既被“驱遣”，临行时为什么还要“严妆”？

师：刘兰芝的“严妆”，显示她维护人格尊严的一面，表明这个女性刚烈的性格。此时她“严妆”的心情是复杂的：她被休弃回家，意味着她与感情笃深的丈夫离婚，她将蒙上不守妇道的耻辱而寄居娘家的羞愧。儿女情长使她肝肠寸断，红颜薄命使她心事重重，前景未卜更使她忧心如焚。然而，她坚信自己的无辜。于是，对丈夫的眷恋，对日后处境的忧虑以及对自己不平的遭遇及愤懑交织在一起，使她选择了临行的严妆表示抗争。她精心打扮自己，“事事四五通”，最后以“精妙世无双”的面目出现在丈夫和婆母面前。她要把自己光彩照人的形象深深烙印在丈夫的心灵深处，她要向婆母表明他的青春价值，她要向封建礼教宣示自身的尊严。

这段点评对学生起着开窍的作用，学生不明当时的背景，缺乏生活体验，教师的指点犹如拨开迷雾，让学生认识到封建社会里妇女的悲惨遭遇，以及她们同命运抗争而显示的人格尊严。这样的点拨必不可少，这是教师“传道、授业、解惑”的责任。

在课堂教学中，传授知识、培养能力、发展智力是教学的主干，这都必须通过系统讲授来实现。系统讲授的语言，体现教师在教学过程中的主导地位和教学才能，展示教师的学术造诣和精深广博的学识。系统讲授的语言以突出的学科性、专业性，高质量地完成传授和讲解知识的教学任务。以内在的逻辑性、系统性，高效率地传递教学信息，有利于学生的感知、理解和记忆，促进学生知识、技能和品德的发展。系统讲授的语言，适用于各级各类学校各门学科的教学，是教师运用最广泛、最主要的教学语言类型。

四、讲授语的技巧

1. 内容“精、新、深”的技巧

学生乐于学习是教学活动追求的主要目标之一，是确保教学有效性的重要因素之一，也是教学成功的重要标志。现代教学理论认为，应将教学内容涉及的着眼点放在促进学生乐学，并指向学生的“最近发展区”上。苏联著名的心理学家维果斯基提出的“最近发展区”理论认为学生的发展有两种水平：一种是学生的现有水平，指独立活动时所能达到的解决问题的水平；另一种是学生可能的发展水平，也就是通过教学所获得的潜力。两者之间的差异就是“最近发展区”。它既是教学与发展的最佳结合部，也是激发学生的求知欲，促进学生乐学的重要着力点。而要使学生对教学内容学有兴趣，促进其发展，就必须根据一定的标准，在“精”、“深”、“新”这三个重要的维度上深入研究教学内容的艺术。

所谓“精”是指教学的内容应该经过教师精心选择，具有系统性、逻辑性、代表性。教学内容不但要具有较高的信息质量，还应该为学生的未来做准备。另外，教师应以恰当的方式将教学内容传递给学生，处理好传授知识和培养能力的关系，注重培养学生的独立性和自主性。所谓“深”是指教学内容应适当超过学生的现有知识水平，使学习的内容富有挑战性。但是这种深度并不意味着教学内容的难度遥不可及，这种难度应该符合学生们“跳一跳就能够摘到桃子”的心理特点，让他们在学习的过程中常常伴随着胜利的曙光。因此，这种难度仍是在学生的“最近发展区”之内，并且，针对不同学生的“最近发展区”，教师应给予不同的学生以不同层次的难度指导，使所有的同学都在一定程度上得到不同的发展。所谓“新”是指教师在讲授教学内容时除了以书本为主外，应尽量搜集与讲授与内容相关的最新的学科知识，对课本内容作最大的补充，使教学内容融入时代的潮流。并且，内容的补充应该循序渐进，持之以恒，这样就能够为每一堂课注入新鲜的血液。

2. 讲授语的四种转化技巧

课堂讲授语除了应该注意它们的知识性、逻辑性、规范性之外，还应特别注意它们的易接受性，要便于学生好懂、好理解、好记忆。如何增强课堂语言的易接受性呢？在这里介绍蓝旻老师总结的化晦涩为晓畅；化抽象为具体；化枯燥为生动；化分散为集中的“四化”方法。

(1) 化晦涩为晓畅的技巧

有些教学内容，因年代相隔较远，学生感到晦涩难懂。如文言文教学中的作者介绍、时代背景、官职、官名，当时的风俗等，既不好懂又不好记，令人十分头疼。如果能用移时法——今语古用，或古语今用，既风趣幽默，又可化晦涩为晓畅。安徽的刘伯奎老师讲《师说》时，就用了这一方法。课文的作者韩愈25岁中进士，经过许多挫折，才得到“试校书郎”（正九品上）的小官。其后屡遭排挤贬斥，直到晚年才做“史部侗郎”（正四品上）的小官。介绍作者时如果从唐朝官吏制度、品位等级入手，则繁琐而难懂。刘老师却巧妙地从“七品芝麻官”的戏说起：“七品尚为芝麻官，九品呢，只能是菜籽官吧，四品呢，大概是蚕豆官了。从菜籽的渺小而至于蚕豆的伟大，韩愈的提干道路是艰难的，曲折的，但他却是一位屡遭贬斥而不迷‘官位’的硬汉，他曾于灾年为民请命被贬，还曾因反对皇帝迎佛骨入宫而几乎被处死。当时也盛行血统论，出身高贵的无须求师学习就可做大官，出身低贱的学习再努力也受抑制而难出头，这样，社会上随之而来的必然也是‘读书无用论’了。这样的讲解通俗、生动，给学生留下了深刻的印象。所以教师要善于结合生活实际、学生状况将晦涩难懂的词句用通俗、明白的语言来表述。

(2) 化抽象为具体的技巧

针对青年学生对抽象的东西往往难于掌握的年龄特点，应尽量把抽象、深奥的东西具象化、形象化、浅显化。当教师讲到某个定义、概念、判断推理时，讲到某一原理、定律时，可以通过举例子、讲故事，把抽象的东西具体化，学生就好理解好掌握了。刘伯奎老师讲“概念”一节时，恰当地举出《唐·吉珂德》中桑丘任“总督”时处理的一个案件：一个小气鬼让裁缝做帽子，给裁缝一块布要求做一顶，接着又问做两顶、三项可否，最后要求做五顶。裁缝始终允应，结果做成的五顶帽子只能套手指头。桑丘很聪明地判决两人都有错误。通过这个故事使同学们在笑声中理解了“使用概念必须明确”这个抽象的道理。凡讲到比较抽象的内容，我们不妨先从具体、形象、生动的事例入手，使学生在感性认识的基础上得到启发，然后通过老师从具体到抽象，从现象到本质的分析引导，最后实现由感性认识到理性认识的飞跃。

(3) 化枯燥为生动的技巧

在教学时，不少概念、原理，都比较枯燥，学生学习兴趣不大，教师可以根据学生认识事物的特点，先从日常生活中所接触到的现象、实例入手，再加以探讨。或者结合所学内容举些常见的例子，说明这些原理在生产、生活中的实际运用，使枯燥的概念变得有血有肉。如“资本主义经济危机的实质”“生产相对过剩”等内容，初中学生很难理解，若是从理论到理论则难免枯燥、呆板、味同嚼蜡。而有位老师却讲得感人至深。他先讲了一段令人心碎的对话。那是20世纪三十年代美国爆发经济危机期间的故事，一个滴水成冰的严冬，在美国一个煤矿工人家庭里。儿子问母亲："现在天气这样冷，为什么还不生火?"/母亲："我们买不起煤。"/"为什么买不起煤?"/"因为你爸爸失业了。"/"爸爸不是挖煤工人吗?"/"因为煤生产得太多了。"这段很能说明问题的对话，使同学们加深了对生产相对过剩的理解，学习的兴趣也提高了。注意从身边的实例入手，就可以把枯燥的道理变得生动有趣、浅显易懂。有的刊物开辟了"身边的语文"、"身边的科学"等栏目，有许多同学们身边的例子，读起来趣味盎然。比起从概念到概念，从理论到理论的讲述，生动形象得多。

（4）化分散为集中的技巧

为了使某些复杂内容的要点好懂好记，教师可以用关键字概括出内容要领，用简练的语言把分散的内容统领起来、集中起来。比如编教学口诀以突出中心和难点；编一两句话的顺口溜以利于学生的记忆。有的语文老师把特别容易读错写错的字，编成了各种顺口溜，把某些符号概念的用法编成口诀等，都是很好的方法。毛泽东同志1928年在井冈山给红军军事干部讲战术课时，就把游击战的战术概括为十六字口诀，讲得极为精彩。他说："白军强大，红军弱小，我们以弱斗强，只能采取游击战术。什么叫游击战术？简单扼要地说是'敌进我退，敌驻我扰，敌退我追，敌疲我打'十六个大字。"还有"从前井冈山有个山大王，叫朱聋子，他和当时的统治者斗了好多年，总结了一条经验：'不要会打仗，只要会打圈。'朱聋子前一句话不对，后一句话是对的。我们改它一下就好了：既要会打仗，又要会打圈。这样才能歼灭敌人，使根据地不断扩大。""打圈是为了避实就虚，迷惑敌人。强敌来了，先领他兜几个圈子；看出他的弱点，抓准就打。要打就干净利落，要缴到炮，要抓到人。打得赢就打，打不赢就走，赚钱就来，蚀本不干。"这简明的口诀，生动风趣的讲解，使难懂的战略战术变得浅近、易懂、好记了，很值得教师们学习。

第四节　提问语训练

一、提问语及特点

提问，是指教师根据教学要求和学生的实际提出问题，促使学生思考钻研以加深理解的教学语言形式。是教学过程中必不可少的手段。

美国心理学家布鲁那指出："教学过程是一种提出问题和解决问题的持续不断的活动。"可见提问在教学过程中的地位和作用。现代著名教育家陶行知强调："发明千千万，起点是一问"。我国古代教育文献《学记》中就把"善问"看成"进学之道"。可以说，善教者必善问。反之，不善问者必不善教。好的提问语常常具备以下特点：

1. 启发性

指能激发学生的思维。能够将教师对学生智能的考察和训练紧密结合，既引导学生对知识进行深入的理解，又启发学生联想与想象的能力，使学生在学习知识的同时得到思维的锻炼。

2. 准确性

这里的准确包含两个方面：一是选"点"要准。课堂提问不能随意发问，必须紧紧围绕教学目标选好"点"，提问的要点就是教学的重点和难点。二是提问不能含糊不清，似是而非。

3. 适宜性

即提问恰倒好处。这里的适宜性有三方面的具体要求，即适时、适度、适量。

二、提问语应注意的问题

1. 提问要明确

首先，提问的目的性要明确。即：为什么要提这个问题，通过提问要解决什么问题。其次，所提的问题本身要明确具体。如果问题不明确具体，学生就无法正确地回答问题。如教学《周总理的睡衣》时，某老师的提问："邓妈妈是什么样的人？什么叫睡衣？你们有没有睡衣？你的妈妈补不补睡衣？怎么补？"这样的提问过于零碎且目的不明确、脱离教材内容、离开了教学目标。再看《皇帝的新装》一课的提问语：

读《皇帝的新装》你觉得谁最可笑？

读《皇帝的新装》你觉得谁最可恨？

读《皇帝的新装》你觉得谁最可鄙？

读《皇帝的新装》你觉得谁最可爱？

光天化日，众目睽睽之下，骗子行骗为什么会一路绿灯？

这组提问层层深入，目标明确，问题具体，逐步触及文章的主旨。

2. 提问要能启思

陶行知说"智者问的巧，愚者问的笨。"这"巧"与"笨"的区别，就在于是否能启发思维。提问的"巧"主要通过形式和角度的创新来体现。没有启发性的提问表现为：简单化，机械化，没有回味的余地。

如："白求恩有多大年纪了？""这篇文章写于哪一年？"还有过度使用"是不是"或"对不对"的形式提问。

3. 提问要适时

时，指发问的时机和解答的时机。提问过早，学生难以回答，达不到提问的目的。提问过迟，学生不需思考就能回答，所以发问要把握时机。解答问题也不能太早或太迟。太早了，学生来不及思考，太迟了，学生的思维易疲劳。经过学生一番思考和教师的逐步引导之后再来解答，是最合适的提问。总之提问要与学生认知的进程相吻合，要在学生有疑、有思、欲问、欲解而又苦于不知如何表达之时提问。不讲究时机乱问，难以收到好的效果。

如一位教师在学生刚预习完《祝福》时就问："祥林嫂这个形象的典型意义是什么?"这在学生还没弄懂文章的写作背景，祥林嫂的经历及性格时，学生是无法回答的。再如，于漪老师上语文课《宇宙里有些什么》，有学生问："这些恒星系里大都有一千万万颗以上的星星中的'万万'是多少?"全班同学发笑。同学又马上说：我知道了，"万万"是"亿"。于老师：刚才这个问题我不用回答，可我要问，既然"万万"是"亿"，课文为什么要用"万万"，而不用"亿"?

4. 提问要适度

这主要指问题的深度和难度要适当。所提的问题不能低于或过分高于学生的实际水平。问题太容易，学生会觉得没劲。问题太难，学生又回答不出。应该根据学生学习的"最近发展区"来设计问题，即："跳一跳，够得着"。另外，适度还指提问的数量要适当，不可无节制地"满堂问"，这会使教学秩序散乱，学生厌答，影响教学效果。

5. 提问语要注意教学策略

一是面向全班。提问不可专注于某几个人，这样调动不了全班同学的思维。二是因人而问。要根据不同学生的接受能力，切合他们的实际。三是不可逼问。当学生回答不出问题时，教师可适当提示，留给学生思考的空间。四是问有沟通。教师应以和蔼的语气，温和的目光注视学生，用语言鼓励学生。五是把握好语气，提问语速不宜过快，语音要清晰。可以运用追加和反复的技巧。

三、提问语的类型

提问语的类型多种多样，按照答题的思考方式，可大致把提问语分为判断型、论证型、说明型、想象型四类。

1. 判断型

这类提问要求学生对所提问题做出判断，着重培养学生经过分析、综合形成正确判断的能力。常用"是什么"的语言形式来表述。但运用这类提问应避免简单化和机械化，应让学生通过思考方能回答。

如：大脑的功能很多，它的主要功能是什么？

课文《七根火柴》写了几个人物？主人公是谁？

在古代“妻子”是一个词还是两个词？

这样的提问需要经过学生的思考和辨析才能解答。

2. 论证型

这类提问要求学生对所提问题做出论证，着重培养学生分析问题、综合问题的能力。常用“为什么”的语言形式来表述。

如：皇帝为什么会相信骗子？——《皇帝的新装》

本文通篇写祥林嫂，为什么不以“祥林嫂”为题呢？——《祝福》

为什么车轮要做成圆形呢？做成三角形，四边形不可以吗？

论证型问题比判断型问题更富有思考价值，更能促进学生思维能力的发展，所以，两者经常配合使用。

教师教《变色龙》时，先问：“奥楚蔑洛夫的性格特点是什么？学生讨论回答：“善变。”教师再问：“为什么善变？”

3. 说明型

这类提问要求学生对所提问题做出说明，着重培养学生说明的能力。常用“怎么样”的语言形式来表述。也常与判断型提问配合使用。

讲《尤二姐之死》一课，可先提问：结合你的认识说说《红楼梦》是一部什么样的书？王熙凤是怎样一个人？再如学习小说单元时，可提出“小说的三要素是什么？”“人物描写包括哪些内容？”

4. 想象型

这类提问要求学生对所提问题展开想象，并予以描述，着重培养学生合理想象的能力。常用“会怎样”的语言形式来表述。

如：听说杭州人民正在建议重修雷峰塔，如果鲁迅还健在，你认为他会反对还是会赞成，理由是什么？——《论雷峰塔的倒掉》

路瓦裁夫人如果不丢失项链会有什么结果？——《项链》

四、提问的技巧

1. 巧设矛盾、激疑设问

教材中隐含着大量的各种各样的矛盾，教师要善于发现并通过提问揭示这些矛盾，以引起学生的思考。

如：《愚公移山》一文的提问：愚公到底愚不愚？不愚，为什么课文又称他为愚公？

《有的人》一课中，作者为什么用“骑”，而不用“压”？

2. 由易到难、连环设问

一开始就提高难度的问题，容易把学生难倒，使他们失去兴趣。若先提一些浅显有趣的问题作铺垫，让学生尝到一点解决问题的乐趣，再加大难度，学生就不会觉得太难了。

【示例】

教学《项链》一课，要分析作者的写作意图，学生必定答得不够完整。请看一位教师的连环设问：

师：作者写《项链》的目的是什么？

生：是为了批判玛蒂尔德。

师：批判玛蒂尔德什么方面？

生：批判她爱慕虚荣、贪图奢侈豪华的生活。

师：批判她爱慕虚荣、贪图奢侈豪华的生活。但是作者就只是为了批判她这么一个人？

生：不是，是批判许许多多像她这样的人，她是其中的一个。

师：说得很好，玛蒂尔德是当时的小资产阶级妇女的典型代表。她的这种思想性格是与生俱来的吗？

生：不是。是受当时的社会的影响。

师：对了，她的思想是资本主义制度和社会关系的产物。可见，作者是借一个爱慕虚荣、一心向上爬的小资产阶级妇女的不幸遭遇，尖锐地讽刺了爱慕虚荣、追求享乐的思想，批判了资产阶级上流社会的奢侈生活，诅咒和谴责了整个社会。

3. 故布迷津、迂回设问

有些问题本可以照直提问，但那样往往缺少启发性，学生的印象也不深；若采取“迂回战术”，改变提问的角度，有意布设迷津，让学生思路拐一个弯才能找到答案，这样就更能激发学生的思维兴趣，并加深印象。

如《狐假虎威》一课的提问：狐狸和老虎，一前一后，朝森林深处走去。请同学们认真想一想，根据你的判断，这一前一后是谁在前？谁在后？你的根据是什么？再如《孔乙己》一课的提问：这篇文章的主人公姓甚名谁？请回答。这里的提问于学生无疑处设疑，引导学生向问题的更深处思考。

4. 叩其两端、正反设问

这种提问方法能引导学生从不同的方面去分析问题，加深对问题的理解，能培养学生全面分析问题的思辨能力。

如：为什么要坚持实事求是？不坚持实事求是会怎样？

第五节　应变语训练

一、应变语的含义和要求

1. 应变语的含义

课堂教学处于多边交往的动态环境中，教师的表达要随时做出适应性的变化和调整。应变语是教师在课堂上及时调整师生关系、处理课堂突发事件时所运用的语言。它是教学机智和语言机智的表现，是教师博学、机智、幽默的再现，是教师自觉发挥口语优势的着力点，也是教师启发学生、激发他们求知欲的临界点。高质量的应变语蕴含教师的品德修养、创造性思维品质、言语表达功底、课堂民主作风等诸多因素于一体。

2. 应变语的要求

(1) 要有针对性，利于教学：教师要紧紧围绕完成课堂任务这个中心来进行机智的应变。化教学不利因素为有利因素；化学生学习的消极情绪为积极情绪；化不良情感为良性情感；化学生的对立为友善；化逆反为配合。通过应变语的运用，保证课堂教学顺利进行。

(2) 要有分寸性，利于学生的身心健康：教师使用应变语要有一定的分寸，既不能夸张、做作，这会让学生感到别扭。更不能使用讽刺、挖苦、嘲笑、刻薄等言辞。虽然它们也都具有应变的功能，但不利于学生的身心健康，会使学生形成自卑、胆怯、逆反等不良心理和个性。

(3) 新颖、别致：应变的关键在于顺其自然而出其不意，否则会使学生感到无味，甚至觉得老师没有机智的才能。新颖别致、出其不意的应变语，更能吸引学生，也会使学生更佩服教师的才智。

3. 应变语的种类

(1) 幽默风趣式应变语

苏霍姆林斯基说："所有智力方面的工作都要依赖兴趣。"风趣幽默的语言是教师最喜欢使用的语言。因为它能引起学生的兴趣和有意注意，且可缓解课堂气氛。

【示例】

一位数学老师发现学生总是把小数点末尾的"0"保留下来，讲了多次都不见效。一次当一个学生上黑板演算时，将4.82＋1.68的和写成6.50时，老师从讲桌下拿起一把明晃晃的大剪刀，并问学生："谁知道我要用这把剪刀做什么吗?"学生们都愣住了。教师接着说："我要给这个得数剪尾巴了。"这时学生才恍然大悟，在会心的笑声中对根除这一毛病有了深刻的印象。

这位老师面对学生屡教不改的毛病，并没有恶言相对，而是通过风趣、幽默式的应变语言，机智地把学生的注意力集中在教学任务上，使学生对所犯毛病有了深刻印象，从而促使其根除这一毛病。

(2) 自嘲解围式应变语

课堂教学是一种极其复杂的创造性的劳动，尽管课前教师已做了充分的准备，但在课堂上，仍有偶尔的失言失态。为了不影响课堂气氛，教师不应当死要面子地掩饰失误，而应以轻松的心态看待自己的失误，以轻松幽默的自嘲方式为自己解围。

【示例】

一位广东籍的语文教师，普通话很不标准。在给一个新班级上第一节语文课时，他说了句“我打个比方……”全班同学就立刻哄堂大笑，原来他把“我打个比方”说成了“我打个屁放”，这位教师面对大家的哄笑显得十分尴尬，如何处理呢？好在他十分灵机，调侃道：“打个屁放，大出洋相，各位同学，莫学我样，说好普通话，朋友满天下。”

这位教师在对待自己普通话失误时，没有逃避，也没有掩饰，而大胆地运用自嘲式的调侃巧妙地引申发挥，这样做既挽回了自己的面子，又教育了学生莫学自己，努力学好普通话。

(3) 因势利导式应变语

语课堂教学有时会受到来自环境的干扰，这时学生往往不能自制，会转移注意力。环境的干扰甚至会导致教学无法进行。遇到这种情况，教师应保持清醒的头脑，因势利导，巧妙利用环境来实现教学目标。

【示例】

一位教师讲《赤壁之战》时，叫一名学生简要介绍作者。这位学生脱口而出：“作者司马迁，宋代人，……”话音未落，班里笑声四起。这位同学察觉口误，十分尴尬。待稍稍平息，老师平静地说：“虽是一字之差，却让司马迁从汉代活到宋代，多活了一千多年，但这能全怪我们同学的错吗？谁让司马迁、司马光两人名字挨得这么近——只一字之别？谁让他俩又都是史学家、文学家？谁让《史记》、《资治通鉴》又都是史学经典、文学名著？谁让我们刚学完司马迁的文章旋即又学司马光的文章？”

学生的误答经老师的弥合后，教学秩序井然。课后，不少听课老师啧啧称赞这种“教学机智”：一是对学生问答中的偏差，并非简单、粗暴地否决或不满，而是及时“转移”，保护和珍惜学生的学习积极性。二是“借机”拓宽知识面，作些横向比较，辨析正确答案；三是“委婉”其言，四个“谁让”的设问而非问句，却很有理趣。应该说，课堂上教师口语应接得如此妙趣横生，其背后的深层因素是平时思维能力和意识修养的积蓄。

（4）顺水推舟式应变语

顺水推舟，比喻顺着某个趋势或某种方面说话或办事。使用谐音是常用手法之一，因为谐音不仅能顺水推舟，往往还给人以幽默的感觉。如果教学中在适当的时机使用这种方法，可以提高应变语言的风趣和幽默，增加教学语言的生动。

【示例】

一位姓缪的老师精神抖擞地走进教室，给新班级上第一堂课。他先做自我介绍："同学们，我姓缪……"他正要板书"缪"字时，不知从哪个座位上传出一声猫叫"喵……"，于是引起哄堂大笑。面对这一恶作剧，缪老师没有发怒，他神情自若地说："同学们，先别忙着夸我'妙'啊，从今天起，咱们一起学习一段时间后，你们再来评价我'妙不妙'。"同学们安静下来，担心"暴风雨就要来临"的惊恐消失了。课堂上出现了和谐的气氛。

这位教师在课堂上遭遇学生的恶作剧时，并没有冲动地发怒，而是机智地运用谐音这种教学语言顺水推舟地化解了学生的恶作剧，进入了预设讲授的正轨。

（5）旁敲侧击式应变语

课堂教学中，教师经常采用旁敲侧击应急语暗示学生的出格行为，也就是说，不正面批评学生，而是抓住合适的讲授机会，点到学生会意即止，使其警醒，认识并改正错误。

【示例】

语文课上，教师正讲得津津有味，教室里响起了打呼噜的声音，同学们都笑起来，教师不得不停下来解决打呼噜的问题。他看了看打呼噜的同学，决定还是继续讲下去："描写生动，要使用象声词，绘声绘色地描写事物的声音形状。绘声，就是用象声词模仿声音。比如，睡觉的酣态，就可以用现在的声音来描摹。请你们注意倾听。"老师做出倾听状，同学们都笑了起来，那睡觉的同学也被笑声惊醒了。教师又说下去："那么你们的笑声又该怎么临摹呢？对，酣睡声是刚才×××发出的响亮的'呼噜'声，笑声就是大家发出的'哈哈'声。"

这位教师始终没有正面批评那位上课睡觉的同学，但是已经在讲课中旁敲侧击批评了他的错误。这样做，既没有中断教学，又不太刺激学生。

（6）以退为进式应变语

在课堂上，某些调皮生可能会提出稀奇古怪、甚至是故意刁难的问题。遇到这类情况，教师可以不必急于回答，而是巧妙地反过来把问题抛给学生回答，以退为进，把直接解答的机会变为启发学生思考问题的最佳机会，最后再综合学生的解答及自己的理解得出结论。

【示例】

一位年轻的女教师在讲《从百草原到三味书屋》时，正分析到“美女蛇”，一个男同学举手问道：“老师，有美男蛇没有?”此时班上的同学都哄堂大笑。这时，这位教师没有直接回答这位学生的问题。而是机智地说：“这个问题问得有趣，谁能来回答呢?”然后组织学生讨论。当学生讨论完毕时，这位教师说道：“好，大家接着学习，看看作者的思路是什么就能回答这个问题了。作者的思路不像×××同学那样对美女美男感兴趣，而是在美女和蛇的对比上。美女是迷人的外表，‘蛇’是害人的本质。‘美女蛇’比喻披着画皮的坏人，在当时暗指自称‘正人君子’的现代评论派陈西滢之流，他们可算是正儿八经的‘美男蛇。’所以‘美女蛇’和‘美男蛇’都一样，都是害人的蛇，都是容易骗人的害人虫”。这样从现象到本质去思考，才能理解“美女蛇”的寓意。

这位年轻教师面对这出其不意的问题时，并没有措手不及。她用以退为进的方式把学生的刁难问题抛给学生自己，化解了自己的尴尬，顺利地进入了讲授内容。

总之，应变语是教师“应急”的必备“武器”。善于运用应变语，恰当地处理各种各样的教学“变故”，是一位教师语言艺术和教学艺术达到高层次的标志。我们每一位教师都应当在教学实践中不断磨炼，努力掌握这种难度较大却十分重要的教师口语技巧。

第六节　小结语、过渡语训练

一、小结语的作用与要求

一堂优秀的课不仅要有引人入胜的导入语，环环相扣的讲授语，还要精心设计小结语。教师的小结语又称课堂教学的结尾语、总结语。通常是指老师在讲完一部分内容以后所说的话。小结语一般要紧扣这堂课的目标，紧扣这篇文章的主旨、写作方法、语言特点，根据这堂课的教学设计，简明扼要地做出总结。

1. 整理概括，巩固记忆

教学是由一系列既有联系又有区别的阶段组成，知识点比较分散。如果教师在教学的最后环节中能从所教学内容中总结归纳出最重要、最基本的内容，提纲挈领地加以强调，就可以起到加深印象，巩固记忆的作用。

【示例】自然课《青蛙和蟾蜍》的小结语

今天我们学了《青蛙和蟾蜍》，要懂得：第一，青蛙和蟾蜍有能适应在陆地上生活的外形构造特点。第二，青蛙和蟾蜍都会消灭大量的害虫，是人类的朋友，我们应当保护它们。第三，青蛙和蟾蜍小时侯在水里生活，用腮呼吸，长大后到陆地上生活，用肺呼吸，它们都是两栖动物。

2. 指导实践，培养能力

学生感知、理解、记住了知识，并不等于完全掌握了知识。如果教师在下课前以小结的方式针对教学目标，指导学生进行一些有针对性的练习，或对课后的学习活动提出一些要求，对于巩固知识，培养能力大有益处。

【示例】语文课《动物过冬》的小结语

同学们，你们还想知道鱼，鹿，苍蝇，蜜蜂，袋鼠这些动物怎样过冬吗？老师介绍一本书给你们看。这就是《少年科学》。（出示书）其中一篇《动物过冬》可有趣了，看了以后，会得到不少关于动物过冬的知识。如果有兴趣，老师再介绍两本书给你们看，一本是《有趣的动物》，一本是《中国动物故事集》。好了，今天我们的课就上到这儿。

3. 启发思维，开阔视野

在基本完成教学任务的前提下，结合教材内容提出一些有争议的问题，让学生争论，或提出新的思考题，让学生课后进行观察、思索、探讨，把课堂延伸到课外，这样既可以开拓学生的知识领域，又可以使他们的智力得到发展。

【示例】《司马光砸缸》的小结语。

师：司马光采取砸缸的方法救人，表现了他的机智与勇敢。如果你碰到小朋友落进大水缸，你还会想到什么办法去救他？同学们回去想想？

成功的小结语，应如撞击洪钟，给学生留下不绝于耳的清音和长久回味的余地。在设计时要注意一是简洁。小结语是课堂内容的自然结束，因此既不能故弄玄虚，也不可小题大做，拖沓冗长。二是完整。小结语既不能拖沓冗长，也不能仓促收尾，应起到小结、巩固、强化的作用。三是灵活。小结语忌模式化、公式化，应根据教学内容力求巧妙有趣，余味无穷。

二、小结语的种类

1. 归结式

在完成新的教学任务后，教师采用师生讨论的方式，对主要内容、重点、难点进行归纳总结。这样可以加深对教材的系统理解和记忆。

【示例】分数基本性质的小结语

师：今天我们学习分数的性质。通过这堂课，你们自己说说学到了什么？

生：我学到了分数的基本性质：只要分数的分子和分母都乘以或除以相同的数（零除外），分数的大小不变。

生：……

师：看来，今天大家都学得很认真，分数的基本性质能帮助我们以后解决约分，通分和分数计算等许多问题。

2. 开拓式

这种方式重在由课内向课外纵深开拓，从而激发学生进一步学习的兴趣。

如：在教完《鲁提辖拳打镇关西》一文时，学生意犹未尽，很关心故事的下文，关心鲁达等人的最后命运。此时教师这样设计结语："鲁提辖仅是一百零八将之一，要知后文详情，要想领略更多英雄好汉的风采，请同学们课后阅读《水浒传》全书。"

像这样的课堂结束语，与其说是这堂课的结束，倒不如说是新课的开始，它能成为联系第二课堂的纽带，促使学生运用已知去获得未知，通过节选而阅读整部经典，以此来不断扩大学生的阅读面，提升学生的精神境界。

3. 悬念式

课堂教学的结尾也应像文章的结尾一样，讲究意在笔后、悬念迭出、回味无穷，给人一种课已结束而意未尽的感受。因此，在课堂教学结束时，有时采用巧设悬念的方法，能收到"欲知后事如何，且听下回分解"的艺术效果。

比如，一老师讲授《装在套子里的人》第一课时，这样设计课堂结束语："恋爱，多么诱人的字眼；一个哲人说过，如果没有爱情，人间将成为一座坟墓。的确如此，就连别里科夫这样一个把自己装在套子里与世隔绝的人，也禁不住爱情的诱惑，居然从套子里探出头来，要品尝一下恋爱的滋味了。像他这样的人，会获得姑娘的爱情吗？他的爱情结局将会怎样呢？"

这样的结束语能紧紧抓住学生的好奇心理，在学生的心里激起悬念，引发学生的学习兴趣，形成学生强烈的求知心理状态，诱导学生去阅读后面的故事情节。同时为第二课时的教学做好了铺垫，使前后课时互相关联，形成一个有机整体。

三、过渡语的作用

课堂教学中，教师通过一堂课要讲述几方面的知识内容。为使各部分、各层之间衔接自然，连贯紧密，前后连成一体，教师的过渡语不可少。课堂教学过渡语的功能：主要是串连功能和开启功能。即把课堂中的各环节上下内容串连起来，打开学生思维的大门，接受新的知识。通常在以下几种情形下需要过渡：

一是课堂讲授由一层转入另一层，由一部分转入另一部分需要过渡。

二是课堂教学由"总述"到"分析"，由"分析"到"总括"需要过渡。

三是课堂教学由复习到讲授新知识，由讲授新知识到复习需要过渡。

四是课堂教学由讲授到练习、示范、表演、讨论等环节需要过渡。

四、过渡语的常见方法

1. 顺承式

顺承式即上面的一个问题为下面的一个问题做铺垫和预备，顺水推舟，自然流畅。如：一位语文老师在讲授散文《雨中登泰山》时，就是这样引导过渡的：

“作者启程登泰山了，你们看到的雨中泰山是怎样一幅景色？过岱宗坊后首次映入眼帘的是怎样一幅奇景？”学生通过阅读，用生动的语言绘声绘色地把第一个虎山水库奇景尽情地欣赏一番之后，教师又往前推进说：“尽管黄锦、白纱的美景引人入胜，但雨大起来了，不得不拐进王母庙后的‘七真祠’。为什么叫‘七真祠’呢？祠中最传神之作是什么？怎样传神？”学生简要地介绍之后，教师又立即过渡：“雕塑的传神之作虽然使我们享受到了艺术美，登绝顶领略无限风光毕竟是主题。让我门继续来到雨地，走上登山的正路。一路行来，从一天门到二天门，沿途见到哪些奇景？”……最后“‘会当凌绝顶，一览众山小’，绝顶又是怎样的风光呢？让我们带着胜利的喜悦，来欣赏这仙境般的美景。”当老师用这一系列富有情趣、层层递进的语言，把学生顺畅地从一个美景推到另一个美景时。一堂课就在不知不觉中完成了。

2. 引导式

教学内容前后虽自成章节，但又各自相对独立。在这样的转化处，教师要把前一部分引导到后一部分，使教学节拍分明，层次清楚。对前一部分的归纳总结应是一种精简和梳理，以导出重点要讲的内容和问题，进而使课堂教学转入另一个部分或环节。这样的过渡语，常常会起到一种纲举目张的作用，显得自然有序。如一位特级教师在讲授《故乡》时，对小说中“回乡途中的‘我’”这一问题的分析讲授就是这样过渡的：这堂课的开始，教师让同学们自由发言，提出问题。在学生们提出了众多的问题，诸如“为什么说似乎看到了我美丽的故乡”，“为什么说这次回故乡露出凄凉的神情？”之后，老师就立即加以归纳总结过渡：“现在我们把这些问题归纳成两个，一个是故乡究竟美不美，一个是为什么‘我’的心绪不好。关于前一个问题有一个同学提得很好，是哪一位同学，请说说你的问题。”由于过渡巧妙，使学生的注意力不知不觉又集中到了新的问题。

3. 黏连式

利用语言材料之间的内部外部联系，通过联想，类比，进行黏连，以起到紧密衔接作用。特级教师贺诚在教学《再见了，亲人》一课时，安排了这样一段过渡语：“是啊，这是一份份以生命和鲜血为代价的情意。如果你是被大娘从敌机下救出的伤员，如果你是被小金花妈妈用生命换来的老王，如果你是吃过大嫂亲手挖来野菜的志愿军战士，那么在这离别的时刻，还会怎样对这些朝鲜亲人呢?”由此引出四、五节。教师移情体验，深化题意。

第七节　教学口语在不同学科中的运用

一、文科教学用语的特点及要求

中学的文科教学有语文、外语、历史、政治等，这些学科的教学用语除具备一般教学口语的共性以外，还具备自己的一些特色，这是由文科教材的特点及文科教学的目的、要求决定的。

1. 富于形象性

形象化的语言，不仅能吸引学生推动他们深刻感知教材、理解教材，而且能发展学生的形象思维能力，引起学生的学习兴趣。

文科教师要练就表述形象的基本功，即说什么是什么，讲什么像什么，让学生通过形象描述如见其人，如闻其声，如临其景，使话语具有立体感、直观感。

【示例】一位特级教师教《听潮》时的导入语

同学们，你们看到过海吗？听到过有关海的故事吗？回忆一下你们在电影、电视、书刊报纸中看到的海的形象，请列举一些词句来形容它的情形。……我也说一点自己的感受。海，无边无际，辽阔壮美，神秘莫测，变化无常。有时它平静温柔，海鸥掠过水面，在海空盘旋翱翔；有时它汹涌澎湃，浊浪排空，怒吼咆哮。……远离海边的人读描绘海景的佳作，也会有身临其境之感，感受到海的壮观。作家鲁彦的《听潮》着力描写了海潮涨落的情景，现在让我们一起认真阅读，仔细体味。

这段教学用语，运用比喻、排比、对比、比拟等修饰手法和绘声绘色的描写手段进行表述，使学生如临其境，从而深刻理解讲述的内容。

2. 富于情感性

由于文科教材本身具有比较强烈的情感因素，所以文科教学用语的情感性在陶冶学生情操、塑造心灵、确定人生目标和道德信念等方面，有着其他学科无法超越的特殊功能。这要求文科教师的课堂语言一般是有情语言，即包含激情的讲话。在语调、语气、语速、节奏的变化上，能传递出教师的情感。

二、理科教学用语的特点及要求

中学的理科有数学、物理、化学、地理、生物等，这些学科的教学用语除具备一般教学口语的共性外，比起文科教学用语来说，更讲求准确性、逻辑性和简洁性。

1. 更讲求准确性

理科研究的是有关自然现象及其规律，其中有许多定义、原理、定律、法则等，都是从客观世界中抽象出来的，是用推敲再三的语句准确地表述出来的。所以，教师在讲解一个概念，论证一个命题，分析一个问题，推导一个结论时，必须用语准确，不能产生歧义。如教师讲“衣藻”小，说放大400倍以后，才像芝麻粒大小，这样就准确给出“衣藻”大小的程度。在讲述中，遇到学生易误解的地方，必须及时变换角度复述，讲述的语气要确定，不容置疑，必要时一字一顿地以判断句的形式予以准确表述。

2. 更讲究逻辑性

由于理科教学重在揭示规律性的知识，以及事物的特性、联系和变化，同时又担负着培养学生逻辑思维、发展智力的特殊任务，所以理科教学用语更要讲求逻辑性。这种逻辑性主要体现在表述的层次性、条理性以及语句组织的严密性与关联性上。任何语言表达的疏漏，都容易让学生感到茫然。另外还要注意运用重音、顿连等来表述句子、语段之间的因果、递进、转折及归纳、演绎等逻辑关系。

【示例】一位数学教师在教“异面直线所成角”的概念时这样开始：

我们知道，两条相交直线的交互位置关系，可以用角的数量来描述，但是两条异面直线并不相交，我们又怎么样用数量对它们的相互关系作进一步的描述呢？（稍作停顿）我们是不是也能够用角的大小来描述呢？（再略作停顿，让学生有个思考过程）假如要用角的大小来描述的话，那么关键在于如何将两条异面直线转化为相交直线，而根据前面学过的“空间等角定理”，可以通过平移来实现这种转化的愿望……

这位数学教师的讲析语，对每个概念的内涵与外延，每个判断的主宾关系，都讲得很清楚，从前提到推理过程，一步步说得很顺当，注意到前后联系，新老知识照应，具有很强的逻辑说服力。

三、技能类学科教学用语的特点及要求

中学的技能类学科有体育、音乐、美术、劳动技术等。技能类学科是实践性很强的学科，一般是在各种技能、技巧的实际训练中进行的。这就要求教学用语带有提示性、指令性和演示性，以便学生准确无误地进行练习，较快地掌握各种技能。

1. 提示性

教师在学生练习某项技能时，常使用提示语，或提示动作要领，或提示注

意点。要求语句简单明了，语意明晰。不要啰嗦繁杂，更不要絮絮叨叨。在指导学生练习时多用“要……”、“请注意……”、“不要……”等提示语词，也有时用语气变化来提醒学生。做到明白、确切、简练。

2. 指令性

在体育课和其他训练技能的科目中，指令性语句的广泛使用是其主要特色。

指令性口语要求教师用肯定的、有时用命令式的语气指导学生操练。话语要简明、准确、嗓音响亮、说话有力度。

3. 演示性

教师在指导学生演练某种技能时，常常边示范（或演示）边讲解，使二者巧妙结合，这是利用视觉（看演示）和听觉（听提示）的互补作用，使学生掌握行为（或动作）要领。

[本章小结]

教学是一门艺术，在这艺术的殿堂里教学口语就是一朵奇葩。教师的职责是“传道、授业、解惑”。要完成这一职责，靠的就是语言。有人将教师的职业称为“舌耕”。可见教师语言的重要性。教学口语是教师用于课堂教学的工作用语。由于受到教学目的、教学对象、教学方法及时空关系的制约，具有自己鲜明的五性：科学性、规范性、生动性、启发性、教育性。因教学是一个复杂的交际过程，所以往往将教学口语分为导入语、讲授语、提问语、小结语、过渡语、应变语等几种言语形式。这些不同教学环节所用的语言都有自己的功能、特色和要求，教师必须深入研究和掌握主要教学环节的口语基本技能，努力使自己的语言做到科学、严谨、简明、生动，富有感染力和启发性。由于学科性质的不同，教学口语在不同学科中的运用也表现出不同的特色，文科教师的语言要求更多地富有形象性、情感性。理科教师的语言更讲究准确性、逻辑性。而技能性学科更多地带有提示性、指令性和演示性。所以在不同学科教学中，教师要体现出不同的语言特点。教师口语能力的形成不仅仅是口语表达的问题，还要关注教师整体素养的提高，一个自身素养不高的人，很难想象他会有很高的口语水平。因此丰富的知识是培养教学口语能力的物质基础，良好的思维品质是培养教师口语能力的基本保障，健康的心理素质是培养教师口语能力的重要因素。所以要提高教师口语水平应加强各方面的修养，重视培养教师口语的方法和途径。

[思考与练习]

1. 根据下列情景设计教学口语

（1）假如你是初中一年级的任课教师，请说一段话，介绍某一门新课的学习内容和方法，起到激发学生热爱这门学科的热情和树立学好这门课的决心。

（2）假如你同时上两个班的课，一个班的学习风气较好，学生成绩也好，而另一个班则相反。新学期开始的第一次课，你要给两个班的同学讲一番话，请设计出在两个不同的班级所采用的不同的口语表达方式。

（3）教师要给高一的学生讲解政治课中有关商品一节。主要教学要点是商品。请设计10分钟的教学口语，让学生理解商品的含义。

（4）老师要给初中生讲《皇帝的新装》一课，他想在导入语和结束语两个教学环节做一些设计。请你来做这一工作。

（5）一位老师在上诗歌单元时了解到学生对诗歌这一文学形式不感兴趣，他需要花一些时间让同学们改变对诗歌的认识，请你他为此设计一段导入语。

2. 运用比喻，把下面几段话讲完：

（1）学习要讲究方法，如果方法得当，就会少走许多弯路，还能收到事半功倍的效果，这就好比________________。

（2）海，它无边无际，辽阔壮美，变化无常。有时它像________，有时它像________。

（3）你这道题的演算结果没有错，但是演算的方法却有点小问题，因为你没有选择最佳的运算方法。这就像________________。

（4）写作文，学生联想是很重要的训练，不能小看它，打个比方________________。

（5）在英语学习中我们把词汇的积累看得很重要，这就如同________________。

3. 试指出下列提问语不当之处，请你重新设计：

问答语示例	提问语不当之处
教师想启发汤姆，让他懂得什么叫做奇迹： 师："你想想，有个人从塔顶上摔下来了，但他根本没有受伤，这是什么？" 生："是偶然。" 师："你没有懂我的意思。"教师说道，"你再考虑一下，这个人又一次爬上了塔顶，又一次从上面摔下来——还是没摔伤！这是什么？" 生"是幸运！" 教师说："我不是这个意思。你再考虑一遍：这个人第三次爬上了塔顶，再次摔了下来——仍未受伤，那现在是什么呢？" 生："是习惯！"	

续表

问答语示例	提问语不当之处
有一次听一个老师的课，他讲“滔”字时，问学生：“这个字跟什么有关系?”学生回答跟水有关系，因为偏旁是三点水。老师又问：“是大水还是小水?”学生回答不上来。老师说：“是大水。你们看，偏旁有三点水，右半边上头还有四点，是四点水，加在一起一共七点水，不是大水吗?”	
有个学生在课堂上问老师：“圆周率是谁规定的?”可这个老师没有这方面的基础知识，他说：“圆周率是国务院规定的，谁都不许改动。”	

4. 根据场景设计应变语

(1) 一次英语课上，教师正在教“cock（公鸡）”这个单词，突然，有个学生怪腔怪调地问：“英语里有没有母鸡?”顿时，班上哄堂大笑，正常的课堂秩序给搅乱了。面对这种情况，请设计一段应变语。

(2) 南京一位特级教师讲鲁迅的《故乡》，当时分析课文已经进行了一大半，这位老教师循循善诱地问道：“同学们还有什么问题吗?”突然一个调皮的学生没有举手就站了起来：“老师，杨二嫂为什么叫豆腐西施?”学生哄堂大笑。

冷不丁地冒出了这么个问题，不仅打乱了老师的教学计划，而且讲与不讲都很棘手，如果你是这位老师，你会怎么办?

5. 请分析下面这段小结语

一位语文教师讲《茶花赋》时小结道：“祖国如此伟大，人民精神如此感人，一朵茶花能容得下吗？能给人以启发深思吗？能，为什么能？这是由于作者运用丰富的想象，进行了巧妙的艺术构思，不断开阔阅读者视野，由情入手，而景，而人，而理，水乳交融。从茶花的美姿到饱蕴春色，我们看到祖国的青春健美，欣欣向荣；从栽培者身上，我们感到创业的艰难，任重道远；从茶花的含露乍开，形似新生一代鲜红的脸，我们对未来充满希望。这三幅构图别具一格，意境步步深化，十分传神。

第六章　教育口语

［学习提示］

教师的工作是教育人、培养人的工作。教育口语是教师对学生进行思想品德教育过程中所使用的具有说服力、感染力的工作用语。一直以来教育口语都没有得到应有的重视，教育口语具有“育人”的功能，教师除了要对学生传授科学文化知识，严谨治学，还要担任“育人”的职责。教育口语是教师必备的基本功，是完成教育任务不可缺少的工具。

通过学习本章掌握教育口语的特点和原则，并且能在教育用语中熟练运用暗示语、说服语、启迪语、激励语、表扬语和批评语等。

［学习目标］

• 了解教育口语的特点和原则

• 掌握教育用语中的暗示语、说服语、启迪语、激励语、表扬语、批评语的基本方法和技巧

• 能在教育谈话中熟练运用教育用语的各种方法和技巧

第一节　教育口语概说

教育口语是指在教育情景中教师所使用的口语。学校教育是帮助学生健康成长的一种社会活动，教师的教育是其中的重要部分，学校教育对学生的培养，一方面是通过学科教学，传授人类文明发展的成果，给学生以知识和文化的滋养和培育，这主要是依靠教学语言来实现的，另一方面是通过教育活动给学生以道德、理想、情操的引导和培育，这主要是依靠教育语言来实现的。

教育口语，是教师根据德育任务，对学生进行思想品德、行为规范教育的工作口语。教育口语对提高学生认识、培养良好品德情操、树立正确的人生观、价值观，调整人际关系、开发智力有着重要的作用。

苏联著名教育家苏霍姆林斯基在《给教师的建议》一书中曾明确指出：“在你拟定教育性谈话的内容的时候，你时刻也不能忘记，你施加影响的主要手段是语言，是通过语言去打动学生的理智与心灵的。然而，语言可以是强有力的、锐利的、火热的，也可以是软弱无力的。”在思想教育的过程中，生动、

热烈、有力的教育口语往往能够春风化雨般的滋润学生的心田，从而启迪其智慧、开发其智力、规范其行为，使学生的情感、品质、能力在潜移默化中得到提高和升华。反之，如果教师一味地用刻板的教条式的说教，甚至用粗鲁的语言对待学生，则会使学生生厌，甚至与教师发生冲突，一次不得体的教育语言行为往往能影响孩子的一生。这样，不但起不到应有的教育作用，还会使学生的心灵受到伤害，造成不可弥补的损失。

一、教育口语的特点

1. 针对性

对学生实施教育，是在特定的时间、场合，面对特定的对象，为达到某一特定的目的而进行的活动。因此，针对性是教育口语运用的首要条件。要求教师在实施教育的过程中，必须做到因事施言、因人施言、因时施言、因地施言。

①因事施言，即明确说话要解决的问题和要达到的目的，恰当的选择和组织话语。教师要通过调查研究，摸清情况，把握学生的思想脉搏，在认真分析的基础上客观公正地实施教育。

②因人施言，即根据学生个性心理特征和接受能力选择话语，明确每一个学生的心灵都有它自己的形式，必须按它的形式去指导他；必须通过它这种形式而不能通过其他的形式去教育，才能使你对他花费的苦心取得成效。

③因时施言，即抓住引发学生思想转变的时机，见机而行，因势利导，以求事半功倍。教育时机一般有三种情况：苗头期，问题爆发之前；高潮期，问题冲突之中；尾声期，问题发生之后。往往苗头期是理想的教育时机，教师抓住苗头，随机跟进，与学生进行适时的口语交际，取得教育的主动权。

④因地施言，“花前易生情，月下多知心”，语境能影响人的情感。教师要注意选择使学生能坦然释怀的场合进行教育谈话，以利于学生的思想转化。

2. 说理性

说理，就是用摆事实、讲道理的方法来说明是非得失的原因，以理服人，使学生辨明曲直，自觉地把认识变为行动。

教育口语的核心在于一个“理”字。在教育中，对学生的说服、劝导或者批评都要以理服人，启迪暗示或者褒扬激励也要以理为据。要富有说理性，首先，必须实事求是，对客观事实要进行细致的解剖分析，把握要害，明辨是非；其次，论说要有充分的依据，以新鲜丰富的知识吸引学生，不仅使学生明理，还应该使学生开拓视野，增长知识；再次，用词要准确，判断要得当，推理要严密，能够以强大的逻辑力量感染学生。此外，还要讲究方式方法，或者刚柔相济，或者事理结合。根据学生的接受能力区别对待，力求明晰通俗，让不同的对象都能有所收获。

3. 诱导性

诱导性，主要指教师用启迪的方式与学生交谈，因势利导，通过老师的教育口语促使学生自我转变。

诱导即诱发、引导。帮助学生获得正确的思想认识并将其转化为具体的行动，是教育活动的根本目的。因此，教育过程中，教师仅仅将事理明白地告诉学生是不够的，还必须根据学生的思维习惯，采用灵活多样的语言，在思想上给予点拨、引导，促使其思考，鼓励其行动。

要使教育用语具有诱导性，首先应注意表达的渐进性，要由表及里，由浅入深，循序渐进，不可急于求成，一说到底；其次，要注意话语情感的多样性，要在充分尊重信任学生的前提下，对学生抱以极大的热情和诚挚的爱心，时而轻声细语，如春风拂面；时而语重心长，句句动心。切忌以盛气凌人的态度训斥、辱骂学生，也不应以尖酸刻薄的语言讽刺、挖苦学生。

4. 情感性

教育口语的情感性，是指教师以充满感情和具有感染力的语言及动人的事例来激发学生的感情，以情感充沛的语调来激发学生，使学生精神振奋，增强信心，积极行动。

教师感情浓烈，以情激情。教师要以炽热的情感对待事业，关心学生，动之以情，以情激情，是教育口语的法宝。把握情感的积极方向。要以积极的情绪感染学生，并引起相同的情绪体现，使学生兴奋振作，积极上进。创设熔炉似的情感氛围。教师要创造关心、体贴、互助、谅解、尊重、友好、真挚、诚恳、信任、蓬勃向上等良好的氛围，在浓烈的情感氛围中培养学生积极向上的情感。为了增强情感的效能，教师要使自己的口语具有强烈的感染力，力求亲切中肯、形象生动、活泼新颖、幽默诙谐，富有鼓动性和吸引力，还要注意交谈对象的情绪和情感特点，有针对性地选择口语，以增强教育效果。

教育口语是实施德育教育的基本手段。教师应在教育实践中主动、自觉地研究其特点和运用规律，经过刻苦磨炼，形成独创性的有显著个性特征的语言风格，使自己的教育口语独具风采和魅力。

[情景练习]

根据教育口语的特点，分别用一段话设计一个情景，要求体现教育口语的不同特点。可以是教师的单向说话，也可以是师生的一段对话。

二、教育口语的原则

1. 民主性原则

教育口语必须遵循民主性原则有以下三个理由：

①在教育活动中，教师与学生处于平等的主体地位。

19 世纪美国哲学家、诗人拉尔夫·沃尔多·埃墨森说过："教育成功的秘密在于尊重学生。"应当平等对待学生，尊重学生的价值和尊严，在与学生进行思想沟通与交流的过程中实施教育。这种平等和尊重不是对学生的恩赐，而是学生应该享有的人格权利。

②教师不是完人、圣人，更不是真理的化身，因而在教育活动中，教师并不具有话语"霸权"，也不可能为学生的言行提供一种标准答案，只能是以情感人、以理服人。

生于信息化社会的学生，获取信息的渠道已经呈现多样化的特点，他们的思想比以往任何时代的学生都要活跃、开放，这就使得今天教育活动涉及的内容比以往任何时候都要丰富，也更要复杂。因此，要使教育内容为学生所认同和接受，需要教师一方面在平时加强学习，促进自己的知识和观念的更新；另一方面，在教育活动中，要学会认真倾听学生的心声，把握他们的思想脉络，通过积极引导，帮助学生学会正确评价自我和他人的行为，从而最大限度地发挥教育的功能。同时，在教育活动中，教师不可能不出现任何失误或过错，一个有职业道德的教师要敢于及时反思自身的不足和失误，勇于承认自己的不足与错误。总之，教师需要在教育实践中不断地学习和创新，才能迎接挑战，承担起"育人"的职责。

③教育活动是一种互动性的活动，具有生成性的特点，在教育活动中，教师与学生是共同成长的。就教师而言，由于教育内容、教育对象、教育时机都具有不确定因素，所以教育活动不可能都象教学活动那样事先写好教案。即使是一些预设的教育活动，教师可以对教育口语做准备，但这毕竟不同于讲故事或备稿讲演，很难事先将学生的所有反应都做好预案。因此，教师在实际运用教育口语时，从内容到形式，都需要根据学生的现场反应随时调整发挥。就学生而言，没有了他们的接受、思考和反应，教师的教育语言无疑是一篇废话，根本无从实现教育的目的。所以在教育活动中，教师必须摒弃传统的教育模式"一言堂"，发挥学生的主体作用，更多地采用教师引导下的师生讨论、对话、谈心等形式，让学生参与到教育活动中来，在师生互动交流中，促进学生自身的感悟，让教育活动成为学生乐于接受的教育内容，从而使学生的思想、道德和情感不断得到提升。正如苏霍姆林斯基所说："只有能够激发孩子去进行自我教育的教育，才是真正的教育。"

2. 积极情感性原则

白居易在谈到诗歌创作时曾说过："感人心者，莫先乎情"，运用教育语言也如此。在教育活动中，师生双方都是具有情感的人，教师的感情往往决定着教育的内容，还影响着受教育者对教育信息的接受程度；而受教育者的感情，又反过来影响着教育者的感情。所以教师应该学会调控自己的情绪和心境，使自己始终精神饱满、情绪乐观而稳定。

运用教育语言，教师首先要"动之以情"。这"情"指的是积极情感，包括平等、真诚、信任、爱护和关心等。几乎每一个教师对学生的要求都是出自良好的愿望，但不是每个教师的好心都能被学生理解和接受，这在很大程度上取决于教育语言是否带有积极的情感。

教育事业之所以伟大，因为它渗透着爱的情感。在教育活动中，爱是一种伟大而神奇的力量。教育口语"言为心声"。这"心"应当是对学生的一腔"爱心"。因为有了爱，教师的教育目的才是高尚的，"言"才能感人，学生也才能乐于接受。这"心"应当是对学生的一片"真心"因为有了真，教师的教育动机才是真诚的，"言"才能是真实的。对学生的每一点成绩和进步，教师只有发自内心地喜悦和欣赏，才能说出真诚赞扬的话语；对学生的每一个缺点和错误，教师只有发自内心地关心和痛心，才能有语重心长的教诲。这样，教师的"言"才能服人，学生也才会愿意接受。

3. 针对性原则

在教育活动中，只有当教师的教育语言具有针对性时，才能引起受教育者的关注并产生效果。这种针对性体现在以下两个方面：

①内容有针对性。教育语言要有明确的教育指向性。要因人而异，因事而发，有的放矢，切忌文不对题、隔靴搔痒，或泛泛而谈，没有重点。要针对教育对象的个性特点确定教育内容。比如，同样是表扬，一贯表现好的、经常受表扬的同学，在表扬的时候，语言可以简洁一些、语气可以平淡一些，同时要提醒受表扬者不要骄傲；而对平常表现一般、甚至很少受表扬的同学，表扬时语言就可以丰富一些、语气就一定要强调突出，要充分肯定，在表扬的同时要给予充分的鼓励，帮助他们树立信心。在集体教育时，还应针对班级群体特点，选择能为大多数人认同的内容，切忌抓住个别现象喋喋不休。

②形式有针对性。一是教育形式适应教育对象的心理发展水平和特征。如低年级的学生喜欢听表扬，多使用表扬语，能产生非常好的积极作用，而高年级的一些男同学，对公开场合的表扬会显得不好意思；再如高年级的学生独立意识比较强，单纯用说服的方式就难以奏效，而采用沟通、启迪的方式则容易为他们所接受。二是语言形式适应教育对象的理解能力和接受水平。对低年级学生，教育语言的用词要浅显，语句要简短，语义要明确，不要使用复杂的修

辞手法，随着年级的增高，可以逐渐加深。总的说来，要针对不同年龄层次的学生，使用不同的语言。

4. 艺术性原则

教育语言的运用是一门艺术，不是光凭良好的愿望就能把话说好、从而达到理想的教育效果。

艺术性体现在能够抓住教育时机，巧设情境。

教育时机分为两种，一种是已有的，需要教师及时捕捉，加以利用。另一种是原本没有的，需要教师主动创设的教育情境。

【示例】

“二吃杨梅”

朱老师接到一位家长的电话，说让孩子带了几斤杨梅到学校，请老师和同学们尝尝。但等到朱老师想请生活老师分发时，杨梅已经被先到校的一批同学吃光了。朱老师想：好吃，固然是孩子的天性，但在小学里发生这样的行为，说明孩子“心中有他人”的意识还十分缺乏。思考片刻后，朱老师迅即到街上买来几斤杨梅，悄悄放到教室橱柜里。

晚自习结束时，该是学生吃夜点心的时候了。

朱老师说：“今天晚上同学们除了有学校发给的蛋糕，还有一样更好吃的东西要给你们呢！大家知道是什么好吃的吗?”

学生们摇着头说“不知道。”

朱老师说：“我们班的四十几位同学来自许多不同的城市。慈溪市盛产杨梅，今天下午，柴世超同学的妈妈给我们捎来了她家乡的特产杨梅，要让同学们尝一尝，同学们高兴吗?”

学生们激动了：“高兴！谢谢柴世超同学的妈妈!”

朱老师问：“同学们想一想，这些杨梅应该先让哪些同学先吃和多吃一点?”

有的同学说：“应该让家乡不长杨梅的那些同学先吃和多吃。”

有的同学说：“应该让路途最远的同学先吃和多吃。”

……

朱老师说：“你们想得都很好，有了吃的能先想着别人，真是好品德啊！现在，我就让柴世超同学把他带来的杨梅发下去。”

这时，抢吃杨梅的同学用惊疑的目光时而看朱老师，时而互相对望，显得很不安。朱老师却始终微笑着，用他们熟悉的目光传递着赞赏、批评、期待的信息。

吃完杨梅后，朱老师回到办公室。不久，便有几位同学跑到办公室塞给他几张小纸条。打开一看，同学的纸条上写着：

我们没等全班人到齐就吃是不对的。

杨梅应该让老师安排人分给我们吃。

杨梅应让别人吃和多吃。

学生家长带给大家的杨梅被一些先来的同学吃掉，这是一个偶发行为，朱老师敏锐地感到这是一个教育的契机。他没有立即批评教育这几个学生，而是重新买来杨梅分给大家吃，创设了“分杨梅”的教育情境，引导学生从具体的事情中体察了人情，体味到亲情，也使那些先吃了杨梅的同学感到自己行为的不妥和错误，从而强化“心中有他人”的意识。

第二节 暗示语

暗示语，指教师用含蓄、间接的方法给学生以启示，激发其潜力的教育口语。

暗示就是对一些不便直截了当说出的意见或观点，运用委婉含蓄的语言或示意的举动，让他人通过联想领会说话者想要表达的意图，从而对听者的心理、行为产生影响。作为一种教育用语，暗示语在思想教育活动中具有独特的作用和效果。

暗示语适用于不能或不便直接点明的事、理，以免伤害学生的自尊，或使学生心理上逆反，影响教育效果。有经验的老师往往采用顺情导入、旁敲侧击、诙谐幽默、设谜诱导等言语策略，让学生在轻松愉快的气氛中感受和理解老师的用意，收到较好的教育效果。暗示语虽然运用广泛，但也有其局限性，尤其适宜于需要充分说理的教育活动和对象。

一、暗示语的特点

暗示语的基本特征是讲话含蓄，话语婉转，掩饰立场，避开对方的心理障碍，在不经意之间将自己的思想渗透到学生的潜意识中，从而达到影响学生、教育学生的目的。暗示语的思维基础是联想。教育者要有联想，才能产生暗示；受教育者也要有联想，才能真正接收、理解暗示。因此，引发学生的联想，使暗示能够为学生所接收、所理解，是运用暗示语的前提。教师无论怎样暗示，都应该做到意明旨隐，通俗易懂，绝不能用语晦涩，模棱两可。

暗示语具有以下特点：

第一，暗示语内容含蓄，表达委婉。它不直接说出某事物，而只说出与它有关系的另一事物，让听者通过联想去理解其真正含义。

第二，通俗易懂，能诱发学生联想。暗示的思维基础是联想，通过语义的联系去理解事物。能否为学生理解是运用暗示语的前提条件，教师运用暗示语要旨隐意明、通俗易懂，易引发学生思考。

第三，实现性强，受情境局限。暗示语只能在一定情境中产生和发挥作用，抓准时机十分必要。

第四，暗示语有一定的局限性，不适宜用于需要充分而深刻说理的教育活动。

二、暗示的技巧

1. 直接暗示

把事物的意义直接提供给学生，使学生迅速而无意识地受到暗示。直接暗示常用直陈式的说明。如有个别学生不参加早读，老师说："明日早读进行纪律检查，各小组评比。"这种启发自觉性和集团荣誉感的暗示比直接批评效果更好。

2. 间接暗示

把事物的意义间接地借其他事物或行为提供给人，使人迅速而下意识地加以接受。比如老师用自己的言行对学生施加影响就是一种间接暗示，常借用故事、寓言、笑话、赠言等给学生以暗示。

①故事暗示。即讲述一个真实的或虚拟的，有连贯情节又具有感染力的故事来暗示。

运用故事暗示，选择故事要寓意明了，有针对性，能引起被暗示者的联想，要把握好暗示的时机才能较好地表达到暗示的目的。

②笑话暗示，即用引人发笑的故事暗示，在笑声中使被批评者摆脱难堪保持自尊，愉快地接受批评。

选择暗示的笑话要有教育意义，既是非分明又充满善意。由于暗示的对象是学生，因此笑话的选择更要有分寸感，不要选讽刺敌对的笑话。

③寓言暗示。寓言往往隐含着劝喻或讽刺，用暗示法给人以启迪和教育。

暗示教育所选用的寓言往往只叙述故事，寓意留给听者体味。运用时注意寓言特点，寓言的故事情节是虚构的，寓意的表达方式大多是借此喻彼、借近喻远、借古喻今、借小喻大，有鲜明的哲理性和讽刺性。

④赠言暗示，针对学生存在的问题，选择能启发暗示的名言、格言、警句等进行暗示。

运用赠言暗示要注意时机的选择，适应对方的认识能力，赠言要简洁，语言富有哲理性，能引发学生思考。

从暗示信号发出的方向与暗示目的的关系来看有顺向暗示（正暗示），还有逆向暗示（反暗示）。顺向暗示的特点是二者一致，逆向暗示特点是二者相反，如说反话。老师本来主张某一种观点，却提出相反的观点，刺激学生，让学生反思或反驳，使本意得到阐明。

有一个班获得“优秀班集体”称号。但有少数同学不守纪律，个别同学之间不团结。在班会上，老师提出：是不是把学校发的奖状摘下来？经过讨论，大家理解了老师的用心，班集体更加坚强了。“请将不如激将”，也是一种反暗示。

除了用语言暗示外，态势语在一定的情景下也可以起到暗示的作用。比如，上课时有同学在讲话，你可以停下来，不讲话，只是看着同学。这一暗示作用，也许比你直接说明效果会更好。

三、暗示语的基本要求

1. 把握心理，顺情导入

要把握学生的心理，首先必须了解他们的需求、情感及心态，然后再通过语言的作用，使之无意识地产生心理活动，不知不觉地受到影响。据说在三国时代，曹操率军出征，在一个炎夏盛暑的中午，烈日当空，士兵们渴得嗓子都要冒烟了，曹操看到这种情况，便用马鞭指着前方说：前面就是一片酸梅林。士兵们一听，想到梅子的酸味，顿时流出了口水，不感到口渴了，继续向前赶路。这就是脍炙人口的“望梅止渴”的故事。曹操利用语言的暗示作用，收到了止渴的效果。

2. 旁敲侧击，点而不破

旁敲侧击，即对学生存在的问题不直接点破，只是从侧面敲击一下，使其注意，如在课堂上，有个别同学对任课教师不尊重，甚至起哄，扰乱课堂秩序。课后，班主任找那些闹得凶的学生谈话：“我打算开一次‘尊师演讲会’，请你们当‘演员’，给大家来场精彩的表演。”几个学生听了脸红了，感到难为情，最后主动向老师认错。这位教师并没有严厉批评学生，也没有讲一番大道理，只是侧面暗示了自己的态度，言微力重，使学生受到了深刻的自我教育。

3. 暗示既要诙谐含蓄，又能引起他人重视

语言诙谐，能够调节气氛，改变本来紧张、严肃的情境；说话含蓄，婉转自如，能使双方心理相容，易于接受并引起重视，收到突出的效果。在美国，一条公路在大海边拐弯，交通部门在此所树的路标向司机发出警告：“如果你的汽车会游泳的话，请照直开，不要拐弯”。这里恰当地寓警告于幽默诙谐之中，不仅暗示了危险地段，而且能引起司机的重视。又如，一位班主任了解到班上有不少男生抽烟，他不是横加指责，也不点名批评，只是诙谐地讲了几句话：“今天我跟你们讲讲吸烟的好处。”一句妙语开场，如石击水，反响鲜明。接着讲到：“第一大好处是吸烟引起咳嗽，夜半尤剧，可以吓退小偷；第二大好处是咳嗽导致驼背，可以节省布料……”这种诙谐含蓄的语言，暗示吸烟的害处，使学生在笑声中感受和理解了老师的用意。

【示例】

一个星期五的下午，一向遵守纪律的学生突然不安心学习了。老师故意朝门外观看、看桌下、看橱柜。当学生问老师在找什么时，老师说：“我在找那个一向遵守纪律、安心学习的班级，因为我敢断定现在这个乱糟糟的班肯定不是我的那个一向遵守纪律、好好学习的班级。”学生对老师的幽默心领神会，马上转回到自己的学习上，认真学习起来。

面对一个一向各方面都比较好的班级出现了一些不太稳定的情况，教师没有直接指出来加以批评，而是采用暗示的方式，以比较幽默的话语，让学生明白老师的真实意思，提醒同学们注意改正，这样同学就能在比较愉快的情况下，发自内心的接受老师的教育，并且能够及时的加以改正。

4. 暗示要能设迷诱导，不言而喻

设迷，是指教师故意运用一种反常的言语举动来陈述事情，并摆出相反的看法，使学生陷入疑团中，暂时处于“莫衷一是”的境地，产生困惑，而后通过暗示诱导，让学生去用心领会其中的真。

四、运用暗示时须注意

1. 暗示不要晦涩难懂

暗示必须以让人听懂，并明确理解为前提，要根据学生的理解能力恰当使用。否则，不明白你的意思，就起不到暗示的作用。

2. 暗示不同于“明示”

暗示主要是通过语言、动作、表情或其他信号，对他人心理产生潜在的影响。暗示语不一定都要摆事实、讲道理，有时只讲事实，或只讲一个故事、一种知识，不作褒贬，不摆观点，却又明确地向他人暗示了态度，或者通过这种潜在影响，改变他人的感受、理解和观点。有时，教师说话的强与弱，表情的冷与热，以及一个动作、一种眼神，都具有暗示的效果。

[情景练习]

1. 一名学生去拜访老师，坐了很长时间。这位老师当时还有很多事等着处理，如果你是这位老师，你将怎样使用暗示语，让这位同学起身告辞？

2. 你的同桌上课时总喜欢跟你讲话，影响了你的学习。正面提出怕搞僵关系，你怎样去提醒他？

3. 一位班主任发现班上有不少同学在吸烟，他没有采用横加指责的方式，也没有直接点名批评。而是用诙谐含蓄的语言暗示吸烟的危害，使学生在笑声中感受和理解了老师的用意，受到了生动的教育。如果你是老师，如何设计这几句具有暗示性的话？

4. 班上有位性格内向、孤僻的同学向你借了一本你最喜爱的书，很长时间了还没还，你如何婉转地要回你的书。

第三节 说服语

说服就是以充分的理由，通过摆事实、讲道理，辨明是非曲直，使学生从中获得正确的认识，从而改变不正确的思想行为，朝着教师所希望的目标转变。它实质是一种从心理置换到心理相容的过程。

20 世纪 80 年代以来，当代中国说服教育方法变化十分迅速，经历着征服模式到信服模式，再到诚服模式的演变。这种方法的演变昭示着人们说服教育观念的变革：即从忽视被说服者的道德主体性，或忽略被说服者的道德动机，到强调被说服者在说服教育中的主体作用，重视被说服者道德内化的过程。

根据这种演变，我们认为说服语是指教师在教育活动中，讲述生动事例，阐明正确的道理，影响、改变学生原来的观念和态度，引导其行为趋向预期目标的语言。

一、说服语的类型

1. 直接说服

就是说服时正面摆事实、讲道理，不绕弯子。

【示例】

给孩子出道选择题

学生向老师请假去参加表姐的婚礼。老师问道："告诉老师，你去能给表姐帮什么忙？抬东西吗？要不就是管理事情？"看着学生直摇头，老师温和地说："老师知道，去吃你表姐的喜糖是你盼望已久的事情。如果她在节假日结婚，我们不上课，能去当然好。可现在情况不同，明天数学、语文都是学新课，连你们活动老师也说，明天活动课上还要搞小制作比赛。你要是不来上学，那损失有多大呀！假如你只是想去凑热闹，那太不划算了；想吃好东西，可以让你爸爸、妈妈给你多捎些回来。"学生站在老师面前，眼睛里有泪珠在滚动。"这样吧，老师已帮你把事情分析了，对你请假的事，老师不说'行'，也不说'不行'。至于怎样办，你今晚可以回家再好好考虑一下。"

在这个例子中，老师就学生请假进行说服。首先开门见山向学生提问，让学生明白，他去参加婚礼帮不了什么忙；接着对学生想参加婚礼的心情表示完全理解。然后一一细数明天的学习任务。在摆清两方面事实的基础上，老师进一步通过假设分析了请假的后果：学习上有很大的损失，不划算，说明了不同意的道理。至此，事实摆了，道理也说了，但为了让学生接受说服，老师非常有人情味地用"让爸爸、妈妈捎些好吃的回来"这个主意安慰他。而学生，虽然没有继续坚持要请假，但眼睛里的泪珠表明他还未被说服，这时老师并没有强迫学生接受说服，而是给学生继续思考、自主选择的权利。

2. 间接说服

就是说服时，不正面摆事实讲道理，而是言彼意此，将道理寓于其中，让学生自己感悟，或者教师在最后点明。

【示例】

有一个女生把眉毛描得又细又长，还把小嘴抹得嫣红嫣红的。老师约她到湖边，和她进行了谈话：

"你喜欢这满湖的荷花吗?"

"当然喜欢啰。"

"它们这么美丽，是哪位画家把它们画成这样的吗?"

"不是，是它们自己长成这样子的。"

"对，它们的美丽正因为它们自然天成，没有斧凿之痕，就是说没有任何人为的加工，它就这般美丽。"

"对，我就是喜欢这个!"她忘情地叫了一句，然后痴痴地注视着千姿百态的荷花，并没有意识到老师与她谈话的动机。于是老师进一步启发道："如果拿起画笔给那朵荷花再添一笔，你以为怎么样?"

"完全没有必要"，她毫不犹豫地说。

老师抓住时机，因势利导地说："是啊，你们儿童，正如这争奇斗艳的荷花，浑身散发出一种自然的、朴素的美。这种美是最高洁的美，什么人工美也比不了。如果硬化妆粉饰，只会破坏了他们的自然美。"

"老师，我上您的当了。"还没等老师说完她狡黠地叫道。说完扮了个鬼脸，又俯身掬起了一捧清水……

这个由景说事论理的例子就是运用了间接说服的方法。例中的老师根据教育内容精心选择谈话地点，创设出一个非常合适的教育情景，所以说服教育的痕迹被淡化，学生毫无戒备心理，在老师的引导下，顺利地理解和认同教师的观点，因而当老师点破说服教育的主题：儿童美在自然时，学生接受老师的教育就水到渠成了。

为了使说服更能为学生所接受，说服语中常常运用各种修辞手法，以增加说服的感染力。如上面的例子就是将儿童比作荷花，运用了比喻的手法，所以也是设喻说服。

二、说服的技巧

运用说服语的技巧，应该包括正面说理、比喻引导、警句激发、借事明理等。

1. 直接式：正面说理

正面说理就是用正确的理论对受教育者进行直接的陈述。陈述过程中，应当态度明朗，观点鲜明。

【示例】

有一个男学生在左耳朵上戴了一个耳环，不少教师要他把耳环摘下来，但毫无效果。于是，主管学校德育工作的李老师把这个男学生带到办公室，李老师先让他坐下，然后心平气和地和他谈心。

李老师问他："耳环什么时候戴起来的？"

不回答。

僵住了，怎么办？李老师换了一个问法："扎耳孔痛吗？"

他终于开口了，说："痛。"

"痛为什么还要去扎呢？"

"扎了可以戴耳环，戴上耳环很威风。"

问题弄清楚了，戴耳环是为了显威风。李老师又问："什么时候戴的？"

"昨天。"

"什么人叫你戴的？"

"一些朋友。"

"同学吗？"

"不是，是校外的一些朋友。"

"他们都戴了吗？"

"是的。他们说，我们一起都这样戴耳环，走出去，别人就害怕，我们就威风。"

看来，这个学生戴耳环，一是为了朋友义气，二是不懂得人的服饰应该符合人的社会身份的要求。

于是，李老师从耳环的历史和个人的社会身份与服饰的关系做疏导工作，说："古代人为了追求美和出于某种辟邪的心理戴耳环。随着文明的进步，人们的审美观也逐渐发生了改变，认为姑娘、妇女戴耳环，可以给人以美感。男子戴耳环，则没有这种美感。某些民族中，至今也有男子戴耳环作为装饰，但那是带有迷信、驱邪等原始文化痕迹，或者是因为这个民族特有的某种审美情结。所以，其他民族的男性一般不会刻意改变自己的审美心态，标新立异地戴上耳环。"

这时，男学生说：“马拉多纳也戴耳环。”

李老师说：“马拉多纳是戴耳环，他是通过戴耳环来表现作为球星的特别，以招引球迷们的注意。一个唱摇滚歌曲的，再夸张变异的装饰，大众也会认可。但是，如果美国总统克林顿也戴耳环去竞选，那一定会招来非议，损失许多选票，以致落选。这就是服饰应该符合个人的社会身份、符合社会大众的审美标准。将来如果你是个企业家，也是这种装扮，也许没有人敢与你的企业打交道。因为戴耳环毕竟不是正经生意人的打扮。”

通过谈心，这个男学生终于自己把耳环从耳朵上取了下来，并表示再也不戴了。

李老师的成功说明，正面说理，首先要把握学生思想问题的关键所在，才能有的放矢。而且，“说理”不能只讲套话、空话，而是要因势利导，用丰富的知识说古论今，旁征博引，才会令人信服。

2. 物喻式：比喻引导

比喻引导就是用相似的事物作比拟，引发被说服者的思考与领悟，使之从中接受教育。它特别适用于自尊心强而又聪慧的学生。

【示例】

一位班主任老师的成功体验

据我的观察，班上的志钊和小瑜有了早恋的苗头。在慎重思考后，我把志钊叫到办公室。他有点紧张，疑惑地问：“老师叫我来有啥事？”

为了消除他的紧张，我决定采取迂回的谈话策略，说：“想问问你平时在家里学习情况，以及你明年的中考志愿。”

他紧张的情绪松弛了，把学习情况如实地告诉我，还说明年准备报考师范。

“你的基础很好，志向也很明确，平时学习也认真。若再勤奋些，考上师范学校是满有把握的，你可不要辜负了老师对你的期望啊！”

接着，我和他谈及一些学习方法以及复习的时间安排，他点了点头。末了，我从门角取出一支未开的花，问：“你知道这是一支什么花吗？”

“朱顶兰，我家以前种过这种花。”

“不知它开花时怎么样？”

“形状和喇叭状的百合花一样，颜色朱红，有淡淡的清香。”

“多好的花，可惜我未等它开花时便摘了，没能看一看它开花时的迷人风采。志钊，感情这事儿也是这样啊！你现在年纪还小，应当以学习为重，别早早地钻进感情的圈子里。爱情像一颗种子，如果你提前播种，让它在不属于它的季节里生长，你就得不到收获。”

“老师，我和小瑜的交往……”

"老师知道，你们只是一般的同学友谊，但交往密了些，这样会影响你们学习的。"

他点了点头。

此后，我也鼓励小瑜同学勤奋学习，把目标明确放到明年的中考上。结果，他们之间秘密的交往没有了，学习也更加用工了。第二年，他俩分别考上了师范学校和卫生学校。

一个不轻松的话题，从"闲话"入手，在学生心情放松的状态下因事诱导，巧妙设喻，暗示早恋对身心发展以及学习不利。整个谈话气氛和谐，语言自然平实，娓娓道来，不失为对有上进心和基础好的学生的说服良方。

3. 激励式：警句激发

警句激发就是用简练而含义深刻的语句来激励学生，使之振奋。其特点是具有较强的刺激性，可用来及时制止、纠正学生的错误行为。

【示例】

一天下午的第二节课后，同学们回到宿舍。突然，一个同学惊叫起来："我放在枕头下面的100元钱不见了！"宿舍里顿时议论纷纷。室长急匆匆到办公室找班主任。

得知此事，班主任来到331宿舍。在场的同学气愤极了，有的提议要立即"搜查"。面对同学们的要求，班主任明确表示不同意，并恳切地对同学们说："宿舍里丢了钱，这说明我班主任工作没有做好。但我要郑重地告诉大家：金钱是有价的，一个人的人格是无价的。我希望每个同学不能因为一时糊涂，让有价的金钱吞没了无价的人格！"

第二天下午，同学们上完两节课又回到宿舍。丢钱的那个同学又叫了起来："我丢的100元钱有了！"听到这个消息，班主任又来到了331宿舍，非常激动地说道："尽管我不知道是哪位同学将钱送回来的，但我为你感到高兴！因为你送回的不只是100元钱，而是一个人的尊严！同学们，你们要记住'金钱有价，人格无价'！"从那以后，宿舍里再也没有发生过类似的事情。

班主任从自我批评入题，说明问题的严重性；用"金钱有价，人格无价"的警句来告诫误入歧途的学生，振聋发聩，极具冲击力。

4. 诱导式：借事明理

借事明理就是讲述真实或虚拟的故事来阐明正确的思想观点，凭借其感染力、说服力，让人听后从中体会、领悟一定的道理。这要求表述语言简洁，富有情感。

【示例】

国歌奏响，国旗升起。我班有一个同学仍在教室内走动。另一个同学还嬉笑逗趣，被值日老师发现扣去10分。事后，我没有对这两个同学简单地训斥，而是讲了两件事。

第一件事：盛夏酷暑，骄阳似火，一个老太太蹲在地上抠一枚深陷在柏油地面的硬币。一个学生见之一笑，说："老太太，不就是两分钱吗？大热天，值吗？"老太太抬起头来，擦了擦汗，说："……"说什么呢？有的学生猜"要勤俭节约"，有的猜"要把这钱捐给希望工程"。其实，老太太说的是："这两分钱上有咱们国家的国徽呀！"

第二件事：《人民日报》报道，美国政府不断攻击中国的爱国主义教育是煽动民族情绪，缓和国内矛盾。那么，美国是否进行爱国主义教育呢？请看：凡美国公民看到自己的国旗升起，总是要驻足行注目礼，其情其景令许多国人也肃然起敬。

然后，我说："爱国是抽象空洞的吗？如果不是，我们该怎么做呢？此后的升旗仪式上，再也没有出现不尊重国旗的行为。

这位教师通过两件事情，说明了爱国是具体的这一道理。该教师表述事件时的设疑、反问，令人感到凝重与激愤，每一句话都叩问着学生的心灵，因而取得了较好的教育效果。

三、说服语的基本要求

1. 要分析说服的对象

不能知人，就难于说服人。因此，说服必须掌握和了解对方的情况。对于不同的教育对象进行说服教育，要根据他们的年龄、个性、心理上的差异和思想状况提出不同的要求，采用不同的说服方式，使用不同的语言，做到"一把钥匙开一把锁"。

说服人要量体裁衣，刚柔并济。毛泽东同志就很重视看对象说话，他要求搞宣传教育的同志学会在什么山上唱什么歌。毛泽东同志讥讽那些不看对象讲话的做法是"对牛弹琴"。在说服中，教师应把学生的个性特点，对不同的对象，措词、语气应有所区别，对于沉默寡言、性格内向的学生，语气要平缓，说话婉转，言语中含有极强的浸润力；对于放任不羁、性格外向的学生，说服中要单刀直入，认真严肃地把话说透，或说话软中带硬，让学生能从中品味出话语的分量。针对不同情况的学生，做到刚柔并济，才能促使其接受教育，转变认识，达到说服教育的预期目的。

2. 要寻求双方的心理相容点

说服，首先要攻克对方的"心理防线"，消除对方的紧张、戒备和疑虑等不利于谈话的心理状态。"心理防线"就像一堵墙，使你的话语说不到学生的心里去。要使学生心悦诚服接受你的意见，就必须从说服的内容和情态方面与学生的心理情感相容洽。努力做到，第一，淡化动机，创造良好的说服气氛。

可以从闲谈入手，先谈一些非实质性的题外话，或谈一些对方感兴趣的事情。有了良好的谈话气氛。双方心理容易相容；适时巧妙地引出正题，就能达到说服的目的；第二，要站在关心对方的立场来说服对方。说服不能空谈大道理，而要联系实际，晓以利害，言情感化。特别要注意设身处地，站在关心对方的立场坦诚而言，努力获得对方的信任与理解，这样才能使对方乐于接受并遵从你的意见。

3. 要随机施说

随机施说，也就是顺应事物发展的客观变化，掌握“机缘”，灵活处理。说服活动都是在一定的时境、心境、语境中进行的，因此，说服者要能够利用事物的变化，把握情势，开展说服活动。要根据不同的说服内容、不同的说服对象，随机应变，力求达到好的效果。

说服中根据情势的发展，有时顺水推舟，有时顺势说理，有时顺势成趣，自然贴切，易为人所接受。如果对方抵触情绪较强烈，一时难以接受意见，说服者可稍作让步，从长计议，不宜急于求成；如果双方对事物的看法不能一致，则可以“折中”，有点不同意见还可以“并存”。说服中不宜正面发生冲突，应当考虑对方的自尊心，说些宽宏、体谅的话，给别人留点面子，避免伤了感情，这样能促使对方重视你的意见，转变态度。

4. 说服的态度要耐心诚恳

说服，欲使人心悦诚服，就要平等相待，以诚相见，说服中不能用空洞乏味的说教和成套理论来灌输，而应当根据学生的理解水平、承受能力、心理相容性，推心置腹，言情感化。还可以运用身边的实例，通过对比、讨论、分析、探讨，从具体到抽象，从感性认识向理性认识过渡，如春风化雨，润物无声，启人心扉，这样才能导之以行，戒之以法，收到实效。

[情景练习]

1. 班主任发现一名女生有早恋苗头，连续找她谈了三次话。第一次在充分肯定其长处的前提下让她自己谈优缺点，女生回避了敏感问题。过几天的第二次谈话中，老师明确表明了早恋不好的观点，征询女生的意见，并问：“你觉得咱们班有早恋的同学吗?”对老师的探查女生用模糊语言回答：“不知道，可能有吧，也可能没有吧。”第三次谈话老师则开门见山：“今天就想谈谈你的事。”直截了当地了解其交朋友的情况并有针对性地正面说理。女生在老师的“让感情冷冻一下”“绝对不要一对一地来往”的建议。这名女生感谢老师的信任和理解，把全部精力都集中到了学习上。期末她被评为三好生，入了团，还当了班长。

训练要求：请回答下列问题。

①老师的三次谈话，每次的特点是什么？三次谈话之间的关系怎样？

②女生在每次谈话时的心态有什么变化？

③老师为什么用“让感情冷冻一下”的说法？这样说有什么好处？

【提示】

开启学生心灵之锁要注意循序渐进、把握教机、通情达理，才能达到水到渠成的目的。

2. 在同一学校、同一班级读初一的李云和张君，因使用学校的体育场而产生了矛盾。李云先带了同学在体育场踢足球。后来，张君也带了几个同学来踢球。李云不让张君他们在这里踢球，认为自己先来，有权不让踢。张君认为体育场是公共设施，他们也有权使用。于是，两人吵了起来，甚至动起手来。

班主任朱老师闻讯前来制止了争吵，并从使用体育场应遵循先来后到的原则批评了张君。当时，张君没有说话。然而，他心服口不服。等朱老师走后，他便在体育场上起哄。李云自然不肯想让，两人终成斗殴。最后，双双进了医院。

请你就这一事例，对班主任朱老师的处理方法作一简评，并分析事情没有处理好的原因在哪里。假如你是班主任，将怎样说服李云和张君两位同学，令双方都满意。

【提示】

两个同学互不谦让的原因，主要是怕在各自的同学面前丢“面子”。因此，说服教育要抓住这个关键，给学生“面子”，满足其心理需要。

第四节　启迪语

启迪就是开导、启发。启迪语，是指教师开启学生的情感和认识，促进学生积极思维，进行自我教育，并按正确原则行动的教育口语。

启迪语引导学生自我践约；帮助违约学生实行自我反省，诱导学生形成正确观念，激发他们的内趋力并付诸行动。启迪语的特点是老师用点拨的方法开启学生的思维，开发他们的语言能力，帮助学生自己教育自己的能力。

启迪语的广泛运用，一方面表现了教师对受教育者的尊重和信任，即相信学生有自我完善的需要，有在教师的引导下进行自我教育的能力；另一方面，也为在教育活动中能够更好地发挥学生的主体作用，调动学生进行自我教育的主观能动性创造了条件。

一、启迪语的特点

1. 化“有心”为“无意”

这里的“有心”，是指话语有明确的教育目的，不漫无边际，不模糊含混，而有确定的寓言和指向；“无意”，则是指话语组织不是直指教育目标，而是层层牵引，逐步深入，就像春雨润物那样自然而成，学生在教师耐心的引导下提高认识。

2. 因人而异，因事设理

因人而异，就是根据不同对象的特点，采用不同的启迪方式。如对优等生，针对他们自傲和自作聪明的特点，用委婉、诱导的言辞，促使其正确地估价自己，迈向更高的目标。对后进生，则要运用肯定评价的策略，充分肯定他们品德行为或学习成绩方面的点滴进步，用其自身的闪光点促进内因的转化。

因事设理，就是对不同的事件、不同的问题、不同的情况采用不同的方式进行启迪。

3. 积极赞扬，热情激励

教师赞扬某种美好的事物，本身就是一种具有指向性的启迪和引导。善于发现的学生具有的美好品质或好的变化迹象，并适时予以积极赞扬，热情激励，往往能使学生从中体会到温暖和关怀，从而通过积极的思考完成自我评价，增长克服困难、追求更大进步的勇气，最终将认识变为行动。因此，启发认识和激励行动应该并行，这样才能达到启迪教育的目的。

二、启迪语的类型

1. 设问引导法

这是师生对话活动中最常用的形式。教师依据教育内容，设计出一系列问题让学生思考，启发引导他们通过自我感悟明辨是非，实现自我教育。

【示例】

两把椅子与一根炉柴

一次校会，邻班同学损坏了我班一把椅子，虽然修理后还能用，但一不小心它就吱吱嘎嘎地“呻吟”。这天全校锯炉柴，操场上摆满了各班的椅子。回到教室作劳动总结时，老师发现那把坏椅子不见了，而多了一把新椅子。同学们都推说不知道，班长也支吾。老师明白：一定是同学趁机用坏椅子换了邻班的新椅子。

老师正在琢磨该怎么教育同学时，一年级的小同学拖着一根炉柴进来了。“老师，这是你们班的炉柴，我们班的同学不小心拖错了，现在给你们送来。”老师心里一动，连忙拉住她问：“你为什么要把炉柴送回来呀？”“因为炉柴是你们班的，我们不能要。”老师故意问：“假如我们班的同学从前故意拖过你们班的炉柴，现在你们发现错拖了我们班的炉柴后，你们还会把炉柴还回来吗?”“那样我们也会把炉柴送回来的。”“为什么呢?”“因为……因为我们应该这样做。”她大声回答。于是我转向我们班的同学：“大家说她回答得好不好?”“好!”教室响起一片掌声。一些同学此时明白了老师的用意，不自然地低下头。下课后，班长和几位同学一起搬起那把新椅子，向四班教室走去。

这个例子中的老师，发现问题后没有批评学生，而是在“琢磨该怎么教育同学”，一个“琢磨”就显示出老师的智慧。果然，他借用小同学还炉柴的机会，向她提出了三个启发性的问题，而小同学的回答恰好成了老师教育本班同学的材料。在此基础上，老师反问大同学“她回答得好不好”，不着痕迹地让本班学生在肯定小同学行为的同时否定了自己先前的做法。不用批评的方法，没有长篇大论的说教，就在与小同学的对话中，启迪本班同学用实际行动改正了自己的缺点。

2. 类比启迪法

利用学生爱形象思维的特点，依据教育内容，或选择有针对性的小故事，或用生活中一些生动的例子打比方，启迪教育他们，这就是类比启迪法。

【示例】

搬掉石头

阿楠给罗刚起外号，罗刚把阿楠的书包仍在地上。为此老师找罗刚谈话。老师对他说：“一个人走路时被路边的石头绊了一脚，脚好痛。他生气极了，又用脚狠狠向石头踢去。你看他聪明吗?”罗刚说：“傻瓜一个!”“他傻在哪里?”“脚已经痛了，再踢不是更痛吗?”“哪怎么办?”“绕开走不就得了，”“别人也会被绊跌跤呀，最好的办法是什么?”罗刚想了想，说：“把石头搬到墙角或垃圾箱里。”“对！这样做，脚既不痛，又做了好事。”过了一会儿，沉思后的罗刚说：“老师，阿楠给我起外号是错的，好比石头绊了我的脚。我扔他的书包，就好像踢石头。这样既伤害了他，又伤害了我自己。我去找阿楠谈心，共同把这块‘石头’搬掉!”

对于学生，尤其是低年级的小学生，逻辑思维能力还不强，所以在对他们进行启迪引导时，应当尽量避免哲理性太强的抽象的说教语言，而用类比方法，道理就很容易为他们所接受，这被实践证明是一种很有效的方法。

3. 榜样暗示法

和前一种方法相比，榜样暗示法也要通过举例比较进行引导教育。但不同在于，类比启迪法所举的例子不一定都是正面的例子，而榜样暗示法所举的例子肯定都是正面的。和类比启迪法相似，教育者的观点是隐含在榜样的言行中的。这种方法常常用来和小学高年级一些自尊心特别强而心理又比较敏感的学生的谈话中，可以保护他们的自尊心，不致引起他们对教育的抵触情绪。

【示例】

几位学生帮老师做杂事时，与老师的对话

生甲：熊老师，我就想玩，像帮您做这些事，我乐意，就是不太愿意做作业和读书。

老师：对头，我也想玩，我还一直认为爱玩不一定是缺点。而且，玩还要玩得痛快。

生乙：我就图玩个痛会，但是作业没做完，值日生查到了又叫我们补，不补，老师会狠狠地批评我们，只好补，课间不能玩，甚至放学了还走不成。

老师：这样，实际上没玩舒服。不知你们注意没有，何兵同学……对了，你（对甲）跟他很要好，该了解他。我发现他并不“勤奋”，从没在课间或放学后赶什么作业，哪怕是要考试了，他也不占休息时间用功，玩得够可以的。

生甲、乙：就是。但他的成绩还可以。

老师：什么道理呢？有一次我问他……

生甲：（抢着说）我了解，我挨着他坐的那一段时间，看见他上课认真听讲，发言积极。当老师布置作业后，他马上聚精会神地做，一点儿也不东张西望，有几次我找他讲笑话，他始终不理我。

老师：那么，家庭作业呢？

生乙：这我清楚（该生是何兵的邻居）。他回家第一件事就是做作业，做完了才玩。我却是把书包往家一丢，就去找朋友玩，玩了再说。

学生不爱做作业和读书，就想玩，对这样的学生，一些教师会把他们归于差学生的行列。实例中的这位教师令人可敬，因为他毫不歧视这些学生，而是请他们来和自己一起做事，这便创造了一个能够与这些有缺点的学生平等、自由、轻松对话的机会。同时也使学生感受到教师的信任和尊重，因为在许多学生心目中，只有得到老师信任的好学生才能有帮老师做事的机会。

在这个教育活动中，教师对于学生暴露的贪玩不想学习的真实想法，及时进行了启迪引导。但这种教育不是通过直接否定学生的言行强加于学生的，而是首先对学生爱玩的想法给予认同，接着针对他们想玩又要学习、因而玩得不安心的矛盾，似乎是在不经意间提到一个既“玩得可以”又学习“成绩也可以”的学生，暗中为他们树立了榜样，然后通过好奇的追问，不着痕迹地引导启发这两位学生去思考琢磨那位同学是如何学习的，自然而然地将榜样好的学习习惯和行为总结出来了。这样，老师并未直接教诲，但学生已经明白怎样做到既能玩好又能学好的方法了。

4. 自我思考法

教师对学生的启迪教育有时可以将问题提出后，容学生事后自己思考和感悟。这种方法的好处是可以使学生感受到教师对自己的一种信任，因此能更好地发挥自己的主观能动性，在更大程度上实现自我教育。

【示例】

吃饭时，一位农村来的学生将一只肉包子掰两半，啃掉肉馅，“咚!”随手扔进泔水桶里便扬长而去。班主任找他个别谈话：“这个周的周记你就写你丢包子这件事。如你感到难写，我建议你想想下面几个问题再下笔：(1) 你当时是怎么想的，过后有没有想过这件‘小事’；(2) 这个肉包子是你花钱买的，但这买包子的钱是哪来的；(3) 你父母如果看到了你刚才丢包子的情景，将会做出什么反应；(4) 我今天建议你写这篇周记，你认为是否必要。”

当然，运用自我思考法必须具备两个条件：一是教育对象出现的问题不及时处理并不会产生很大危害和造成不好影响；二是教育对象具有自我教育的感悟能力。

由于自我思考式的教育效果当时不能显现，所以实际上教师提出问题请学生思考后，这个教育活动并未真正完成，因此，教师还需继续关心学生的思考结果。像上面的例子，学生思考的结果是要通过周记反映出来的，那班主任就要对学生交上来的周记认真阅读，检验教育的效果。

有时，老师只是提出一些问题让学生思考，并不要求学生将思考的结果用书面的形式呈现，那么老师就要关注学生发展，从点滴细微之处看学生是否发生了预期的变化，由此判断教育的效果。

三、启迪语的基本要求

1.“有心”化作“无意”，善于启发

古人有诗云：“有心栽花花不开，无心插柳柳成荫”。对学生进行思想品德教育，也应当借鉴诗中的“有心”和“无意”。“有心”，是指教师能够掌握学生的思想脉搏，做到细致入微，精心育人；“无意”就是设法使思想教育工作达到“润物细无声”的效果，使学生在潜移默化中醒悟，在不知不觉中收益。“有心”化作“无意”出，能使人在恍然大悟中明白真实的意图，从而达到教育的目的。

2. 启迪要因人而异

启迪要因人而异，就是根据不同的对象、性格、气质、兴趣等特点，以及不同的问题、不同的情况，区别对待，分别采取与之相适应的方法。这就要求教师必须做到“知己知彼”“有的放矢”，这样对症下药，思想教育的内容、启迪的话语才能“入耳”“入脑”，产生应有的效果。

教师要开启学生的心灵之锁，就必须一把钥匙开一把锁，区分对象，方法多样：有时以富有哲理的话语，开启学生的心智；有时以一个简单的实例，给

学生提供借鉴；有时可以引而不发或触机而发。一句话，启迪就是要根据学生的不同情况，因材施说，使之觉悟，激发出他们内在的动力。

3. 启迪要以言引路，激发共鸣

启迪的话语应当像春雨一样一点一滴地渗入学生的心田，浸润学生的灵魂。

在青年学生中，不少人喜欢抄录名人闪光的语言以及富于生活哲理的格言、警句，用来鞭策自己，激励自己努力奋进。对此，教师在进行思想教育时，也应当时常运用闪光的语言去启迪学生思考、探索。饱含知识营养又富有感染力的语言，能鼓舞学生积极进取。

启迪靠语言传导。教师热情的话语，能使学生从中体会到温暖和关怀，在轻松愉快的气氛中接受教育和思考问题。这样，以言引路，势必能激发学生思想和情感上的共鸣，达到心理疏通，取得良好的教育效果。

4. 启动学生的思考，引发顿悟

思考是知识的窗口，是探索的马达。成功的思想教育，就应当是打开窗户、启动机器，通过教师的点拨，留给学生一个思考的空间。

青年学生思想活跃，但由于涉世未深，思想单纯，看问题容易片面或走极端，遇到一些问题，常常百思而不解，苦闷悲观，由此就容易产生消极的心理。作为思想教育工作者，应当满腔热情地给学生指点迷津，用睿智的语言去解开他们心中的迷惑，使学生的认识日臻全面，思考日趋成熟，从而产生顿悟，变得更加智慧。启迪语就应当善于举一反三，以事悟理，去打开学生思考的大门，启动他们思考的机器，把教师倾诉的道理变为学生自己的理解，并由此转化为觉悟，达到自我教育的目的。

【示例】

此时无声胜有声

正值我带的班级面临高中毕业之际，学校发出了举行广播体操比赛的通知。

听到这一消息，班里同学议论纷纷，有的说："马上就要毕业考试了，谁有心思参加比赛！"有的甚至提出"弃权"。

同学们的这种心情是可以理解的。但我考虑到，由于这一阶段学习比较紧张，对学生的思想教育有所放松，学生中暴露了一些问题。我觉得应该借参加广播体操比赛这件事，对学生进行一次教育。

同学们快毕业了，这意味着中学生活即将结束。每个同学对母校、对老师都有很深的情感，都乐意给学校老师们留下一个很好的印象。摸清了学生的想法，我在班里读了高尔基给他儿子的信中的一段话："你走了，可是你栽的花却留了下来，在生长着……要是你在任何时候、任何地方，自己一生留给人们的都是美好的东西——鲜花、思想，对你的非常好的回忆，那你的生活将会是轻松和愉快的。”

这段话在学生中引起了强烈的共鸣，有的同学还把它抄在日记本上，反复背诵。“我们要毕业了，但要给学校、给老师留下美好的回忆”成了全班同学的共同心声。由于全班同学有了统一的指导思想，广播操比赛获得了第一名。

好的文章、警句和富有哲理的故事能启迪学生的心灵。在思想教育当中，教师恰当地引用，能发人深省，悟其道理，收到较好的教育效果。富有启迪的话语，还可以提高学生的思想境界，引发学生思考，从而产生向上奋进的动力。

【示例】

要学会改变自己

中学生开始独立思考问题，对自身和生活中的问题常常有自己的看法，但由于他们阅历不深，思维不够成熟，看问题往往较片面，有时因此“想不通”而陷入苦恼。教师如不及时开导，就容易使学生产生郁闷或愤世嫉俗的情绪。对此，辽宁省特级教师魏书生给学生讲了这番道理：

“……幼时觉得极高的滑梯，现在看上去几步就能到顶；幼时觉得很高的假山，现在几步就能跃上去；幼时觉得很宽的街道，现在觉得竟是挺窄的里弄……所以会产生认识上的差异，是我们长大了，眼界高了，是因为我们自己改变了。昨天难办的事情今天会极为顺手，昨天的对手今天可能变为助手，昨天的惆怅今天转化为喜悦，昨天的失败，今天会转化为胜利……改变了自己，你会觉得，世界更可爱，水比昨天清，花比昨天艳，天空看起来都比昨天要蓝。”

要转变学生的思想认识，空泛的大道理是不能解决问题的。而魏老师运用了具有启迪性的话语，开导学生从今天与昨天的对比中，学会举一反三，言语深刻，说理清晰，使学生领悟到事物发展与变化，从而改变了自己看问题的方法和角度，增强了学生思考问题的能力。

[情景练习]

在课堂情景中假设一个同学做老师，根据下面提供的训练材料，从情、理两个方面使用合适的教育口语，对另一个学生进行模拟谈话。模拟谈话后进行公开评议，然后再进行一轮模拟谈话。

①如果作为班主任，当你发现你班有学生“早恋”了。你如何针对学生的心理，运用启迪的方法，巧妙地讲清早恋的危害？如何在不伤害学生自尊的前提下，让他们愉快地接受你的劝说，及时加以改正？

②临近高考，高三各门功课都抓得很紧，教语文的老师自然也把弦绷得很

紧。可不少学生希望留点自由支配的时间，对老师管头管脚，死卡硬压颇为不满。一次，老师收作文时，一个同学不但不交，还向他发火："现在还做啥作文？烦死人啦!"可老师当时只低声提醒："别嚷嚷，等会儿再同你谈。"下课后，老师叫这个同学到办公室。他一进门就犟头倔脑，一副不服气的样子。老师该怎样跟他谈呢？请你针对以上事实，运用启迪的方法，设计一个行动和谈话方案，达到启迪教育的目的。

第五节　激励语

激励语，是指教师运用赞美、表扬、激将鼓励等方式来激励学生奋发向上的教育口语。激励语要针对学生的动情点给以刺激，把教师或社会的期望变成被激励者的动机或兴趣，从而增强荣誉感、责任心和奋发向上的精神。

激励，就是激发和鼓励。在学生思想教育过程中，激励是"进取"的动力，是"向上"的能源，教师应当学会利用学生的需要，发掘出学生内在的潜力，从而激发干劲和热情，调动学生自身的积极因素，催其奋发向上，全面成长。

一、激励语的技巧

1. 赞扬

赞扬是对学生的良好思想行为给予好评或赞美。恰当而准确的表扬，能使学生明确自己的长处和优点，激发进取心和增强荣誉感。

运用赞扬的注意事项：

①抓准赞美和表扬的题材，实事求是，根据激励的需要突出重点。

②赞扬的时机恰当，善于发现每个学生的闪光点，及时恰当地赞扬，激发学生的积极性，避免骄傲的学生更加自负。

③注意心理平衡，促进同学团结。赞扬要使被赞扬者受到激励，使其他同学学有榜样，促进集体良好风气的形成。

④赞扬要用褒义词，语气亲切，语调高扬。

2. 榜样鼓励

榜样鼓励是指讲述值得学习和可作范例的好人好事，来激励学生。

运用榜样鼓励道德注意事项：

①选择好人好事要有针对性。

②尽量选择学生看得见的榜样。

③叙述语要清楚明白，富有情感性。

④叙述和评析相结合，使学生明白学习的方向，从而提高认识水平。

3. 忠告勉励

忠告勉励是指用忠告的语言或赠言勉励学生，激发其深入思考或奋起前进。

运用忠告勉励的注意事项：

①透彻了解学生的心理，选择最能触动学生心灵的忠告和赠言。

②语言简洁、富有哲理。

③情感浓烈。

④讲究语言修辞的变化。

4. 反话刺激

反话刺激是指用反面的话刺激学生，使其自尊心从自我压抑中解脱出来，迅速奋起。

运用反话刺激的注意事项：

①选择好激将的对象，反话刺激并不适宜所有的人，多用于心胸较为开阔的人，运用时要特别慎重。

②看准时机，反话出言过早，易使人误解；出言过晚，奋激情绪消失，难有收效。

③注意分寸，不疼不痒起不到激将的作用，过于尖刻又使人反感，使褒贬、抑扬相结合。

④态度真诚，从信任、爱护出发设计言语。

5. 教训陈说

教训陈说是指讲述教训，启示学生不可重蹈覆辙，从反面激励学生慎重大胆地前进。

运用教训陈说的注意事项：

①所选用的事例要有明确的针对性。

②陈说教训时语气要恰当。

③注意整个过程一定要抱有一颗真诚的心。

二、激励的基本要求

1. 用积极的思想作为引导，促使其立志

崇高的理想、远大的志向，能激发学生积极向上，朝正确的方向发展。中学生正处在人生观形成的重要时期，确立什么样的理想、志向、生活目标，往往决定一个人的成长道路。而正确思想的形成，就要靠教师的教育和培养。在平时的思想教育工作中，教师要不断激励学生在思想上的进步，热爱集体，热爱生活，勇于克服困难。教师还应当善于及时发现学生身上的“闪光点”，第一时间予以肯定、鼓励，促进其思想上进步因素的扩展与稳定。在教师的正确引导下，学生有时能产生强大的精神动力，能对自身存在的不良倾向加以矫正，改掉坏毛病、坏习惯，能胸怀大志，立足现实，把远大的理想化为实干，积极开拓，不断进取。

2. 激励要有一个明确的目标，同时引导其积极行动

人的行为都是有目的性的，是需要和希望的反应。因此，在学生思想教育工作中，教师要鼓励学生上进，就必须了解学生的需要，帮助学生确立一个明确的奋斗目标。人生的价值就在于奋斗，可以说，一个毫无目标、毫无追求、浑浑噩噩地生活的人，终将是一事无成的人，唯有"有志者"方能"事竟成"，"有志者，立长志，无志者，常立志。"教师要监督学生一旦目标确定，就必须付诸行动，帮助学生正确地对待挫折，克服困难，百折不挠，勇往直前，要经常用语言去激发学生："不想当元帅的士兵就不是好士兵"，不断激励学生为实现奋斗，目标而努力拼搏，发掘出他们内在的潜力和热能，扬长避短，发挥才干。

3. 用榜样鞭策学生，激发其积极上进

榜样，能影响学生的思想和行为，能对学生产生巨大的的感染作用，特别是学生身边的、大家所熟悉的先进典型，看得见、摸得着，更有一种真实感和说服力，容易引起学生感情上的共鸣，给学生以鼓舞、教育和鞭策。榜样，还可以成为学生自我对照的一面镜子，在与榜样的对照中找出自己的差距，能引起学生的自愧和内疚，从而自觉地去克服缺点，纠正不良行为。对此，教师应当根据学生中存在的问题，向学生提供榜样，树立正面教育的典型，用具体、生动的事例去影响学生的思想、品德和行为，运用典型示范方法，使思想教育工作形象化，把空洞的说教变成鲜活的示范，激发学生模仿和追赶的愿望。榜样，具有一种强大的感召力，有了榜样，学生学有目标，赶有方向，就能时时受到激励。

4. 在激励的同时，还要用关怀、爱护来加深师生双方情感

教师的情感直接影响学生的思想和学习情绪。关心、爱护学生，就会使之产生欢乐愉快的情感，增强学生前进的动力。反之，厌恶、训斥学生，就会激起学生消极的、不愉快的情感，对老师疏远、灰心、对抗，教师的教诲就不易被学生接受。因此，良好的感情基础，是学生接受思想教育、转变行为的必要条件。教师满怀深情的话语，往往能使学生产生自觉的情绪体验，在和谐融洽的气氛中谈话，无论讲道理还是提要求，效果一般都很好。教师经常关心学生，了解学生的需要，帮助学生解决实际问题，就会使学生产生亲近感，愿意向老师诉说心里话，并主动地加快前进的步伐。教师对每一位同学的微小进步都给予关注，并适时地表扬和鼓励，就能增强学生进取的信心，调动他们的积极性、主动性和创造性。

三、激励的注意事项

1. 激励要公平，以保护学生的自尊心

教师对待学生要一碗水端平，一视同仁，不偏不倚，不能凭感觉用事。在对学生奖励、信任、关心或表扬、批评时，要尽量做到公正、合理。如果同样的付出没有得到与别人同样报偿，学生就会产生不公平感，这样就会伤害他们的自尊心，轻者内心不平，行为消极，重者则愤怒不满，易转化为逆反行为、消极对抗，有的甚至还会做出不理智的举动。对此，教师应有清醒的认识，要热爱、关怀每一位学生，做到一视同仁。

2. 观察与选择相结合

教师要善于观察，及时发现学生的各种表现与情绪的变化，选择有针对性的激励语，准确地运用，提高激励语的使用效率，抓住协调师生关系的契机。

3. 抓住有代表性的关键人或事与大部分学生的表现相结合

不仅在关键人或有代表性的动作出现时使用激励性语言，而且要注意大部分学生的表现，掌握时机去激励他们。只有这样，才能达到预期的教育效果。

【示例】

学生瑞宁普通话说得很好，而且声音很好听，全班同学对她参加学校朗诵比赛充满希望。但是在临赛的前一天，学校要求她更换朗诵内容。班主任按要求给她重新选好了材料。可她却以时间紧来不及为理由，打算放弃这次比赛。班主任热情地鼓励她说："你代表的是我们全班45名同学，大家的目光注视着你，我和同学们都相信你会把参加朗诵比赛的任务完成好。"听了老师的话，她信心十足，抓紧时间背诵和练习，第二天她精神抖擞地走上了讲台，结果获得了全校朗诵比赛的第一名。

对于信心不足的学生，这位教师用恳切的、充满期望的话语，激励学生去努力奋斗，使之增添了信心和力量，出色地完成了任务并取得了优异的成绩。

【示例】

在学校开展的"学雷锋、学英雄、争做四有接班人"的活动中，班主任对全班同学作了这样的动员讲话。"同学们，我们这个战队的集体就是一支即将起航的舰队，我们将它命名为'雷锋号'舰队。舰队的宗旨是'学习英雄，团结奋进'。今后，我们的队员在学习和生活上碰到了困难，就像在海上行驶中遇到了风浪，大家要以英雄为榜样，齐心协力去战胜它。同学们，我们'雷锋号舰队'征途无港湾！让我们开足马力，扬起风帆勇往直前，驶向那金色的海岸！"

老师这番话点燃了学生心中一团火，全班同学群情振奋，斗志倍增，在活动的开展中取得了可喜的成绩。

这位教师用充满感情的、带有激励性的话语点燃了学生心中的一团火，增添了班集体的凝聚力和战斗力，从而有效地激发起学生分发向上和勇于进取的精神，具有较强的号召力和战斗力。

【示例】

一位全国优秀教师，接了全校出名的‘乱班’之后，第一次与学生见面的讲话：“谁说我们是个乱班？谁说我们班不能夺得全校红旗？我认为持这种说法的人太不了解我们班了，太低估我们的能力了。学校领导安排我带这个班，就是要我带领大家夺红旗的！同学们，今年我们一定要把全校班级流动红旗扛回来！大家有没有信心？”

学生的回答是响亮有力的。后来，不到一年，果真这个班变成了先进班，扛回了流动红旗。

这位老师用激励的方式，鼓动起“乱班”同学的斗志，让他们明白，只要他们努力，一样可以做得很好，果真起到了很好的效果，试想一下如果这位老师不要激励的方式，而采用一味地批评教育的方式，会有这样好的效果吗？

［情景练习］

1. 学校组织语文知识竞赛，同学和老师都希望语文能力很强的小黄参加，为班级争光，可小黄却瞻前顾后不敢报名。作为老师你将如何激励小黄鼓起勇气，报名参加比赛？

2. 同桌两人，成绩都不是很好，马上就要期末考试了，他们互相用激励语激励对方好好复习，争取考个好成绩，让两名同学分别扮演同桌两人，看看怎么样互相激励才能够取得最好的效果？

3. 初三（4）班舞蹈小组的同学由于信心不足，退出了全校文艺汇演。结果，该班艺术活动评分为全校最后一名。同学们怨声四起，垂头丧气。假设你是班主任，用“教训陈说”法激励同学。

4. 假如你被分配到一个全校出名的乱班当班主任，你怎样去调动班上同学的积极因素，改变班级的面貌？请你以此为题，模拟你在第一次班会上向全班同学做的第一次热情洋溢的、富有激励性的讲话。

第六节　表扬语

表扬是指在教育活动中，对学生个体或群体所表现出来的良好的思想品质、言语行为给予肯定性的评价。目的是强化被表扬者的良好表现，将这些言语行为巩固起来，也为全体同学树立榜样。表扬能给学生精神上以满足，增强自信心，进一步发扬自身的优点，克服缺点，奋发向上。恰当适度的表扬，对鼓励先进、激发士气、培育学生的良好行为，推动良好风气的形成，是一种积极有效的动力。表扬是对学生优良品质与行为给予肯定评价的积极的教育形式。

一、表扬的类型

1. 当众表扬

当众表扬是指在公开场合当着众人的面进行的表扬。这是教师运用表扬手段时最常用的形式。一般来说，当众表扬因为受众多，影响大，更能使受表扬的学生产生一种荣誉感；特别当受表扬的是差生时，更能帮助他们找回自尊，树立自信心。当众表扬同时也能为其他同学树立榜样，激励作用能得到充分发挥。

【示例】

表扬的魅力

任小伟是一个令老师头疼的学生，什么恶作剧都敢做，什么热闹都要凑，总爱和老师唱反调，作业从来都不交。为了改变这种状况，老师对他展开了跟踪调查，发现了无论刮风下雨，他都坚持送邻居家的小妹妹安全回家。老师如获至宝。

在一节口语交际课上，老师大力渲染气氛："同学们，你们知道我们每天学习的活雷锋，他在哪里吗？现在他回来了，回到了我们的学校，来到了我们的班级。他整天摆出一副对什么事都漠不关心的样子，而事实上却是那么乐于助人，极富爱心和责任感。同学们，猜一猜这个人是谁？"同学们的情绪立刻高涨起来，可猜了半天也没有猜到"任小伟"这个名字。谜底一揭晓，同学们都目瞪口呆，在老师告诉大家他的事迹后，教室里才响起一阵热烈的掌声。

老师又接着说："下面请同学们做小记者采访一下任小伟同学。不管什么问题，他一定会给你们一个满意的答复的。"话音刚落，同学们"呼啦"一下把他围了个水泄不通。再看任小伟，像一个获胜的将军一样，神气十足地解答着同学们的一个个问题，很显然，他完全沉浸在幸福之中了。

最后老师作了总结："同学们，如果有问题可以直接找任小伟同学谈谈。下面我们一起总结一下。同学们都知道任小伟有不少缺点，但是缺点可以改正啊！一个雷锋式的好少年，他怎么能拒绝进步呢？我相信任小伟同学在以后的学习中，一定会做得很出色，他一定是咱们班里的佼佼者，也是我和同学们的骄傲！"

这是一个当众表扬的例子。教师借助于课堂这个公开的场合，对一个平时表现较差的学生进行表扬，并让学生采访他，让他体会到被同学尊重的幸福，唤起了他的自信和自尊，从而促进他的自强。同时，采访这一形式，很巧妙地给同学创造了一个学习机会，也充分发挥了榜样的作用。

2. 个别表扬

个别表扬就是在非正式场合，同学生个别交谈时，进行的表扬。

为了更好地了解学生、帮助学生、与学生沟通，老师常常与学生单独相处，就学生的学习、生活等话题，与学生进行交流。这时从表扬入手，学生就会特别感动，交流沟通也会更加顺畅。

【示例】

一位同学在全校卡拉OK比赛中获得第一名。比赛一结束，老师立即找到他谈话，赞扬他说："你唱歌真棒！在其他许多方面同样也很有天赋，只要你努力，将来肯定有出息！"这位同学就很开心。

老师只要善于抓住这样的机会，然后不失时机的对同学加以表扬，就一定能够在对学生的教育中取得事半功倍的效果。

3. 随时夸奖

教师在与学生的频繁接触中，会随时看到学生言行中的闪光之处，这时老师及时表扬他们的点滴进步，能够强化学生的意识，巩固这些好行为，培养学生形成良好的习惯，而不必拘泥于在正式的集体场合表扬，记住，不失时机地、多次地、简短地表扬，要比一次长篇大论的表扬效果好得多。

如看到学生把掉在地上的黑板擦捡起来，或离开教室时主动关灯，可以对他说："你能爱护公物，注意节约，同学们都应当像你一样"；如有同学利用休息时间帮助生病的同学补课，或辅导学习差的同学做作业，可以对他说："你主动帮助同学，我很感激你"等。

二、表扬的技巧

1. 美语赞扬

美语赞扬就是用诗化的语言来称赞、表扬美的行为与品质。其特点是语言华丽，语调高昂，富于激情。其要求是赞美之辞须恰到好处。

【示例】

某学校郑老师接了一个全校闻名的乱班，开学前，郑老师从前任班主任那里了解到，这个班班风不正，大多数同学不守纪律，不爱学习。

郑老师觉得首要的任务是让同学们正确地认识自我，然后引导同学们努力塑造自我。他组织同学们开展了一次"成果展示会"，主题是"我，好样的！"同学们把自己在各项活动中获得的奖状、荣誉证书都带来了，无论奖级高低，大家的脸上都挂满了喜悦和自豪。班会接近尾声时，一个名叫陈昊的同学捧着一叠小红花走上讲台，他说："在小学里，我学习成绩不好，又喜欢打架，可我在幼儿园被评过好孩子呢。你们看，这是我得的小红花。”说着，他的脸红了，同学们用掌声把他送上座位。

郑老师对同学们说：“陈昊同学敢于当着大家的面承认自身的不足与缺点，这是好样的。一叠小红花，证明了陈昊同学有光荣的昨天，我们相信，在我们这个团结友爱的大家庭里，他一定能创造更加光荣的明天！”此时，教室里又一次响起了热烈掌声。从那以后，陈昊同学再也不欺负小同学，不拖欠作业了。从此，班风井然有序，同学们学习蒸蒸日上。

郑老师因为对学生有深笃真情，充满了对学生的欣赏和信任，才会创造机会让他们充分展示自己的优势，树立自信心；并且有一双慧眼，能发现后进生身上的闪光点，不失时机地给予肯定和赞美，并提出更高要求。可见，表扬并不是单纯说好话，而是要出于对学生的一片真心，与人为善，溢于言表。方能激发起学生的上进热情。

2. 迂回夸奖

迂回夸奖就是不当面表扬，而是绕个弯子，通过他人之口传达赞美信息。这种方法适用于不喜欢当众表扬的学生，用于激励“后进生”也很有效果。

【示例】

一年暑假，我接了个新班，班里有一“差”生，从小父母娇生惯养，一旦谁得罪了他，张口就骂，动手就打。原班主任对他的结论是道德败坏！开始，我对他以批评为主。表面看，他比以前老实多了。但一“暗访”，发现他“恶习”并没有改。硬的不行，我就对他来软的。只要发现他一个小小的优点，我就在课堂上大大表扬一番。但一暗访，坏了！他对人说老师是“硬的不行，想来软的哄我，哼！我就不吃这一套”。我的心凉了：难道他真是一块顽石？人人都希望得到别人的表扬，他为什么不呢？

有一次，他又因小事打了别人，家长来校道歉，谈起了教育孩子的难处：“哎！从小把他给他给惯坏了，将来怎么办呢？”

“其实，他有很多优点……我相信他慢慢会改掉打人骂人的坏习惯的！”

过了一段时间，大家突然注意到，这段时间没有同学告他的状了。家长也纳闷了：“似乎变了一个人，回家就做作业。”

为了寻找他为什么变好的原因，我单独和他谈了一次话：

“以前，大家都盼望你改掉打人骂人的坏习惯，经常批评你，也经常表扬你的优点，但你为什么不接受呢？”

“……”没有回答。

“你从什么时候下决心给掉坏习惯的？”

“从……从你对我爸爸说我成绩不错，还有许多优点……”

“这些话在班上我对你说多次了呀？”

“……”没有回答。

我猛然记起《中国教育报》上的一篇文章《“遗忘”在讲台上的班务日志》，是不是一个道理呢？对！肯定是！文章中引用学生日记中的一段话颇使人深思：“这些话老师曾对我说过多次，那时我以为老师是当面奉承我，甚至敷衍我，是企图是我听话和就范的“招术”。自从看了班务日志后，我才知道，这些话是出自老师的真心……”

我从中悟出了很多：人都希望看到别人表扬，但又怀疑正面对自己的表扬，尤其是“差生”；人都讨厌别人背后说自己的坏话，但都愿意听到别人背后说自己的优点……

对待批评、表扬都不在乎的“差生”，教师背地里的一次夸奖，收到了这样好的效果。这证明了美国心理学家威廉姆·杰尔士所说：“人最最深切的要求是渴望别人的欣赏。”后进生也不例外。关键在于因材施教，方法得当，促使学生内心改善品德的愿望转变为行动。迂回夸奖不失为一种好办法，“一言”之效万万不可忽视。

3. 赠言暗示

赠言暗示是针对学生成长过程中的情况，选择启发暗示他的名言、格言、警句，口头赠送给他。这是一种善意的提醒，委婉、含蓄，适于性格外向又敏感的学生。例如：

有个同学非常注意自己的仪表，有时刻意打扮，略显过分。怎样提醒她呢？在一次集体郊游活动中，班主任看到她仔细收拾了抛弃物。集合时，班主任在全班同学前表扬了她，说：“美的外表和美的心灵是奏出美的旋律不可分割的音符，心灵美、行为美、仪表美的协调与和谐是美的最高境界。”此后，这个同学不仅做到服饰得体，而且学习更加努力，对公益活动也更加积极。

教师用溢美之词来表扬学生，说明内在美与外在美不可分割，也暗示了内外美的协调与相依。诗化的语言，贴切的比喻，如春风沐浴全身，春雨滋润心田。一语赠言，明目启智。

三、运用表扬语的要求

1. 真实性原则

表扬的真实性体现在两方面，一是表扬时教师的感情要真诚，不勉强做作。一个真正热爱学生的教师，会用欣赏的眼光去看自己的每一个学生，会为学生的每一点进步而欣喜，会发自内心地去赞赏他、鼓励他。切忌为表扬而表扬的形式主义。二是表扬的事实要准确，不能夸大其词。表扬的激励作用是建立在真实基础上的，如果表扬的事实有出入，就会适得其反。不仅不能激励被表扬者和其他同学，还可能使被表扬者受到同学的讥笑、孤立，也会影响教师的威信。所以在进行表扬前，教师一定要对表扬的事实进行核实。

2. 公正性原则

公正在教育中，是民主精神的一种体现。对教师而言，是对学生进行评价时应有的基本立场；对学生而言，是对老师评价的合理要求。教师运用表扬语的公正性，就是面向全体学生，对他们的成长与进步，一视同仁地给予肯定和鼓励，不能只看到优秀生的优点，却看不到后进生的亮点；更切忌想当然、凭主观印象看人，对后进生的优点、进步持怀疑态度，甚至挖苦讽刺。教育实践中，老师们表扬好同学很容易做到，但要表扬差生往往很难。实际上，恰恰是那些差生最需要表扬。有一位同学在老师的信中写道："老师，请表扬我一次吧！你知道我等您那一声表扬等了多久吗？……"

3. 及时性原则

表扬是一种激励，因此及时表扬能发挥最大的功效。尤其是小学生，乐于表现自己，在取得成绩或做了好事后，一种期待甚至渴望得到他人肯定和认可的心理需要比较强烈。老师在这样的期待心理背景下，对他的行为结果给以及时的表扬，就有助于及时强化他积极进取的愿望。一旦时过境迁再择机表扬，被表扬者往往少了激动，导致良好行为因为得不到及时的强化而消退；其他同学也不易被感动，对学生的激励作用就大打折扣了，而且大大削弱了教育效果。

这里的及时还有另一层意思，就是能敏锐发现那些平时没有突出成绩而此时有了哪怕一丁点儿突出表现的同学，甚至是一直比较落后而现在有了哪怕一丁点儿进步的同学，及时给予大张旗鼓的表扬。比如，"你的回答与众不同""我很欣赏你表现出来的信心""我很喜欢你的实话实说""你们认真倾听别人发言时的神态，真让我感动。"

4. 适度性原则

表扬不足会使学生自卑，教育中要提倡运用表扬。但正如糖吃得太多就不甜了一样，一味表扬就会失去激励作用，所以，表扬忌"滥"。因为人人都受表扬就等于谁都未受表扬，某个同学事事处处受表扬也就无所谓表扬。"非常了不起"、"棒极了"这类毫无内涵的低层次的"戴高帽"式的表扬，并不能起多大的激励作用。实践告诉我们，过多的表扬非但不能激发学生的积极性，反而会将心理尚未成熟的学生诱入自恃过高的幻想，忽视自身的不足，导致听不得批评，心理承受力差等问题的产生。所以有识之士提出要将赏识教育与受挫教育并用。

5. 发展性原则

在教育实践中，我们会看到很多教师运用表扬语使后进学生迎头赶上，成为先进的动人事例。这些教师之所以能够从后进生身上看到他们的进步和闪光之处，就是因为他们是用发展的眼光来看待后进生，看到他们身上的长处，并通过表扬消除了他们的对立情绪，激发他们的上进心，并对他们提出进一步的要求。

[情景练习]

1. 本次期末考试结束了，学生的成绩明显比以前提高了，作为任课教师，你将如何表扬他们。

2. 暑假结束了，打开新调整的教室，班主任发现墙壁被屋顶渗水严重污损。他灵机一动，贴出启事一则，希望热心公益的同学自动成立粉墙队，把教室的墙面粉刷一下。第二天早自习，班主任信步走进教室，发现教室的墙面已经被粉刷一新，教室里洋溢着崭新的气象。当他露出微笑时，全班同学都报以掌声。此时，班长把主动参加粉墙的同学名单交到他手中，请你以班主任的身份对此事作一次表扬。

3. 初三（2）班的李小明，平时纪律比较散漫，有时还与老师顶撞，学习也不努力。一次课外活动踢球，他不慎将教室的玻璃打碎了。晚上，他一个人悄悄地来到学校，将新买的玻璃配上。门卫师傅发现后，第二天将这件事告诉了班主任。假如你是班主任，你将如何表扬他？

4. 夏季到了，开始上游泳课了，男生中总有一个不游泳的同学自愿为大家看衣服。女生中也有几个不游，却找不到一个看衣服的人，推来推去，最后两个游泳的同学自愿牺牲一部分时间为大家效劳。在这公与私的选择中，不同的学生表现出了不同的觉悟。作为任课老师，你该作何评述？

第七节　批评语

批评语，是对学生的缺点、错误进行否定评价的教育口语。它是思想教育中常用的一种教育手段，主要用来指出缺点错误，总结经验教训，提出正确的做法，以达到学生修正错误、提高认识的目的。

金无足赤，人无完人。所以难免会出现这样或那样的问题，这就要求我们的教师能及时发现他们身上的缺点和不足，予以指出，并指出改正的途径，由此提高学生对是非、美丑、善恶的辨别、判断能力，激发学生的上进心，只有这样，学生才有可能健康地成长。

一、运用批评语的原则

批评语是一种育人手段，运用得当可以促使人警醒，反之就会产生副作用。批评语作为一种语言艺术，它的效果在很大程度上，不仅取决于教师批评的内容，而且取决于教师批评的方式和对批评语言的选择。所以，教师要慎用批评语，运用时应注意以下两条原则。

1. 尊重性原则

中国传统文化宣扬“打是疼骂是爱”，所以父母对子女、老师对学生的教育是不太尊重孩子的。作为一个新世纪的教师，应当彻底摒弃这种旧的思想。在批评学生时，要注意创设良好的心理环境，融洽的氛围，让学生消除戒备、逆反心理，放下挨训的心理包袱；批评时态度要诚恳，要始终尊重被批评学生的人格，信任他们；要明确这一次批评是针对哪一件事的，不要算总账，不要由此涉及学生的人格、品行，甚至对家庭进行评价；还有就是要给学生解释的机会，避免发生错误批评，了解学生真实的想法，对症下药。只有这样，教师的批评意见学生才有可能听进去，教师的建议也才有可能被采纳，教育也才有效果。

尊重性还表现在对批评场合的选择。

【示例】

有一位教师上课时发现一个女学生低头在看一本杂志，当该生知道老师注意到她时，慌忙把杂志塞进课桌里。下课后，老师叫她到办公室去一趟，可老师在办公室左等右等却不见她的身影，只好返回去找她，结果，发现她局促不安地站在楼梯口。老师把她叫到一边，问她“为什么不到办公室去?”她对老师说：“怕你当着那么多老师的面批评我。”望着这位女生涨得通红的面孔，这位老师改变了主意，不再坚持要学生进办公室了。于是，在楼梯口，老师同她进行了交谈，使她认识到了自己的错误，下决心改正。

上面的例子告诉我们，学生是很在意教师批评自己时的场合的，因为这关系到他们的自尊。所以当老师对学生批评时，最好不要选择教室、办公室这些地点，最好不要当着全体同学和其他教师面进行批评，能不点名的就不指名道姓。给学生留面子，这也是尊重学生的体现。只有这样才能更好地发挥批评的教育作用。

2. 引导性原则

批评只是一种教育手段，并非教育的目的，运用批评的手段是为了使学生改正缺点和错误，更快地进步，更好地成长。因此，教师在批评时应当具体分析错在哪里，为什么会错，明确指出什么是对的，使学生明辨是非，心悦诚服。同时，还需要尽量给学生创造改正缺点和错误的机会，这样学生在经过批评教育后，才有可能认识错误，并在行为上得到纠正。否则，批评就失去了意义。

【示例】

李老师走进教室后，发现纸篓旁边有许多很小很小的碎纸片。她边往讲台前走，边随口问一句："是哪个同学撕的废纸?"顿时，同学们的目光不约而同地集中在小博身上。"老师，废纸是小博撕的!""不是我!""老师，刚才我在教室玩时，亲眼看见他撕的!""我也看见了，就是他撕的!""你们胡说，我根本就没有撕!"教室里这下热闹起来，你一言，我一语，吵得不可开交。

李老师把目光投向全班，平静地说："谁扔的纸片并不重要，更重要的是大家都要自觉地保持班级的环境卫生，哪一个同学愿意做环境小卫士，把纸片捡干净?"老师话音刚落，几乎全班同学都把小手举了起来。李老师说："大家这么爱集体，关心班级，老师很感动，你们愿意做好事的精神真值得老师学习。这么多同学举手，该让谁来做呢?"这时，小博连忙站起来大声说："老师，让我捡吧!"李老师笑着对他点点头说："好!"他马上跑到纸篓前把地上的废纸片捡得干干净净，李老师用赞许的目光看着小博，然后对大家说："小博真能干，为了班级的环境卫生他不怕脏、不怕累，一个人把纸片捡干净，为班级做了好事，给大家做出了榜样。我们每个少先队员都要养成自觉保持卫生的好习惯。"

下课后，李老师刚回到办公室，小博就来到她身边，低着头，不好意思地说："老师，这纸片是我扔的，我以后再也不随地乱扔东西了。"看着他那天真而又自责的样子，李老师轻轻地抚摸着他的头，脸上不由地露出欣慰的笑容。

在这个例子中，李老师首先没有去追究这纸片到底是不是小博撕的，而是通过提醒"大家都要自觉地保持班级的环境卫生"，含蓄地否定了撕纸行为；接着对全班同学提出了一个要求："哪一个同学愿意做环境小卫士，把纸片捡干净?"

这就指出了改正缺点的途径，也暗暗为小博改正缺点创造了条件；最后，在众多同学都争着要捡纸片时，老师决定让小博来捡，把改正缺点的机会给了他，让他能够用行动来证明自己已认识到错误并改正了错误。

3. 及时性、针对性原则

批评还要做到及时和有针对性。因为就批评个人而言，尽量在缺点刚出现时就及时指出，促使其改进，这样也能给大家提个醒，防止错误的蔓延。否则，错误形成习惯了，改正起来就难了。俗话说"一把钥匙开一把锁"，没有针对性就没有效果。就事而言，就是既不要作隔靴搔痒、泛泛而谈的批评，也不要作喋喋不休、旧账重提式的批评；就人而言，要针对学生的个性特征，采用最合适的方式。

二、批评的类型

批评作为一种教育手段，运用时的效果如何，很大程度上取决于教师批评的方式和批评语言的选择。俗语有“良药苦口利于病，忠言逆耳利于行”之说，注意和讲究批评方式和批评语言的选择，就是要在苦口的良药外加一层糖衣，使学生们愿意吃，就是要让这“忠言”变得顺耳，使学生们愿意听。

批评教育时最常用的方法是直接批评，就是直截了当地指出学生所出现的问题进行教育，促其改正。在使用直接批评的方法时，老师们不妨“路留一步，味减三分”，给学生留有改正错误的余地，千万注意不要伤及学生的心理，引发师生的对立情绪。

批评教育还可以用间接的方式，即间接批评。这是一种柔性批评的方法。它带有弹性、情谊性、可比性和知识性，运用得好，可以收到比直接批评更好的效果。下面介绍一些具体方法。

1. 榜样法

这是一种正面引导的方法。或者通过表扬那些做得好的同学，或者教师自己用行动来示范。为同学提供可以学习的榜样，从而间接地批评错误的言行，促使他们改正错误的言行。

【示例】

以身作则背课文

在师范上学的时候，我任学习班长。在学完《岳阳楼记》这篇课文后，教文选的王俭老师对我们说这篇古文语句优美，要求大家把课文背下来。第二天上文选课时，王老师说：“昨天要求同学们把《岳阳楼记》背下来，下面我进行检查，能背下来的同学请举手。”同学们你看看我，我看看你，都低下了头，谁也没有勇气举手，因为我们都没有完成这个作业。我心想：这顿批评肯定躲不过去了。完全没想到——王老师稍停了一会儿说：“请大家打开书本听我背一遍。”于是王老师一字不差地把这篇古文背诵一遍，那抑扬顿挫的声音深深印在了我们的心里。我惭愧至极，深为自己是一个学习班长没有带头完成作业而懊悔。课后，同学们议论纷纷：王老师这种没有责骂的批评太让人服气了，以后我们一定按时完成作业。

示例中的教师在学生未按照要求完成背诵时，自己作了示范背诵。虽然对学生未说一句批评的话，但这琅琅的书声就是最好的教育语言。

另外一种情况是，教师在对学生进行批评时主动承担责任，这样也有利于学生认识自己的缺点和错误，及时纠正。如学生作业出现了错误，老师可以说：“你们要吸取教训，当然我也有责任，如果我及时提醒的话……”

2. 肯定法

这种方法是对所要批评的事实进行分析，挖掘出其中值得肯定之处，激起同学自我批评的心理动机，从而使其获得重塑的内驱力，自觉地认识缺点和错误，进行纠正。

【示例】

四块糖果

陶行知在育才小学当校长的时候，有一次看到一个叫王友的同学用泥块砸班上的男同学，当即制止了他，并让他放学时到校长室来一趟。放学后，陶行知来到校长室时，看到王友已经等在门口准备挨训了。不想陶行知从口袋里掏出一颗糖递给王友说："这是奖给你的，因为你按时到了，而我却迟到了。"王友惊疑地接过糖果。随之，陶行知又掏出一块糖果放到他手里，"这第二块糖果也是奖给你的，因为当我不让你再打人时，你立即就住手了。这说明你很尊重我，我应该奖你。"王友更惊疑了。陶行知又掏出第三块糖果塞到王友手里，"我调查过了你用泥块砸那些男生，是因为他们不守游戏规则，欺负女生。你砸他们，说明你很正直善良，且有跟坏人作斗争的勇气，应该奖励你啊！"王友感动极了，流着眼泪后悔地喊道："陶……陶校长你打我两下吧！我砸的不是坏人，而是自己的同学啊……"陶行知满意地笑了。他随即掏出第四块糖果递给王友，"为你正确认识错误，我再奖你一块糖果，只可惜我只有这一块糖果了。我的糖果没有了，我看我们的谈话也该结束了吧！"

在这个真实的故事中，陶行知先生在与学生谈话前，通过调查了解学生动手的起因，从中看到学生具有正直善良的品行；他从学生按时来到办公室愿意接受教育的行动中，看到了学生愿意改正缺点的良好本质，加以肯定；他不因为学生是犯了错误来接受教育的就歧视他，而是平等对待，以理相待。他处处发现学生身上的闪光点，所以一再地肯定他的优点，加以表扬，激发学生改正缺点的自觉要求。

在教育实践中，我们一些教育者看到学生犯了毛病时，往往是气不打一处来，还会由此及彼，想到该生以往种种缺点和错误，以至于批评时，新账老账一起算。根本想不到就是犯了错误的孩子，他也有值得肯定的地方。这则故事中陶行知先生把批评变为表扬的做法值得我们认真思考、好好学习。

3. 暗示法

这是一种旁敲侧击的方法，在不伤害当事人自尊和面子的情况下，把批评意见委婉地说出来。因为暗示是在无对抗的条件下互相影响的一种心理行为，不会引起被批评学生的反感和对立，从而营造出接受批评的最佳心理状态。

【示例】

一次晚自习，有的学生心不在焉，东张西望，看到邻桌同学有本封面精美的书时，便调过头去问："你这本书在哪里买的？我也想买一本。"这话给正好走到他身边的老师听到了，老师轻轻地对他说："我劝你最好别去买了，因为看着这种书，调皮的同学会借口跟你搭腔，影响学习的。"

这位老师没有点明这位同学在讲话，而是借用"搭腔"的说法提醒他，并指出了晚自习时随便说话的害处：影响自己和别人的学习。学生听到老师的这段话，自然能明白意思，但由于老师没有直接点名批评，给他留了面子，所以他也就会改正东张西望的毛病，集中注意力读书的。

4. 幽默法

采用幽默的方法进行批评，可以避免直接针对学生错误而产生的负面影响，同时也可以使学生更加乐意接受老师对其错误言行的批评，更好地改正错误。

【示例】

"沙土呼救"活动

有一天，李大同老师发现同学们玩沙子堵住了胡同的路面，他决定抓住这件事对学生进行教育。如何教育呢？

第二天早上早操后，他集合同学，对大家说："昨天，大队部收到一封信，是谁寄来的呢？写的什么呢？我打开一看，是小沙子写来的……"学生们会心地笑了，他们明知小沙子不会写信，却十分盼望知道信的内容。操场上很安静，李老师接着大声读出信的内容："亲爱的少先队员们，我们是一群小沙子，工人叔叔把我们运来，堆放在胡同里，是准备让我们参加社会主义建设的。可是很多小朋友到沙子堆上来玩，挖工事、扔手榴弹，把我们很多兄弟扔到马路上，行人踩、车轮轧，我们很多兄弟都没命了，怎么还能参加社会主义建设呢？少先队员们，快来救救我们吧。"信读完后，李老师只说了一句话："沙土向我们呼救了，让我们赶快行动起来去救救它们吧！"中午放学后，三年级一个中队就行动起来了，队员们拿着小铲、小桶、笤帚、簸箕……把散落的沙子堆回原处，还在沙子堆上插上木牌，上面写着："爱护公物，人人有责。"队员们乐呵呵地干着这件事，好像在做一个游戏，沙土呼救了，我们来救命，多有意思！

这是20世纪60年代初，李大同老师组织的一次"沙土呼救"活动。李老师是非常懂得孩子的心理的，他未说一句责备的话，而是运用拟人的修辞手法，非常形象地借沙子之口批评了孩子乱玩沙子的做法，构思"沙土呼救"的活动，由此取得直接批评难以取得的效果。可以设想，如果李老师的教育讲话不是采用幽默这种风趣的方式，而是大讲沙子的用途，大谈爱护国家财产的意义，再严肃地指出学生行为的错误，最后布置学生们去劳动。这样孩子们感到自己受了批评，心里灰溜溜的，再去参加劳动，怎么会"乐呵呵地干着这件事，好像在做一个游戏”呢？又怎么会有“沙土呼救了，我们来救命，多有意思”这种愉快的感情产生呢？

5. 宽容法

宽容法就是采用宽大的方式，理解和原谅学生的缺点和错误，促使其自觉改正的批评形式。

宽容是人性的一种美德。金无足赤，人无完人，当然也没有不犯错误的学生。教师对学生的缺点错误要能容忍，不能一看到学生出现了点问题，就恨铁不成钢，横眉冷对，张口指责。实践证明，对犯错误的学生采用适当宽容的批评方法，有利于学生改正缺点和错误。

【示例】

捧起一颗摔碎在地上的自尊心

一位六年级的女生，成绩平平，为了能在期末考试时一鸣惊人，让老师同学对自己刮目相看，她想事先得到一张试卷，便在放学后打开学校办公室窗户跳进去找试卷。

一位老师听到声音后，在敲不开办公室门的情况下，也从窗户爬了进去并拉亮了灯。女孩用双手紧紧地把脸藏起来，顽强地守护着自己最后一点儿可怜的自尊。这位老师没有拉下她的手，而是问她：“小姑娘，你是在这学校念书吗？”女孩点了点头。“你不要露出你的脸，也不要说话。你回答我的问题只点头或摇头就行。你来这儿，是要找一件你想要的东西吗？”女孩点点头。“这东西属于你吗？”女孩摇摇头。“不属于我们的东西，不管它的价值如何，我们都不应该拿，对不对？”女孩又点了点头。“记住我的话，你走吧，小姑娘。明天你来上学的时候，依然是一个天真可爱的孩子。”

许多年过去了，那个女孩如今回到母校为人师表了。每当她想起当年把她那一不小心摔碎在地上的自尊心轻轻捧起、抚平，然后又温柔地交给她的那位老师时，女孩总是一如既往地被感动着。

一位学生在考试前居然敢爬进办公室找试卷，可能大多数老师遇到这种情况都会大惊失色，都会对这样的学生严惩不贷。所以示例中的这位老师面对捂着脸的学生，能够尊重她的自尊，心平气和地对她进行启迪教育，真的是有对学生深厚的爱和博大的胸怀。

这位老师用宽容的批评方法教育学生能够奏效，一是采用宽容方法时，向犯错误学生传达的是对其改正错误的充分信任，“明天你来上学的时候，依然是个天真可爱的孩子”；二是在宽大地容忍犯错误的学生时，并不宽大容忍学生犯的错误，对她的错误进行分析教育，指明了如何改正，“不属于我们的东西，不管它的价值如何，我们都不应该拿”；三是老师在进行批评教育时，语言非常得体，不用“偷”字而是用“找”字、“拿”字，保护了学生的自尊。

可见，宽容是手段而不是目的，宽容并非纵容。运用宽容法需要对学生充分了解作前提，需要选择合适的时机，比如：学生初次犯错时，学生偶然犯错时，学生能够改正错误时。

三、批评的技巧

运用批评时要掌握正面批评、以褒代贬、故事隐喻、以退为进、旁敲侧击、幽默暗示、类比暗示等技巧。

1. 正面批评

正面批评是一种措词尖锐、语调激烈、态度严肃的直接批评方式。适用于批评错误性质严重、影响面较大的事情。对于惰性较强、有侥幸心理的学生采用此方式猛击一掌，会起到警示作用。

【示例】

某校长在全校学生大会上严肃地批评道：

“同学们，通过几天的观察，发现我们食堂浪费粮食的现象非常严重。早上，满满一缸稀饭、馒头，中午、晚上又是满满的大米饭，缸的四周洒满着饭粒，一天下来怕有一二十斤吧？而且周而复始，天天如此！一粒粮食，从播种到收获，要经过几十道工序。‘锄禾日当午，汗滴禾下土，谁知盘中餐，粒粒皆辛苦。’这首诗大家都会背，意思也懂得，可为什么还要这样浪费粮食呢？我们当中大部分学生来自农村，父母都是农民，知道粮食来之不易，可为什么一踏入学校大门就随意浪费粮食了呢？当前我国耕地不断减少，人均只有几分地，形式非常严峻，可我们却还在这里当阔少爷！在这里心安理得地浪费粮食，不为国家分忧，不珍惜人民的劳动成果，配称大学生吗？浪费粮食绝不是小事一桩，它反映了一个人的思想、觉悟和道德品质。明人不用多说话，响鼓不用重锤打。这件事今天在这里讲了，请大家重视起来。各班要把反对浪费提上议事日程，要组织讨论，制定措施，杜绝此类现象发生。”

对种种浪费粮食的现象，校长用“粒粒皆辛苦”的共知之理、“形式非常严峻”共识之实正面批评了同学，丝丝入扣，层层推进，以理服人，让人不得不认真反省，暗下改正之决心。

2. 以褒代贬

以褒代贬是不直陈学生的缺点和错误，而是用态度真诚的表扬形式来指出不足，似扬实抑，寓否定于肯定之中。其特点是语气委婉，既不损面子，又激发自尊。这适宜于自尊心强的学生。在表扬学生闪光点时，诱发学生积极上进。

【示例】

有一次，我在学生还我的书里发现夹着一封情书，这是我班文静的学习委员李红写给初三一个男生的。我一看惊呆了；这可是全校老师公认的优秀学生，各科成绩俱佳，音体美也属上乘，可她也开始早恋了，唉，怎么办？

我拿着信沉思着，突然灵感顿生。对！给她来个避重就轻。一次课外活动的时候，我在操场上找到李红，告诉她我看过了她的文章，并感谢她对我的信任。接着，我对她说："你这篇文章写得很好，是一篇很优美的散文。不过我建议，你以后写文章，题材可以广一点，试写一下其他方面的内容。如果只局限于一种题材，写作水平很难提高，更何况你年纪还小，对这种题材不甚了解。"李红脸红一阵白一阵。不停地点着头。

一个星期以后，李红拿着一叠稿纸红着脸走进我的办公室。"谢谢您，彭老师！"她低着头，"谢谢您提醒了我，不过……"她抬起头，清澈的大眼睛望着我，一字一句地说："请您放心，我一定努力写好文章，长大了当个女作家。这是我最近写的两篇文章，请您帮我批改，好吗？"

看着她那满脸认真的样子，我开心地笑了……

品学兼优的学生出现早恋，辜负了老师的期望，实在可气。这位老师出于职业道德的要求，向学生伸出了援助之手。她根据该生的特点，采取了避重就轻、先扬后抑、点到为止的批评方式，既尊重了学生人格，保全了学生面子，又达到了批评教育的目的。

3. 故事隐喻

故事隐喻就是通过讲述寓意深刻、行为相似的故事，侧面指出学生的不良品行，让其对照故事检查自身的缺点。

【示例】

有一个学生自觉守纪的习惯很差，老师在，他很规矩，老师一旦不在，他就无拘无束，置班规于不顾。我没有就事论事，直接批评他，而是给他讲了一个真实的故事：有个中国人和一个日本人在同一家餐馆给老板洗盘子，老板规定每个盘子必须洗六遍，如果违反规定，立即开除。刚开始，这个中国人老老实实地洗六遍。后来，他洗五遍，老板检查时他过关了。再后来，他干脆只洗三遍，老板没有发现他的问题。过了一段时间，他把这个秘密告诉了那位日本朋友。那个日本人仍然坚持洗六遍。

讲完之后，我要他谈谈感想。他说："我就跟那个中国人一样，存在这样的想法：只要不被发现，违反纪律也没事。"现在，这个学生担任纪律检查工作，还专门负责晚自习的督促工作。

这里，教育者用了一个相似的行为，通过讲故事的方式暗示学生存在的缺点，让学生认识到自己的不良行为，收到了教育的效果。

4. 以退为进

以退为进是对学生所犯的错误不当场进行批评，而是采取宽容的态度，等待时机再进行帮助。或冷却淡化处理，促其自我醒悟、自觉纠正。这是适用于自觉性较强的学生的一种批评技巧。

【示例】

初三的第二个学期，班上一个勤奋好学、成绩较好的学生像换了个人似的，时常迟到旷课，成绩明显下降。我询问他时，他说患了肝炎，还拿出医院证明。然而，从他那红润的脸庞和活泼的身影上，无论如何也看不出他患有肝炎。

为了弄清情况，我在第二天晚上买了一些补品到他家中看望。到了他家，我发现他正随着 VCD“呐喊”呢！面对这种场景，我有一种难以名状的感觉，真想当面揭穿他前天的谎言。但多年的班主任工作经验提醒我，不能这样过激处理。于是，我说了一句话：“你身体不好，应注意休息，这些东西留给你补补身子。”说完就走了。

岂料，第二天，该生把补品退给了我，而且留下了一张纸条，上面也只有一句话：“老师，请您看我的实际行动吧！”打那以后，他又开始勤奋学习了。我再也没有询问他关于肝炎的事，原来一切都是他家新置的那台 VCD 所造成的。不管怎样，他已朝着身心健康的路上迈进了。

对于学生所编造的谎言，好多老师都会采取当场揭穿的方式狠狠批评。然而，这位老师并没有这样做，而是将错就错，留下一句充满爱心的话语，给学生以深思、反省的余地。这看似无奈退让的“退”，实为着意教化的“进”。确实是对学生进行批评的好方法，值得提倡。

5．旁敲侧击

旁敲侧击就是对学生的错误不从正面阐明本意，而是采用迂回的方式表达批评之意，如借助历史典故、别人的教训或批评别的类似现象，以引起学生联想、自省、悔悟。这适应于悟性较高的学生。

【示例】

在某一班级中，有个女生与一个男生的关系很好，但又没有足够的理由断定他俩是在早恋。带班的班主任没有直接找他俩谈心，而是当着全班同学讲了早恋贻误青春、铸成大错的几个典型事例。最后，他语重心长地说：“我们班的同学都很聪明，老师相信你们不会喝早恋酿成的苦酒。”之后，这两个同学的关系没有进一步发展，而是很有分寸地保持着较好的同学关系。

这是在学校中常常会碰到的问题，是一个需要正确引导的问题。在没有确切的证据的情况下，用旁敲侧击的方式批评学生，既提醒了当事者，又可以使其他人受到教育。

6．幽默暗示

幽默暗示即不直接表明意思，而是用风趣、诙谐又意味深长的言语使人领会真意。这种方式能使被批评者在轻松愉快中接受批评，在笑声中完成心理沟通，同时不伤害到学生的自尊心。

【示例】

一次，一位老师进教室，准备上课，却发现黑板还没擦。为了不影响上课的情绪，他没有直接批评值日生，而是拿起黑板擦，边擦黑板边说："这粉笔灰可有用啦，它能将黑发染成白发。同学们都希望我的头发染白成为一名老教师，所以存心不擦黑板，我可不愿意这么快就变老哦!"同学们都不好意思地笑了。这节课，大家听得格外认真。课后，值日生主动向老师承认了错误，表示今后值日时一定负责擦好黑板。

幽默的语言用于正面教育远胜过空洞的说教，而用于批评远胜于简单粗暴的斥责。它能让学生在谈笑中醒悟，明辨是非，受到启迪。教师也会在学生心目中留下美好的形象。

7. 类比暗示

类比暗示就是根据两种事物在某种特征上的相似，作出它们在其他特征上也可能相似的结论。它要求类比的事物一定有相似点，且语言婉转，弦外有音。这种方法一般针对那种抵触情绪重、自尊心强的学生。

【示例】

有个学生对数学老师讲课慢、反应略显迟钝很不满意。有一次讲解习题，数学老师在黑板上写一个步骤用了较长时间，这个学生极不尊重地说了一句"你晓得做不?"当时，数学老师很生气地把这个学生叫到了班主任办公室。班主任没有直接批评他，只是和他拉家常。班主任知道他有个爷爷，就问他爷爷身体状况怎么样。他回答："年纪大了，记性差，说话颠三倒四。"班主任趁机感慨地说："真是年纪不饶人啊！我们当教师的年龄大了，也越来越不受学生欢迎了。"该生听出了弦外之音。当天放学后，他就主动到数学老师那里作了自我批评。

这里，班主任用一种相近、相似的人和事批评学生的失礼，语言含蓄委婉。这对于悟性较强、勇于自我批评的学生，会收到良好的效果。

[情景练习]

1. 陈老师因家属住院夜间陪伴而精神疲劳，上课无精打采。同学们对他产生了误解，认为因为大家给他提了意见，他对自己的班级有成见。几个调皮学生上课时有意锁上教室的门，还在门上写上"陈老师莫入"。假如你是班主任，如何与这几个调皮学生正面交锋?

2. 请对比下面两句话，谈谈哪一种方法学生更乐于接受。

①"你最近进步较快，但是，你上课不注意听课，课后不认真复习。"

②“你最近进步较快，如果你能进一步抓好课堂听讲和课后复习两个环节，相信你的学习成绩会提高得更快。”

3. 如果出现下列情景，你怎样运用间接批评法进行批评。

①一位班里学习很好的女生，有时逃避做课间操，平日也不锻炼身体，体质明显下降了。

②一位男生上早自习经常迟到。

4. 一次期中考试，一个女生考了倒数第一，成绩公布后，她一天未到学校上课。第二天，她眼睛红肿地走进教室。作为班主任，你准备怎样对她进行批评？

第八节　教育谈话

一、个别谈话

个别谈话是指教师与学生一对一的谈话形式。它是思想教育常见的一种形式，是教师育人工作中不可忽视的一个环节。

个别谈话除了要求教师做到情为先导、以情系理、情理交融、说理透彻、循循善诱以外，还要明确谈话中心，把握谈话时机。

个别谈话的特点：一是针对性，能够针对“这一个”学生的情况，有的放矢地进行教育；二是交流性，当学生遇到困难、有了困惑时，当教师对学生发生的问题了解不太清楚、需要询问时，采用个别谈话的方式，能够为谈话营造亲切宽松的气氛，既利于老师了解情况，也便于学生向老师吐露心声；三是私密性，因为没有第三方在场，对自尊心比较强的学生，或一贯表现比较好的学生，要进行批评教育时，这种方式能够保护学生的自尊，有利于学生接受老师的批评教育。那种把学生叫到办公室，当着其他老师的面对学生进行教育的方式，严格意义上说，是不能算作个别谈话的，应该算是一种很糟糕的谈话情景。

个别谈话，首先要熟知学生的心理。人的心理是复杂的、千差万别的，又是多变的，而且还具有锁闭性的特征。这就要求教师在谈话中，既注意分析学生的复杂心理，又要注意判断学生的心理变化，根据情况调整谈话内容，真正使对方敞开心扉。其次就是要多用商讨式、启发式。可以多用“行不行”等询问话语。启发式有时可以引而不发，通过摆情况，点问题，启发对方领悟；有时可以一语点破，把对方引入积极思维的状态。教师不要忙于下结论，提出要求，而应启发学生的思维跟随教师输出的信息去思考问题，得出正确的结论。

最后，个别谈话还要讲究艺术。比如，对心理承受能力强的学生，谈话可以坦率直言；对心理承受能力较弱的学生，则应慎言开导；对性格暴躁的学生，应避其锋芒，有节制但坚定地提出要求；对性格懦弱的学生，应和风细雨，多加鼓励。只有“对症下药”才能“药到病除”。

二、集体谈话

集体谈话是指教师在公开场合，与全体同学之间的教育谈话，是一种面对群体的思想教育形式，是教师针对多数学生共同的精神需求或倾向时采用的交流方式。它面对的群体是班级、年级、部分或全体学生，因而适合于晨会、班会、团队会、校会等公众场合。

集体谈话的特点：一是具有代表性，集体谈话的内容所涉及的是这个集体中具有代表性的人或事。二是具有公众性，集体谈话面对的是全体同学，教育的面广，尤其利于加强班集体的建设。三是具有公开性，教育谈话内容为全体同学所知晓。

根据以上特点，集体谈话应做到：第一，集体谈话的话题，涉及的教育内容要有代表性，这样才能引起学生的兴趣，也才能对大多数同学有教育意义。切忌对个别现象或偶尔出现的问题，喋喋不休地唠叨。第二，谈话的内容应面向所有同学，谈话中一方面要善于调动学生中的积极因素，让学生互相教育，另一方面，也要避免顾此失彼的现象发生，如进行表扬时，切忌因为表扬这一部分同学而打击、伤害了另外一部分学生，还不能遗忘个别学生。第三，要多用肯定性评价，由此激励同学的上进心和自尊心，而慎用否定性评价，特别要掌握批评的分寸和尺度，保护学生的自尊，能不点名批评的就不点名批评。

三、与家长谈话

家长是教师谈话的主要对象之一。教师与家长在对学生的教育目标上达成共识，将有利于促进双方的情感交流，形成最佳的育人环境。教师与家长的谈话包括在家长会或家长代表座谈会上与家长群体的谈话，以及在家访或接待家长来访时与家长的个别谈话。

谈话的主要目的是向家长介绍学校管理的成果与概况，汇报学生在德、智、体、美、劳等方面的情况，转达学校对家长的建议和要求，主动争取家长的支持与配合；了解学生的家庭状况及其在家中的表现，认真听取家长对学校管理的意见和建议；与家长共同研究教育学生的措施和方法，做好学生的思想工作。

与家长进行个别谈话，是连接学校教育与家庭教育的桥梁，是创造良好教育氛围的有效途径。通过家访等一些和家长沟通的方式，达到教师、家长、学生互相信任与支持、密切配合的目的。与家长个别谈话的技巧一般包括以下几个方面：

1. 热爱学生，奠定谈话基础

虽然家庭访问的主要谈话对象是家长，但作为教师所关爱的对象还是学生。无论男女、调皮的或文静的、成绩好的或差的、家庭条件优越的或普通的，都应该一样期望他们成为祖国的栋梁之材。有没有这种对所有学生的泛爱之情、关爱之心，影响到一个教师在同家长谈话时的语气、语态及谈话气氛和效果。所以，教师具有的爱心，是取得同学生家长沟通成功与否的前提条件。

2. 尊重家长，缩短心理距离

根据美国心理学家马斯洛的理论，每个人都有希望得到他人的尊重的需要。教师如果满足家长的这种心理需求，就能够拉近双方的心理距离，达到相融相通。

①称呼得当。对一个人称呼什么，怎样称呼，看似平常，却蕴含对他人的尊重，也折射出称呼者本人的修养。教师必须重视对学生家长的称谓问题。一个得体恰当的称呼，在家长的心理上会产生一种相知感和亲切感，放松谈话气氛，使进一步展开谈话有一个和谐的开头。

②态度诚恳。和家长谈话，要热情、诚恳、亲切、友善、文雅、礼貌、谦虚，而第一要紧的是诚恳。一个人的说话态度如何，反映出说话者本身素质的高低和对他人尊重与否，对听话人的心理也会造成积极或消极的影响，从而产生不同的效果。所以，同家长谈话时，教师应该选择妥当贴切的说话内容，再加上恰如其分的语气语调，符合具体情境的眼神、表情以及得体的动作、姿态等，向家长传递美好的情感倾向。这样，才容易叩开家长的心扉，从而保证谈话的顺利畅通。

③因人而异。家长作为谈话对象，并不是被动的。在特定的言语环境中，对同一道理，有的需要激发引导，有的只接受事实分析；解决同一问题，有的更想听鼓励、赞扬或激励的话语。不同的家长有各自的喜好。因此，教师必须选择符合家长个性特征、兴趣爱好、知识水平的言语表达方式，给家长以亲切感，才能为彼此创造一个轻松和谐的谈话氛围。否则，会因为“话不投机半句多”，导致谈话不能达到预期的目的，甚至不欢而散。

④主动调控。教师与家长的每一次谈话都是事先带着某种目的性的，因此，教师必须始终围绕着它主动调控，才能把握住整个谈话内容不偏离既定目标。

教师的目的若是向家长汇报学生在学校的思想学习、劳动纪律、基本技能等方面的情况，就应该实事求是地介绍，同时还应随时举出事例来给予恰当的评价，让家长信服。还可以在有利于学生成长且对家长负责的前提下，多报喜少报忧。杜绝告状或暗示家长打骂学生的不良做法。

教师的目的若是向家长了解学生在家中的表现或其家庭状况，征求对学校工作的意见和要求，就必须耐心细致地倾听家长的谈话，听清其主要内容，弄清其言外之意、难言之隐；注意问话的形式与方法，启发家长朝着与目的有关的方面谈，引导家长说出教师想知道的内容。若遇到家长的谈话偏离了中心，不要急于打断对方的谈话，而须冷静下来继续倾听，然后选择时机不露痕迹地把家长的谈兴重新引导到教师所要了解的内容上。

⑤善于沟通。不少家长因个性、环境等因素的制约，对于同教师的谈话往往持不欢迎的态度，或表现冷漠、不关心，或沉默不语、勉强应付。因此，教师必须主动与家长攀谈。可依据自己平时对家长的了解，从其兴趣爱好入手，找出彼此的共同点或相似之处，主动寻找共同语言，沟通双方心灵的桥梁，从而在融洽的氛围中展开有目的的谈话。

⑥情理结合。教师要与众多各异的家长谈话，难免会出现彼此意见不相吻合的情况。对待意见分歧，固执己见是不足取的。要解决分歧，达到一致，教师应该对家长动之以情，晓之以理。教师通过具体分析，讲清利弊，说明道理，才能在阐明自己观点的同时，达到引导、说服家长接受正确意见的目的。

[情景练习]

1. 王小岩在小学时是市级“三好学生”，被报送升入重点中学后，学习一直名列前茅，是一个出类拔萃的男孩子。可是，近来他却一直耷拉着脑袋，情绪低落，学习成绩也急剧下降。他究竟出了什么问题？请你对他作一次个别谈话。

2. 有一位教师去“疯狂四班”上课。一进教室，他正要开始上课，忽然发现讲台上放着一块木板，用粉笔写着“××老师之墓”。他虽然很生气但却没有发作，也没有退缩。他转过身，缓慢地对学生说：“……”假如你是这位老师，将说些什么？

3. 模拟家访训练。由教师选定几个具体的家访内容，学生两人一组，一人扮演家长，一人扮演老师，分组轮流作模拟谈话训练。教师和学生们共同观看，然后学生互相评议，教师最后作综合评议。

第七章　交际口语

[学习提示]

现代社会，人际沟通便捷，交际距离正在缩短，人们更加认识到社会交际的不可或缺。交际艺术在社会的政治、经济和文化交流中，在人们的日常生活、工作和学习中，正发挥越来越重要的作用。交际离不开语言，特别是有声语言。口语是交际的基本工具和手段，而交际又是施展口才的舞台和战场。所以，学习口语交际知识，不仅是交际的需要，也是培养口才本身的需要。了解口语交际的相关知识，并进行训练。

[学习目标]

- 了解口语交际的基本概念、特点和构成因素
- 掌握口语交际中的礼仪及礼仪用语
- 进行口语交际的训练

第一节　基本概念

一、口语

谈到教师口语交际的特点，我们首先应该搞清楚一个问题，即什么是口语？从广义上讲，口语是泛指人类运用自己的语音器官讲出来的语言。也就是说，人类所拥有并从事的所有语言表达形式，诸如：演讲、报告、谈判、讨论、主持、播音、影视对白、相声评书、高谈阔论、辩论争吵、对书面文字材料的诵读……，都属于口语的范畴。从狭义上说，口语仅指人们在口头交际活动中使用的会话。

口语是口头交际使用的语言，是最早被人类普遍应用的语言形式。所有的民族都有口语。口语通常是通过声音传播的。根据需要，文学作品中也常以文字记叙口语。

口语灵活多变，多因场合与发话者不同而被自由使用、自由发挥。因为发话者与受话者同在现场，有时这种发挥不但不会影响受话者的理解，反而能够更生动地体现发话者的心态，或使语言简洁化。由于交际会话中参与者的身份

各有不同，其受教育的状况存在高低差异，加之所处的交际场合、交际目的等情况千差万别，尽管交际活动有正式和非正式之分，有文雅与粗俗之别，但万变不离其宗，其会话总是围绕着口头交际进行的。为了有利于彼此的沟通理解，交流者所使用的口语总是跟书面语言有着很大的差异的。决定交际质量的恰恰是口语能力的强弱。

二、交际口语

口语交际是在特定环境里产生的言语活动。其核心是“交际”，基本特点是听说双向互动，不是听和说的简单相加，只有交际双方处于互动的状态才是真正意义的口语交际。

口语交际也是一种教学策略和方式，是听话、说话能力在实际交往中的应用，凭借听、说进行交流、沟通，传递信息、联络感情、处理问题等。听话、说话是口语交际的重要组成部分，但我们不能把口语交际简单地等同于听话、说话，它是由说、听双方共同进行的一种交际形式。口语交际不包括交际过程中分析、综合、判断、推理、概括、归纳等思维能力，分析问题和解决问题的能力，实际操作能力，创造能力等。要想顺利而高效地进行口语交际，必须培养自身倾听、表达和应对的能力，只有让自身的多种感观都参与到活动中来，才能切实提高口语表达能力。

第二节　交际口语的特点、能力和礼仪

一、交际口语的特点

口语交际是人际交往中最重要的方式和手段。人际交往，也称人际沟通，是指个体通过一定的语言、文字或肢体动作、表情等表达手段将某种信息传递给其他个体的过程，是人与人相互联系的一种行为，是人们运用一定方式和手段，交流思想，传递信息，从而达到某种目的的一种社会活动。口语交际训练虽然包含听、说训练，但不同于“听话、说话”训练，其注重的是训练交际过程中的口语能力。

口语交际和独白体口语表达相比，存在较大的差异，主要表现在以下几个方面：

1．交流的双向性

听话说话常是单方面的，而口语交际则是双向互动的。听说训练经常采取的方式是一个人说，多个人听，语言信息呈单向传递的状态，听说者之间的思想交流、思维碰撞比较少，而口语交际则强调信息的往来交互。因而，参与交际的双方，不仅要认真倾听，还要适时接话，谈谈自己的意见和想法。这样就能在双向互动中实现信息的沟通和交流。

2. 生活的实用性

口语交际在生活中比听话、说话更具有实用性。练习说话，往往是凭借图片或是给出的题目来进行，严重脱离了生活实际，有人形象地称之为纸上谈兵，图上神游。口语交际则不一样，其交流的话题来自于生活，训练的形式大多是当面交谈，与生活实际状况没有什么明显的区别，学生课堂上学的，正是生活中要用的，颇具实用价值。

3. 思维的及时性

语言是思维的外壳，思维是语言的内核。口语表达过程实际上是把思维的结果表述出来的过程，口语交际中思维的品质和水平，在很大程度上制约着口语交际的质量。口语交际一开始，思维就必须及时跟上，这就要求交流的双方必须思维敏捷，反应灵活，表达迅速。因而，口语交际训练与思维训练是密不可分的。

4. 事件的突发性

在生活中，口语交际的发生，不是事先预料得到的，具有很强的突发性。经常是交际的双方都在毫无准备的情况下发生，如不期而遇、突然的碰撞等事件：有的时候是一方有准备，另一方没有准备，如学生突然被老师叫去谈话或是向人求助等。

5. 情境的特定性

交际性口语具有情境因素的特定性。情境即情况、环境，是由外界、景物、事件和人物关系等因素构成的某种具体的境地。情境是人的一种心理状态的表现。情境因素主要是交际对象、时间、空间和具体的场景。俗话说："什么山上唱什么歌，什么时候说什么话。"就是指说话要看时间、看地点、看场合，把话说得恰如其分。

6. 能力的综合性

口语交际的能力不仅是"听、说"的能力，它体现的是一个人的综合素质，因而需要更全面的表达技巧。既然是面对面的接触、交流，就不能像自言自语那样，爱说什么就说什么，爱怎样说就怎样说，而应该考虑语言、情感、举止等综合因素。因此，口语交际不仅需要听说技巧，还需要从待人处事、举止谈吐、临场应变、表情达意等方面的能力和素养进行培养。

从以上特点可以看出，要想提高口语交际能力，光会"听"和"说"是不够的，必须从多方面进行综合训练。

二、交际口语能力的构成因素

口语交际的特点决定了口语交际能力的综合性。它由多种因素构成，其中主要因素有如下几点。

1. 良好的语音能力

口头语言是借助语音及其变化来传情达意的，而汉语语音的变化较为复杂，区别比较细微，要恰当、准确地运用语音来表达，就必须具有较好的语音能力，声、韵、调到位，具体表现在发音准确、规范、标准；音质纯净，音量适中；音调优美动听，发音有一定的节奏，快慢适中；声音有一定力度，并能控制自如，做到强弱、大小适当，等等。

2. 敏捷的思维能力

口语表达要经过内部言语→选词组句→外部言语三个环节，其过程几乎是闪电般的快捷。因此，说话时，嘴上说的是刚刚想过的，而心里想的是马上要说的，就是这样现听现想，现想现说，不断把自己的意思和情感完整、清晰地表达出来。三个环节环环相扣，中途任何一个环节出了问题，就会答非所问，断断续续，影响口语交际的效果。只有思维敏捷，反应迅速，才能灵活应变，应答自如。

3. 快速的语言组合能力

在与人当面交谈的时候，不可能有很多准备和思考的时间，要想在短时间内说出有条理的一段话，就必须通过敏捷的思维迅速地组织语言，快速地选择词语和句式，运用恰当的修辞方法和叙述、说明、描述等表达方式进行口语交际。

应该说，组织语言的速度和能力是口语交际能力的一个重要组成部分，它决定了口头表达的效果。

4. 得体的举止谈吐能力

根据相关资料显示，人与人交往的效果，20%取决于有声的语言，80%取决于无声的神态和动作。显然，神态和动作是一种无声的语言，它真实地反映了一个人的素养、受教育的水平及以能够被人信任的程度。而在交往中，光有无声语言显然是不够的，有声的语言作为最重要的传播介质以其自身的优势战胜了其他非有声的介质，而得体的举止谈吐能力则是有声语言的重要环节，具体表现在以下几个方面：

(1) 姿态自然，举止大方。不论在什么场合，都要做到精神饱满、自然大方。站姿要做到自然站正，两眼正视，两肩平齐，两臂自然下垂，微收下巴，不颤腿，不绞衣角；坐姿要自然挺胸，保持上半身挺直的姿势，眼睛平视前方，左、右大腿大致平行，膝弯曲大致成直角，足平放在地面上，手轻放在大腿上。说话时，眼神不游离，不闪躲，不目中无人，面带微笑，不伸舌头、不做鬼脸。

（2）用语恰当，礼貌待人。交际者能根据不同的对象、不同的场合、不同的情景及不同的谈话内容灵活掌握，说恰当、得体的话。既要彬彬有礼，又不落入俗套，还要根据表达的需要，正确使用礼貌用语，并辅以表情和手势等体态语，加强口语的表达效果。

5．临场情景关系的把握能力

在一个具体的交际场合中，说话人要认真观察每一个人，留意说话涉及的方方面面的关系，不要在谈话中伤害到别人，也不能忽略某人的存在，尽量做到滴水不漏甚至是满堂喝彩。这就要求讲话者具备一定的临场知识。

不同的临场情景关系要运用不同的说话形式：

· 工作话语形式：认真、严谨；
· 服务话语形式：礼貌、热情；
· 求教话语形式：谦虚、诚恳；
· 家庭话语形式：本色、放松；
· 聊天话语形式：随意、诙谐……

三、交际口语中的礼仪

语言是人类沟通思想、交流情感、传递信息的工具，而口语交际是人际交往中最常用的最基本的方式，因此必须十分重视交谈中的礼仪。

1．交谈的礼仪原则

在任何社交场合，诚恳与热情都是交谈的基础，只有坦诚相见的谈话才能使人感到亲切自然，气氛才能融洽和谐。

交谈时要注意倾听，不要轻易打断或插话。万一需要插话或打断对方的话时，应先征得对方同意。用商量的口气问一声：“对不起，请等等，我还是不明白……”“请允许我打断一下”或者“我提个问题，好吗？”这样可以避免对方产生你轻视他或不耐烦等不必要的误解。谈话时，双方应相互正视，不要东张西望、左顾右盼，更不要看书看报，或者面带倦容，哈欠连天；也不要做一些不必要的小动作，如玩指甲，弄衣角，搔脑勺，压指节等。这些动作很不礼貌。许多朋友在一起交谈时，讲话的人不可滔滔不绝地讲个没完，不能把注意力集中在其中一两个你熟悉的人身上，要照顾到在场的每个人；倾听的人除了特别注意正在说话的人之外，目光应不时地光顾一下其他的人。应该使在座的每一个人都有发言的机会，不能只让两三个人说话。对于比较沉默的人亦应设法使他开口，比如问他：“你对这件事怎么看？”或“你有什么看法？”等。

2. 交谈要有技巧

(1) 语言优美，声音亲切

谈话中的用词要丰富生动，如果幽默风趣则更显亲切迷人，假若总是反复用同一个形容词来形容不同的事物，语言贫乏枯燥，则听起来平淡无味。如果能够海阔天空、谈笑风生更能增加个人的魅力和风采。

说话时，人们常常要流露出真情，语调就是这种真情的一个窗口。在社交场合，为使自己的谈话引人注意又谈吐得体，一定要在声音的大小、轻重、粗细、高低、快慢上有所用心。若掌握相关的会话原则，会使你的谈话取得较好的效果。放低声调比提高嗓门听起来更悦耳，委婉柔和的声调比粗厉僵硬的声调更动人发音稍缓比连珠炮式更易于让人接受，抑扬顿挫比单调平板更易于使人产生兴趣。

文雅的谈吐在于词句的修饰，但最基本的一条却是表情达意，通顺易懂。因此，在选择词句时应以朴实自然为好，过于咬文嚼字则易误解你是在卖弄；用词不当会贻笑大方。

(2) 提问与思考

提问是引导话题、展开谈话或转换话题的一个好方法。发问首先要注意内容，不要问对方难于应对的问题，也不应询问别人不便启齿的隐私，以及大家都忌讳的问题。其次是注意发问的方式，查户口式的一问一答只会妨碍友善的气氛。提问的人应对发问进行方式设计，以便对方不但可以介绍一些你所不了解的新鲜事，还能充分叙述自己的感受而使气氛自然融洽。

如果提出的问题对方一时回答不上来，或不愿回答，不宜生硬地追回或跳跃式地乱问，要善于巧妙地转换话题。如果对方仅仅是因为羞怯而不爱说话，那你就应先问一些无关的事，或开一个小小的玩笑，等紧张的气氛缓和了，再把话题引入正轨。

谈话中一旦说错话应及时纠正，碍于礼貌，别人不会当面提醒，只有靠自己留心注意对方的反应，这样才能发现自己不适当的话题和词句。

(3) 交谈的正确态度

在与人交谈时，不独自发言过久，不打断别人的谈话是一个人最基本的修养。说话武断、固执己见是很不礼貌的。这种情况经常发生在谈论时事或个人的特殊专业领域中。设身处地为对方着想，交谈的两方都会十分愉快。交谈时要注意以下几点：

避免在大庭广众之下纠正别人的陈述、语法和发音；

友善地针对陌生人或事物发问，而不是打听的方式；

诚心诚意并利用适时的机会温文地赞美，不要有丝毫的夸张和矫揉造作；

感觉出自己言谈无趣时，要及时应变；

不应该独自发言过久；

不打断别人的谈话是谈话的最基本修养；

说话武断、固执己见是很不礼貌的，尤其是在观点不同时与人发生不必要的争执，容易影响朋友间的感情。

(4) 谈话的禁忌

一般不要涉及疾病、死亡等不愉快的内容。不询问女性的年龄、婚否，不径直询问对方履历、工资收入、家庭财产、衣饰价格等私人生活方面的问题。对方不愿意回答的问题不要追问，触及对方反感的问题时应表示歉意。不直接批评长辈、领导。此外，要注意不同人的不同特点。例如，当着大龄未婚青年的面不谈有关家庭、孩子问题；当着残疾人的面不能随便说有关运动健美的问题等，也就是俗语所说的“当着矮人不说短语”。在一小群人中，不要用其他人听不懂的方言交谈，那是不礼貌的，如果非这样做不可的话，应向在座的其他人进行适当解释。

(5) 交谈时的体态语言

交谈中可以适当做些手势，但动作不要过大，更不要用手指指人。与人谈话时不要拉拉扯扯，拍拍打打，不宜与对方离得太远，但也不要靠得过近。两人交谈时，最好目光交流持同一水平，这是相互尊重的表现。说话时不要东张西望，也不要目不转睛地盯着对方或目光冷漠地看着对方，这些都会引起对方的不快。谈话时也可以适当运用一些手势来加强语气、强调内容。

谈话时目光接触很重要，这证明你在听对方说话，因此不要左顾右盼，东张西望，注意力不集中。如果对方说话的时候，你的眼睛不正视他，一方面令人困窘，另一方面表示你可能隐瞒了某些事情，或者正在寻找更重要的人。

适时地在谈话中加入手势往往会更好地表达自己，但不能太多和幅度过大，更不能手舞足蹈，傲慢地自以为是、夸夸其谈，甚至唾沫横飞，这会使人感到不舒服。

在交谈时不可频频看表，显得不耐烦。切忌用手指点对方，这被视作不礼貌的行为。

(6) 话语要尽量简洁

据研究，人们的话语在45秒钟之内最易于理解，最长1分30秒；超过这个限度，听者便感到冗长。如果超过2分10秒，讲者会出现不易把握，听者会感到不易理解。因此，谈话的时间不要太长，要注意听者的情绪，适可而止。但当别人对所谈话题正感兴趣时，不要表现出厌烦而任意转移话题。当交谈不该结束时，不要突然中断，以免使人感到你无礼或是在有意戏弄他。

(7) 目光高度要恰到好处

目光也能体现一个人的修养、道德、情操。交谈双方都应把目光放在对方同一水平上，要做得轻松自然，但不能死死盯着对方的眼睛，使人感到窘迫。假使两个人在室内面对面地交谈，两人的目光距离应该是1米至2米半。假定双目之间为光圈中心，目光则要在嘴、头顶和脸颊两侧这个范围内活动，给对方一种你很恰当地很有礼貌地在看着他面部的感觉。

(8) 结束谈话的技巧

当双方交谈接近尾声时，倘若有些问题和事项并未得到满意的结果，或者还存在不明白、不确切的地方，应加以重复或追述，以求得可靠的结论。但假如有些问题无法作答或不宜作出结论时，最好不要急于得到结论，留下余地以便日后寻求解决。同时留意对方的某些“暗示”，以免误解对方的本意。

在交谈结束时，应用客气话表示感谢，说声“谢谢”“打扰您了”“我从这里学到了许多东西”等，以在对方心目中留下良好的印象。最令人愉快的印象，是让笑容来作结束交谈的“句号”。

说话是人际沟通的最直接表现，善用言辞去增进彼此的感情，减少误解和摩擦，进而可拓展人际网络。

四、交际口语中礼仪用语的掌握

礼仪就是人与人社会交往时，把待人接物的内心尊敬之情通过美好的仪表、仪式表达出来。语言是信息的载体，是人际沟通、交往的主要媒介，更是向他人表示自己各种意愿的手段。由于语言在跨文化传播时，会出现同一语词可能有多重含义，甚至在不同场合有着不同含义，如果处理不好不但无法导致沟通，反而会给交往造成障碍。显然，在使用语言表达自己的意思时，不仅要注意防止语言失误的问题，更要注意口语使用中的礼仪问题。

谦敬语是在人际交往中经常使用的、用来表示谦虚、尊敬的礼貌用语，也称客套话。谦敬语的运用十分普遍，它可以说是社交中的润滑剂、黏合剂，能减少人际间的“摩擦”和“噪声”，可以沟通双方感情并产生亲和力，其作用是不可低估的。它可以使互不相识的人乐于相交；可以使初次见面的人很快亲近起来；请求别人时，可使人乐于提供方便和帮助；发生不愉快时，可以避免冲突，得到谅解；洽谈业务时，使人乐于合作；服务工作中，可以给人以温暖亲切的感受；批评别人时，可以使对方诚恳接受。一个有教养的人，应当掌握使用客套话的艺术，自如地运用于各种场合。

1. 交际口语中常用的礼仪用语

交际口语中常用的礼仪用语有：初次见面用“久仰”；好久未见用“久违”；表示等候用“恭候”；未及迎接用“失迎”；让人勿送用“留步”；送客离去用“慢走”；临分别时用“再见”；送人远行用“平安”；请人批评用“指教”；求给方便用“借光”；向人道贺用“恭喜”；祝人健康用“保重”；身体不

适用“欠安”；登门看望用“拜访”；宾客来访用“光临”；陪伴朋友用“奉陪”；中途离去用“失陪”；与人分别用“告辞”；托人办事用“拜托”；对方来信用“惠书”；麻烦别人用“打扰”；请人帮忙用“烦请”；接受好意用“领情”；迎接客人用“欢迎”；欢迎顾客用“光顾”；客人来到用“光临”；客人入座用“请坐”；希望照顾用“关照”；欢迎购买用“惠顾”；请人解答用“请问”；赞人见解用“高见”；得人帮助用“谢谢”；请人赴约用“赏光”；需要考虑用“斟酌”；无法满足用“抱歉”；请求原谅用“包涵”；请人指点用“赐教”；请人指教用“请教”；请改文章用“斧正”；请人决定用“钧裁”；接受教益用“领教”；谢人爱意用“错爱”；受人夸奖用“过奖”；交友结亲用“高攀”；赠送作品用“雅正”；送礼给人用“笑纳”；送人照片用“惠存”；归还物品用“奉还”；自己住家用“寒舍”；慰问他人用“辛苦”；书信结尾用“敬礼”；问候教师用“教祺”；致意编辑用“编安”；言行不妥用“对不起”；请人帮助用“费心”“劳驾”；问老人年龄用“高寿”；问一般人年龄用“贵庚”；问女士年龄用“芳龄”；问姓名用“贵姓”；问店铺名用“宝号”……

2. 交际口语中的称谓

在交际口语中，除了会使用合适的礼仪用语之外，合理的称谓也是要加以注意的。

称谓，就是对一个人的称呼。无论在什么场合，只要是与人交谈，开口的第一个词汇就是要叫别人，喊别人，只有先与别人打招呼才能引起别人对你的注意，才能够进行下一步的沟通交流。称谓中有尊称（或叫敬称）、谦称（或叫卑称）和通称的区别。汉语对称谓十分讲究。一个人会不会正确地使用称谓，不仅可以体现其文化教养，在某种程度上还会决定他在人际交往中的成败。

（1）称呼姓名

每个人都有各自的姓名，一般而言，姓名是对一个人的通称，称呼人的时候直呼姓名是不会有什么问题的。但是，在我国长期以来形成的传统礼仪中，一个人的姓名（指姓和名的全称）一般是只有长辈对晚辈、老师对学生、上级对下级可以叫，不为失礼。而在平辈之间、下对上之间，只要不是关系十分亲近，这种姓名全称就被认为是不礼貌的行为。直到今天，这种礼俗仍然未变。那么，怎样称呼姓名才不失礼呢？

①不称姓只称名

例如，对方叫王小佳，不称王只称小佳。这种称呼一般是长辈对晚辈、上级对下级的一种爱称，平辈之间则一般在关系很亲近的人之间使用。

②只称姓不称名

比较熟悉或关系密切的人之间常常把名字省略掉，比如老张、小刘等，这样的称呼显得亲切随和。对刚认识但不是很熟悉的人也可以使用，可以拉近彼此的距离，但一定要注意当时的场合和气氛，不可过于唐突。

（2）尊称

我国历来就有很多可以用于通称的尊称，也有很多用于卑谦时的谦称。广泛使用的有：

①先生。对男士的尊称，如李先生、吴先生，只要是成年男子称其为先生都不失礼。妻子称丈夫为先生是受到海外称谓的影响才逐渐流行起来的。

②老。对长者和师长的尊称，如“刘老”“董老”等，对老首长、老上级也可以称老，如对老一辈革命家陆定一尊称为“陆老”，对大数学家华罗庚称为“华老”，对季羡林称为“季老”，既体现一种尊敬，还表达了内心的敬重和崇拜。

③兄。男性之间的一种尊称，无论对方的年龄比自己大还是比自己小。这种称呼都是对对方的一种尊重，如陈兄、李兄、孙兄等，也可以沿用古人的称法，“仁兄”“尊兄”“贤兄”。与此相类，如果自己的年龄明显要比对方大，也可以称对方为“贤弟”。

④女士、小姐。对女性的尊称，已婚女性多称“女士”，未婚女件多称为“小姐”，在不确定对方婚否的情况下，都可以“女士”相称。

⑤夫人、太太。是有身份人家对妻子的称呼，后来作为对所有已婚妇女的尊称，现在使用已经相当普遍。

⑥师傅。古代对老师的称呼，后来成为徒弟对师傅的称呼，再发展为对工人的泛称。今天仍然对体力劳动者尊称为师傅，如“司机师傅” “理发师傅”等。

（3）通称与谦称

除了姓名的尊称外，用得最多的是人称代词，也就是你、我、他。其中用得最为广泛的是“您”。无论是在什么么场合、什么时间，只要是在对对方表示敬意的情况下，都可以使用这个“您”字。但是，如果对方不是一个人的话，是不可以说“您们”的，如果对方是两人，可以说“您二位”“您二老”；如果对方是几个人，可以说“您几位”。

第一人称的人称代词“我”。在与别人淡话时，如果感到应当谦恭一些，可以在谈话中把“我”改为“我们”，这样的语气就会显得缓和一些。有些时候，为了表示谦虚可自称为“晚辈”或“学生”，在书面语言中还可以自称为“弟”。

（4）职务称呼

以对方的职务相称，也是一种礼貌用语。所以，在社会交际的各种场合，都应当尽可能地以职务相称，如杨主任、陈经理、马总、张工之类。需要注意的是，对有些担任副职的人尽量不要以副职相称。如张副厂长直接称呼为张厂长；李副总经理直接称呼为李总。也可以用职称、学位甚至职业相称。如吴教授、钱工程师、周博士等，以职业相称的如郑医生、王法官、夏律师等。总而言之，对别人尽量不要指名道姓、直呼其名。在这种时候，完全适用一句古话："礼多人不怪"。

（5）亲属称谓

在中国，对亲属称谓很复杂，这里只介绍双方之间比较常用的词汇。

对方的父亲："令尊"；对方的母亲："令堂"；对方的妻子："夫人""尊夫人""令正""令室"；对方的兄弟："令兄""贤兄""尊兄""令弟""贤弟"；对方的儿子："令郎"；对方的女儿："令爱""令嫒"；对方的女婿："令婿""令坦""东床"；对方夫妻俩："贤伉俪"；对方的岳父、岳母："令岳""令泰山""令岳母""令丈母"；自己的父亲："家父""家严"（如父亲已故，则称："先父""先严""先君"）；自己的母亲："家母""家慈"（如母亲已故，则称："先母""先慈"）；自己的兄弟姐妹："家兄""舍弟""家姐""舍妹"；自己的妻子："内人""内子"；自己的子女："犬子""小女"；自己的女婿："小婿"。

（6）称谓时要注意的几个问题

上面的几种称谓在实际运用中还应注意如下几点：

①记住对方的姓名。争取主动，以免在想打招呼却又想不起对方是谁时，引起不必要的尴尬。

②符合年龄身份，不卑不亢。称呼必须符合对方的年龄、性别、身份和职业等具体情况。对年长的人称呼时态度一定要谦和，千万不可让人产生表里不一言不由衷的感觉；对和自己差不多大的同龄人，称呼的时候要自然诚恳，让对方挑不出你的毛病来；对比自己辈分小的，最好不要"小李""小千"地叫，称呼全名就是比较尊重他人的表现。

③灵活掌握。比如上文所说的张副厂长，应去掉副字，直接称呼张厂长：如果正副职都在场，就要有所区别。对已经离退休的老领导、老上级也可以沿用原来的称呼。

第三节 交际口语的训练

一、交际口语训练的主要形式

1. 自我介绍

自我介绍是向别人展示你自己的一个重要手段，自我介绍好不好，甚至直接关系到你给别人的第一印象的好坏及以后交往的顺利与否。自我介绍同时也是认识自我的手段。古人云："知人者智，知己者明"，常言道："旁观者清，当局者迷"。可见，要想认识自我，给自己一个准确的定位不是一件容易的事情，而通过写自我介绍，会对自己进行一个有意识的梳理，从而对自身有一个清晰的认识。

（1）自我介绍的方式

按照使用的语言来划分：可以分为口头的，书面的。我们这里主要讲书面的自我介绍。

从书面的自我介绍来看，可以有自传性质的自我介绍，比如，像《鲁迅自传》和《老舍自传》两篇文章就是这样的自传式的自我介绍。也可以有以事件为中心，突出个性特点的自我介绍。

（2）自我介绍的禁忌

自我介绍最忌讳平淡无奇，不能够把个人的特点展示出来。忌讳写成简历形式，缺少文学色彩。

（3）自我介绍的使用

第一，用于不认识的朋友间的初次见面时。

第二，一般还用于求职时。

第三，参加公务员考试。

第四，参加其他面试时，如考研。

（4）自我介绍的内容

首先，请报出自己的姓名和身份。可能应试者与面试考官打招呼时，已经将此告诉了对方，而且考官们完全可以从报名表、简历等材料中了解这些情况，但自己仍主动提及。这是礼貌的需要，还可以加深考官对自身的印象。

其次，可以简单地介绍一下自己的学历、工作经历等基本个人情况，提供给考官关于个人的基本情况、完整的信息，如学历、工作经历、家庭概况、兴趣爱好、理想与报负等。这部分的陈述必须简明扼要、抓住要点。例如介绍自己的学历，一般只需谈本专科以上的学历。工作单位如果多，选几个有代表性的或者自己认为重要的介绍就可以了，但这些内容一定要和面试及应考职位有关系。请保证叙述的线索清晰，一个结构混乱、内容过长的开场白，会给考官们留下杂乱无章、个性不清晰的印象，并且让考官倦怠，削弱对继续进行的面试的兴趣和注意力。

应试者还要注意这部分内容应与个人简历、报名材料上的有关内容相一致，不要有出入。在介绍这些内容时，应避免书面语言的严整与拘束，而使用灵活的口头语进行组织。这些个人基本情况的介绍没有对或错的问题——都属于中性问题，但如果因此而大意就不妥了。

接下来，应该自然地过渡到一两个自己读书或工作期间圆满完成的事件，以典型例子来形象地、明晰地说明自己的经验与能力，例如在学校担任学生干部时成功组织的活动；或者如何投入到社会实践中，利用自己的专长为社会公众服务；或者自己在专业上取得的重要成绩以及出色的学术成就。

再接下来，要着重结合自身职业理想说明自己应聘该职位的原因，这一点相当重要。可以谈自己对应考单位或职务的认识了解，表明选择这个单位或职务的强烈愿望。还可以谈如果自己被录取，那么将怎样尽职尽责地工作，并不断根据需要完善和发展自己。当然这些都应密切联系自身的价值观与职业观。切勿将自己描述为不食人间烟火的、不计较个人利益的“圣人”，这样的效果常常适得其反。

为了保证结构明确，有条有理，可以多用短句子以便于口语表述，并且在段与段之间使用过渡句子，表述要注意思路、叙述语言的流畅，尽量避免颠三倒四，同一句话反复说几遍，同时不要用过于随便的表述方式。

（5）自我介绍的时间

一般情况下，自我介绍应该是3～5分钟较适宜。时间分配上，可根据情况灵活掌握。一般的，第一部分可以用约2分钟，第二部分可以用约1分钟，第三部分用1～2分钟。

好的时间分配能突出重点，让人印象深刻。这取决于自身面试准备工作做得好坏。如果自己事先分析了自我介绍的主要内容，并合理分配所需时间，抓住这3、5分钟，就能中肯、得体地表达出自己。有些应试者不了解自我介绍的重要性，只是简短地介绍一下自己的姓名、身份，其后补充一些有关自己的学历、工作经历等情况，大约半分钟左右就结束了自我介绍，然后望着考官，等待下面的提问。但也有的应试者想把面试的全部内容都压缩在这几分钟里。要知道面试考官会在下面的面试中间向你提有关问题的，你应该给自己也给他人留下这个机会。

（6）自我介绍的重要性

通过自我介绍，主动地向面试考官推荐自己，这是面试组成结构的重要内容，同时也是面试测评的重要指标。

（7）自我介绍的要点

第一，自我介绍是以面试的测评为导向。自我介绍也是一种说服的手段与艺术，聪明的应试者会以面试职位的要求与职责作为重点组织自我介绍的内容，面试者不仅仅要告诉考官自己是多么优秀的人，更要告诉考官，自己如何地适合这个工作岗位。而与面试无关的内容，即使是自己引以为荣的优点和长处，也要忍痛舍弃，以便突出重点。

第二，自我介绍要有充分的信心。要想让考官欣赏自己，就必须明确地告诉考官我具有应考职位必需的能力与素质，而只有自己对此有信心并表现出这种信心后，才能证明自己。

应试者在谈自己的优点的一个明智的办法是：在谈到自己的优点时，保持低调。也就是轻描淡写、语气平静，只谈事实，别用自己的主观评论。同时也要注意适可而止，要谈重要的、关键的，与面试无关的特长最好别谈。另外，谈过自己的优点后，也要谈自己的缺点，但一定要强调自己克服这些缺点的愿望和努力。

特别指出的是，不要夸大自己。一方面，从应试者的综合素养表现，考官能够大体估计应试者的能力；另一方面，如果考官进一步追问有关问题，将令"有水分"的应试者难以下台。

面试中应试者的自我介绍，可以让考官观察到简历等书面材料以外的内容，如对自己的描述与概括能力，对自己的综合评价以及自身的精神风貌等。自信、为人处事等是其中的重要潜台词。

(8) 自我介绍的注意事项

第一，应试者应充分利用各种个人资源。除了面带微笑、目光交流、坐姿端正等表情、身体语言外，要以沉稳平静的声音、快慢适中的语速、清晰的吐字发音、开朗响亮的声调给考官以愉悦的听觉享受。音量微弱、发音模糊、表达吞吞吐吐的人，一定是胆怯、紧张、不自信和缺乏活力与感染力的人。

第二，情绪也是需要控制的一个重要方面。情绪，作为个人的重要素养，如果在自我介绍中起伏波动，就会产生负面影响。例如，在介绍自己的基本情况时面无表情、语调生硬；在谈及自己的优点时眉飞色舞、兴奋不已；而在谈论自己的缺点时又无精打采、萎靡不振。这样的做法都是不可取的。

第三，有的应试者谈及自己的兴趣爱好时，说自己喜欢唱歌，便自做主张，一展歌喉，在面试考场上为考官唱上一曲，直到被考官客气地打断后，才明白过来行为有些出格。

第四，有的应试者描述自己喜欢这样、爱好那样，如文学、艺术、旅游、摄影等，如果考官进一步询问其拍摄过什么作品，考生的回答却是她喜欢别人给她拍照，还说家里的几本影集都已经满了。

第五，有的应试者在介绍家庭关系时，似乎"漫不经心"地告诉考官，自己的某位远房亲戚是应考单位的上司单位的某领导。

第六，有的应试者表示将来踏上工作岗位，将"一定要……""绝对……"诸如此类的保证，似乎在做就职演讲。

以上这些画蛇添足似的自我介绍不但不会为自己的形象增添色彩，反而会"越抹越黑"，是自我介绍中的大忌。

（9）自我介绍结束

对于自身的自我介绍，考官既可能就其中某一点、向你提出问题，也可能过渡一下，继续下面已经安排好的问题。这时考官会说："我们十分欣赏你的能力……"或"你的自我介绍很精彩……"，那么一声"谢谢"将是应有的答语。

下面列举几段比较恰当的自我介绍，在练习中可作为范本参考。

【示例】

大家好！我叫×××，有句话说"相聚是缘"。我们既然有缘相聚在……所以对一些选手有了一定的认识和了解，也成为了朋友，希望我们大家能继续相互鼓励，共同成长。这里有我们最深的情谊，希望大家以后在学习上相互帮助。谢谢大家！

【示例】

大家好，我叫杨光。

正如我的名字一样，我非常喜欢阳光，喜欢那永远炽热充满激情的阳光，我希望我能像阳光一样，永远积极向上，有一颗真诚的心。因此，在生活中，我努力做好每一件事，不给自己留下遗憾；在学习上，我好学多问，向往着一路勇往直前。

这就是我，杨光！

【示例】

大家好，我叫×××，今年××岁了。我是一个活泼开朗的小女孩，我性格随和，下课后总能听到我愉快的笑声。下课后，我有时会给成绩不好的同学讲习题，我还会帮助别人做我应该做的事。帮助别人，我自己也会觉得高兴的！我是一个班干部，在班上我管的事情井井有条。我的组织能力很强，有时侯我会带着同学们开展一些有益的活动。我还把本班的少先队员的工作做得有声有色呢！我的特长是弹琴、跳舞、书法。我从小就学弹琴，现在弹得还是算好的哟！我还学过跳舞，我学了×年了。我还在重庆的艺校去考了舞蹈×级的证书。我的书法是最棒的，我在班上写的字是最好的呢！这就是我！一个大方开朗的小女孩！

在今后的生活中，我会努力和大家成为好朋友，谢谢！

【示例】

大家好，我是×××，来自××，×岁。

在我的大学生涯中，我一直都认为人应该是活到老学到老的。我对知识、对本专业的学习一丝不苟，因而在成绩上一直都得到肯定，每学年都获得三等奖学金。在不满足于学好理论课的同时，也注重对各种电脑应用软件和硬件的研究。因此在第四学期开始就被老师指定为计算机房的负责人。

有广泛爱好的我特别擅长于排版及网页美工和多媒体的制作，就任本班组织委员的同时也加入了校学生会宣传部。对工作热情、任劳任怨，和部内成员团结一致，一年间我由部委升为部长。在任部长期间注重配合学校、学生会其他部门，出色的完成各项宣传工作，促使学校的各种运作更顺利的同时进行。

学校的各种活动都热情参加，在2008～2009年间获校文娱比赛及知识问答比赛等一等奖。大胆创新对校报版面进行改革，使得校报的关注率提高到一个新层次。在2009年4月获学校网页比赛三等奖。身为学生的我在修好学业的同时也注重社会实践，本着学以致用，实践结合理论的理念，2008年暑假我以熟练的计算机技术应聘入衡阳联想电脑城实习。2009年暑假我在广东花都手袋公司上班，对这方面有坚实基础和浓厚兴趣的我用一周时间就熟练了各样设计软件，之后做出了大量出色的设计方案，得到同学及老师的一致好评。

本人具有积极向上的生活态度和广泛的兴趣爱好，对工作责任心强、勤恳踏实，有较强的组织、宣传能力，有一定的艺术细胞和创意，注重团队合作精神和集体观念。

不知道我的自我介绍您是不是能对我有个好的印象，希望您对我的不足提出建议。

【示例】

我叫×××，来自××地区，××××年××月，以专业考试得分第×的好成绩，毕业于×××大学的××专业。毕业之前，我曾在和贵公司同类行业的××公司实习过。本人性格开朗，善于微笑，长于交际，会简单日语及芭蕾舞，我相信，这一切将成为我工作最大的财富。我在很久以前就注意到贵公司，贵公司无疑是××行业中的佼佼者（将自己所了解的公司荣誉或成果说出）。同时我又了解到，贵公司有一支年轻而又富有活力的员工队伍。本人非常渴望能够成为其中的一员。

如果有幸获聘，本人将以为公司创造最大利益为自己最大的利益，不讲价钱，真诚做好每一件事，和同事们团结奋斗，勤奋工作，加强学习，不断进步！

谢谢！

2. 工作汇报

工作汇报是工作人员向上级汇报工作的书面材料，是应用写作研究的文体之一。也可以用口语的形式进行工作汇报。工作汇报的内容就是把某一时期已经做过的工作，进行一次全面系统的总检查、总评价，进行一次具体的总分析、总研究；也就是看看取得了哪些成绩，存在哪些缺点和不足，有什么经验、提高等。

(1) 工作汇报的格式内容

第一，应按照重点工作多讲、非重点少讲的原则安排内容；

第二，应按先主后次的顺序排列；

第三，语言应简洁；

第四，不要面面俱到。

（2）汇报工作要注意的形式

第一，确定需要汇报的重点事项。虽然完成了多项任务，但切记不要将所有内容都滔滔不绝地讲出来。按照“三长两短”（先讲三方面的成绩，再讲两方面的缺点）的方式展开的并不是好的工作汇报。

第二，客观、准确地将所做事项的结果阐述清楚，并对其影响程度和意义适当展开，特别要强调上级关注的那些方面。

第三，简明扼要地给出导致该结果的原因和事实。要注意既要有客观原因，也要有主观原因，给出最重要的1～2条原因。

第四，提出将来遇到类似情况该如何做的2～3个方法。

（3）汇报工作要注意的内容

第一，工作汇报前要充分占有材料。

第二，一定要实事求是，成绩不夸大，缺点不缩小，更不能弄虚作假。

第三，条理要清楚。汇报写的是给人看的，或者是说给别人听的。条理不清，人们就看不下去，即使看了也不知其所以然，这样就达不到汇报的目的。

第四，要剪裁得体，详略适宜。

第五，工作汇报的具体写作，可先讨论，然后由专人写出初稿，再行讨论、修改。最好由主要负责人执笔，或亲自主持讨论、起草、修改。

（4）练习方式：布置一些力所能及的工作，如打扫环境卫生、出黑板报等，让学生完成后根据要求把完成情况向老师和同学汇报，并接受大家咨询。

3. 祝贺感谢

（1）祝贺是表示庆贺的意思。祝贺的语言包括婚庆祝贺语、生子祝贺语、生日祝贺语、开业祝贺语、搬家祝贺语、搬新家祝贺语、公司贺词、新年祝贺语、祝贺词等。

开业祝贺词有：开幕志庆、骏业崇隆、陶未媲美、鼎业维新、富国利民、骏业肇兴、大展鸿图、多财善贾、大业千秋、大展经纶、骏业日新、源远流长、嘉惠工商、万商云集、开张骏业、骏业宏开、同业楷模……

元旦祝贺词有：恭贺新禧！祝吉星高照！恭喜发财！多福多寿！祝财运亨通！愿你健康长寿！请多保重！祝你今后获得更大成就！在这特殊的日子，向你致以新年的祝福，希望不久我们能相聚在一起！祝新年快乐，并愿你幸福吉祥，前程似锦！愿新年带给你和你所爱的人许多美好的事物和无尽的祝福！祝你在新的一年里身体健康，多福多寿！祝好运、健康、佳肴伴你度过一个快乐新年！祝新年快乐，并致以良好的祝福！谨祝新年快乐幸福，大吉大利！愿快乐幸福永伴你左右！请接受我诚挚的新年祝福，顺祝身体健康！……

企业祝贺词有：欣悉《××××》周刊创刊十周年，××××集团有限公司特此致以热烈的祝贺！祝愿贵刊在今后的宣传报道和内容建设上更进一步，为中国××事业的发展做出更大贡献！过去的一年我们合作的很愉快，谢谢您的关照，祝您全家欢乐，心想事成！恭贺新禧，大吉大利！随着新年的到来，预祝贵公司规模扩大，业务发展，生意兴隆，财源广进！

……

生子祝贺词有：天赐石麟、啼试英声、石麟呈彩、弄璋徵喜、德门生辉、熊梦呈祥、明珠入手、弄瓦徵祥、女界增辉、喜比螽斯、辉增彩悦……

(2) 感谢是对接受别人给予的或提供的方便、恩惠，用言行表示谢意。“滴水之恩，当涌泉相报。”这是老祖宗教导我们做人的准则，也是我们中华民族的传统美德。帮助别人并不是想得到回报，而是出于做人的本能和德性。当自己在生活中遇到麻烦、困难或者不幸时，兴许很快能得到他人热心的帮助。得到他人帮助之后，你自然会想到感谢。对他人的帮助表示由衷的感谢，这是完全应该的，也是人之常情。但是，如何感谢，这里也是有点讲究的。

第一，要及时而主动地表示感谢，以显示真诚

尽管许多人帮助他人，并不指望着得到回报，但对受帮助的人来说，一定要及时而主动地表示真诚的感谢。及时，是从时间上说的，待被帮助的事情有了结局后，要马上表示感谢，不能慢吞吞地一拖再拖；主动，是从态度上说的，要找上门去，到对方单位或家里去，不要在对方上你家或在路上偶然遇见时，才忽然想起要感谢一下，才临时抱佛脚地准备。及时主动，说明你对他人的帮助是非常重视的，说明你十分尊重他人的帮助，也说明你是一个性格爽直、懂得人情的人，它有助于进一步加深彼此的感情。

第二，要诚实守信，许下诺言决不打半点折扣

有时，为了能尽快解除自己的麻烦或困难，有的人通过新闻媒介或其他形式公开寻求帮助，并许下诺言，一旦帮助成功，给予一定数量的酬谢。这也不失为一种行之有效的方法。但一定要恪守诺言，绝不能说话不算数。不管对方付出的劳动如何，不管对方是出于何种动机，只要确实给你提供了帮助，就应该不折不扣地兑现。有些人见对方品格高尚，决意不要酬谢，就暗自高兴，把原先许下的诺言心安理得地咽下了；有些人见对方完全是冲着酬谢来的，不但不给自己答应的酬谢，反而指责其动机不纯，没有乐于助人的品德。这两者都是错误的。对品德高尚的帮助者，即使他坚决不要，也可以改变方式，通过其他途径表示感谢；对完全是为酬谢而来的帮助者，其动机固然难说可贵，但如果被帮助者因此而违诺，不肯承担自己应该承担的责任，就更应该受到严厉的指责。

第三，要根据不同对象，选择恰当途径和方法

感谢他人的途径和方法是多种多样的，除了物质上的表示外，还可以通过其他形式。要根据帮助者的身份、职业、性格、文化程度及经济状况等具体情况来选择最恰当的形式，不要以为送值钱的东西就是真诚的感谢，也不要以为无限的夸奖就是感谢。有些人，你送他一笔钱表示感谢，说不定他会很不高兴，甚至认为是对他的侮辱；对有些人，表示感谢的方式也许是你自己的努力学习和工作；对有些人的感谢，最好的方式也许是广为宣传。因此，感谢别人，不能一概而论，要因人而异。

第四，要掌握好感谢的度，力求做到合理恰当

和做其他事情一样，感谢别人也要掌握分寸，力求适度，过分和不足都有所不妥。过分，或许会让人难以接受，甚至产生怀疑；不足，又会让人觉得不尊重对方的劳动。合理适度，可根据这两方面来决定：一是对方付出的劳动的多少，二是对方的帮助给自己带来的益处（经济的、情感的、名誉的、身体的等），要综合这两个方面，再决定感谢的分量。光从别人付出的劳动或光从给自己带来的益处一方面来决定都可能导致失度。因为这两者之间往往不相协调，有的帮助者付出的劳动很小而给被帮助者带来的益处很大，有的也许正相反。

第五，表示谢意是感情行为，不能一次性处理

帮助与感谢是一种感情的交流行为，它不同于一般的货款交易。感情是一种值得反复品味的耐久的特殊事物，不能用一手交货一手交钱的那种纯商业手段处理。对方帮助你，这本身就是一种情的表现，对情的回报，除了物质上的必要馈赠之外，最好还应该用同样的情来报答。这样，才能体现出人与人之间的温暖，才能建立更加密切的人际关系。不要以为他帮助了我，我已经酬过他了，从此咱们两清了，毫不相干了。假如这样，未免太缺少人情味了。因此，对有些人的帮助，如有必要和可能，可保持长久的联系，让人情之桥永远畅通。

感谢语举例：

没有什么华丽的语言，没有什么豪言壮语，但是我对你的感谢不会减少一分。

你给我的最珍贵的礼品——真诚的友情，在我生活的银河中，犹如一颗明亮的星星。

感谢你的关怀，感谢你的帮助，感谢你对我做的一切……请接受我的祝愿，祝你健康幸福。

谢谢您一直以来对我们的关心！愿所有的幸福都追随着您，祝你身体健康，万事如意！

老师，三年的时光已悄然过去。也许我曾让您头痛，也许我曾让您担忧，也许我曾让您舒心，也许我曾让您骄傲……无论怎样您始终是我敬爱的老师。也许您桃李满天下，不一定会记得我，但是我始终都会铭记您的教诲。

您像一支蜡烛，虽然细弱，但有一分热，发一分光，照亮了别人，耗尽了自己。这无私的奉献，令人永志不忘。您讲课的语言，悦耳像叮咚的山泉，亲切似潺潺的小溪，激越如奔泻的江流……

春蚕一生没说过自诩的话，那吐出的银丝就是丈量生命价值的尺子。敬爱的老师，您从未在别人面前炫耀过，但那盛开的桃李，就是对您最高的评价。

您的爱，太阳一般温暖，春风一般和煦，清泉一般甘甜。您的爱，比父爱更严峻，比母爱更细腻，比友爱更纯洁。您——老师的爱，天下最伟大，最高洁。

萤火虫的可贵，在于用那盏挂在后尾的灯，专照别人；您的可敬，则在于总是给别人提供方便。

……

(3) 练习方式：视不同的对象和事情，选用不同的贺词或感谢语，先说说祝贺或致谢的原因，再讲谁祝贺或感谢。如果是自己，可说“我向你表示衷心的祝贺（感谢）”，如果是代表集体，那就说“让我代表××向你表示祝贺（感谢）”，最后还可以提出一些要求和希望。

4. 接待客人

在社交活动中，有拜访，也会有接待，正所谓“来而不往非礼也”，有来有往，交际才会长久。更何况，高朋满座，朋友如云也正是主人事业蓬勃、人情练达的标志。接待客人一般分为三个环节：即迎客、待客、送客。

(1) 迎客

孔子说过“有朋自远方来，不亦乐乎?”迎接客人首先要有热情欢迎的态度。当听到门铃声或敲门声时，要迅速应答，同时前去开门。通常房门可分为外开门和内开门，如果门是向外开的，用手或身体挡住门，让客人先进入；相反门往内开，你先进入，按住或挡住门后再请客人进入；通常叫做外开门客先入，内开门己先入。在挡门时，要侧身，留有充分的出入口，并且面对客人微笑着说“请进”及伸手示意方向。请客人进入后再慢慢关上房门，跟随进屋。

在开启大门后，要以亲切的态度，微笑的面容先向客人礼貌问候，如“您好”、“欢迎您”，对认识的客人也可以直接称呼，如“王先生，您好”；“刘阿姨，欢迎您”。如果有不认识的人，可先问明对方尊姓，然后立刻称呼和问候，并请客人进屋。如客人需要脱外衣、放雨伞、换拖鞋，应主动给予帮助。如果家中有小孩子，也要嘱咐孩子向客人问好。如果客人手中有重物，招呼过后，应接过重物帮助放好。若客人手中提的是礼物则不能主动上前接过，客人向自己赠送礼物时应该双手相接，无论自己是否喜欢这份礼物，一定要说感谢的话，如“不好意思，让您破费了！”“您太客气了！”等。

如果是带领客人会见领导时，要配合对方的步调，在客人左前侧作引导。引导行走时上体稍向右转体，左肩稍前，右肩稍后，侧身向着来客，保持两步左右的距离，可边走边向来宾介绍环境，同时观留心察来访者的意愿。如果要转弯或上楼梯时，先要有所动作，让对方明白所往何处。如果要带客人到领导的房间时，应先敲门，得到允诺后再开门并引导客人进入。

（2）招待宾客

①座位的安排

客人进房后，通常请宾客坐上位——指离房门较远的位子，而离门口近的座位为下位。目前国际上通常认为右为上，因此入座时常请宾客坐在主人的右侧。如若宾客是一对夫妇，最好让他们坐在一起，不要分开。一般来讲，坐长沙发比坐单人沙发更显尊贵。当然具体如何让座，要根据家中待客房间的环境、座位的优劣、用茶的方便等综合考虑。

在请进让座接待中，要同时有“请、让”的接待声音和相应的手势，并立即请客人落座。当然要根据实际情况选择座位较好的沙发、椅子。客人来到后，你的主要任务就是满足客人的需要，不要把客人冷落一旁，要使他感到你处处为他考虑。

②款待宾客

客人落座后，要担负起招待的任务，首先应端茶递水，如果是盛夏，也可以送上清凉饮品，在有可能的条件下，可以提出几种饮品请客人选择。沏茶入杯不要倒得太满，通常七分满即可。送茶时最好使用托盘，将茶杯放入托盘内，以齐胸的高度捧进，先将托盘放在桌上，再取出茶杯，双手敬上，先宾后主，并轻声招呼：“请用茶！”。

注意要将茶杯放在安全的地方，且杯耳朝着客人。如需要将茶壶放置在桌上，应将茶壶嘴不能对人而要对外。若客人停留时间较长，应随时主动为客人续水敬茶；续水时，要将茶杯拿离茶桌，以免倒在桌上或弄脏客人衣服。陪客时，不要做家务、骂孩子，不要互相争执，或者剔牙齿、挖耳朵、挖鼻孔、修指甲等，如果自己有事外出，应客气的对客人说“真不巧，我有点急事，您坐，我去去就来。”如果遇上客人健谈，久坐不走，不要有不耐烦的表示，应巧妙地向客人暗示，如让家人安排小孩就寝，询问客人：“天晚了，路好不好走？”等等，客人就会明白主人的意思。

③送客礼仪

如客人提出告辞时，先要诚挚的挽留，如果客人执意要走，则不必强留，要起身后再跟随相送，切忌没等客人起身，先于客人起立相送。必要时还可以邀请本单位相关人员或家人热情相送。“出迎三步，身送七步”是迎送宾客最基本的礼仪；因此，每次待客结束，都要以欢迎“再次见面”的心情来恭送对方回去。同时选择最合适的言词送别，如说些“希望下次再来”等礼貌言词。必要时还应为客人或客人的亲友赠送一份土特产或纪念品等。

当确定客人已离去且已走远后再轻轻的将门关严。一定不能在客人刚出门时你就将门‘砰’的关上；否则，会让客人感到来此做客是不受欢迎的。客人告辞时如带有较多或较重的物品，送客时应帮客人代提重物，并按照引导宾客的礼节送客。尤其对初次来访的客人更应热情、周到、细致些。通常送客可考虑平房住户送到大门口，高层住户送到电梯口。与客人在门口、电梯口或汽车旁告别时，要目送客人上车、关上电梯门或离开。要以恭敬真诚的态度，笑容可掬的表情鞠躬或挥手致意，不要急于返回，应待客人完全消失在你的视野外，或电梯门关闭后，或车开出视线外后才可结束告别。

(3) 练习方式：让学生按照迎客、待客、送客三个步骤来说。迎客：说“谁”“请进”并问好；待客：让座、端茶、回答问话或要求改日再来；送客：送到门口、话别、挥手或说“再见”。要求在说话时，注意态度和蔼、热情、语言亲切，运用礼貌用语。这种说话要多让学生同桌对练，后上台表演。

5. 求助于人

求助，就是“请求帮助”“寻求帮助”的意思。在日常生活和社交活动中，我们每个人都免不了会遇到各种各样的问题或困难，这些问题或困难有的能自己解决，有的则不能。不能解决的就要求助于人，并且常常通过社交活动用求助的方式来解决，因而求助是人类极为普遍的行为，也是人们无以回避的现实。个人之间、集体之间甚至国家之间都不断进行着相互的求助。当一个人、一个家庭、一个群体、一个地区甚至一个国家遇到自己难以解决的问题和困难时，都会通过某一种或者某几种方式发出求助信息。有时求助信息发出之后，发出求助信息的一方可以得到及时有效的帮助、救助，有时却只能得到很少的帮助甚至得不到任何帮助。求助也需要技巧。现代人已经开始意识到各种求助手段和媒介的重要性，往往会主动通过广播、报纸、电视、网络等手段传达自己的求助信息，达到获得帮助的目的。

求助包括生活求助、报警求助、法律求助、医疗求助、心理求助、非紧急求助、紧急求助、婚恋求助、创业求助等。不同的求助方式需要采用不同的交际语言。如报警求助要在第一时间向接警员讲清楚发生了什么事情，事发的时间、地点、涉及人员及特征，以及当时的现场情况，条理要清楚，描述要清晰简洁。

一般来说，向他人求助时应该注意以下三点。

一是语气要谦和。求人办事，自己的态度如何是十分重要的。一般来说，求人时一定要用商量的口吻，让对方觉得你尊重他，对他客气，有礼貌，这样他才会乐意帮助你。如果你态度傲慢，不讲礼貌，或者颐指气使，盛气凌人，是很难求助成功的。比如问路，就应该说："劳驾。向您打听一下路。"或者说："打扰了，请问去人民商场怎么走?"这样就显得有礼貌。再如，你要请人做事，不妨说："我知道你很忙，但是很抱歉，不知是否可以拜托你……"对方这时一般就会说："嗯，好吧，我没有忙到那个程度，我尽力而为吧。"

二是善于体谅他人。求人办事不可能每次都能有求必应，或每办必成。由于主客观方面的原因，有时别人难以满足你的求助，或者办的结果不理想，不符合你的愿望。遇到求人不成，要能够体谅别人的难处，绝不能因为自己的某一愿望没有得到满足就气恼，抱怨他人不肯帮忙，更不能出言不逊，伤害他人感情。求人未成，这个时候不妨大度地说："那就不为难您了，我再找别人试试看。""没事儿，我另想办法。"这样别人反倒会不好意思，以后再求他时，多半会热情相助的。

三是求助不忘致谢。得到别人帮助后应当感谢对方。哪怕简单地说一声"谢谢"，也能使对方心里觉得舒坦，并且也体现出求助者的修养。即使事情没有办成，也应该真诚地感谢对方的热心、爱心和善意，用感激之情来弥补对方因没办好事情的心理歉疚。千万不能对人要求过于苛刻，似乎别人应该为你服务一样；更不能过河拆桥，一次性利用别人，事后便形同路人，那样是很伤对方感情的。一旦对方知道你是在利用他，你也就永远失去了朋友。

练习方式：场景模拟在向别人借物品或请求别人做什么或不做什么时，说些祈求的话，除了要注意称呼和使用礼貌用语外，必须讲清对方做什么及请求原因。如果对方答应了，该怎样说，如果自己不大满意，又该怎样说。要求语言要亲切，态度要诚恳，使人听后产生亲切感。

6. 自由议论

议论是一种评析、论理的表述法。一篇或一段完整的议论，通常由论点、论据和论证三要素组成。议论还是一种主要的行文方式，它要求论点明确、论据成分、论据周密。议论的特点是以理服人，用说理的办法，以概念、判断、推理等逻辑形式，直接对客观事物进行分析、评论、证明。在日常生活中人们经常用到议论，说长道短，论是说非。

自由议论是对某问题进行评议讨论议论时表示的意见。包括评论人或事物的是非、高低、好坏。对人或事物所发表的评论性意见或言论。

课堂上开展自由议论的优点：

(1) 自由议论无所顾忌，不必担心答错了被同学们讥笑，或被老师斥责。这种议论方式是在一种心情完全放松是状态下进行的，学生无拘无束，可以自由想象，信口开河，畅所欲言。

(2) 自由议论能给所有的学生提供展示自己、表现自己的机会。不像举手回答问题那样只局限于几个人。

(3) 自由议论可以与讨论随意结合，淡化形式，突出个性，学生可以用自己的思维方式，分析问题，解决问题。

(4) 自由议论易放、易收，随意性很强，学生有话多说，无话可以只言片语。学生中议论过程中可以互相交流、互相启发。

可见，自由议论不失为一种提高学生素质、培养学生能力的好办法。这种“放羊式”的自由议论，看似随意，但绝不能漫无边际、毫无目的。教师要有的放矢，巧妙引导，做到“形散神不散”。

练习方式：教师根据训练要求及学生的知识、思想实际设计好话题，并恰当地提出议论的问题和中心，使学生有感可发，有话可议。如让学生看一幅图或听一个社会现象后谈自己的看法；抓住发生在学生身边的一些典型事例，让学生自由评论，等等。

7. 开展辩论

(1) 什么是辩论

辩论是把对人进行考查后所作的鉴定加以认真分析。彼此用一定的理由来说明自己对事物或问题的见解，揭露对方的矛盾，以便最后得到正确的认识或共同的意见。

辩论是一个总的称呼，辩论赛是很正规的辩论，我们平时所说的争论、争鸣、答辩也是辩论的表现形式。除此之外，商务谈判、外交谈判、原告和被告、公诉人和被告人及代理人在法庭上就案件事实和法律所展开的辩论都属于辩论的范畴。

参与辩论的各方在整个辩论过程中必须遵循一定的法则和规矩，规则可以起到规范和约束辩论的作用。只有遵循一定的辩论原则，辩论才能顺利的进行，否则，辩论就极容易变为争吵或是狡辩，难以健康的开展下去。一般而言，辩论要遵循的原则有：实事求是原则、平等原则、同一原则、充足理由原则等。

(2) 辩论的三要素

一是辩论中存在着持不同意见的双方或多方。有不同意见的双方或多方存在才能实现思想交锋。一个人不可能自己同自己辩论，一个人头脑中几种方案或做法的权衡和比较，那是思考或思辨而不是辩论。

二是辩论必须针对同类事物或同一问题，即存在着同一论题。如果各方谈论的论题不同，就不能实现有意义的辩论。例如，一个人说“法律是有阶级性的”，一个人说“市场经济就是法制经济”，由于两人所认识的对象不同，因此两个观点不能构成辩论。只有当一个人说“法律是有阶级性的”，另一个人说

“法律是没有阶级性的”这样两个判断才构成辩论。因为这两个判断所认识的对象相同，又是相互对立的思想，而这两个判断至多只能有一个为真，不可能都真。这样就有了谁是谁非的问题，就必然要引起辩论。

三是辩论的诸方有或多或少的共同认识或共同承认的前提，如思维的同一律、不矛盾律、排中律和充足理由律以及正确推理的方法等，以及如社会公理、科学规律等是非真伪标准和价值取向。没有这些共同承认的东西，辩论只会是一场混战，不可能得出结论。

总之，辩论诸方有共同的话题，又有不同意见。从哲学观点看，辩论的诸方是一种对立统一的关系。

(3) 辩论的特点

一是辩论人员的双边性。辩论是双边活动，最少两人参加，单一方面只能是议论而已。

二是辩论观点的对立性。双方观点是对立的，或是或非，这样才有辩论的可能，否则就是谈判。

三是论证的严密性。只有合乎思维逻辑的辩论，才可能获胜，否则只能是诡辩。

四是追求真理的目的性。辩论目的是追求真理，取得共识，辩论双方没有对错之分。

(4) 辩论的几种技巧

①借力打力

武侠小说中有一种招数，名叫“借力打力”，说的是内力深厚的人，可以借对方攻击之力来反击对方。这种方法也可以运用到论辩中来。

【示例】

在关于“知难行易”的辩论中，有这么一个回合：

正方：对啊！那些人正是因为上了刑场死到临头才知道法律的威力。法律的尊严，可谓“知难”哪，对方辩友！(热烈掌声)。

当对方以“知法容易守法难”的实例论证于“知易行难”时，正方马上转而化之从：“知法不易”的角度强化己方观点，给对方以有力的回击。扭转了被动局势。

这里，正方之所以能借反方的例证反治其身，是因为他有一系列并没有表现在口头上的、重新解释字词的理论作为坚强的后盾：辩题中的“知”，不仅仅是“知道”的“知”。更应该是建立在人类理性基础上的“知”；守法并不难，作为一个行为过程，杀人也不难，但是要懂得保持人的理性，克制内心滋生出恶毒的杀人欲望，却是很难。这样，正方宽广、高位定义的“知难”和“行易”借反方狭隘、低位定义的“知易”和“行难”的攻击之力，有效地回击了反方，使反方构建在“知”和“行”表浅层面上的立论框架崩溃了。

②移花接木

剔除对方论据中存在缺陷的部分，换上于我方有利的观点或材料，往往可以收到“四两拨千斤”的奇效。我们把这一技法喻名为“移花接木”。

【示例】

在《知难行易》的论辩中曾出现过如下一例：

反方：古人说“蜀道之难，难于上青天”，是说蜀道难走，“走”就是“行”嘛！要是行不难，孙行者为什么不叫孙知者？

正方：孙大圣的小名是叫孙行者，可对方辩友知不知道，他的法名叫孙悟空，“悟”是不是“知”？

这是一个非常漂亮的“移花接木”的辩例。反方的例证看似有板有眼，实际上有些牵强附会：以“孙行者为什么不叫孙知者”为驳难，虽然是一种近乎强词夺理的主动，但毕竟在气势上占了上风。正方敏锐地发现了对方论据的片面性，果断地从“孙悟空”这一面着手，以“悟”就是“知”反诘对方，使对方提出关于“孙大圣”的引证成为抱薪救火、惹火烧身。

移花接木的技法在论辩理论中属于强攻，它要求辩手勇于接招，勇于反击，因而它也是一种难度较大、对抗性很高。说服力极强的论辩技巧。诚然，实际临场上雄辩滔滔，风云变幻，不是随时都有“孙行者”，“孙悟空”这样现成的材料可供使用的，也就是说，更多的“移花接木”。需要辩手对对方当时的观点和我方立场进行精当的归纳或演绎。

【示例】

在关于“治贫比治愚更重要”的论辩中。

正方：对方辩友以迫切性来衡量重要性，那我倒要告诉您，我现在肚子饿得很，十万火急地需要食物来充饥，但我还是要辩下去，因为我意识到论辩比充饥更重要（话音一落，掌声四起）。

反方：对方辩友，我认为‘有饭不吃’和‘无饭可吃’是两码事……（更热烈的掌声）。

正方以“有饭不吃”来论证贫困不足以畏惧和治愚的相对重要性，反方立即从己方观点中归纳出“无饭可吃”的旨要，鲜明地比较出了两者本质上的天差地别，有效地扼制了对方偷换概念的倾向。

③顺水推舟

顺水推舟就是表面上认同对方观点，顺应对方的逻辑进行推导，并在推导中根据我方需要，设置某些符合情理的障碍，使对方观点在所增设的条件下不能成立，或得出与对方观点截然相反的结论。

【示例】

在“愚公应该移山还是应该搬家”的论辩中。

反方：我们要请教对方辩友，愚公搬家解决了困难，保护了资源，节省了人力、财力，这究竟有什么不应该？

正方：愚公搬家不失为一种解决问题的好办法，可愚公所处的地方连门都难出去，家又怎么搬？……可见，搬家姑且可以考虑，也得在移完山之后再搬呀！

神话故事都是夸大其事以显其理的，其精要不在本身而在寓意，因而正方绝对不能让反方迂旋于就事论事之上，否则，反方符合现代价值取向的“方法论”必占上手。从上面的辩词来看，反方的就事论事，理据充分，根基扎实，正方先顺势肯定“搬家不失为一种解决问题的好办法”，既而均人“愚公所处的地方连门都难出去”这一条件，自然而然地导出“家又怎么搬”的诘问，最后水到渠成，得出“先移山，后搬家”的结论。如此一系列理论环环相扣。节节贯穿，以势不可当的攻击力把对方的就事论事打得落花流水，真可谓精彩绝伦！

④正本清源

正本清源就是指出对方论据与论题的关联不紧或者背道而驰，从根本上矫正对方论据的立足点，把它拉人我方“势力范围”，使其恰好为我方观点服务。较之正向推理的“顺水推舟”法，这种技法恰是反其思路而行之。

【示例】

在“跳槽是否有利于人才发挥作用”的论辩中。

正方：张勇，全国乒乓球锦标赛的冠军，就是从江苏跳槽到陕西，对方辩友还说他没有为陕西人民作出贡献，真叫人心寒啊！（掌声）

反方：请问到体工队可能是跳槽去的吗？这恰恰是我们这里提倡的合理流动啊！（掌声）对方辩友戴着跳槽眼镜看问题，当然天下乌鸦一般黑，所有的流动都是跳槽了。（掌声）

正方举张勇为例，他从江苏到陕西后，获得了更好地发展自己的空间，这是事实。反方马上指出对方具体例证引用失误：张勇到体工队，不可能是通过“跳槽”这种不规范的人才流动方式去的，而恰恰是在“公平、平等、竞争、择优”的原则下“合理流动”去的，可信度高、说服力强、震撼力大，收到了较为明显的反客为主的效果。

⑤釜底抽薪

刁钻的选择性提问，是许多辩手惯用的进攻招式之一。通常，这种提问是有预谋的，它能置人于“二难”境地，无论对方作哪种选择都于己不利。对付这种提问的一个具体技法是，从对方的选择性提问中，抽出一个预设选项进行强有力的反诘，从根本上挫败对方的锐气，这种技法就是釜底抽薪。

【示例】

在“思想道德应该适应（超越）市场经济”的论辩中。

反方：我问雷锋精神到底是无私奉献精神还是等价交换精神？

正方：对方辩友这里错误地理解了等价交换，等价交换就是说，所有的交换都要等价，但并不是说所有的事情都是在交换，雷锋还没有想到交换，当然雷锋精神谈不上等价了。（全场掌声）

既然谈不上等价，那么自然不可能是等价精神，反方应该立即打蛇随棍上，指出这一点，并将问题展开深入。

反方：那我还要请问对方辩友，我们的思想道德它的核心是为人民服务的精神，还是求利的精神？

正方：为人民服务难道不是市场经济的要求吗？（掌声）

正方的回答其实很不恰当，而此时反方的知识储备或者应变能力严重不足，如果反问一句“难道毛泽东同志提出为人民服务是为了顺应市场经济的要求吗”，则立刻将正方推至风口浪尖，迫使其选择回避。

第一回合中，反方有“请君人瓮”之意，有备而来。显然，如果以定势思维被动答问，就难以处理反方预设的“二难”：选择前者，则刚好证明了反方“思想道德应该超越市场经济”的观点；选择后者，则有背事实，更是谬之千里。但是，正方辩手却跳出了反方“非此即彼”的框框设定，反过来单刀直入，从两个预设选项抽出“等价交换”，以倒树寻根之势彻彻底底地推翻了它作为预设选项的正确性，语气从容，语锋犀利，其应变之灵活、技法之高明，令人叹为观止！

当然，辩场上的实际情况十分复杂，要想在论辩中变被动为主动，掌握一些反客为主的技巧还仅仅是一方面的因素，另一方面，反客为主还需要仰仗于非常到位的即兴发挥，而这一点却是无章可循的。

⑥攻其要害

在辩论中常常会出现这样的情况：双方纠缠在一些细枝末节的问题、例子或表达上争论不休，结果，看上去辩得很热闹，实际上已离题万里。这是辩论的大忌。一个重要的技巧就是要在对方一辩、二辩陈词后，迅速地判明对方立论中的要害问题，从而抓住这一问题，一攻到底，以便从理论上彻底地击败对方。如“温饱是谈道德的必要条件”这一辩题的要害是：在不温饱的状况下，是否能谈道德？在辩论中只有始终抓住这个要害问题，才能给对方以致命的打击。在辩论中，人们常常有“避实就虚”的说法，偶尔使用这种技巧是必要的。比如，当对方提出一个我们无法回答的问题时，假如强不知以为知，勉强去回答，不但会失分，甚至可能闹笑话。在这种情况下，就要机智地避开对方的问题，另外找对方的弱点攻过去。然而，在更多的情况下，我们需要的是“避虚就实”“避轻就重”，即善于在基本的、关键的问题上打硬仗。如果对方一提问题，你立即回避，势必会给评委和听众留下不好的印象，以为你不敢正视对方的问题。此外，如果你对对方提出的基本立论和概念打击不力，也是很失分的。善于敏锐地抓住对方要害，猛攻下去，务求必胜，乃是辩论的重要技巧。

⑦利用矛盾

辩论比赛是辩论双方通常各由四位队员组成，四位队员在辩论过程中常常会出现矛盾，即使是同一位队员，在自由辩论中，由于出语很快，也有可能出现矛盾。一旦出现这样的情况，就应当马上抓住，竭力扩大对方的矛盾，使之自顾不暇，无力进攻我方。比如，在与剑桥队辩论时，剑桥队的三辩认为法律不是道德，二辩则认为法律是基本的道德。这两种见解显然是相互矛盾的，我方趁机扩大对方两位辩手之间的观点裂痕，迫使对方陷入窘境。又如对方一辩起先把“温饱”看作是人类生存的基本状态，后来在我方的凌厉攻势下，又大谈“饥寒”状态，这就是与先前的见解发生了矛盾，我方“以己之矛，攻己之盾”，使对方于急切之中，理屈词穷，无言以对。

⑧引蛇出洞

在辩论中，常常会出现胶着状态：当对方死死守住其立论，不管我方如何进攻，对方只用几句话来应付时，如果仍采用正面进攻的方法，必然收效甚微。在这种情况下，要尽快调整进攻手段，采取迂回的方法，从看来并不重要的问题入手，诱使对方离开阵地，从而打击对方，在评委和听众的心目中造成轰动效应。在辩论“艾滋病是医学问题，不是社会问题”时，正方死守着“艾滋病是由 HIV 病毒引起的，只能是医学问题”的见解，不为所动。于是，反方采取了“引蛇出洞”的战术，二辩突然发问：“请问对方，今年世界艾滋病日的口号是什么?”正方四位辩手面面相觑，为不致于在场上失分太多，正方一辩站起来乱答一通，反方立即予以纠正，指出今年的口号是“时不我待，行动起来”，这就等于在正方的阵地上打开了一个缺口，从而瓦解了正方的坚固的阵线。

⑨李代桃僵

当我们碰到一些在逻辑上或理论上都比较难辩的辩题时，不得不采用“李代桃僵”的方法，引入新的概念来化解困难。比如，“艾滋病是医学问题，不是社会问题”这一辩题就是很难辩的，因为艾滋病既是医学问题，又是社会问题，从常识上看，是很难把这两个问题然分开的。因此，按照反方预先的设想，如果让自己来辩正方论题的话，就会引入“社会影响”这一新概念，从而肯定艾滋病有一定的“社会影响”，但不是“社会问题”，并严格地确定“社会影响”的含义，这样，对方就很难攻进来。后来，如果在抽签中得到了辩题的反方，即“艾滋病是社会问题，不是医学问题”，在这种情况下，如果完全否认艾滋病是医学问题，也会于理太悖，因此，在辩论中引入了“医学途径”这一概念，强调要用“社会系统工程”的方法去解决艾滋病，而在这一工程中，“医学途径”则是必要的部分之一。这样一来，周旋余地就大了，对方得花很大力气纠缠在我方提出的新概念上，其攻击力就大大地弱化了。“李代桃僵”这一战术之意义就在于引入一个新概念与对方周旋，从而确保我方立论中的某些关键概念隐在后面，不直接受到对方的攻击。

辩论是一个非常灵活的过程，在这一过程中，可以施展一些比较重要的技巧。经验告诉我们，只有使知识积累和辩论技巧珠联璧合，才可能在辩论赛中取得较好的成绩。

⑩缓兵之计

在日常生活中，我们可以见到这样的情况：当消防队接到求救电话时，常会用慢条斯理的口气来回答，这种和缓的语气，是为了稳定说话者的情绪，以便对方能正确地说明情况。又如，两口子争吵，一方气急败坏，另一方不焦不躁，结果后者反而占了上风。再如，政治思想工作者常常采用“冷处理”的方法，缓慢地处理棘手的问题。这些情况都表明，在某些特定的场合，“慢”也是处理问题、解决矛盾的好办法。论辩也是如此，在某些特定的论辩局势下，快攻速战是不利的，缓进慢动反而能制胜。

例如，1940年丘吉尔在张伯伦内阁中担任海军大臣，由于他力主对德国宣战而受到人们的尊重。当时，舆论欢迎丘吉尔取代张伯伦出任英国首相，丘吉尔也认为自己是最恰当的人选。但丘吉尔并没有急于求成，而是采取了“以慢制胜”的策略。他多次公开表示在战争爆发的非常时期，他将准备在任何人领导下为自己的祖国服务。

当时，张伯伦和保守党其他领袖决定推举拥护绥靖政策的哈利法克斯勋爵作为首相候选人。然而主战的英国民众公认在政坛上只有丘吉尔才具备领导这场战争的才能。在讨论首相人选的会议上，张伯伦问：“丘吉尔先生是否同意参加哈利法克斯领导的政府?”能言善辩的丘吉尔却一言不发，足足沉默了两分钟之久。哈利法克斯和其他人明白，沉默意味着反对。一旦丘吉尔拒绝入阁，新政府就会被愤怒的民众推翻。哈利法克斯只好首先打破沉默，说自己不宜组织政府。丘吉尔的等待终于换来了英国国王授权他组织新政府。

又如，在某商店里，一位顾客气势汹汹找上门来，喋喋不休地说：“这双鞋鞋跟太高了，样式也不好……”商店营业员一声不吭，耐心地听他把话说完，一直没打断他。等这位顾客不再说了，营业员才冷静地说：“您的意见很直爽，我很欣赏您的个性。这样吧，我到里面去，再另行挑选一双，好让您称心。”“如果您不满意的话，我愿再为您服务。”这位顾客的不满情绪发泄完了，也觉得自己有些太过分了，又见营业员是如此耐心地回答自己的问题，也很不好意思。结果他来了个180°的大转弯，称赞营业员给他新换的实际上并无太大差别的鞋，说：“嘿，这双鞋好，就像是为我订做的一样。”营业员以慢对快，以冷对热，让顾客把怒气宣泄出来，达到了心理平衡，化解了这一场纠纷。

从上面的例子中，我们可以概括出在论辩中要正确使用“以慢制胜”法，至少要注意以下三点。

第一，以慢待机，后发制人。

俗话说：“欲速则不达。”在时机不成熟时仓促行事，往往达不到目的。论辩也是如此，“慢”在一定条件下也是必需的。“以慢制胜”法实际上是论辩中的缓兵之计，缓兵之计是延缓对方进兵的谋略。当论辩局势不宜速战速决，或时机尚不成熟时，应避免针尖对麦芒式的直接交锋，而应拖延时间等待战机的到来。一旦时机成熟，就可后发制人，战胜论敌。如第一例中，丘吉尔在时机不成熟时，不急于成功，以慢待机。在讨论首相人选的关键时刻，以沉默表示反对，最终赢得了胜利。

其二，以慢施谋，以弱克强。

“以慢制胜”法适用于以劣势对优势、以弱小对强大的论辩局势。它是弱小的一方为了战胜貌似强大的另一方而采取的一种谋略手段。“慢”中有计谋，缓动要巧妙。这里的“慢”并非反应迟钝、不擅言辞的同义语，而是大智若愚、大辩若讷的雄辩家定计施谋的法宝之一。如第一例中，丘吉尔面对张伯伦的追问，装聋作哑，拖延时间，实际上是假痴不癫的缓兵之计。在这一种韧性的相持中，张伯伦一方终于沉不住气了，丘吉尔以慢施谋终于取得了胜利。

其三，以慢制怒，以冷对热。

“慢”在论辩中还是一种很好的“制怒”之术。论辩中唇枪舌剑，自控力较差的人很容易激动。在这种情况下，要说服过分激动的人，宜用慢动作、慢语调来应付。以慢制怒，以冷对热，才能使其“降温减压”。只有对方心平气和了，你讲的道理他才能顺利接受。如第二例中的营业员，就是以冷静的态度、和缓的语气，平息了对方的怒气，化解了矛盾。

总之，论辩中的“快”与“慢”也是一种对立统一的辩证关系。兵贵神速，“快”当然好。可是，有时“慢”也有“慢”的妙处。“慢”可待机，“慢”可施谋，“慢”可制怒。“慢”是一种韧性的战术，“慢”是一场持久战，“慢”是舌战中的缓兵之计。缓动慢进花的时间虽长，绕的弯子虽大，然而在许多时候，它却往往是取得胜利的捷径。

(5) 练习方式：教会学生在出现意见分歧时，抓住问题的实质和矛盾的焦点展开论辩。论辩一般格式是：先指出双方行为或言论错在哪里，再说为什么错，接着阐明自己的观点，最后提出改正意见和要求。开头语可用“我认为……”“我的看法是……”等。

8. 节目主持

(1) 什么是“主持人”

“主持人”在英语里是“host”即“主人”的意思。主持人就是负责节目的编排、组织、解说以及对节目实施过程加以积极协调和有效推进的人。

节目主持形式多样。按主持的场合来分有社会活动主持、文艺活动主持与广播电视主持三类。

社会活动如会议、比赛、演讲、论辩、典礼等。在这种场合主持人要了解活动的主旨，安排好活动的程序，控制好活动的进程。要镇定从容，严肃认真，简洁明快，表达透彻，把握时间，主持人一般使用第三人称表达。

文艺活动如文艺演出和各种舞会、晚会、联欢会等。这种场合的主持人要能了解节目，熟悉场境，左右逢源，随机应变，幽默风趣，创造出一种轻松欢快的气氛。

广播电视包括各种综合性、专题性、专业性的有声板块节目。这种场合的主持要能把握时势，抓住焦点，反映热点，要动之以情，晓之以理，言谈亲切，娓娓动人。主持人一般运用第一人称。

(2) 主持人的基本素质

节目主持人应该是“通才”，眼观六路，耳听八方，对各种问题应能全方位地了解，并能作出准确、迅速、机敏、得体的表达。节目主持人应具备以下素质。

①健全的人格。节目主持是一种社会活动，要与听众或观众实现内在的心灵接通，自己必须具备高尚的情操、完美的人格，必须首先做一个优秀的人。这样他们才会对你有一种安全感、归属感与信任感。节目主持人要加强情操和气节的修养，要实事求是，光明磊落；言行一致，表里如一；严于律己，宽以待人；胸怀豁达，镇定自若；虚怀若谷，真诚热情。

②广博的知识。“腹有诗书气自华”，要能做到言之有理、言之有据、言之有物、言之有情，主持人必须拥有广博的知识。包括天文地理、风土人情、轶事趣闻等生活常识，包括反映历史、描绘今天、塑造未来的文化学识。要认真向书本学习，要处处留心积累学问外，要把一些常用的资料、数据、典故、趣事储存在大脑里或资料库中，用时脱口而出，如数家珍。

③敏锐的观察。社会现象千姿百态、瞬息万变。主持人要有一双“金睛火眼”，多一些观察，多一点思考，及时捕捉社会关注的焦点，发现人民牵挂的热点，将这些纳入节目主持当中。敏锐的观察当然也指主持人一旦进入节目主持场合，要及时观察临场中的各种现象，准确迅速地做出判断，及时调整节目

主持的速度、节奏、内容、感情等。

④灵巧的应变。一个成功的节目主持人最大的特点恐怕莫过于遇惊不乱，随机应变；能左右逢源，灵巧变通；能快捷思考，准确判断，巧妙地调整表达方式。

⑤绝妙的口才。“能言善辩”“出口成章”是主持人必须具备的职能素养。简洁与幽默是其口语表达的两大基本要求。崔永元被人称为中央电视台“石嘴”，他那机智与幽默的口才令人拍案叫绝。在《实话实说》有这样的对话：

崔永元：那您说说，养鸟有什么乐趣？

皮来顺（嘉宾）：作为老人来说，可以锻炼身体，它催人早起，天明则叫……

崔永元：您说的情况，我听着像养鸡。（笑声）①

这句“我听着像养鸡”脱口而出，显出一种大雅若拙、大智若愚的直率和质朴，叫人忍俊不禁，也感受到蕴意颇丰的智趣。

⑥得体的势态。除了广播电台的主持外，节目主持人都是要登台一展风采的。自然的表情，灵活的动作，优美的姿态，得体的打扮很容易在观众心目中树立起良好的形象。因此，作为一个节目主持人要热情大方，亲切自然，各种身势语不能做作、拙笨；打扮要得体适时，不要浓妆艳抹。应以完美的形象走进观众的心里。

（3）主持人的口才技巧

但凡主持节目，一般要经过准备、开场、推进、终结四个步骤。下面谈谈节目主持人的表达技巧。

①周密准备，胸有成竹。“凡事预则立，不预则废”。要想把节目主持成功，主持人必须事先围绕节目进行一系列的准备工作。比如，主持一次集会，必须先明确集会的主旨、集会进行的程序，熟悉与会人员与集会场境，对于怎样开始、如何承接、怎么小结等，都要了然于胸。

如果主持文艺晚会，则要参与节目单的编排，选定好开头与结尾的“压轴戏”，考虑到如何使整个编排波澜起伏，张弛有度，设计好开头、结尾及一些高潮处的串场词并记熟背好。如果是主持广播节目，则要对节目的背景、过程、意义胸有成竹，围绕节目准备有关资料。广播节目的主持带有板块性、专题性，往往有一些固定的程式化语言，可以熟记一些，随时调用。

②工于开场，立足主动。良好的开场白有确定基调、营造气氛、表明主旨、沟通感情的作用。节目主持的开场方法一般有以下几种：自然导入法、曲径通幽法、情境导入法、情感烘托法、幽默调侃法。

---

① 应天常．名主持语言幽默赏析．演讲与口才，2002（10）

③灵活推进，应变有术。主持节目，要善于搭桥接样，巧妙过渡，把整体活动和演出连缀成一个有机的整体。文艺节目演出的气氛是快乐、轻松、和谐的。主持这类节目要灵活、随和、大方，使演出高潮迭出。言语要语音亮丽，语气明朗，幽默风趣，笑料迭出，切忌呆板单调。要一改报幕员的严肃面貌，摒弃那种“下一个节目”等旧模式。

文艺演出中，演员、主持人、观众难免会碰到尴尬的场面。对此主持人要冷静应对，巧解窘境。

（4）练习方式：学当节目的主持人，重点准备节目的开场白、串词、结束语等。

9. 交易商谈

（1）什么是交易商谈

交易商谈就是买卖双方对某一样产品或商业信息进行磋商谈判，以便得出解决的办法。

（2）商谈礼仪

在商谈中要具备相应的礼仪，良好的行为举止是一个人言行一致、表里如一的反映，是相互的体现。举止不当，忽略礼仪，往往会在无形中破坏交谈的结果。落落大方的举止并非一日形成的，它需要在平时多注重个人修养的培养，多积累礼仪知识，在商谈中要注意以下几方面：

不要与客人隔着办公桌握手，为了表示尊敬，应走到对方面前握手；与顾客交谈的时候语气要坚定，态度要平静，说话声不宜过高，声调应略为低沉，这样才容易给对方留下稳重而自信的印象；在认识的顾客面前，不可过于自我标榜，否则人家会觉得你很肤浅；全身的穿着打扮也很重要，应以大方、得体的服饰为主；与顾客用餐时，不宜谈公事，最好是闲话家常，就算真要讨论没有谈完的问题，也应留在饭后喝茶时再议。

（3）说服技巧

在商谈中，我们经常要说服对方，让对方接受自己的观点，这个时候就需要掌握说服的技巧。

在谈判开始时，要先讨论容易解决的问题，然后再讨论容易引起争论的问题；如果能把正在争论的问题和已经解决的问题连成一气，就有较大的希望达成协议；双方彼此的期望和双方谈判的结果有着密不可分的关系，伺机传递消息给对方，影响对方的意见，进而影响谈判的结果；假如同时有两个信息要传递给对方，其中一个是较悦人心意的，另外一个较不合人意；则该先让他知道那个较能悦心的消息；强调双方处境的相同要比强调彼此处境的差异，更能使对方理解和接受；强调合同中有利于对方的条件，这样才能使合同较易签订；先透露一个使对方好奇而感兴趣的消息，然后再设法满足他的需要。这种信息不能带有威胁性，否则对方就不容易接受；说出一个问题的两面，比单说出一面更有效；等讨论过程中对方提出反对意见后，再提出你的意见；通常听话的人比较记得对方所说的头尾部分，中间部分则比较不容易记清楚，所以，开头和结尾的内容要慎重选择；与其让对方做结论，不如先由自己清楚地陈述出来；重复地说明一个消息，更能促使对方了解和接受。

（4）商谈技巧

在双方进行商谈的过程中，也要掌握一些技巧，才能使商谈得以顺利进行。

让人信任。要给对方留下诚实可信的印象；以一真掩九假；借他人表白；以第三者姿态表述，能增加可信度；将不可能或不太可能的事说成绝对可能，更具传播力和说服力；用“忠告”来促使对方相信，人们对理解、体贴自己的人提出的忠告往往会愉快接受；拒绝对方要求的诀窍是使其自动放弃，即设法造成我方已尽全力为对方帮忙的印象，最后使对方自动放弃。

让人吐露底线。谈话者要站在第三者的立场上说话，使对方说出内心话。例如：你的同事及周围的人看法怎样？要对方绝对回答，应将对方的选择限制在“二难选题”之中；要给人思维严谨、富有修养的印象，诀窍是用“三段论”来修饰你的言辞；让对方产生亲近感，多与对方谈自己的艰难经历，使其戒备心会很快解除；以公正的外表表明自己的内心，会给人好印象；要得到别人的同情，学会用眼泪和哀怨去煽动；要让对方心甘情愿接受你的条件，先坚持较为苛刻的条件，然后稍许让步，就会产生对比效果，对方便会认为后面的条件有利多了，而乐意接受；让竞争对手视自己为朋友，穿上与对方相同的服饰；学会“换个话题”应付尴尬场面；要进攻对方，最好的办法是先吹捧和赞扬他，然后表示自己的意见；对有敌意的人，巧妙地“透露”一点个人隐私，对方的恶意会突然消失，而产生亲密感；“贼喊捉贼”是让人相信的基本技巧。

（5）商谈中的大忌

在商谈中有一些忌讳是我们应该避开的。例如：打断别人的话；抓住对方过失，攻击对方；大吼大叫地压制对方；说话太多，不该说的话不说；讽刺对方；过于急躁等。

（6）练习方式

以购买商品为交易商谈的目的，引导学生讲清所要买的商品的名称、数量，询问商品价格、性能、特点等；卖主要热情地一一作答，把商品的价格、质地、性能、特点、用法以及附加的优惠条件等向顾客讲清楚。在商谈中，双方都必须使用礼貌语言，促进成交。

二、如何提高口语交际能力

1. 在实践中不断积累知识

口语表达的源泉是社会实践。口才家要获得丰富的知识和完备的知识结构，只能在口才实践和社会实践中不断的学习和进行积累。

首先要在生活实践中积累知识。丰富多彩的生活是知识的海洋，生活的经验是知识的宝库。社会生活为口语表达提供了各种各样的素材，说话者只要注意在生活中不断积累知识，就能使自己的知识结构逐渐丰富和完善。其次是积极投身实践，增长智慧和应变能力。

2. 注意知识的博与精

作为一个优秀的口语交际者，其知识面应该是广博的、精深的，但这并不意味着他们的知识只有数量上的堆积而没有体系上的健全和结构上的完善。合理的知识结构应当是博与精的统一。

“博”是就知识的广度而言。作为一个说话者，无论是自然科学、社会科学、人文科学，还是各横断学科和交叉学科领域的知识，都应该有一定程度的了解和研究。除此之外，还应当不断拓宽自己的知识面，诸如政治、经济、军事、文化、艺术，或是生产、生活、风土人情等，都应该有所了解。只有这样，在讲话时才可能得心应手地利用自己知识广博的优势，使讲话内容丰富充实、讲话技巧游刃有余、语言表达驾轻就熟。

“精”则是就知识的深度而言。要求说话者在“博”的基础上不断钻研某一学科或某几个学科的专门知识，做到学有专长。在这里，博与精是密不可分的。博是为了精，精又离不开博，二者相辅相成、辩证统一。

3. 不断更新自身知识结构

知识是不断发展的，一个人的知识结构也应该是不断更新的。特别是在知识经济时代、信息时代，科学的高度分化又高度综合的趋势，对口语交际者的知识素养和知识结构均提出了新的要求。要及时了解和把握新学科、新知识的内容和特点，以不断更新和改进自己的知识结构，使自己在知识修养上跟上时代的步伐，站在时代的前沿。只有这样，讲的话才能传递出新的知识、新的信息、新的见解。

[思考与练习]

1. 什么是口语交际？
2. 口语交际具有哪些特点？
3. 口语交际中的礼仪用语有哪些？
4. 怎样作自我介绍？
5. 接待中要注意哪些事项？
6. 请设计一台新年晚会的主持词和串词。

参考文献

1. 柏恕斌，丁振芳．教师口才学．中国书籍出版社，1997

2. 北京大学中文系现代汉语教研室．现代汉语．北京：商务印书馆，1993

3. 陈国安，王海燕．新编教师口语．上海：华东师范大学出版社，2006

4. 程培元．教师口语教程．北京：高等教育出版社，2004

5. 戴锡奇．中国演讲辞珍品赏析．长沙：湖南出版社，1997

6. 丁振芳．教师口才学．北京：中国书籍出版社，1995

7. 高名凯，石安石．语言学概论．北京：中华书局，1963

8. 耿平．教学应变的语用策略．辽宁师专学报（社会科学版），2003（5）

9. 郭东斌．格言大辞典．沈阳：辽宁人民出版社，1992

10. 国家语言文字工作委员会普通话培训测试中心．普通话水平测试实施纲要．北京：商务印书馆，2005

11. 国家教育委员会师范教育司组编．教师口语（试用本）．北京：北京师范大学出版社，2002

12. 国家语言文字工作委员会普通话水平测试中心编制．普通话水平实施纲要．北京：商务印书馆，2010

13. 何世峡．应变语的设计与训练．云南教育，2001（4）

14. 侯精一．现代汉语方言概论．上海：上海教育出版社，2002

15. 胡裕树．现代汉语（增订本）．上海：上海教育出版社，1981

16. 黄伯荣，廖序东．现代汉语（修订三版）（上册）．北京：高等教育出版社，2002

17. 黄中建．教学语言艺术．成都：四川大学出版社，1992

18. 江尚权．浅析教师口语表达的魅力．湖北师范学院学报，第 24 卷第 4 期

19. 李军华．口才学（第二版）．武汉：华中科技大学出版社，2008

20. 李元授，邹昆山．演讲学．武汉：华中科技大学出版社，1999

21. 林焘，王理嘉．语音学教程．北京：北京大学出版社，1997

22. 刘伯奎．教师口语．上海：华东师范大学出版社，1994

23. 鲁允中．普通话的轻声和儿化．北京：商务印书馆，1995

24. 路伟．语言变异：社会记忆的踪迹．昆明：云南人民出版社，2010

25. 罗常培，王均．普通语音学纲要．北京：商务印书馆，1981

26. 罗杰瑞．汉语概说（张惠英译）．北京：语文出版社，1995

27. 潘攀、周筱娟．教师言语交际．武汉：华中师范大学出版社，2002

28. 全国人大教科文卫委员会教育室，教育部语言文字应用管理司．中华人民共和国国家通用语言文字法学习读本．北京：语文出版社，2011

29. 刘伯奎．新编教师口语．上海：华东师范大学出版社，2007

30. 刘卫国. 公关语言妙用. 汕头：汕头大学出版社，1995

31. 宋协刚．方言区学员混成班普通话速成训练初探．大连教育学院学报，1998（3）

32. 宋欣桥．普通话水平的语音表征与相应的测试等级．语言文字应用，2000（3）

33. ［瑞士］索绪尔．普通语言学教程，高名凯译．北京：商务印书馆，1985

34. 孙海燕，刘伯奎．口才训练十五讲．北京：北京大学出版社，2004

35. ［清］汤文璐．诗韵合璧．上海：上海古籍书店，1985

36. 唐作藩．普通话语音史话．北京：语文出版社，2002

37. 唐树芝．口才与演讲．北京：高等教育出版社，2004

38. 王彩芹. 教师口语表达中存在的问题与对策. 中国成人教育，2006（3）

39. 王力．汉语史稿．北京：中华书局，1958

40. 王理嘉．汉语拼音运动与汉民族标准语．北京：语文出版社，2003

41. 王尚文．语感论．上海：上海教育出版社，1995

42. 王政挺. 中外奇辩艺术拾贝. 上海：东方出版社，1991

43. 吴积才，颜晓云．云南方音辨正．昆明：云南教育出版社，1991

44. 武传涛. 著名演讲辞鉴赏. 济南：山东人民出版社，1994

45. 邢福义．现代汉语．北京：高等教育出版社，2005

46. 徐世荣．普通话语音讲话．北京：文字改革出版社，1958

47. 叶蜚声，徐通锵．语言学纲要．北京：北京大学出版社，1981

48. 袁家骅．汉语方言概要（第二版）．北京：文字改革出版社，1983

49. 云南省教育局．云南方音与普通话语音．昆明：云南人民出版社，1979

50. 张斌．现代汉语．北京：中央广播大学出版社，2003

51. 张锐，万里．国家教育委员会师范教育司组编．教师口语训练手册．北京：北京师范大学出版社，1994

52. 张颂．朗读学．北京：北京广播学院出版社，1999

53. 张颂．朗读美学．北京：北京广播学院出版社，2002

54. 朱晓农．语音学．北京：商务印书馆，2010

55. 朱智贤. 儿童心理学. 北京：人民教育出版社，1979

56. 赵则玲．论方言和普通话教学．浙江师大学报（社会科学版），1998（6）

57. ［美］赵元任．汉语口语语法，吕叔湘译．北京：商务印书馆，1979

58. 中国社会科学院语言研究所词典编辑室．现代汉语词典（第5版）．北京：商务印书馆，2005

后 记

《教师口语》的著作和教材已经不少，而且各种教材都有自身的优点，当然也有一些不足。我们之所以要编写这一本教材，只是想给大家再提供一种选择的机会，同时也为“教师口语”课程的教材建设贡献我们的微薄之力。

本教材所说的教师口语是最广意义上的教师口语。可以分为两个部分：第一部分包括绪论、现代汉语语音、方音辨正、朗读与朗诵、态势语这几章。介绍语言学、语音学、普通话的相关知识，目的是引导学生掌握普通话的理论知识，学好普通话。同时也要教会学生把书面的形式语言通过口语的形式表达出来，这就是安排“朗读与朗诵”一章的意义，另外，语言交际过程中，必然会伴随静态的和动态辅助性态势语，所以我们也介绍了相关的知识。第二部分包括教学口语、教育口语、教师交际口语这三章，从教师的教学、教育、日常的工作和生活等方面系统完整地讨论教师口语。

我们的教材努力做到：第一，理论性与实用性的有机统一。理论方面，严格按照国家语言文字的相关政策、法规和语言学理论进行编写；实用方面，充分结合学生实际进行编写。让学生既学到相关的理论知识，又能很好的进行实际训练。第二，点和面的有机统一。我们力求让学生既从面的角度掌握教师口语的相关知识，又从不同方言点和不同教师类型的特点出发编制相关的教学内容。第三，继承性和创新性的有机统一。我们力求充分吸收现有各种教材的优点，保证教材的科学性和学科的继承性，同时也将自己的一得之见写入教材，使教材具有一定的创新性。第四，系统性和针对性的有机统一。我们力求从普通话语音、方音辨正、朗读与朗诵、教师态势语、教学口语、教育口语、交际口语等方面进行编写，保证具有知识的系统性，同时我们又从不同方言点和不同教师类型的特点出发编制相关的教学内容，保证教材具有特殊的针对性。当然这种努力是否成功，评判者只有使用我们教材的广大师生和其他读者。

本教材是集体智慧的产物。编写者都是长期从事语言学教学和研究的教师，也都是普通话的测试员，多年从事普通话测试工作，在教学、研究、测试中积累了大量的经验。他们是路伟（红河学院教授）、洪波（红河学院副教授）、杨彬（红河学院副教授）、孔梅（红河学院副教授）、唐娟（重庆交通大学副教授）、杨芳（红河学院讲师）、常雯婕（玉溪师范学院讲师）。编写过程中大家一起讨论框架和提纲，然后分头撰写，最后由主编统稿。分工情况是：

绪　论（路　伟执笔）

第一章（路　伟执笔）

第二章（洪　波执笔）

第三章（唐　娟执笔）
第四章（杨　彬执笔）
第五章（孔　梅执笔）
第六章（杨　芳执笔）
第七章（常雯婕执笔）

我们说本教材是集体智慧的产物，还有一个原因，那就是我们在编写过程中参考了涉及语言学、语音学、普通话、教师口语的许多论著、教材、论文，吸收许多专家学者的研究成果，我们只是在编写过程中进行了取舍，当然有时也会在舍取的同时加入我们的一得之见，可以说教材里汇聚了许多学者的心血。

由于这是一本教材，我们没有把引用过的专家学者的观点一一注明，但我们在参考文献列举了他们的相关著述。这只是为了教材的简约性，没有掠美之意。在这里我们向本教材编写过程中我们参考过的论著、教材、论文的作者表示真诚的感谢。

各位同仁在编写过程中付出了辛勤劳动，但是由于大家的专业素养和研究方向各有千秋，表达方式也各有特点，所以各章的风格不尽一致。教材是由主编确定的框架，最后也是由主编定稿的，因此，本教材在整体框架和基本思想观点方面存在的不妥之处，责任完全由主编承担。

感谢红河学院教师教育学院王全院长促成了本教材的编写。北京师范大学出版社编辑谢影老师和路娜老师，是他们的艰辛劳动，才完成了我们的这一个愿望。

本书主要是为高等院校师范类各专业的本、专科生编写的教材，同时也可以作为其他普通话学习者和需要报考教师资格证的人士学习参考。

本教材一定有许多不足之处，诚恳希望广大师生和读者不吝批评指正！

编　者

2011 年 6 月